北京高校优质本科教材
中国大学MOOC“金融数学”配套教材

新编21世纪风险管理与精算系列教材



# 金融数学

第8版

孟生旺 编著

Financial Mathematics

中国人民大学出版社
·北京·

**图书在版编目（CIP）数据**

金融数学/孟生旺编著．--8版．--北京：中国人民大学出版社，2024.2

新编21世纪风险管理与精算系列教材

ISBN 978-7-300-32609-2

Ⅰ．①金… Ⅱ．①孟… Ⅲ．①金融—经济数学—教材 Ⅳ．①F830

中国国家版本馆CIP数据核字（2024）第044175号

新编21世纪风险管理与精算系列教材
**金融数学（第8版）**
孟生旺　编著
Jinrong Shuxue

| | | | |
|---|---|---|---|
| **出版发行** | 中国人民大学出版社 | | |
| **社　　址** | 北京中关村大街31号 | **邮政编码** | 100080 |
| **电　　话** | 010－62511242（总编室） | | 010－62511770（质管部） |
| | 010－82501766（邮购部） | | 010－62514148（门市部） |
| | 010－62515195（发行公司） | | 010－62515275（盗版举报） |
| **网　　址** | http://www.crup.com.cn | | |
| **经　　销** | 新华书店 | | |
| **印　　刷** | 大厂回族自治县彩虹印刷有限公司 | **版　　次** | 2007年10月第1版 |
| **开　　本** | 787 mm×1092 mm　1/16 | | 2024年2月第8版 |
| **印　　张** | 18.75 插页1 | **印　　次** | 2024年12月第2次印刷 |
| **字　　数** | 427 000 | **定　　价** | 46.00元 |

## 内容简介

本书主要讲授金融数学的基础知识，包括利息度量、现金流分析、收益率计算、债务偿还方法、债券价值分析、金融衍生产品的基本概念和定价方法。

本书定位于金融数学的入门级别，略去了复杂的数学推导和艰深的数学证明，专注于经济和金融原理的数学解释，强调基于实际问题的金融计算。

教材涵盖了北美精算师和中国精算师“金融数学”课程的主要内容，是踏入风险管理与精算行业必须迈过的第一道门槛，也是学习经济、金融和保险等相关专业的重要基础。

本书配套资源丰富，在中国大学MOOC（“爱课程”网）平台开设了基于该教材的金融数学慕课，包括内容讲解、单元小结、综合练习等教学视频，以及问题讨论、单元测验和模拟考试等教学模块；与本书配套的PPT、教学大纲、思维导图等教学资源也可以免费下载。

## 作者简介

**孟生旺**　中国人民大学二级教授，吴玉章讲席教授，博士生导师；中国统计学会副会长；教育部高等学校统计学类专业教学指导委员会委员；甘肃省“飞天学者”讲座教授。入选教育部新世纪优秀人才支持计划；获省部级优秀教学成果一等奖2项，二等奖3项；北京高等学校优秀专业课（公共课）主讲教师。讲授的主要课程有金融数学、非寿险精算学、风险模型、精算理论与应用；其中金融数学MOOC被评为北京高校优质本科课程。主要研究领域包括精算统计模型、大数据与精算、巨灾风险管理。代表性著作有《金融数学》《风险模型》《非寿险精算学》等。

# 前言

金融数学以金融理论为基础，研究金融领域的各种数量关系和计算方法，内容十分丰富。本书是金融数学的入门教材，旨在向金融数学及其相关专业（如经济学、金融学、保险学、精算学、金融工程、财务管理和工商管理等）的本科生介绍金融数学的基本概念、基本原理和基本方法，为后续高级课程的学习奠定基础。

在风险管理与精算人才培养中，金融数学是最重要的基础课程之一。学习许多后续课程，如寿险精算学、资产负债管理、投资学、金融市场等，都需要用到金融数学的基础知识。

金融数学课程经过几十年的建设，内容体系日趋成熟和完善。北美精算师协会（SOA）和北美产险精算师协会（CAS）在其精算师资格考试中，有关金融数学的内容多年来也基本保持稳定。从总体上看，金融数学包括两大部分内容：一部分是利息理论，另一部分是金融衍生工具。

在利息理论部分，第 1 章介绍利息度量的各种方法及其相互关系，具体包括有效利率、年名义利率、有效贴现率、年名义贴现率和利息力。第 2 章和第 3 章分别介绍等额年金和变额年金的价值计算方法，在每年支付一次、每年支付多次和连续支付条件下讨论它们的计算公式和相互关系。第 4 章主要介绍收益率和再投资的有关概念，尤其是基金的币值加权收益率和时间加权收益率的计算方法。第 5 章介绍债务偿还的两种主要方法，即分期偿还方法和偿债基金方法，分析它们之间的相互关系，比较不同贷款偿还方法的实际利息成本。第 6 章介绍债券的到期收益率以及债券价格的各种计算公式，包括基本公式、溢价公式、基价公式和 Makeham 公式，探讨债券在任意日期的价格和账面值。第 7 章主要介绍金融资产的利率风险及其度量方法，久期和凸度的计算方法，以及利率风险的管理策略，如免疫策略和现金流匹配策略。

在金融衍生工具部分，主要介绍远期、期货、互换、期权等常见金融衍生工具的基本概念和定价原理。远期和期货的定价原理相同，而互换可以看作多个远期合约的组合，故第 8 章主要介绍基础资产为债券和股票等金融资产的远期定价方法。期权合约相对独立，在第 9 章专门进行讨论，以二叉树模型和 Black-Scholes 模型为主，同时简要介绍期权交易的一些基本策略。

为了便于教学，每章精选了例题和习题，基本上都可以使用 Excel 完成有关计算。Excel 提供了许多常用的金融函数，是学习金融数学非常方便有效的工具。最常用的金融函数在各章的例题中都有介绍。在 Excel 中应用金融函数时，需要加载分析工具库。在 Excel 的默认安装中，分析工具库不会自动加载，可以通过下述路径加载：

文件→选项→加载项→转到 Excel 加载项→分析工具库

为了便于读者自学，每章配有综合练习题的视频讲解（扫描二维码观看），书后附有各章习题的参考答案。参考答案没有提供详细的解答过程，只给出了提示性的解题思路和最终答案。

本书是金融数学的入门教材，从金融数学最基本的概念讲起，对数学的要求不高，只需用到一元微积分的基础知识，适合大学本科二年级学生使用。学习本书内容大约需要 3 个学分。对于每周只有 2 个学时的课程，可以酌情删减金融衍生产品的有关内容。

各章所需的教学课时数可参考下表安排：

| 章节内容 | 授课课时数 |
| --- | --- |
| 第 1 章：利息度量 | 5～6 |
| 第 2 章：等额年金 | 4～5 |
| 第 3 章：变额年金 | 4～5 |
| 第 4 章：收益率 | 3～4 |
| 第 5 章：债务偿还方法 | 5～6 |
| 第 6 章：债券 | 4～5 |
| 第 7 章：利率风险 | 4～5 |
| 第 8 章：远期、期货和互换 | 5～6 |
| 第 9 章：期权 | 5～6 |

本书是中国人民大学“十三五”和“十四五”规划教材，也是中国大学 MOOC 金融数学课程的配套教材。金融数学 MOOC 被评为北京高校“优质本科课程”。

秦强为本书修订提供了许多帮助，在此特别致谢。

作者在中国人民大学讲授金融数学课程的 PPT、教学大纲、练习题、考试题等资源可以在中国大学 MOOC 金融数学课程的网址下载：https://www.icourse163.org/course/RUC-1463188162。

# 主要符号

| 符号 | 含义 |
| --- | --- |
| $a(t)$ | 累积函数，表示时间零点的 1 单位本金在时间 $t$ 的价值。 |
| $a^{-1}(t)=1/a(a)$ | 贴现函数，表示时间 $t$ 的 1 单位本金在时间零点的价值。 |
| $i$ | 年有效利率，表示时间零点的 1 单位本金在年末产生的利息。 |
| $d$ | 年有效贴现率。年末的 1 元在时间零点的现值为 $1-d$。 |
| $i^{(m)}$ | 每年复利 $m$ 次的年名义利率（年化利率）。 |
| $d^{(m)}$ | 每年复利 $m$ 次的年名义贴现率（年化贴现率）。 |
| $\delta(t)$ | 时间 $t$ 的利息力（瞬时利率）。 |
| $v=1/(1+i)$ | 1 年期的贴现因子。 |
| $a_{\overline{n}\mid}$，$s_{\overline{n}\mid}$ | 每年支付 1 元，$n$ 年期期末付年金的现值和终值。 |
| $\ddot{a}_{\overline{n}\mid}$，$\ddot{s}_{\overline{n}\mid}$ | 每年支付 1 元，$n$ 年期期初付年金的现值和终值。 |
| $a_{\overline{n}\mid}^{(m)}$，$s_{\overline{n}\mid}^{(m)}$ | 每年支付 1 元，分 $m$ 次等额支付，$n$ 年期期末付年金的现值和终值。 |
| $\ddot{a}_{\overline{n}\mid}^{(m)}$，$\ddot{s}_{\overline{n}\mid}^{(m)}$ | 每年支付 1 元，分 $m$ 次等额支付，$n$ 年期期初付年金的现值和终值。 |
| $\bar{a}_{\overline{n}\mid}$，$\bar{s}_{\overline{n}\mid}$ | 每年支付 1 元，$n$ 年期连续支付年金的现值和终值。 |
| $(Ia)_{\overline{n}\mid}$，$(Is)_{\overline{n}\mid}$ | 第 1 年支付 1 元，以后每年的支付额增加 1 元，支付 $n$ 年的期末付年金的现值和终值。 |
| $(I\ddot{a})_{\overline{n}\mid}$，$(I\ddot{s})_{\overline{n}\mid}$ | 第 1 年支付 1 元，以后每年的支付额增加 1 元，支付 $n$ 年的期初付年金的现值和终值。 |
| $(Ia)_{\overline{n}\mid}^{(m)}$，$(Is)_{\overline{n}\mid}^{(m)}$ | 第 1 年支付 1 元，以后每年的支付额增加 1 元，每年分 $m$ 次等额支付，支付 $n$ 年的期末付年金的现值和终值。 |
| $(I\ddot{a})_{\overline{n}\mid}^{(m)}$，$(I\ddot{s})_{\overline{n}\mid}^{(m)}$ | 第 1 年支付 1 元，以后每年的支付额增加 1 元，每年分 $m$ 次等额支付，支付 $n$ 年的期初付年金的现值和终值。 |

续表

| 符号 | 含义 |
|---|---|
| $(I\bar{a})_{\overline{n}\vert}$，$(I\bar{s})_{\overline{n}\vert}$ | 第 1 年支付 1 元，以后每年的支付额增加 1 元，支付 $n$ 年的连续支付年金的现值和终值。 |
| $(\bar{I}\bar{a})_{\overline{n}\vert}$，$(\bar{I}\bar{s})_{\overline{n}\vert}$ | 连续支付、连续递增的 $n$ 年期年金的现值和终值。 |
| $(Da)_{\overline{n}\vert}$，$(Ds)_{\overline{n}\vert}$ | 第 1 年支付 $n$ 元，以后每年的支付额减少 1 元，支付 $n$ 年的期末付年金的现值和终值。 |
| $(D\ddot{a})_{\overline{n}\vert}$，$(D\ddot{s})_{\overline{n}\vert}$ | 第 1 年支付 $n$ 元，以后每年的支付额减少 1 元，支付 $n$ 年的期初付年金的现值和终值。 |
| $(Da)_{\overline{n}\vert}^{(m)}$，$(Ds)_{\overline{n}\vert}^{(m)}$ | 第 1 年支付 $n$ 元，以后每年的支付额减少 1 元，每年分 $m$ 次等额支付，支付 $n$ 年的期末付年金的现值和终值。 |
| $(D\ddot{a})_{\overline{n}\vert}^{(m)}$，$(D\ddot{s})_{\overline{n}\vert}^{(m)}$ | 第 1 年支付 $n$ 元，以后每年的支付额减少 1 元，每年分 $m$ 次等额支付，支付 $n$ 年的期初付年金的现值和终值。 |
| $(D\bar{a})_{\overline{n}\vert}$，$(D\bar{s})_{\overline{n}\vert}$ | 第 1 年支付 $n$ 元，以后每年的支付额减少 1 元，支付 $n$ 年的连续支付年金的现值和终值。 |
| $(\bar{D}\bar{a})_{\overline{n}\vert}$，$(\bar{D}\bar{s})_{\overline{n}\vert}$ | 连续支付、连续递减的 $n$ 年期年金的现值和终值。 |
| $(Ca)_{\overline{n}\vert}$ | 每年支付 1 次，支付 $n$ 年的期末付复递增年金的现值。 |
| $(C\ddot{a})_{\overline{n}\vert}$ | 每年支付 1 次，支付 $n$ 年的期初付复递增年金的现值。 |
| $(Ca)_{\overline{n}\vert}^{(m)}$ | 每年支付 $m$ 次，支付 $n$ 年的期末付复递增年金的现值。 |
| $(C\ddot{a})_{\overline{n}\vert}^{(m)}$ | 每年支付 $m$ 次，支付 $n$ 年的期初付复递增年金的现值。 |
| $(C\bar{a})_{\overline{n}\vert}$ | 连续支付，支付 $n$ 年的复递增年金的现值。 |
| $V_{\overline{n}\vert}$ | 每年支付 1 次，支付 $n$ 年的期末付年金的现值。 |
| $\ddot{V}_{\overline{n}\vert}$ | 每年支付 1 次，支付 $n$ 年的期初付年金的现值。 |
| $V_{\overline{n}\vert}^{(m)}$ | 每年等额支付 $m$ 次，支付 $n$ 年的期末付年金的现值。 |
| $\ddot{V}_{\overline{n}\vert}^{(m)}$ | 每年等额支付 $m$ 次，支付 $n$ 年的期初付年金的现值。 |
| $\bar{V}_{\overline{n}\vert}$ | 每年连续支付，支付 $n$ 年的年金的现值。 |
| $rF$ | 债券在每个付息日期支付的利息收入，等于息票率 $r$ 与债券面值 $F$ 的乘积。 |
| $g$ | 债券的修正息票率，是债券的息票收入 $rF$ 与到期偿还值 $C$ 的比率，即 $g=rF/C$。 |
| $D$ | 马考勒久期，是现金流到期时间的加权平均数，也是债券价格关于利息力的一阶导数与债券价格之比的负值。 |
| $C$ | 马考勒凸度，定义为债券价格关于利息力的二阶导数与债券价格之比。 |
| $D^{(m)}$ | 修正久期，资产价格关于年名义收益率的一阶导数与资产价格之比的负值。 |
| $C^{(m)}$ | 修正凸度，资产价格关于年名义收益率的二阶导数与资产价格之比。 |
| $D^{*}$ | 有效久期，用于近似计算马考勒久期或修正久期。 |
| $C^{*}$ | 有效凸度，用于近似计算马考勒凸度或修正凸度。 |

目录

第 8 章
## 远期、期货和互换



第 9 章
## 期　权

第1章

# 利息度量

利息（interest）是借款人为了获得资金的使用权而向贷款人支付的报酬。借款人是获得资金的一方，贷款人是出借资金的一方。利息可以从两个角度进行解释：从借款人的角度看，他必须向贷款人支付一定的利息才能获得资金的使用权，因此利息对借款人而言是一种为了获得资金使用权而必须支出的成本；从贷款人的角度看，出借资金会影响他在当期的消费，所以希望得到一定的利息补偿，这种利息补偿也就是贷款人因为出借资金而获得的收益或报酬。

资金借贷之所以会产生利息，在经济学上有各种不同的解释。一种解释认为，资金是一种稀缺资源，借款人为了获得这种资源必须向贷款人支付一定的利息成本。另一种解释认为，消费者普遍倾向于满足当期消费，而出借资金相当于推迟当期消费，这对贷款人而言是一种损失，所以贷款人要求获得一定的利息补偿。还有一种解释认为，资金与土地和劳动一样，是生产过程中必不可少的要素，也应该参与生产成果的分配，即获得一定的利息收入。

利息的大小与借款金额、借款时期和利率有关，一般而言，出借的资金越多、期限越长、利率越高，相应的利息也会越多。在借款金额和借款时期一定的条件下，利息的大小主要取决于利率的高低。换言之，利率是度量利息大小的主要工具。在现实生活中，利率存在各种不同的表现形态，主要包括有效利率、有效贴现率、年名义利率、年名义贴现率、利息力。本章主要介绍这些利息度量工具的含义及其计算方法，并讨论它们之间的相互转化关系。

利息度量工具可以基于累积函数来定义，所以本章首先介绍累积函数的概念，然后介绍各种利息度量工具及其相互关系。

# 1.1 累积函数与有效利率

## 1.1.1 累积函数

在借贷关系中，期初借出的资金称作本金（principle）。一般而言，本金随着借款时间的增加而增加。换言之，本金是时间的函数。本金可大可小，因此不同本金的增长变化过程是不可比的。为了消除本金大小对资金增长变化过程的影响，本节主要探讨单位本金的增长变化过程。单位本金也是时间的函数，这个函数定义为累积函数（accumulation function）。

累积函数是指期初的1单位本金在时刻 $t$ 的累积值，反映了单位本金随着时间增长变化的过程。累积函数记为 $a(t)$，具有下列性质：

(1) $a(0)=1$，这是关于累积函数的一种人为约定，意味着累积函数表示单位本金的增长变化过程。

(2) $a(t)$ 通常是时间 $t$ 的增函数，即时间越长，单位资金的累积值越大。当然，在现实生活中，如果出现投资亏本的情况，累积函数将是时间 $t$ 的减函数。

(3) 如果利息是连续产生的，则累积函数 $a(t)$ 是时间 $t$ 的连续函数。在实际应用中，如果利息是每天产生的，就可以近似认为利息是连续产生的。

(4) 时间 $t$ 的标准计量单位为年。譬如，如果期限为3个月，则可以表示为 $t=3/12=0.25$ 年。

累积函数表示单位本金随着时间增长变化的过程，在已知累积函数的情况下，如果给定 $t=0$ 时的本金就可以计算资金在任意时点上的价值。

**【例1-1】** 已知累积函数为 $a(t)=1+t^2$，计算 $t=0$ 时的500万元本金在 $t=3$ 和 $t=4$ 时的累积值。

**【解】** 根据累积函数的定义，单位本金在 $t=3$ 时的累积值为

$$a(3)=1+3^2=10$$

所以500万元本金在 $t=3$ 时的累积值为

$$500\times a(3)=500\times 10=5\ 000(\text{万元})$$

类似地，500万本金在 $t=4$ 时的累积值为

$$500\times a(4)=500\times(1+4^2)=8\ 500(\text{万元})$$

本例的累积函数如图1-1所示，在 $t=0$ 时的单位本金为 $a(0)=1$。随着时间 $t$ 的增加，累积值不断增加，在 $t=3$ 时的累积值为 $a(3)=10$，在 $t=4$ 时的累积值为 $a(4)=17$。

在已知累积函数的情况下，如果给定资金在一个时点上的价值，就可以计算出它在任意时点上的价值。

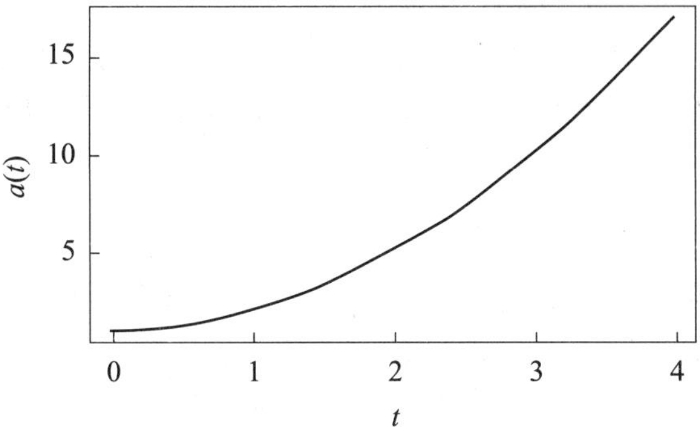


**图 1-1 累积函数**

**【例 1-2】** 已知累积函数为 $a(t)=1+t^2$，计算 $t=1$ 时的 500 万元在 $t=3$ 时的价值。

**【解】** 根据累积函数的定义，时间零点的 1 元在 $t=1$ 时的价值为 $a(1)$，在 $t=3$ 时的价值为 $a(3)$。因此，$t=1$ 时的 1 元相当于 $t=3$ 时的 $a(3)/a(1)$ 元，故 $t=1$ 时的 500 万元在 $t=3$ 时的价值为

$$500\times\frac{a(3)}{a(1)}=500\times\frac{1+3^2}{1+1^2}=2\ 500(\text{万元})$$

### 1.1.2 有效利率

有效利率（effective rate of interest）是指 1 单位本金在一个时期末所赚取的利息金额，也称作实际利率。这里的时期可以是任意长度，譬如 1 年、1 个月或 20 天等。对于长度为 1 年的时期，相应的有效利率称作年有效利率；对于长度为 20 天的时期，相应的有效利率称作 20 天的有效利率；对于长度为 1 天的时期，相应的有效利率称作日有效利率。

有效利率通常用百分数表示，譬如，5%的年有效利率意味着 1 元本金在 1 年末可以赚取 0.05 元利息；20 天期限的有效利率为 5%，意味着 1 元本金经过 20 天后可以赚取 0.05 元利息。换言之，前者赚取 0.05 元利息需要 1 年，后者仅需 20 天。

一个时期的有效利率等于当期产生的利息金额与期初本金之比，即

$$\text{有效利率}=\frac{\text{当期利息}}{\text{期初本金}}$$

譬如，如果月初的 100 元本金到月末产生 1 元利息，则月有效利率就是 1%；如果季初的 100 元本金到季末可以产生 3 元利息，则季度的有效利率为 3%；如果年初的 100 元本金到年末可以产生 12 元利息，则年有效利率为 12%。

有效利率的定义与特定长度的时期相联系。在实际应用中，标准的时间单位是年。对于在长度小于 1 年或大于 1 年的时间区间上定义的有效利率，通常会将其表示为年名义利率的形式。关于年名义利率的讨论可以参见 1.3 节。

有效利率可以通过累积函数来定义。考虑任意一个长度为 $h$ 的时间区间 $[t, t+h]$，

时间零点的单位本金在时刻 $t$ 的累积值为 $a(t)$，在时刻 $t+h$ 的累积值为 $a(t+h)$。换言之，在时间区间 $[t,t+h]$ 上，期初的本金为 $a(t)$，期末的累积值为 $a(t+h)$，当期产生的利息金额为 $a(t+h)-a(t)$，故在该时间区间上的有效利率可以定义为

$$i(t,t+h)=\frac{a(t+h)-a(t)}{a(t)} \tag{1.1}$$

**【例 1-3】** 已知累积函数为 $a(t)=1+t^2$，计算时间区间 $[2,2.5]$ 上的有效利率。

**【解】** 考虑时间区间 $[2,2.5]$ 和时间零点的 1 元本金。时间零点的 1 元本金在区间初的累积值为 $a(2)=1+2^2=5$ 元，在区间末的累积值为 $a(2.5)=1+2.5^2=7.25$ 元，故在该区间上的有效利率为

$$i(2,2.5)=\frac{a(2.5)-a(2)}{a(2)}=\frac{7.25-5}{5}=45\%$$

在现实生活中，最常见的两种计息方式是单利和复利，下面将讨论这两种计息方式下的累积函数及其有效利率。

### 1.1.3 单利的累积函数

假设时间零点的 1 元本金 1 年后可以获得 $i$ 元利息，累积值为 $1+i$；2 年后可以获得 $2i$ 元利息，累积值为 $1+2i$；$t$ 年后，可以获得 $ti$ 元利息，累积值为 $1+ti$。这种计息方式就是单利（simple interest）的计息方式，其中 $i$ 称作单利的年利率。在单利计息方式下，时间零点的 1 元本金在时间 $t$ 的累积值可以表示为

$$a(t)=1+it,\ t\geqslant 0 \tag{1.2}$$

上式就是单利的累积函数。其中 $t$ 表示时间（通常表示为年数），$it$ 表示在时间零点的单位本金经过长度为 $t$ 的时期以后获得的利息金额。

在单利的累积函数中，本金始终保持不变，在任何时刻均为 1 元，利息金额 $it$ 随着时间的增加而线性增长。

单利只对本金计算利息，前期产生的利息在后期不再计算利息。在单利条件下，单位本金每年产生的利息都是常数 $i$。

单利的累积函数是一个线性函数，如图 1-2 所示。该图使用的年利率为 $i=10\%$，累积函数为 $a(t)=1+0.1t$。当 $t=1$ 时，累积值为 $a(1)=1.10$。

**【例 1-4】** 已知单利的累积函数为 $a(t)=1+0.1t$，计算：(1) $t=0$ 时的 200 万元在 $t=3$ 时的价值；(2) $t=1$ 时的 200 万元在 $t=3$ 时的价值。

**【解】** 由累积函数可知，单利的年利率为 10%。

(1) 时间零点的 1 元在时间 $t$ 的价值为 $a(t)$，故 $t=0$ 时的 200 万元在 $t=3$ 时的价值为

$$200\times a(3)=200\times(1+0.1\times 3)=260(\text{万元})$$

(2) 时间零点的 1 元在时间 $t=1$ 时的价值为 $a(1)$ 元，在时间 $t=3$ 时的价值为 $a(3)$

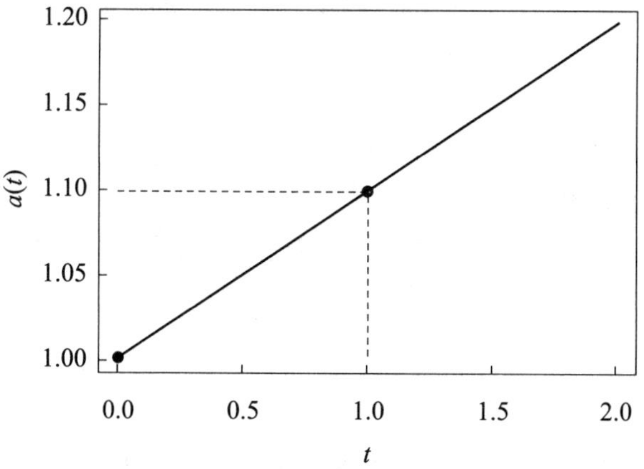


**图 1-2　单利的累积函数**

元，故 $t=1$ 时的 1 元在时间 $t=3$ 时的价值为 $a(3)/a(1)$ 元。因此，$t=1$ 时的 200 万元在 $t=3$ 时的价值为

$$200\times\frac{a(3)}{a(1)}=200\times\frac{1+0.1\times3}{1+0.1\times1}=236.36(\text{万元})$$

在实际应用中，标准的时间单位为年，即累积函数中的时间 $t$ 以年为单位计量，通常表示为年数。对于以天等其他单位计量的时间长度，可以通过下述公式将其转化为年数：

$$t=\frac{\text{时间区间的天数}}{\text{一年的天数}} \tag{1.3}$$

上式中，可以应用不同的方法计算时间区间的天数和一年的天数。下面是几种常见的方法：

（1）“实际/365”规则。时间区间的天数按两个日期之间的实际天数计算，一年按 365 天计算。

（2）“实际/360”规则。时间区间的天数按两个日期之间的实际天数计算，一年按 360 天计算。该规则也称为银行家规则（banker's rule）。

（3）“30/360”规则。在计算时间区间的天数时，一个月按 30 天计算，一年按 360 天计算。在此规则下，两个给定日期之间的天数可按下述公式计算：

$$\text{时间区间的天数}=360(Y_2-Y_1)+30(M_2-M_1)+(D_2-D_1) \tag{1.4}$$

其中时间区间的终止日期为 $Y_2$ 年 $M_2$ 月 $D_2$ 日，起始日期为 $Y_1$ 年 $M_1$ 月 $D_1$ 日。

在应用“30/360”规则计算时间区间的天数时，依次进行下述调整：

（1）如果 $D_1$ 和 $D_2$ 都是 2 月的最后一天，则把 $D_2$ 改为 30；

（2）如果 $D_1$ 是 2 月的最后一天，则把 $D_1$ 改为 30；

（3）如果 $D_1$ 等于 30 或 31，$D_2$ 等于 31，则把 $D_2$ 改为 30；

（4）如果 $D_1$ 等于 31，则把 $D_1$ 改为 30。

**【例 1-5】** 投资者在 2022 年 6 月 14 日存入基金 10 000 元，2023 年 2 月 7 日取出。

基金按单利计息，年利率为8%。分别根据下列规则计算投资者可以获得的利息金额：

（1）“实际/365”规则。

（2）“实际/360”规则。

（3）“30/360”规则。

**【解】** 首先计算不同规则下的投资年数 $t$。

（1）2022年6月14日到2023年2月7日的精确天数为238天，因此在“实际/365”规则下，$t=238/365$，利息金额为

$$10\,000\times 0.08\times \frac{238}{365}=521.6(\text{元})$$

（2）在“实际/360”规则下，实际天数为238天，因此 $t=238/360$，利息金额为

$$10\,000\times 0.08\times \frac{238}{360}=528.9(\text{元})$$

（3）在“30/360”规则下，两个日期之间的天数为

$$360\times 1+30\times (2-6)+(7-14)=233(\text{天})$$

因此 $t=233/360$，利息金额为

$$10\,000\times 0.08\times \frac{233}{360}=517.8(\text{元})$$

可见，与“实际/365”规则下的精确结果相比，“实际/360”规则下的利息金额偏大，而“30/360”规则下的利息金额偏小。

**Excel应用**

### DATEDIF函数和DAYS360函数

计算两个日期之间的实际天数时可以使用DATEDIF函数。譬如，对于【例1-5】的两个日期，在单元格A1中输入“2022-6-14”，在单元格B1中输入“2023-2-7”，在单元格C1中输入“=DATEDIF(A1,B1,"d")”后回车，即可求得两个日期之间的实际天数为238天。也可以在单元格C1中输入“B1-A1”后回车。

在“30/360”规则下计算日期之间的天数可以使用DAYS360函数。在单元格C2中输入“=DAYS360(A1,B1)”后回车，即可求得两个日期之间的天数为233天。也可以直接在单元格C2中输入“=DAYS360("2022-6-14","2023-2-7")”后回车。

**【例1-6】** 假设单利的年利率为8%。在单利计息方式下，分别计算在时间区间[0, 1]，[1, 2]和[2, 3]上的年有效利率。

**【解】** 单利的年利率为8%，故单利的累积函数为 $a(t)=1+0.08t$。三个时间区间的长度都是一年。根据有效利率的定义，在时间区间[0, 1]上的年有效利率为

$$i(0,1)=\frac{a(1)-a(0)}{a(0)}=\frac{1.08-1}{1}=8\%$$

在时间区间［1，2］上的年有效利率为

$$i(1,2)=\frac{a(2)-a(1)}{a(1)}=\frac{1.16-1.08}{1.08}=7.41\%$$

在时间区间［2，3］上的年有效利率为

$$i(2,3)=\frac{a(3)-a(2)}{a(2)}=\frac{1.24-1.16}{1.16}=6.90\%$$

可见，在单利计息方式下，年有效利率随着时间的增加而递减。在时间区间［0，1］上，年有效利率等于单利的年利率8%；但在时间区间［$t$，$t+1$］（$t>0$）上，年有效利率小于单利的年利率8%，$t$越大，年有效利率越小。

在单利计息方式下，假设单利的年利率为$i$，累积函数为$a(t)=1+it$，则时间区间［$t$，$t+1$］上的年有效利率$i(t，t+1)$可以表示为

$$\begin{aligned}i(t,t+1)&=\frac{a(t+1)-a(t)}{a(t)}\\&=\frac{[1+i(t+1)]-(1+it)}{1+it}\\&=\frac{i}{1+it}\end{aligned}$$

显然，对于任意的$t>0$，年有效利率$i(t，t+1)$是时间的减函数，且小于单利的年利率$i$。因为在单利计息方式下，前期产生的利息在后期不再产生新的利息，所以年有效利率越来越低，如图1-3所示，其中单利的年利率为10%，累积函数为$a(t)=1+0.1t$，在［$t$，$t+1$］区间上的年有效利率为$i(t，t+1)=0.1/(1+0.1t)$。

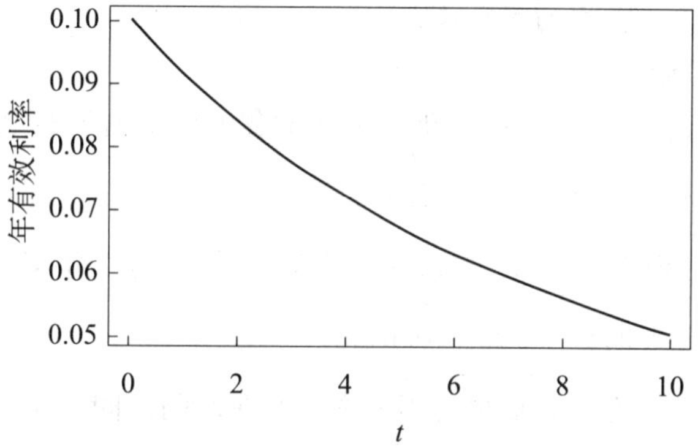


**图1-3 单利的年有效利率是时间的减函数**

### 1.1.4 复利的累积函数

在单利计息方式下，前期的利息在后期不再赚取额外的利息，而在复利（compound interest）计息方式下，前期的利息在后期还会继续赚取利息。

假设时间零点的1元本金在第1年末赚取的利息为$i$，累积值为$(1+i)$；第1年末

的累积值可以作为第 2 年初的本金进行投资，赚取利息 $i(1+i)$，再加上年初的本金 $(1+i)$，可得第 2 年末的累积值为 $(1+i)^2$；第 2 年末的累积值作为第 3 年初的本金进行投资，赚取利息 $i(1+i)^2$，再加上年初的本金 $(1+i)^2$，可得第 3 年末的累积值为 $(1+i)^3$。以此类推，时间零点的 1 元本金在第 $t$ 年末的累积值为 $(1+i)^t$。本金的这种累积过程就是复利的计息方式，相应的累积函数可以表示为

$$a(t)=(1+i)^t,\quad t\geqslant 0 \tag{1.5}$$

上式中，$i$ 称作复利的年利率；$t$ 为时间，通常用年数表示。

复利的累积函数随时间呈几何级数增长，如图 1-4 所示。该图的累积函数为 $a(t)=(1+0.1)^t$，复利的年利率为 $i=10\%$。

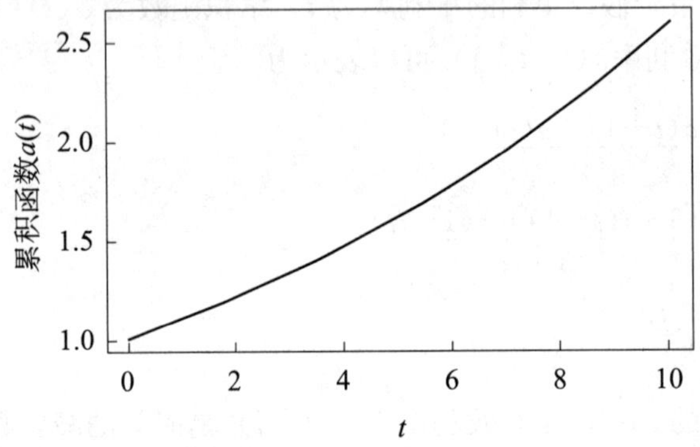


**图 1-4　复利的累积函数**

【例 1-7】若复利的年利率为 5%，初始本金为 20 000 元，计算：

(1) 在第 9 个月末的累积值；

(2) 在第 2 年零 3 个月末的累积值。

【解】复利的累积函数为 $a(t)=(1+0.05)^t$。

(1) 9 个月相当于 $t=9/12=0.75$ 年，所以在第 9 个月末的累积值为

$$20\ 000\times(1+0.05)^{0.75}=20\ 745.4(\text{元})$$

(2) 2 年零 3 个月相当于 $t=2+3/12=2.25$ 年，所以在第 2 年零 3 个月末的累积值为

$$20\ 000\times(1+0.05)^{2.25}=22\ 320.6(\text{元})$$

在复利计息方式下，令 $i$ 为复利的年利率，则在时间区间 $[t,\ t+1]$ 上的年有效利率 $i(t,\ t+1)$ 可以表示为

$$\begin{aligned} i(t,t+1)&=\frac{a(t+1)-a(t)}{a(t)}\\ &=\frac{(1+i)^{t+1}-(1+i)^t}{(1+i)^t}\\ &=i \end{aligned}$$

可见，在复利计息方式下，对于任意一个 1 年期的时间区间 $[t,\ t+1]$，年有效利率 $i(t,\ t+1)$ 恒等于复利的年利率 $i$，与时间起点无关。换言之，复利的计息方式满足一致

性，复利的年利率恒等于年有效利率。

如前所述，可以在任意长度的时间区间上定义有效利率。与式（1.5）类似，如果一个时间区间上的有效利率为 $j$，则时间零点的 1 元本金经过 $m$ 个时间区间后，其累积值可以表示为

$$a(m)=(1+j)^m \tag{1.6}$$

在式（1.5）中，一年是一个时间单位，年有效利率为 $i$，时间零点的 1 元经过 $t$ 年后的累积值为 $(1+i)^t$。在式（1.6）中，一个时间区间是一个时间单位，时间区间的有效利率为 $j$，时间零点的 1 元经过 $m$ 个时间区间后的累积值为 $(1+j)^m$。

**【例 1-8】** 假设月有效利率为 0.5%，计算时间零点的 200 万元在第 5 个月末的累积值。

**【解】** 应用式（1.6），其中 $m=5$，$j=0.5\%$，故有

$$200\times(1+0.5\%)^5=205.05(\text{万元})$$

### 1.1.5　单利与复利的比较

基于前面的讨论，可以将单利与复利的主要区别概括如下：

（1）在单利计息方式下，年有效利率是时间的减函数；在复利计息方式下，年有效利率恒等于复利的年利率。

（2）对于单位本金和给定的年利率 $i$，当 $t=0$ 或 $t=1$ 时，单利和复利的累积值相等，如图 1-5 所示。

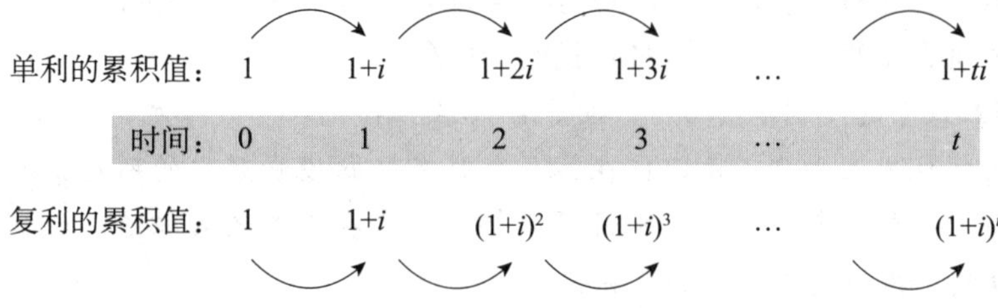


**图 1-5　单利和复利的累积值**

（3）对于单位本金和给定的年利率 $i$，当 $0<t<1$ 时，单利的累积值大于复利的累积值。但当利率较低时，它们之间的差异很小，因此可以用单利近似复利，即

$$(1+i)^t\approx 1+ti,\quad 0<t<1$$

（4）对于单位本金和给定的年利率 $i$，当 $t>1$ 时，复利的累积值大于单利的累积值。随着时间的增加，它们之间的差异越来越大，如图 1-6 所示，其中左图的时间区间为 [0，1]，右图的时间区间为 [1，3]。为了更加清晰地揭示单利和复利在 [0，1] 时间区间的差异，本图使用了一个较高的利率 40%。

（5）对于单位本金和给定的年利率 $i$，在单利计息方式下，在相同长度的时间区间内产生相同的利息，而在复利计息方式下，在相同长度的时间区间内具有相同的增长率。

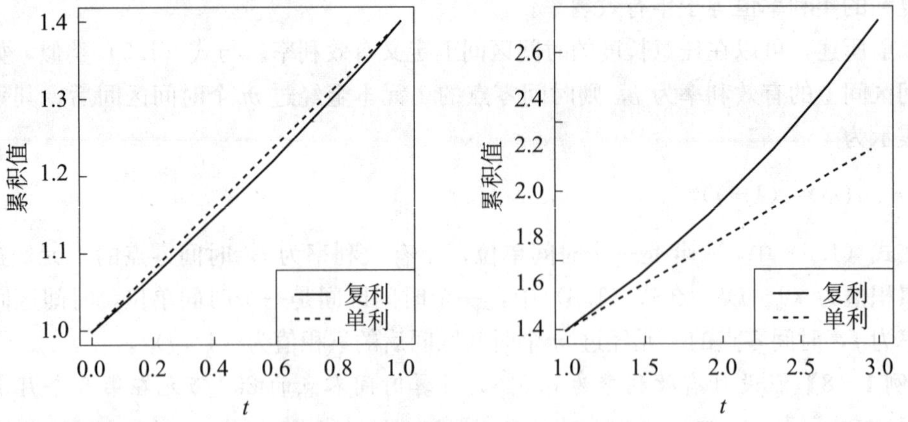


**图 1－6　单利和复利的累积值比较**

在单利计息方式下，累积函数为 $a(t)=1+it$，时间零点的单位本金在时间区间 $[t, t+h]$ 上产生的利息金额为

$$a(t+h)-a(t)=hi$$

上式表明，在单利计息方式下，时间区间 $[t, t+h]$ 上产生的利息金额与时间区间的长度 $h$ 有关，与时间起点 $t$ 无关。

在复利计息方式下，累积函数为 $a(t)=(1+i)^t$，时间零点的单位本金在时间区间 $[t, t+h]$ 上的增长率为

$$\frac{a(t+h)-a(t)}{a(t)}=(1+i)^h-1$$

上式表明，在复利计息方式下，时间零点的单位本金在时间区间 $[t, t+h]$ 上的增长率与时间区间的长度 $h$ 有关，与时间起点 $t$ 无关。

**【例 1－9】**基金的年利率为 6%。投资者 A 在年初投入 100 万元，期限为 1 年。投资者 B 在同一时间也投入 100 万元，但在第 6 个月末提取投资账户的所有余额后又重新投入该基金。(1) 在单利条件下，分别计算两个投资者在年末的累积值；(2) 在复利条件下，分别计算两个投资者在年末的累积值。

**【解】**(1) 在单利条件下，投资者 A 在年末的累积值为

$$100\times(1+1\times0.06)=106(\text{万元})$$

在单利条件下，投资者 B 在第 6 个月末的账户余额为

$$100\times(1+0.5\times0.06)=103(\text{万元})$$

投资者 B 在第 6 个月末提取 103 万元账户余额后又重新投入该基金，仍以 6% 的单利利率计息，所以在年末的累积值为

$$103\times(1+0.5\times0.06)=106.09(\text{万元})$$

由此可见，在单利条件下，分两段投资的累积值（106.09 万元）大于不分段投资的累积值（106 万元）。这是因为在分段投资的情况下，前半年的利息被转化为后半年的本

金，会产生新的利息，从而导致了更大的累积值。

（2）在复利条件下，投资者 A 在年末的累积值为

$$100\times(1+0.06)=106(\text{万元})$$

在复利条件下，投资者 B 在第 6 个月末的累积值为

$$100\times(1+0.06)^{0.5}=102.96(\text{万元})$$

投资者 B 在第 6 个月末提取 102.96 万元账户余额后又重新投入该基金，仍以 6%的复利利率计息，所以在年末的累积值为

$$102.96\times(1+0.06)^{0.5}=106(\text{万元})$$

可见，在复利条件下，分两段投资和不分段投资的累积值相等，均为 106 万元。

## 1.2 贴现函数与有效贴现率

### 1.2.1 贴现函数

累积函数表示资金随着时间的推移而增长变化的过程，用于计算累积值（accumulated value）或终值（future value），即资金在未来时刻的价值。贴现函数是累积函数的倒数，用于计算现值（present value），即未来的一笔资金在当前时刻的价值。计算现值的过程与计算累积值的过程正好相反。譬如，年有效利率为 5%，则当前的 100 元在一年后的累积值为 105 元，这是计算累积值的过程。反过来，如果在一年后想获得 100 元的累积值，当前应该投入 100/1.05=95.24 元，这是计算现值的过程。

根据累积函数的定义，时间零点的 1 元本金在时刻 $t$ 的累积值为 $a(t)$。如果在时刻 $t$ 希望获得 1 元的累积值，在时间零点的本金应该是多少呢？这是一个求现值的过程，即贴现过程。贴现过程与累积过程是互逆的。如果在时刻 $t$ 希望获得 1 元的累积值，在时间零点的本金应该等于累积值的倒数，记为

$$a^{-1}(t)=\frac{1}{a(t)} \tag{1.7}$$

其中 $a^{-1}(t)$ 就是所谓的贴现函数（discount function）。

**【例 1-10】** 已知累积函数为 $a(t)=1+t^2$，计算 $t=3$ 时的 500 万元在 $t=1$ 时的价值。

**【解】** 由累积函数可以求出贴现函数为

$$a^{-1}(t)=\frac{1}{1+t^2}$$

根据贴现函数的定义，时刻 $t=3$ 时的 1 元在时间零点的现值为

$$a^{-1}(3)=\frac{1}{1+3^2}=0.1(\text{元})$$

根据累积函数的定义，时间零点的 1 元在 $t=1$ 时的累积值为

$$a(1)=1+1^2=2(\text{元})$$

所以 $t=3$ 时的 500 万元在 $t=1$ 时的价值为

$$500\times a^{-1}(3)\times a(1)=500\times 0.1\times 2=100(\text{万元})$$

单利和复利的累积函数不同，所以它们的贴现函数也不相同。

根据贴现函数的定义，单利的贴现函数为

$$a^{-1}(t)=(1+it)^{-1} \tag{1.8}$$

复利的贴现函数为

$$a^{-1}(t)=(1+i)^{-t} \tag{1.9}$$

在复利的贴现函数中，通常用 $v=(1+i)^{-1}$ 表示 1 年期的贴现因子，即年末的 1 元在年初的现值。相应地，$t$ 年期的贴现函数也可以表示为

$$a^{-1}(t)=v^t \tag{1.10}$$

**【例 1-11】** 假设基金按单利计息，年利率为 5%。如果投资者希望在第 9 个月末获得 20 000 元，计算投资者在期初投入到基金中的本金应该为多少。

**【解】** 投资时间为 $t=9/12=0.75$ 年。应用单利的贴现函数，投资者在期初应该投入的本金为

$$20\,000\times(1+ti)^{-1}=20\,000\times(1+0.75\times 0.05)^{-1}=19\,277.1(\text{元})$$

**【例 1-12】** 假设基金按复利计息，年利率为 5%。如果投资者希望在第 9 个月末获得 20 000 元，计算投资者在期初投入到基金中的本金应该为多少。

**【解】** 应用复利的贴现函数，投资者在期初应该投入的本金为

$$20\,000\times(1+i)^{-t}=20\,000\times(1+0.05)^{-0.75}=19\,281.4(\text{元})$$

从前述两例可以看出，在其他条件相同的情况下，如果贴现期不足 1 年，则根据复利计算的现值较大。

图 1-7 比较了单利和复利的贴现函数。为了便于区分两个贴现函数的差异，该图使用了一个较大的利率 70%。可以看出，当 $t=0$ 或 $t=1$ 时，根据单利和复利计算的现值相等；当 $t<1$ 时，根据复利计算的现值较大；当 $t>1$ 时，根据单利计算的现值较大。

在后面，除非特别说明，一概使用复利的累积函数和贴现函数。

### 1.2.2 有效贴现率

有效利率是一定时期内产生的利息与期初本金的比率，而有效贴现率（effective rate of discount）是一定时期内产生的利息与期末累积值的比率，也称作实际贴现率。有效贴现率可以用公式表示为

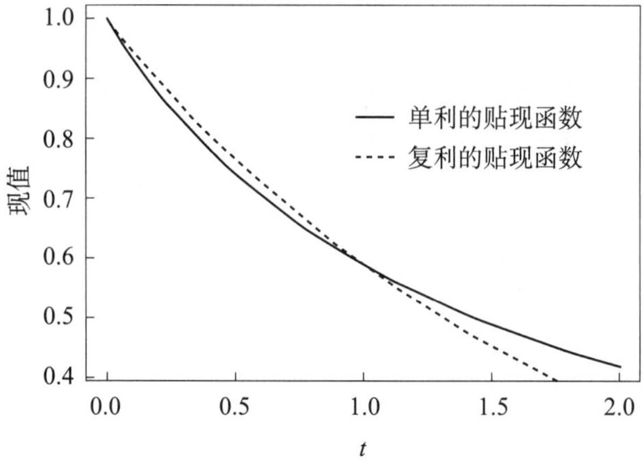


**图1-7 单利和复利的贴现函数**

$$\text{有效贴现率}=\frac{\text{当期利息}}{\text{期末累积值}} \tag{1.11}$$

从理论上讲，可以在任意长度的时间区间上定义有效贴现率。应用累积函数，时间区间 $[t, t+h]$ 上的有效贴现率可以表示为

$$d(t,t+h)=\frac{a(t+h)-a(t)}{a(t+h)} \tag{1.12}$$

其中分母是期末的累积值，分子是当期的利息收入。

在实际应用中，通常使用的有效贴现率是年有效贴现率，即在一年的时间区间上定义的有效贴现率。使用复利的累积函数，在时间区间 $[t, t+1]$ 上的年有效贴现率可以表示为

$$d(t,t+1)=\frac{(1+i)^{t+1}-(1+i)^t}{(1+i)^{t+1}}=\frac{i}{1+i} \tag{1.13}$$

可见，在复利计息方式下，年有效贴现率 $d(t, t+1)$ 与时间 $t$ 无关，所以可以简记为

$$d=\frac{i}{1+i} \tag{1.14}$$

上式表明，年有效贴现率就是单位本金在当期产生的利息 $i$ 与期末累积值 $(1+i)$ 之比。

在复利计息方式下，复利的年利率 $i$ 等于年有效利率，所以上式给出了年有效利率 $i$ 与年有效贴现率 $d$ 之间的转换关系。

年有效贴现率 $d$ 是年有效利率 $i$ 的增函数，当年有效利率 $i=0$ 时，年有效贴现率 $d=0$，而当年有效利率 $i\to\infty$ 时，年有效贴现率 $d\to1$，即年有效贴现率在 $[0, 1)$ 区间取值，而年有效利率在 $[0, \infty)$ 区间取值。

对式（1.14）进行变形，也可以用年有效贴现率表示年有效利率，即

$$i=\frac{d}{1-d} \tag{1.15}$$

上式中，年有效利率 $i$ 等于当年的利息 $d$ 与年初的本金 $1-d$ 之比。年初的本金为 $1-d$，年末获得的利息为 $d$，所以年末的累积值为 $d+(1-d)=1$。这意味着，年初的 $1-d$ 元本金在年末的累积值为1元。换言之，年末的1元等价于年初的 $1-d$ 元。这就解释了年有效贴现率的含义，即从年末的1元中减去年有效贴现率 $d$，即得年初的现值 $1-d$。

根据式（1.14）中年有效利率和年有效贴现率的关系，在复利条件下，累积函数也可以用年有效贴现率表示为

$$a(t)=(1-d)^{-t} \tag{1.16}$$

相应地，贴现函数可以用年有效贴现率表示为

$$a^{-1}(t)=(1-d)^{t} \tag{1.17}$$

上式所示的贴现方式称作复贴现（compound discount）。

**【例1-13】** 假设现在投资90万元，在1年后可以获得100万元。计算：(1) 该投资的年有效利率和年有效贴现率；(2) 第2年末的100万元在当前时刻的现值。

**【解】** (1) 该投资在年末获得的利息为10万元，故年有效利率为 $i=10/90=11.11\%$，年有效贴现率为 $d=10/100=10\%$。

(2) 应用式（1.17），第2年末的100万元在当前时刻的现值为

$$100\times(1-d)^2=100\times(1-10\%)^2=81(\text{万元})$$

虽然复贴现的应用较为普遍，但偶尔也会用到单贴现（simple discount）。如果单贴现的年贴现率为 $d$，则时刻 $t$ 时的1元在时间零点的现值可以表示为 $1-dt$。如果没有特别说明，后面使用的贴现方式都是复贴现。

### 1.2.3 有效利率与有效贴现率的关系

从理论上讲，可以在任意长度的时间区间上定义有效利率和有效贴现率。本节仅以复利计息方式下的年有效利率 $i$ 和年有效贴现率 $d$ 为例，讨论它们之间的关系。

对式（1.14）变形，很容易求得

$$d=i\cdot v \tag{1.18}$$

其中 $v=(1+i)^{-1}$ 表示1年期的贴现因子。

上式表明，年有效贴现率 $d$ 等于年有效利率 $i$ 的现值。这就意味着，年初投资1元，如果在年末收取利息，可以获得 $i$ 元利息；如果在年初预收利息，则可以获得 $d$ 元利息。换言之，年末的利息 $i$ 等价于年初的利息 $d$。

应用式（1.15），1年期的贴现因子还可以表示为

$$v=(1+i)^{-1}=\left(1+\frac{d}{1-d}\right)^{-1}=1-d \tag{1.19}$$

上式表明，年末的 1 元在年初的现值就可以表示为 $v=(1+i)^{-1}$，也可以表示为 $1-d$。

将式（1.18）进一步变形有

$$d=i\cdot v=i\cdot(1-d)=i-id\Rightarrow i-d=id \tag{1.20}$$

即年有效利率与年有效贴现率之差等于它们的乘积。

对式（1.20）可以如下解释（参考表 1-1）：年初投资 1 元在年末可以获得 $i$ 元利息，年初投资 $1-d$ 元在年末可以获得 $d$ 元利息。这两项投资在年末产生了 $i-d$ 元的利息差额。产生这个利息差额的原因在于年初的本金存在 $d$ 元差额，而这 $d$ 元本金差额在年末可以赚取的利息正好是 $id$。式（1.20）左边表示两项投资的利息差额，右边表示两项投资的本金之差所导致的利息差额，故左右两边相等。

**表 1-1　年有效利率与年有效贴现率的关系**

| | 本金 | 累积值 | 期末利息 |
|---|---|---|---|
| 第 1 项投资 | 1 | $1+i$ | $i$ |
| 第 2 项投资 | $1-d$ | 1 | $d$ |
| 两项投资的差额 | $d$ | $i$ | $i-d$ |

**【例 1-14】** 如果年有效利率可以表示为 $i=1/n$，请证明年有效贴现率可以表示为

$$d=\frac{1}{n+1}$$

**【解】** 应用式（1.14），有

$$d=\frac{i}{1+i}=\frac{1/n}{1+1/n}=\frac{1}{n+1}$$

年有效利率与年有效贴现率的关系如图 1-8 所示。当年有效利率增加时，年有效贴现率也逐渐增加，但增加的幅度越来越小，最终趋于 1，也就是说，年有效贴现率的最大值是 1。当年有效贴现率增加时，年有效利率也会增加，且增加的幅度越来越大。当年有效贴现率趋于 1 时，年有效利率趋于无穷大。

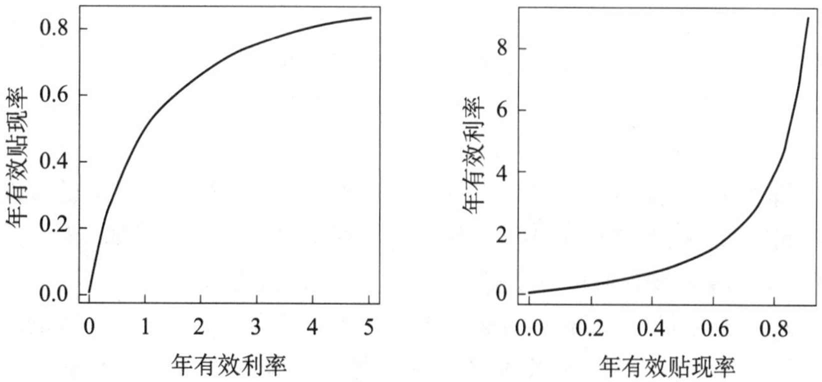


**图 1-8　年有效利率与年有效贴现率的关系**

由前面的讨论可知，在复利计息方式下，累积函数和贴现函数既可以用年有效利率表示，也可以用年有效贴现率表示，即

$$\text{累积函数 } a(t)=(1+i)^t=(1-d)^{-t} \tag{1.21}$$

$$\text{贴现函数 } a^{-1}(t)=(1+i)^{-t}=(1-d)^t \tag{1.22}$$

上式表明，计算现值既可以使用年有效利率，也可以使用年有效贴现率，如图 1－9 所示。

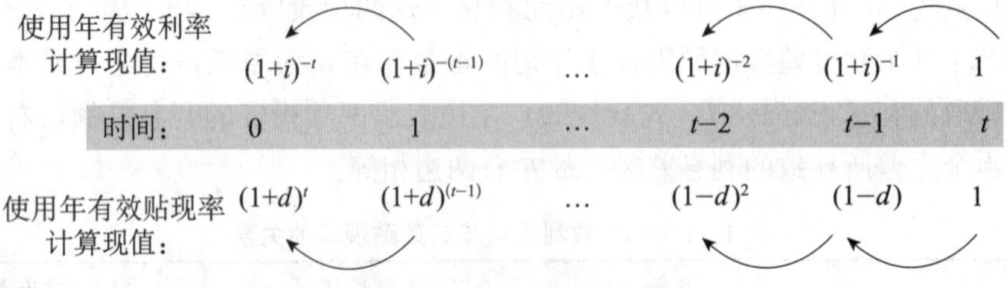


图 1－9　现值的计算过程

【例 1－15】假设年有效贴现率为 5%，计算第 3 年末支付的 2 000 元在当前时刻的现值与在第 5 年末的累积值。

【解】年有效贴现率为 5%，故应用式（1.22）中的贴现函数，第 3 年末支付的 2 000 元在当前时刻的现值为

$$2\ 000\times(1-5\%)^3=1\ 714.75(\text{元})$$

应用式（1.21）中的累积函数，将上述现值累积到第 5 年末，即得第 5 年末的累积值为

$$1\ 714.75\times(1-5\%)^{-5}=2\ 216.07(\text{元})$$

## 1.3　年名义利率

### 1.3.1　年名义利率的定义

有效利率可以定义在任意长度的时间区间上，譬如 1 个月、60 天或 3 年等。在实践中，这些时间区间上定义的有效利率通常会表示为年名义利率（nominal rate of interest）的形式，即将其“年化”表示，也称作年化利率或年化收益率。

年名义利率可以定义为一个时间区间上的有效利率除以该时间区间的长度，或者定义为一个时间区间上的有效利率乘以一年包含的时间区间个数。譬如，1 个月期限的理财产品，100 元本金在到期时可以获得 0.5 元利息，即月有效利率为 0.5%。在实践中，通常的表述方式是该理财产品的年名义利率（即年化收益率）为 6%。这里的年名义利率 6% 等于月有效利率 0.5% 除以理财产品的期限（即 1/12 年），也等于月有效利率 0.5% 与一年包含的月数 12 的乘积。

更一般地，对于任意一个时间区间 $[t, t+h]$，长度为 $h$，一年包含的时间区间个数为 $m=1/h$。如果该时间区间上的有效利率为 $j$，则相应的年名义利率 $i^{(m)}$ 定义为

$$i^{(m)}=j/h \tag{1.23}$$

或

$$i^{(m)}=mj \tag{1.24}$$

换言之，年名义利率 $i^{(m)}$ 可以定义为一个时间区间上的有效利率 $j$ 除以时间区间的长度 $h$，如式（1.23）所示；也可以定义为一个时间区间上的有效利率 $j$ 乘以一年包含的时间区间个数 $m$，如式（1.24）所示。这两个定义是等价的。

年名义利率的定义可以用文字表述如下：

$$\begin{aligned}\text{年名义利率}&=\frac{\text{时间区间上的有效利率}}{\text{时间区间长度}}\\&=\text{时间区间上的有效利率}\times\text{一年包含的时间区间个数}\end{aligned}$$

上式中，时间区间长度用年数表示，1 除以时间区间长度等于一年包含的时间区间个数。

年名义利率在现实生活中的应用十分普遍。假设借款人从银行获得期限为 1 年、金额为 100 万元的贷款，贷款的年利率为 12%。如果银行要求借款人在年末一次性支付 12 万元利息，则 12%就是年有效利率。如果银行要求借款人分 12 次支付利息，即每月末支付 1 万元利息，则 12%就是年名义利率，等价于月有效利率为 1%。如果银行要求借款人分 4 次支付利息，即每季度末支付 3 万元利息，则 12%就是年名义利率，等价于每个季度的有效利率为 3%。

在使用年名义利率场合，必须与一年所包含的时间区间个数相联系，譬如，在上例中，只说年名义利率为 12%是含义不清的，必须同时说明一年分几次支付利息，即一年包含多少个时间区间。在实际应用中，年名义利率可以用下述方法进行表述："年利率为 12%，每年结转 4 次利息（或每个季度结转 1 次利息，或每年复利 4 次，或每个季度复利 1 次）"，其含义都表示每个季度的有效利率为 3%。

譬如，对于一种 30 天的理财产品，如果 100 元本金在到期时可以获得 0.3 元的利息，则通常会表述为：该理财产品的年化收益率为 0.3%×365/30=3.65%，期限为 30 天。这里的年化收益率就是每年结转 365/30 次利息的年名义利率，相当于 30 天期限的有效利率为 0.3%。

虽然不同期限的理财产品都用年化收益率（年名义利率）表示其收益水平，但不同期限的年化收益率并没有可比性。年化收益率越高，并不意味着收益一定越多。为了比较不同的年名义利率，可以将它们全部转化为等价的年有效利率。这里等价的含义是：对于期初的 1 元本金，无论是用年名义利率计算，还是用年有效利率计算，只要它们在期末的累积值相等，就称年名义利率与年有效利率是等价的。

在已知年名义利率的情况下，可以计算出与其等价的年有效利率。

**【例 1-16】** 假设每月复利一次的年名义利率为 6%，计算与其等价的年有效利率。

【解】每月复利一次的年名义利率为6%，意味着月有效利率为6%÷12=0.5%。对于时间零点的1元本金，既可以用月有效利率0.5%计算年末的累积值，也可以用年有效利率$i$计算年末的累积值。

年有效利率为$i$，应用复利的累积函数式（1.5），时间零点的1元本金在年末的累积值为$1+i$。

月有效利率为0.5%，1年包含12个月，应用复利的累积函数式（1.6），时间零点的1元本金在年末的累积值为$(1+0.5\%)^{12}$。

上述两个累积值都是时间零点的1元本金在年末的累积值，令它们相等，即得

$$1+i=(1+0.5\%)^{12}$$

由此可以求得与年名义利率6%等价的年有效利率为

$$i=(1+0.5\%)^{12}-1=6.2\%$$

更一般地，用$i^{(m)}$表示一年复利$m$次的年名义利率，这相当于将一年划分为$m$个相等长度的时间区间，每个时间区间上的有效利率为$j=i^{(m)}/m$。应用复利的累积函数式（1.6），时间零点的1元本金在年末的累积值可以表示为

$$(1+j)^m=\left(1+\frac{i^{(m)}}{m}\right)^m$$

上述累积值应该等于以年有效利率$i$计算的年末累积值$(1+i)$，即有

$$\left(1+\frac{i^{(m)}}{m}\right)^m=1+i \tag{1.25}$$

上式就是年名义利率$i^{(m)}$与年有效利率$i$之间的转化关系，参见图1-10。

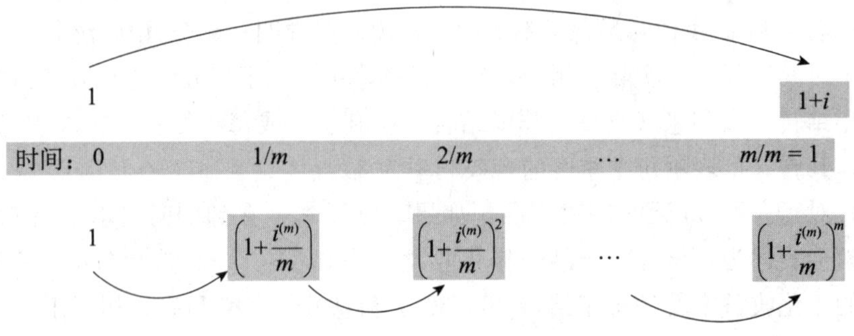


图1-10　年名义利率与年有效利率的关系

应用式（1.25），可以用年名义利率表示年有效利率：

$$i=\left(1+\frac{i^{(m)}}{m}\right)^m-1 \tag{1.26}$$

也可以用年有效利率表示年名义利率：

$$i^{(m)}=m[(1+i)^{\frac{1}{m}}-1] \tag{1.27}$$

还可以用年名义利率表示累积函数：

$$a(t)=(1+i)^t=\left(1+\frac{i^{(m)}}{m}\right)^{mt} \tag{1.28}$$

年名义利率的另一种形式是多年复利一次的利率，即将多年合并为一个时间区间，并在每个时间区间末，将该时间区间产生的利息转化为下一个时间区间的本金。譬如，商业银行 3 年期定期存款的年利率就是这种形式的名义利率。假设商业银行 3 年期定期存款的年利率为 4.5%，存款人在期初存入 1 元，则在第 3 年末可以获得的利息金额为 0.045×3=0.135 元。3 年期满之后，这 0.135 元本金才可结转为下一个存期的本金，也就是所谓的每 3 年结转一次利息或每 3 年复利一次。显然，存款人在这 3 年期间获得的有效利率为 13.5%。也就是说，商业银行 3 年期定期存款的年利率 4.5%是一种名义利率，其含义是 3 年期的有效利率为 4.5%×3=13.5%。

应用年有效利率 $i$ 计算，时间零点的 1 元本金在第 3 年末的累积值为 $(1+i)^3$；应用 3 年期的有效利率 13.5%计算，时间零点的 1 元本金在第 3 年末的累积值为 1+13.5%。令这两个累积值相等：

$$(1+i)^3=1+13.5\%$$

由此可以求得与年名义利率 4.5%等价的年有效利率为 4.31%。

多年复利一次（如 $k$ 年复利一次）的年名义利率也可以看作每年复利 $m=1/k$ 次的年名义利率。譬如，3 年期银行存款的年利率为 4.5%，意味着每 3 年复利一次，即 $k=3$，这等价于每年复利 1/3 次，即 $m=1/3$。换言之，每 3 年复利一次的年名义利率为 4.5%，等价于每年复利 $m=1/3$ 次的年名义利率为 $i^{(1/3)}=4.5\%$，因此，应用公式（1.26），可以求得与年名义利率 4.5%等价的年有效利率为

$$i=\left(1+\frac{i^{(m)}}{m}\right)^m-1=\left(1+\frac{4.5\%}{1/3}\right)^{1/3}-1=4.31\%$$

总之，无论是一年复利多次，还是多年复利一次，年名义利率与年有效利率的关系都可以应用式（1.25）进行计算。

**【例 1-17】**2 000 元本金按每年复利 4 次的年名义利率 6%进行投资，计算 2.5 年后的累积值。

**【解】**本题有两种解法。

方法一：每年复利 4 次，就意味着每季度复利一次，因此每个季度的有效利率为 6%÷4=1.5%。而 2.5 年一共包含 10 个季度，应用式（1.6），10 个季度末的累积值为

$$2\,000\times(1+1.5\%)^{10}=2\,321.08(\text{元})$$

方法二：应用式（1.26），与年名义利率 6%等价的年有效利率为

$$i=\left(1+\frac{i^{(m)}}{m}\right)^m-1=\left(1+\frac{0.06}{4}\right)^4-1=6.136\,4\%$$

应用复利的累积函数式（1.5），2 000 元本金在 2.5 年后的累积值为

$$2\,000\times(1+6.136\,4\%)^{2.5}=2\,321.08(\text{元})$$

在给定年名义利率的情况下，每年复利的次数越多，与其等价的年有效利率越大。表 1-2 和图 1-11 给出了在年名义利率为 10%的情况下，与其等价的年有效利率随每年复利次数的增加而增加的一个例子。可以看出，当复利次数从每年 1 次增加到每年 12 次时，年有效利率的增长幅度较大，但当每年的复利次数进一步增加时，年有效利率的增长幅度越来越小，最后趋于一个常数。

**表 1-2　与年名义利率等价的年有效利率随复利次数的增加而增加**

| 复利次数 | 年有效利率 | 年初的 1 000 元在年末的累积值 |
|---|---|---|
| 1（每年复利一次） | 0.100 00 | 1 100.00 |
| 2（每半年复利一次） | 0.102 50 | 1 102.50 |
| 4（每季度复利一次） | 0.103 81 | 1 103.81 |
| 12（每月复利一次） | 0.104 71 | 1 104.71 |
| 52（每周复利一次） | 0.105 07 | 1 105.07 |
| 365（每天复利一次） | 0.105 16 | 1 105.16 |

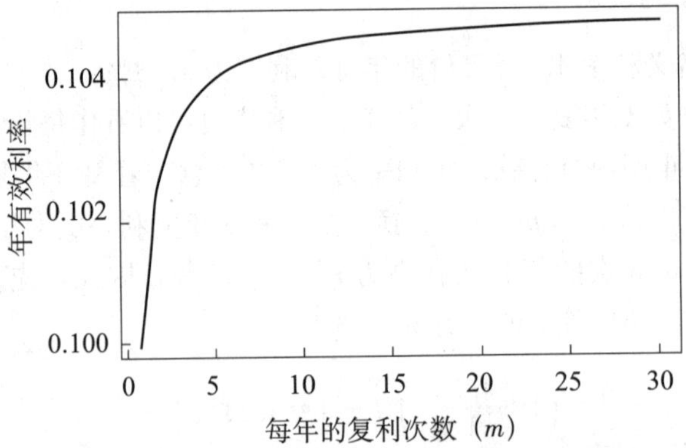


**图 1-11　与年名义利率等价的年有效利率随复利次数的增加而增加**

在表 1-2 和图 1-11 中，给定的年名义利率为 10%，当复利次数 $m$ 趋于无穷大时，年有效利率的极限为：

$$
\begin{aligned}
i &= \lim_{m\to\infty}\left(1+\frac{0.1}{m}\right)^m-1=\lim_{m\to\infty}\exp\left[m\cdot\ln\left(1+\frac{0.1}{m}\right)\right]-1 \quad \left(令\ x=\frac{1}{m}\right)\\
&=\lim_{x\to 0}\exp\left[\frac{\ln(1+0.1x)}{x}\right]-1=\lim_{x\to 0}\exp\left(\frac{0.1}{1+0.1x}\right)-1\\
&=e^{0.1}-1\\
&=0.105\ 17
\end{aligned}
$$

**【例 1-18】**假设 $X$ 按每个季度复利一次的年名义利率 8%计息，$Y$ 按每半年复利一次的年名义利率 6%计息。在第 10 年末，它们的累积值之和为 1 000 万元。在第 5 年末，$X$ 的累积值与 $Y$ 的累积值之比为 2。计算 $X$ 和 $Y$ 在第 2 年末的累积值之和。

**【解】**对于 $X$，每季度的有效利率为 2%，10 年包含 40 个季度，所以第 10 年末的累积值为 $X\times 1.02^{40}$，类似地，在第 5 年末的累积值为 $X\times 1.02^{20}$。

对于 $Y$，每半年的有效利率为 3%，10 年包含 20 个半年，所以第 10 年末的累积值为$Y\times1.03^{20}$，类似地，第5年末的累积值为$Y\times1.03^{10}$。

根据题意，可以建立下列方程组：

$$\begin{cases}1\,000=X\times1.02^{40}+Y\times1.03^{20}\\X\times1.02^{20}=2Y\times1.03^{10}\end{cases}$$

解此方程组可得：

$$\begin{cases}X=311.76\\Y=172.41\end{cases}$$

它们在第2年末的累积值之和为

$$X\times1.02^{8}+Y\times1.03^{4}=559.44(\text{万元})$$

### 1.3.2　年名义利率的解释

假设单利的年利率为$i$，考虑把1年划分为$m$个相等的时间区间进行分段投资，则每个时间区间的长度为$1/m$年。若按单利计息，1元本金在第一个时间区间末的累积值为（$1+i/m$）。

该累积值可以看作第二个时间区间的初始本金，将其乘以单利在第二个时间区间的累积函数（$1+i/m$），即得第二个区间末的累积值为

$$\left(1+\frac{i}{m}\right)\left(1+\frac{i}{m}\right)=\left(1+\frac{i}{m}\right)^{2}$$

以此类推，1元本金在第$m$个时间区间末的累积值为（$1+i/m$）$^m$。

在前述计算中，每个时间区间都是按照单利的年利率$i$计息的，但将所有时间区间的计息结果综合在一起看，最终表现形式为复利的计息方式，即上式相当于假设每个时间区间的有效利率为$i/m$，一年共有$m$个时间区间，所以根据复利的累积函数（1.6），年末的累积值可以表示为（$1+i/m$）$^m$。

由此可见，如果单利的年利率为$i$，将一年等分为$m$段进行分段投资，则单利的年利率$i$等价于每年复利$m$次的年名义利率$i^{(m)}$。换言之，年名义利率$i^{(m)}$就是将一年等分为$m$个时间区间进行分段投资时单利的年利率$i$。

图1-12揭示了1元本金的累积值随着等分的时间区间个数$m$的增加而增加的过程，其中假设单利的年利率为10%。该图表明，将一年划分的时间区间越多，最终产生的累积值越大。

由式（1.25）可知，年名义利率与年有效利率之间存在下述关系：

$$\left(1+\frac{i^{(m)}}{m}\right)^{m}=1+i$$

将上式变形，可以得到名义利率的另一种解释：

$$1+\frac{i^{(m)}}{m}=(1+i)^{\frac{1}{m}}\tag{1.29}$$

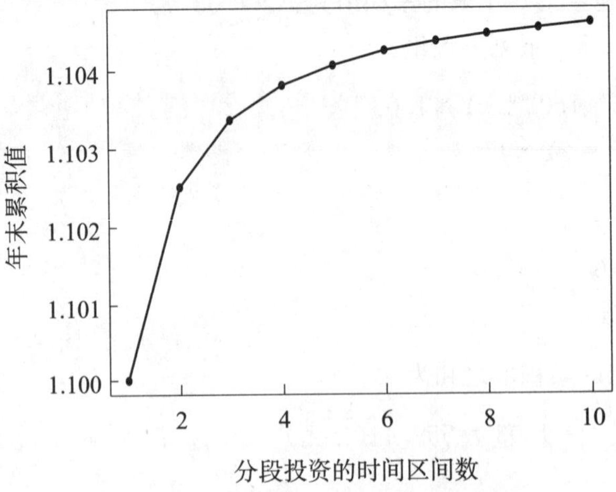


**图 1-12　分段投资对年末累积值的影响**

上式左边表示年初的 1 元本金在根据单利 $i^{(m)}$ 计息的情况下，经过 $1/m$ 年以后的累积值；右边表示年初的 1 元本金在根据复利 $i$ 计息的情况下，经过 $1/m$ 年后的累积值。因此，名义利率 $i^{(m)}$ 可以解释为：在 $1/m$ 年的时间区间内与复利利率 $i$ 等价的单利利率。

## 1.3.3　年名义利率的应用

在现实生活中，银行公布的储蓄存款利率基本上都是年名义利率，如表 1-3 所示。为了比较这些年名义利率，必须将它们转换成与其等价的年有效利率。以 3 个月期限的银行存款的年名义利率 1.8%为例，它表示 3 个月期限的有效利率为 $1.8\%\div 4=0.45\%$，所以与其等价的年有效利率为

$$(1.8\%\div 4+1)^4-1=1.812\%$$

再以 3 年期银行存款的年名义利率 3.69%为例，它表示 3 年期的有效利率为 $3.69\%\times 3=11.07\%$，所以与其等价的年有效利率为

$$(1+3.69\%\times 3)^{\frac{1}{3}}-1=3.562\%$$

与其他银行存款的年名义利率等价的年有效利率也可类似计算，结果如表 1-3 和图 1-13 所示。可见，对于 1 年期的定期存款，年名义利率等价于年有效利率。当存款期限小于 1 年时，年名义利率小于与其等价的年有效利率；当存款期限大于 1 年时，年名义利率大于与其等价的年有效利率，且存款期限越长，年名义利率与年有效利率的差异越大。

**表 1-3　银行存款的年名义利率以及与其等价的年有效利率**

| 存款期限 | 3 个月 | 6 个月 | 1 年 | 2 年 | 3 年 | 5 年 |
|---|---|---|---|---|---|---|
| 年名义利率 | 1.80 | 2.25 | 2.52 | 3.06 | 3.69 | 4.14 |
| 与年名义利率等价的年有效利率 | 1.812 | 2.263 | 2.52 | 3.015 | 3.562 | 3.834 |

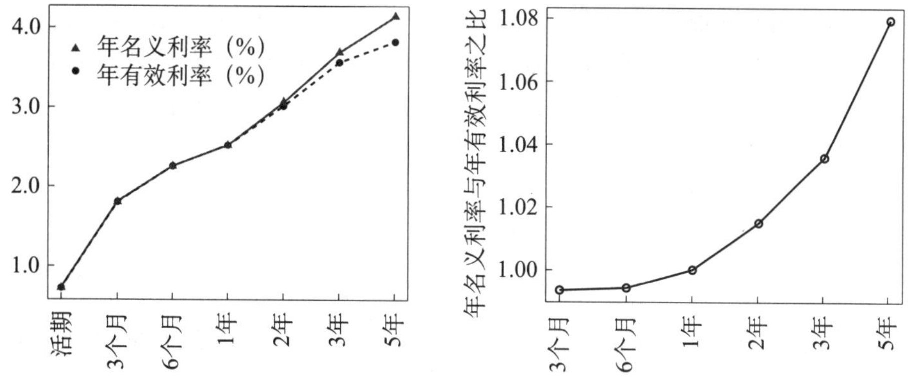


**图1-13　银行存款的年名义利率以及与其等价的年有效利率**

**Excel应用**

EFFECT函数和NOMINAL函数

将年名义利率转换为年有效利率的函数为EFFECT。譬如，在表1-3中，3个月期限的年名义利率为1.8%，相当于每年复利4次，在Excel的任意单元格中输入"=EFFECT(0.018,4)"后回车，即可将其转换为与其等价的年有效利率1.812%。

将年有效利率转换为年名义利率的函数为NOMINAL。譬如，在表1-3中，6个月期限的年有效利率为2.263%，相当于每年复利2次，在Excel的任意单元格中输入"=NOMINAL(0.02263,2)"后回车，即可将其转换为与其等价的年名义利率2.25%。

EFFECT和NOMINAL函数中的第2个参数表示每年的复利次数（即利息结转次数），目前只能输入正整数，不适用于多年复利一次的情形。

## 1.4　年名义贴现率

### 1.4.1　年名义贴现率的定义

有效贴现率是一个时期产生的利息与期末累积值之比。从理论上讲，有效贴现率可以定义在任意长度的时间区间上，譬如1个月、100天或3年等。在实践中，通常将有效贴现率转化为年名义贴现率的形式进行表述。譬如，如果月有效贴现率为1%，则将其表述为年名义贴现率是1%×12=12%，每月贴现1次；如果每个季度的有效贴现率为2%，则将其表述为年名义贴现率是2%×4=8%，每年贴现4次。

更一般地，对于任意的一个时间区间$[t, t+h]$，长度为$h$，一年包含的时间区间个数为$m=1/h$。如果该时间区间上的有效贴现率为$q$，则相应的年名义贴现率$d^{(m)}$定义为

$$d^{(m)}=q/h \tag{1.30}$$

或

$$d^{(m)}=mq \tag{1.31}$$

换言之，年名义贴现率 $d^{(m)}$ 可以定义为一个时间区间上的有效贴现率 $q$ 除以该时间区间的长度 $h$，如式（1.30）所示；也可以定义为一个时间区间上的有效贴现率 $q$ 乘以一年包含的时间区间个数 $m$，如式（1.31）所示。这两个定义是等价的。

年名义贴现率的定义也可以用文字表述如下：

$$\text{年名义贴现率}=\frac{\text{时间区间上的有效贴现率}}{\text{时间区间长度}}$$
$$=\text{时间区间上的有效贴现率}\times\text{一年包含的时间区间个数}$$

上式中，时间区间长度用年数表示，1 除以时间区间长度等于一年包含的时间区间个数。

年名义贴现率 $d^{(m)}$ 与年有效贴现率 $d$ 之间可以相互转换。如果年名义贴现率为 $d^{(m)}$，则意味着将一年划分为 $m$ 个时间区间，每个时间区间的长度为 $1/m$ 年，每个时间区间的有效贴现率为 $d^{(m)}/m$。在这种情况下，计算年末的 1 元在时间零点的现值，可以用两种方法（参见图 1－14）：一种是按照年有效贴现率计算，年末的 1 元在年初的现值为 $(1-d)$；另一种方法是将一年划分为 $m$ 个时间区间，按照每个时间区间的有效贴现率 $d^{(m)}/m$ 计算。首先将年末的 1 月向前贴现一个时间区间，得到时间区间起点的价值为 $d^{(m)}/m$；然后将该价值再向前贴现一个时间区间，得到前一个时间区间起点的价值 $(d^{(m)}/m)^2$；以此类推，最后得到年初的现值为 $(1-d^{(m)}/m)^m$。上述两种方法计算的现值应该相等，故有

$$\left(1-\frac{d^{(m)}}{m}\right)^m=1-d \tag{1.32}$$

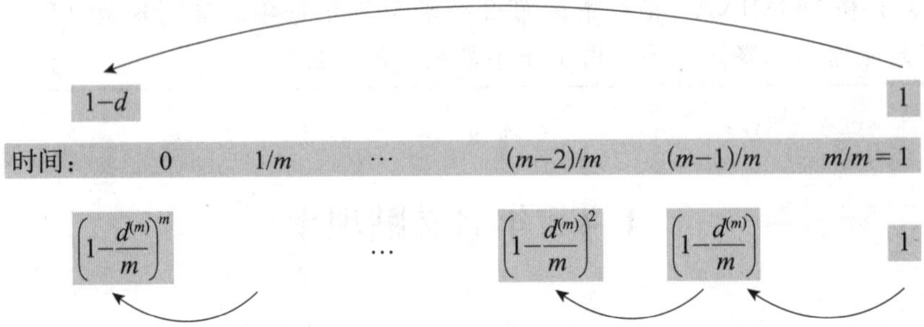


**图 1－14　年名义贴现率与年有效贴现率的关系**

由式（1.32）可知，用年名义贴现率表示的年有效贴现率为

$$d=1-\left(1-\frac{d^{(m)}}{m}\right)^m \tag{1.33}$$

用年有效贴现率表示的年名义贴现率为

$$d^{(m)}=m\left[1-(1-d)^{\frac{1}{m}}\right] \tag{1.34}$$

用名义贴现率还可以将贴现函数和累积函数表示如下：

$$a^{-1}(t)=(1-d)^t=\left(1-\frac{d^{(m)}}{m}\right)^{mt} \tag{1.35}$$

$$a(t)=\left(1-\frac{d^{(m)}}{m}\right)^{-mt} \tag{1.36}$$

将式（1.32）变形，年名义贴现率与年有效贴现率的关系还可以表示为

$$1-\frac{d^{(m)}}{m}=(1-d)^{\frac{1}{m}} \tag{1.37}$$

上式左边表示 $1/m$ 年末的 1 元用单贴现率计算的现值，右边表示 $1/m$ 年末的 1 元用复贴现率计算的现值，因此，名义贴现率 $d^{(m)}$ 也可以解释为：在 $1/m$ 年的时间区间上与有效贴现率（即复贴现率）等价的单贴现率。

**【例 1-19】** 已知年名义贴现率为 $d^{(4)}=6\%$，计算 6 个月到期的 2 000 元在时间零点的现值。

**【解】** 该题有两种解法。

（1）$d^{(4)}=6\%$表示每个季度的有效贴现率为 $6\%\div4=1.5\%$。6 个月包含 2 个季度，所以 2 000 元的现值为

$$2\ 000\times(1-1.5\%)^2=1\ 940.45(\text{元})$$

（2）应用式（1.33），年有效贴现率为

$$d=1-\left(1-\frac{d^{(m)}}{m}\right)^m=1-\left(1-\frac{0.06}{4}\right)^4=5.866\ 3\%$$

6 个月等于半年，即 $t=0.5$，所以 2 000 元的现值为

$$2\ 000\times(1-5.866\ 3\%)^{0.5}=1\ 940.45(\text{元})$$

在给定年名义贴现率的条件下，每年的贴现次数越多，与年名义贴现率等价的年有效贴现率将越小。表 1-4 和图 1-15 给出了在年名义贴现率为 10%的情况下，与其等价的年有效贴现率随贴现次数增加而减小的一个例子。

**表 1-4　与年名义贴现率等价的年有效贴现率随贴现次数的增加而减小**

| 贴现次数 | 年有效贴现率 | 年末的 1 000 元在年初的现值 |
|---|---|---|
| 1（每年贴现一次） | 0.100 00 | 900.00 |
| 2（每半年贴现一次） | 0.097 50 | 902.50 |
| 4（每季度贴现一次） | 0.096 31 | 903.69 |
| 12（每月贴现一次） | 0.095 54 | 904.46 |
| 52（每周贴现一次） | 0.095 25 | 904.75 |
| 365（每天贴现一次） | 0.095 17 | 904.83 |

应用式（1.33）容易验证，在给定年名义贴现率为 10%的条件下，当每年的贴现次数 $m$ 趋于无穷大时，与其等价的年有效贴现率将趋于常数，即有

$$d=1-\lim_{m\to\infty}\left(1-\frac{0.1}{m}\right)^m=1-\mathrm{e}^{-0.1}=0.095\ 16$$

从表 1-4 和图 1-15 可以看出，对于给定的年名义贴现率，当贴现次数从 1 增加到 12 时，年有效贴现率快速下降，但当贴现次数进一步增加时，年有效贴现率的下降幅度放缓，并最终趋于一个常数。

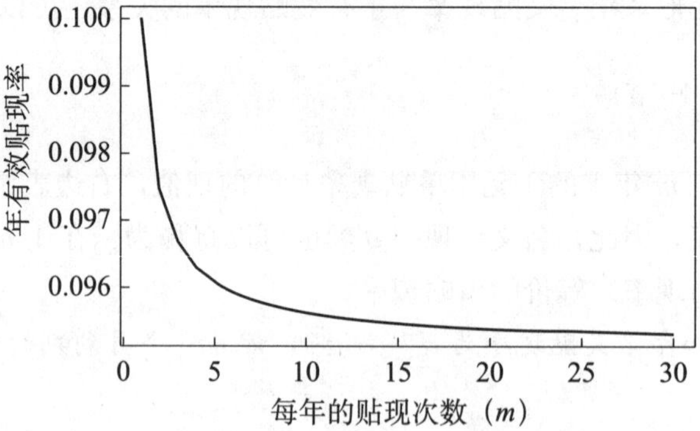


**图 1-15　与年名义贴现率等价的年有效贴现率随贴现次数的增加而减小**

## 1.4.2　年名义利率与年名义贴现率的关系

年名义利率与年名义贴现率之间可以相互转换。令 $i^{(m)}$ 为每年复利 $m$ 次的年名义利率，$d^{(n)}$ 为每年贴现 $n$ 次的年名义贴现率，则年初的 1 元本金用年名义利率和年名义贴现率计算的年末累积值应该相等，即有

$$\left(1+\frac{i^{(m)}}{m}\right)^{m}=\left(1-\frac{d^{(n)}}{n}\right)^{-n} \tag{1.38}$$

上式左边是用年名义利率计算的累积值，参见式（1.28）；右边是用年名义贴现率计算的累积值，参见式（1.36）。

若令 $m=1$，则式（1.38）给出了年有效利率 $i$ 与年名义贴现率 $d^{(n)}$ 之间的关系。

若令 $n=1$，则式（1.38）给出了年有效贴现率 $d$ 与年名义利率 $i^{(m)}$ 之间的关系。

若令 $m=n=1$，则式（1.38）给出了年有效利率 $i$ 与年有效贴现率 $d$ 之间的关系。

若令 $m=n$，则式（1.38）变形为

$$\frac{i^{(m)}}{m}-\frac{d^{(m)}}{m}=\frac{i^{(m)}}{m}\cdot\frac{d^{(m)}}{m} \tag{1.39}$$

上式表明，在 $1/m$ 年的时间区间内，有效利率与有效贴现率之差等于它们的乘积。这个结论与式（1.20）类似。

**【例 1-20】** 已知每月复利一次的年名义利率为 6%，计算当每个季度贴现一次的年名义贴现率为多少时，年名义利率与年名义贴现率是等价的。这里等价的含义是：无论按年名义利率计算还是按年名义贴现率计算，期末的 1 元在期初的现值是相等的，或者期初的 1 元在期末的累积值是相等的。

**【解】** 应用式（1.38），有

$$\left(1+\frac{0.06}{12}\right)^{12}=\left(1-\frac{d^{(4)}}{4}\right)^{-4}$$

上式左边是期初的 1 元按年名义利率计算的期末累积值，右边是按年名义贴现率计算的期末累积值。解上述方程即得每个季度贴现一次的年名义贴现率为 $d^{(4)}=5.94\%$。

从本例可以看出，当年名义利率与年名义贴现率等价时，年名义利率在数值上大于

年名义贴现率，这一结论总是成立的，即不论多长时间复利一次或贴现一次，只要年名义利率与年名义贴现率是等价的，年名义利率的数值就总是大于年名义贴现率的数值。

**【例 1－21】** 投资者在某个基金的投资情况如下：初始投入 10 万元，第 15 年末又投入 30 万元。如果此基金在前 10 年按每个季度贴现一次的名义贴现率 $d^{(4)}$ 计息，10 年后按每半年复利一次的年名义利率 6%计息。在第 30 年末，投资者在基金中的累积值为 120 万元。计算 $d^{(4)}$ 的值。

**【解】** 每个季度贴现一次的名义贴现率为 $d^{(4)}$，这意味着每个季度的有效贴现率为 $d^{(4)}/4$。每半年复利一次的年名义利率为 6%，意味着每半年的有效利率为 3%。

投资者在第 30 年末的累积值可以表示为（参见图 1－16）

$$10\times\left(1-\frac{d^{(4)}}{4}\right)^{-40}\times(1+0.03)^{40}+30\times(1+0.03)^{30}=120$$

上式中的第一项表示初始投入的 10 万元在第 30 年末的累积值，分两段计算：第一段为 10 年，相当于 40 个季度；第二段为 20 年，相当于 40 个半年。第二项表示第 15 年末投入的 30 万元在第 30 年末的累积值，投资期限为 15 年，相当于 30 个半年。

解上述方程，可得 $d^{(4)}=3.67\%$。

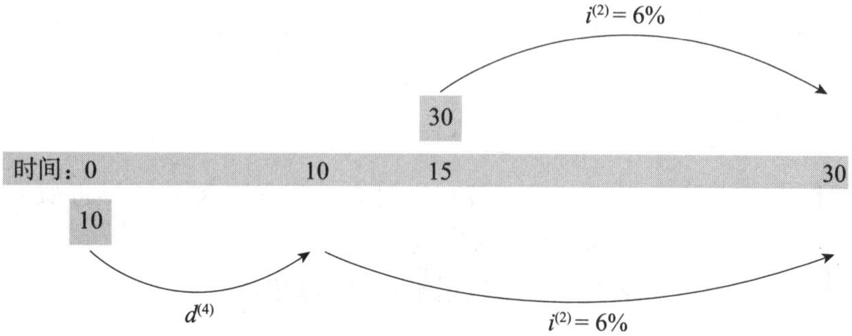


**图 1－16　累积值的计算过程**

# 1.5　利息力

年有效利率度量了资金在一年期间的增长率，年名义利率可以度量资金在不足一年的时间区间（如一周、一个月或一个季度）内的增长率，而利息力（force of interest）可以度量资金在一个无穷小的时间区间（一个时点）上的增长率。将一个无穷小的时间区间上定义的有效利率表示为年名义利率的形式，该年名义利率就是利息力。换言之，利息力事实上就是在一个无穷小的时间区间上定义的年名义利率。

本节首先介绍复利计息方式下的利息力，然后将其推广，讨论一般累积函数的利息力。

## 1.5.1　复利计息方式下的利息力

从理论上讲，可以在任意长度的时间区间上定义有效利率，譬如一个季度、一个月、一周、一天等。在任意时间区间上定义的有效利率通常会表示为年名义利率的形式。譬如，如果月有效利率为 0.5%，则相应的年名义利率就是 0.5%×12=6%。当定义有效利率的时间区间越来越短，趋于无穷小时，与该有效利率对应的年名义利率就是利息力。在实践中，最短的计息周期通常就是一天。如果日有效利率为 $j=0.01\%$，则相应的年名义利率为 $i^{(365)}=365j=3.65\%$。这个年名义利率事实上已经非常接近利息力了。

在前例中，将一年划分为 365 天，给出了日有效利率及其对应的年名义利率。在实践中，一天就是一个很小的计息周期，所以与日有效利率对应的年名义利率近似等于利息力，但还不是真正的利息力。为了计算真正的利息力，可以将一年等分为 $m$ 个时间区间，每个时间区间的长度为 $1/m$。当 $m$ 趋于无穷大时，每个时间区间的长度将趋于无穷小。如果在这个无穷小的时间区间上定义有效利率，并将该有效利率年化表示，则相应的年名义利率就是利息力。

在复利计息方式下，如果将一年等分为 $m$ 个时间区间，每个时间区间的有效利率为 $j$，则与该有效利率对应的年名义利率为 $i^{(m)}=mj$。考虑年初的 1 元本金在年末的累积值：如果按照年有效利率 $i$ 计息，年末的累积值为 $1+i$；如果按照每个区间的有效利率 $j$ 计息，年末的累积值为 $(1+j)^m=\left(1+\frac{i^{(m)}}{m}\right)^m$。

令上述两个累积值相等，即得

$$1+i=\left(1+\frac{i^{(m)}}{m}\right)^m \tag{1.40}$$

如前所述，当 $m=365$ 时，与日有效利率对应的年名义利率 $i^{(365)}$ 近似等于利息力。当 $m\to\infty$ 时，相应的年名义利率 $i^{(\infty)}$ 就是利息力。

将式（1.40）变形，年名义利率可以用年有效利率表示为

$$i^{(m)}=m[(1+i)^{\frac{1}{m}}-1] \tag{1.41}$$

上式求 $m\to\infty$ 的极限，即得复利计息方式下的利息力为

$$\begin{aligned}\lim_{m\to\infty} i^{(m)} &= \lim_{m\to\infty} m[(1+i)^{\frac{1}{m}}-1]\\ &= \lim_{x\to 0}\frac{(1+i)^x-1}{x}\quad\left(\text{令 } x=\frac{1}{m}\right)\\ &= \ln(1+i)\end{aligned}$$

可见，在复利计息方式下，利息力是一个常数，记为

$$\delta=\ln(1+i) \tag{1.42}$$

对式（1.42）两边同取以 e 为底的指数，可得

$$e^{\delta}=1+i \tag{1.43}$$

上式表明，对于年初的 1 元本金，左边是用利息力计算的年末累积值，右边是用年有效利率计算的年末累积值。因此，复利的累积函数也可以用利息力表示为

$$a(t)=(1+i)^t=e^{\delta t} \tag{1.44}$$

**【例1-22】** 在复利计息方式下，年名义贴现率为 $d^{(m)}$，证明 $\lim\limits_{m\to\infty} d^{(m)}=\ln(1+i)$。

**【解】** 年名义贴现率与年有效贴现率之间具有下述关系，参见式（1.34）：

$$d^{(m)}=m[1-(1-d)^{\frac{1}{m}}]$$

上式求 $m\to\infty$ 的极限，有

$$\begin{aligned}\lim_{m\to\infty} d^{(m)}&=\lim_{m\to\infty} m[1-(1-d)^{\frac{1}{m}}]\\&=\lim_{x\to 0}\frac{1-(1-d)^x}{x}\quad\left(\text{令 } x=\frac{1}{m}\right)\\&=-\ln(1-d)\\&=\ln(1+i)\end{aligned}$$

由此可见，当每年的复利次数或贴现次数趋于无穷大时，年名义利率和年名义贴现率相等，都等于复利的利息力。换言之，复利的利息力就是年名义利率或年名义贴现率的极限，等于一个常数，可以用年有效利率表示为 $\delta=\ln(1+i)$。

### 1.5.2 基于累积函数定义的利息力

复利的累积函数最为常用，其利息力是一个常数。在一般的累积函数下，利息力将不再等于常数，而是一个随着时间变化的函数。

利息力用于度量资金在一个无穷小的时间区间（即一个时点）上的增长率。为此，考虑一个无穷小的时间区间 $[t,t+\varepsilon]$，其中 $\varepsilon$ 是一个无穷小量。该区间上的有效利率可以用累积函数表示为

$$i(t,t+\varepsilon)=\frac{a(t+\varepsilon)-a(t)}{a(t)}$$

时间区间上的有效利率除以时间区间的长度，就是与该有效利率对应的年名义利率：

$$\frac{i(t,t+\varepsilon)}{\varepsilon}=\frac{a(t+\varepsilon)-a(t)}{\varepsilon\cdot a(t)}$$

当时间区间趋于无穷小，即 $\varepsilon\to 0$ 时，上述年名义利率就是利息力。换言之，时间 $t$ 的利息力可以表示为

$$\delta(t)=\lim_{\varepsilon\to 0}\frac{a(t+\varepsilon)-a(t)}{\varepsilon\cdot a(t)}=\frac{1}{a(t)}\lim_{\varepsilon\to 0}\frac{a(t+\varepsilon)-a(t)}{\varepsilon}\tag{1.45}$$

根据导数的定义，上式右边的极限就是累积函数关于时间 $t$ 的一阶导数，即

$$a'(t)=\lim_{\varepsilon\to 0}\frac{a(t+\varepsilon)-a(t)}{\varepsilon}$$

将上式代入式（1.45），即可将时间 $t$ 的利息力用累积函数表示如下：

$$\delta(t)=\frac{a'(t)}{a(t)}\tag{1.46}$$

上式中，分子是累积函数关于时间 $t$ 的一阶导数，表示累积函数在单位时间内的增长率；分母是累积函数在时间 $t$ 的值。因此，利息力表示单位资金在单位时间内的增长率。

式（1.46）通过累积函数定义了利息力，反过来，也可以用利息力表示累积函数。由式（1.46）可知

$$\delta(t)=\frac{a'(t)}{a(t)}=[\ln a(t)]'$$

上式中，用 $s$ 代替 $t$，并在等式两边从 0 到 $t$ 积分可得

$$\int_0^t \delta(s)\mathrm{d}s=\int_0^t [\ln a(s)]'\mathrm{d}s=\ln a(t)-\ln a(0)=\ln a(t)$$

对上式两边同取以 e 为底的指数，即可将累积函数用利息力表示如下：

$$a(t)=\exp\left(\int_0^t \delta(s)\mathrm{d}s\right) \tag{1.47}$$

**【例 1-23】**根据单利的累积函数计算利息力。

**【解】**单利的累积函数为 $a(t)=1+it$，利息力为

$$\delta(t)=\frac{a'(t)}{a(t)}=\frac{(1+it)'}{1+it}=\frac{i}{1+it}$$

可见，在单利计息方式下，利息力是时间 $t$ 的减函数。

**【例 1-24】**根据复利的累积函数计算利息力。

**【解】**复利的累积函数为 $a(t)=(1+i)^t$，利息力为

$$\delta(t)=\frac{a'(t)}{a(t)}=\frac{[(1+i)^t]'}{(1+i)^t}=\frac{(1+i)^t\ln(1+i)}{(1+i)^t}=\ln(1+i) \tag{1.48}$$

可见，在复利计息方式下，利息力是常数，与时间 $t$ 无关。上述结果与式（1.42）相同。

**【例 1-25】**假设单利的年利率为 $i$，如果将一年等分为 $m$ 个时间区间进行分段投资，计算当 $m\to\infty$ 时，年初的 1 元本金在年末的累积值。

**【解】**将一年等分为 $m$ 个时间区间，在分段计息的情况下，年初的 1 元本金在年末的累积值为 $(1+i/m)^m$。当 $m$ 趋于无穷大时，年初的 1 元本金在年末的累积值可以表示为

$$\begin{aligned}\lim_{m\to\infty}\left(1+\frac{i}{m}\right)^m &=\lim_{m\to\infty}\exp\left(m\ln\left(1+\frac{i}{m}\right)\right)\\ &=\lim_{x\to 0}\exp\left(\frac{\ln(1+ix)}{x}\right)\ \left(令\ x=\frac{1}{m}\right)\\ &=\lim_{x\to 0}\exp\left(\frac{i}{1+ix}\right)\\ &=\mathrm{e}^i\end{aligned}$$

上式表明，如果单利的年利率为 $i$，将 1 年等分为无穷多个时间区间进行分段投资

时，单利的年利率 $i$ 就是利息力。换言之，利息力就是将一年等分为无穷多个时间区间进行分段投资时的单利利率。

**【例 1-26】** 投资者 A 在银行存入 10 万元，按每半年复利一次的年名义利率 $i$ 计息；与此同时，投资者 B 也在银行存入 10 万元，按利息力 $\delta$ 计息。经过 5 年之后，两人的存款都累积到了 20 万元。求 $(i-\delta)$ 的值。

**【解】** 5 年之后，投资者 A 的存款将累积到

$$10\times(1+i/2)^{2\times5}=20$$

由此可得：$i=0.143\ 547$。

5 年之后，投资者 B 的存款将累积到

$$10\times e^{5\delta}=20$$

由此可得：$\delta=0.138\ 629$。

所以

$$i-\delta=0.49\%$$

**【例 1-27】** 已知时间 $t$ 的利息力为 $\delta(t)=2t/(t^2+120)$，计算从第 4 年末到第 8 年末的年有效利率。

**【解】** 用利息力表示的累积函数为

$$a(t)=\exp\left(\int_0^t \frac{2s}{s^2+120}\mathrm{d}s\right)$$

用累积函数计算，第 4 年末的 1 元到第 8 年末的累积值为

$$\frac{a(8)}{a(4)}=\exp\left(\int_4^8 \frac{2s}{s^2+120}\mathrm{d}s\right)=1.352\ 9(\text{元})$$

用年有效利率 $i$ 计算，第 4 年末的 1 元到第 8 年末的累积值为 $(1+i)^4$。

令上述两个累积值相等：

$$(1+i)^4=1.352\ 9$$

即得从第 4 年末到第 8 年末的年有效利率为 $i=7.849\ 1\%$。

### 1.5.3　基于贴现函数定义的利息力

与利息力的定义相对应，也可以根据贴现函数定义贴现力。贴现力（force of discount）是指贴现函数在单位时间内的相对增长率，即

$$\delta(t)=-\frac{[a^{-1}(t)]'}{a^{-1}(t)} \tag{1.49}$$

可见，贴现力的定义公式与利息力的定义式（1.46）基本相同，只是由于贴现函数是递减的，为了保证贴现力大于零，在前面增加了一个负号。

应用求导公式，将上式变形即得

$$\delta(t)=-\frac{[a^{-1}(t)]'}{a^{-1}(t)}=\frac{a^{-2}(t)a'(t)}{a^{-1}(t)}=\frac{a'(t)}{a(t)} \tag{1.50}$$

由此可见，贴现力与利息力是等价的。这个结论也可以如下解释：年有效利率之所以在数值上大于年有效贴现率，是因为利率是在年末支付的，而贴现率是在年初支付的。利息力和贴现力都表示累积函数在一个无穷小的时间区间（即一个时点）上的增长率，期初和期末重叠，所以利息力和贴现力相等。

由于贴现力与利息力是等价的，因此在实际应用中，经常使用利息力的概念，很少使用贴现力的概念。

至此，我们已经介绍了利息度量的各种常用工具，包括有效利率、有效贴现率、年名义利率、年名义贴现率和利息力。这些利息度量工具都可以用来表示累积函数：

$$\begin{aligned}a(t) &= (1+i)^t = \left[1+\frac{i^{(m)}}{m}\right]^{mt}\\ &= (1-d)^{-t} = \left[1-\frac{d^{(m)}}{m}\right]^{-mt}\\ &= e^{\delta t} = \exp\left(\int_0^t \delta(s)\,ds\right)\end{aligned}$$

如果用两种利息度量工具表示的累积函数是相同的，则称这两种利息度量工具是等价的。譬如，与年有效利率 $i$ 等价的年有效贴现率为 $d$，利息力为 $\delta$。这里所谓的等价，是指它们对利息的计量结果在价值上相等，但在数值上未必相等。譬如，与年有效利率 $i=10\%$ 等价的年有效贴现率为 $d=9.1\%$，在数值上年有效利率大于年有效贴现率，这是因为年有效利率是在年末支付的，而年有效贴现率是在年初支付的。基于同样的原因，各种等价的利息度量工具在数值上存在下述大小关系：

$$d\leqslant d^{(2)}\leqslant d^{(3)}\leqslant\cdots\leqslant\delta\leqslant\cdots\leqslant i^{(3)}\leqslant i^{(2)}\leqslant i$$

图 1－17 直观地展示了各种等价的利息度量工具在数值上的大小关系。该图中的年有效利率为 5%。可以看出，随着每年复利次数 $m$ 的增加，等价的年名义利率逐渐变小；随着每年贴现次数 $m$ 的增加，等价的年名义贴现率逐渐变大。当每年的复利次数和贴现次数趋于无穷大时，年名义利率和年名义贴现率都等于利息力。

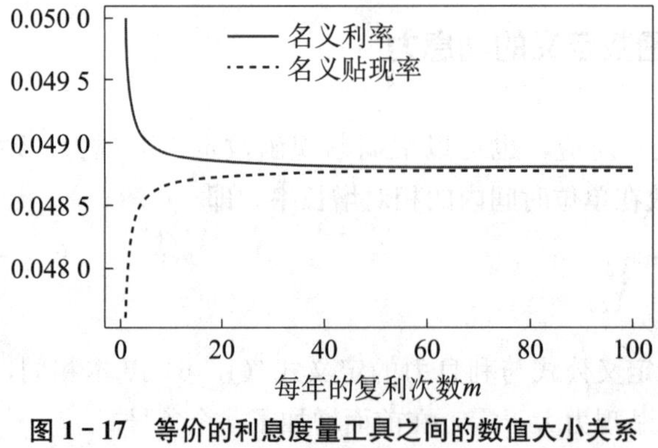


**图 1－17　等价的利息度量工具之间的数值大小关系**

# 1.6 利率概念辨析

利率是一个应用十分广泛的概念，也是一个容易引起混淆的概念。本节指出了在使用利率及其相关概念时可能出现的一些问题，希望引起读者注意。

## 1.6.1 经济学中的实际利率与名义利率

在本章，有效利率（effective interest rate）是指单位本金在一个时期末赚取的利息金额。有效利率可以定义在任意长度的时间区间上，时间区间的长度用年数表示。有效利率除以时间区间的长度，就是与该有效利率对应的年名义利率。年名义利率是对任意长度的时间区间上定义的有效利率的一种年化表示方式。

在经济学中，也有名义利率和实际利率的概念。名义利率（nominal interest rate）就是我们日常生活中看到的利率，如银行存款的利率、理财产品的利率等，都是名义利率。从名义利率中扣除通货膨胀率的影响后得到的利率就是实际利率（real interest rate）。

对于给定的时间区间，用 $i$ 表示名义利率，用 $r$ 表示实际利率，用 $\pi$ 表示通货膨胀率，它们之间存在下述关系：

$$1+i=(1+r)(1+\pi) \tag{1.51}$$

上式中，左边表示期初的1元本金根据名义利率计算的期末累积值 $(1+i)$；右边表示期初的1元本金，首先按照实际利率计算期末累积值 $(1+r)$，再将该累积值按照通货膨胀率 $\pi$ 进行调整，即乘以 $(1+\pi)$，得到期末的累积值为 $(1+r)(1+\pi)$。这里的通货膨胀率表示物价增长率。

由式（1.51）可知，实际利率可以用名义利率和通货膨胀率表示为

$$r=\frac{i-\pi}{1+\pi} \tag{1.52}$$

上式经变形有

$$i=r+\pi+r\pi \tag{1.53}$$

当 $r$ 和 $\pi$ 都很小时，它们的乘积非常接近于零，所以上式可以近似表示为

$$r\approx i-\pi \tag{1.54}$$

上式表明，实际利率近似等于名义利率减通货膨胀率。

**【例1-28】** 假设名义利率为32%，通货膨胀率为20%，计算实际利率。

**【解】** 应用式（1.52），实际利率为

$$r=\frac{i-\pi}{1+\pi}=\frac{32\%-20\%}{1+20\%}=10\%$$

如果应用式（1.54）计算，则实际利率近似为

$$r \approx 32\% - 20\% = 12\%$$

本例的实际利率和通货膨胀率较大，所以近似计算的误差较大。

对于本例的结果，可以进行如下解释：假设面包当前的单价是1元，则当前的1元可以购买1个面包。名义利率为32%，意味着当前的1元在一年后将增长为1.32元。通胀率为20%，意味着一年后面包的价格会上升为1.2元，所以一年后的1.32元可以购买1.1个面包。由此可见，当前的1元现在等价于1个面包，一年后等价于1.1个面包。从资金购买力的角度看，现在的1个面包在一年后变为1.1个面包，所以年实际利率为10%。

## 1.6.2 利率与贴现率

在经济学文献中，利率和贴现率的使用频率很高，也容易发生混淆，在计算现值的场合，容易将利率误称为贴现率。

利率是以本金（或现值）为基础计算的，等于当期利息与期初本金之比。贴现率是以累积值为基础计算的，等于当期利息与期末累积值之比。譬如，如果当前的100元本金在一年以后的累积值为110元，即当年获得了10元利息，那么这笔款项的年有效利率为10÷100=10%，年有效贴现率为10÷110=9.091%。有效利率和有效贴现率之间可以相互转换：

$$\text{有效利率} = \frac{\text{有效贴现率}}{1 - \text{有效贴现率}}$$

从理论上讲，计算现值既可以用利率，也可以用贴现率。譬如，在前例中，计算年末的110元在当前时刻的现值可以通过下述两种方法：

（1）通过年有效利率计算，现值为110÷(1+0.10)=100元。

（2）通过年有效贴现率计算，现值为110×(1−9.091%)=100元。

两种结果完全相同，只是第一种方法按10%的年有效利率计算，第二种方法按9.091%的年有效贴现率计算。

由于计算现值的过程就是贴现的过程，在应用利率计算现值时，容易误将利率称为贴现率。

## 小 结

累积函数 $a(t)$ 是单位本金在时间 $t$ 的累积价值，反映了资金随着时间增长变化的过程。在已知累积函数的情况下，就可以确定资金在任意时点上的价值。在实践中，常用的两种计息方式是单利和复利，单利的累积函数为 $a(t)=1+it$，复利的累积函数为 $a(t)=(1+i)^t$，其中 $i$ 表示年利率。

贴现函数是累积函数的倒数，记为 $a^{-1}(t)$，表示时间 $t$ 的单位资金在时间零点的现

值。累积函数用于计算资金的终值，贴现函数用于计算资金的现值。复利计息方式下的贴现函数为 $a^{-1}(t)=(1+i)^{-t}=(1-d)^t$。

单利的年有效利率随着时间而递减。复利的年有效利率是一个常数，恒等于复利的年利率。如果没有特别说明，本书的利息度量工具都是基于复利的累积函数定义的，包括有效利率、有效贴现率、年名义利率、年名义贴现率和利息力。

有效利率和有效贴现率可以定义在任意长度的时间区间。有效利率等于当期利息与期初本金之比；有效贴现率等于当期利息与期末累积值之比。在实践中，任意时间区间上定义的有效利率通常会表示为年名义利率的形式。

年名义利率也称为年化利率，定义为一个时间区间上的有效利率除以该时间区间的长度，也可以定义为一个时间区间上的有效利率乘以一年包含的时间区间个数，记为 $i^{(m)}$。年名义利率 $i^{(m)}$ 表示将一年等分为 $m$ 个时间区间后，每个时间区间的有效利率为 $i^{(m)}/m$。

年名义贴现率也称为年化贴现率，定义为一个时间区间上的有效贴现率除以该时间区间的长度，也可以定义为一个时间区间上的有效贴现率乘以一年包含的时间区间个数，记为 $d^{(m)}$。年名义贴现率 $d^{(m)}$ 表示将一年等分为 $m$ 个时间区间后，每个时间区间的有效贴现率为 $d^{(m)}/m$。

利息力也称为瞬时利率，表示资金在一个无穷小的时间区间（一个时点）上的年化利率，换言之，如果将一个无穷小的时间区间上定义的有效利率表示为年名义利率的形式，这个年名义利率就是利息力。利息力通过累积函数可以表示为 $\delta(t)=a'(t)/a(t)$。在复利计息方式下，利息力是一个常数，与时间无关，恒等于 $\delta=\ln(1+i)$。

在复利计息方式下，累积函数和贴现函数可以通过各种利息度量工具表示如下：

$$a(t)=(1+i)^t=\left[1+\frac{i^{(m)}}{m}\right]^{mt}=\mathrm{e}^{\delta t}=\exp\left(\int_0^t\delta(s)\mathrm{d}s\right)$$

$$a^{-1}(t)=(1-d)^t=\left[1-\frac{d^{(m)}}{m}\right]^{mt}$$

现实生活中见到的利率大多是年名义利率，为了比较它们所表示的收益率水平，应该将其转换为等价的年有效利率。年有效利率越高，表示收益水平越高。如果两种利息度量工具对应的年有效利率相等，就认为这两种利息度量工具是等价的。等价的利息度量在数值上存在下述大小关系：

$$d\leqslant d^{(2)}\leqslant d^{(3)}\leqslant\cdots\leqslant\delta\leqslant\cdots\leqslant i^{(3)}\leqslant i^{(2)}\leqslant i$$

## 习 题

1.1 分别应用单利和复利的累积函数，计算在长度为 $h$ 的时间区间 $[t,\ t+h]$ 上的有效利率，并分析其随时间 $t$ 的变化规律。

1.2 在当前时刻投资 6 000 元，如果以单利计息，2 年后可以获得 1 500 元的利息。如果年利率不变，但用复利计息，计算 2 000 元投资在第 3 年末的累积值。

1.3 在第 1 个月末支付 3 140 元的现值与在第 18 个月末支付 2 710 元的现值之和，

等于在第 $T$ 个月末支付10 040元的现值。假设年有效利率为5%，求 $T$。

1.4　在当前时刻，投资者A在其账户存入 $X$，按每半年复利一次的年名义利率 $i$ 计息。同时，投资者B在另一个账户存入 $2X$，按单利的年利率 $i$ 计息。假设两个投资者在第9年的上半年将获得相等的利息，求 $i$。

1.5　投资者A在一只基金中的初始投资为10万元，5年后又投入30万元，该基金按单利的年利率11%计息。$n$ 年后，投资者B在另一只基金存入10万元，$2n$ 年后又投入30万元，该基金按复利的年利率9.15%计息。在第10年末，两个投资者的累积值相等，求 $n$。

1.6　一项投资以利息力 $\delta$ 累积，27.72年后将翻番。1单位本金的投资以每两年复利一次的年名义利率 $\delta$ 累积 $n$ 年后，累积值将成为7.04，求 $n$。

1.7　如果年名义贴现率为6%，每4年贴现一次，计算100万元在两年末的累积值。

1.8　基金A以每月复利一次的年名义利率12%累积。基金B以 $\delta(t)=t/6$ 的利息力累积。在时间零点，分别存入1元到两只基金中，计算在何时两只基金的累积值相等。

1.9　在当前时刻将100万元投入一只基金。该基金在前两年以每季度贴现一次的年名义贴现率 $d$ 支付利息；从 $t=2$ 开始，按照利息力 $\delta(t)=1/(t+1)$ 支付利息。在 $t=5$ 时，投资者在该基金的累积值为260万元，求 $d$。

1.10　一项投资的累积函数为 $t+1$，$t>0$；另一项投资的累积函数为 $1+t^2$。问两项投资的利息力在何时相等。

1.11　已知利息力为 $\delta(t)=2/(t+1)$。假设第3年末支付300万元的现值与第6年末支付600万元的现值之和，等于第2年末支付200万元的现值与第5年末支付 $X$ 万元的现值之和，求 $X$。

1.12　已知利息力为 $\delta(t)=t^3/100$，求贴现函数的值 $a^{-1}(3)$。

1.13　投资者在 $t=0$ 时向基金投入100万元，在 $t=3$ 时又投入 $X$ 万元。此基金按利息力 $\delta(t)=t^2/100$ 累积，其中 $t>0$。投资者从 $t=3$ 到 $t=6$ 获得的总利息为 $X$，求 $X$。

1.14　投资者在时间零点投资1 000万元，按照以下利息力计息：当 $0\leqslant t\leqslant 3$ 时，利息力为 $\delta(t)=0.02t$；当 $t>3$ 时，利息力为 $\delta(t)=0.045$。求前4年每季度复利一次的年名义利率。

1.15　已知每半年复利一次的年名义利率为7.5%，求下列两项之和：(1) 利息力；(2) 每季度贴现一次的年名义贴现率。

1.16　已知利息力为 $\delta(t)=1/(t+2)$，当前时刻的1单位投资在前 $n$ 年赚取的利息总额为8，求 $n$。

1.17　2022年1月1日，投资者向一只基金投入1 000万元，该基金在 $t$ 时的利息力为 $\delta(t)=0.1(t-1)^2$，求该笔投资在2024年1月1日的累积值。

1.18　在当前时刻，投资者A在一只基金中投入 $X$，该基金按单利10%计息；在同一天，投资者B在另一只基金中也投入 $X$，该基金按利息力 $\delta(t)=2t/(t^2+k)$ 计息。假设从第4年末到第8年末，两个投资者赚取的利息相等，求 $k$。

# 第2章 等额年金

在金融实务中，经常需要计算一个现金流的价值。现金流的形式多种多样，既有毫无规律可循的一般现金流，也有支付时间和支付金额非常规律的现金流。本章首先讨论一种最规律的现金流，即等额年金，下一章再讨论更为一般的现金流，即变额年金。

等额年金是一种特殊的现金流，每隔固定时期支付相等的金额。等额年金在现实生活中很常见，譬如，在人寿保险中，投保人每年支付的保费就是一个等额年金；在住房贷款中，借款人每月支付的还款额也是一个等额年金。根据支付频率不同，等额年金可以分为三大类，即每年支付 1 次的等额年金、每年支付 $m$ 次的等额年金和每年连续支付的等额年金。

## 2.1 年金的含义

年金（annuity）是一种特殊的现金流，定义为一系列的收款或付款。本书统一使用"给付""支付""付款"等概念来定义年金现金流，其结论同样适用于收款的情形。

年金最早期的含义是一种支付间隔和支付金额非常规律的现金流，即每年付款一次，每次支付相等的金额。现在，年金的含义被广泛应用于更加一般的情形，如每季度付款一次、每月付款一次或每周付款一次的现金流都可以称作年金。此外，每次付款的金额也未必完全相等，可以按照某种规律递增或递减。

现实中的年金多种多样，可以从不同角度对它们进行分类。

(1) 按照支付时间和支付金额是否确定，年金可以划分为确定年金和风险年金。如果年金的支付时间和支付金额都是事先确定的，这种年金就是确定年金，如债券每年支付的利息收入、住房贷款每月的偿还金额等都是确定年金。支付时间和支付金额不确定的年金称为风险年金，如养老保险金就是一种风险年金，从开始给付一直到被保险人死亡，保险公司都要定期给付养老金，但被保险人何时死亡是不确定的，因此养老金的给付次数是不确定的。

（2）按照支付期限长短，年金可以划分为定期年金和永续年金。年金的支付期限是指从第一次付款开始直至最后一次付款结束的整个期间。如果支付期限是有限的，相应的年金称作定期年金；如果支付期限是无限的，相应的年金称作永续年金。在现实生活中，有些债券是无限期的，其利息收入可视为一种永续年金。此外，优先股因为有固定的股息而又无到期日，也可以看作一种永续年金。

（3）按照支付周期不同，年金可以分为每年支付一次的年金、每季度支付一次的年金、每月支付一次的年金，以及连续支付的年金。连续支付的年金简称连续年金，在现实生活中，每天支付一次的年金可以近似看作连续年金。

（4）按照在每个时期的支付时点不同，年金可以分为期初付年金和期末付年金。期初付年金是指在每个支付周期的期初（如年初、季初、月初）支付的年金，期末付年金是指在每个支付周期的期末支付的年金。

（5）按照第一次支付的时间不同，年金可以分为即期年金和延期年金。即期年金是指在第一期就开始支付的年金。延期年金是指延迟若干期以后才开始支付的年金。

（6）按照每次付款的金额是否相等，年金可以分为等额年金和变额年金。等额年金是指每次支付相等金额的年金。变额年金是指每次的付款金额不断变化的年金。

本章讨论等额年金的价值计算方法。如果没有特别说明，本章所说的“年金”均指等额年金（level annuity）。

## 2.2　每年支付一次的等额年金

每年支付一次的等额年金是指每年支付一次、每次支付相等金额的年金。如果没有特别说明，约定每年的支付金额为 1 元。

对于任何一个年金，我们最关心的是其价值。如果假设每年支付的金额均为 1 元，则等额年金的价值主要取决于支付次数和年有效利率。如果支付次数是确定的，这种年金称为定期年金；如果支付次数是无限的，这种年金称为永续年金。

在每年支付一次的等额年金中，每年的付款既可以发生在年初（期初付年金），也可以发生在年末（期末付年金），这两种年金的价值是不同的。

下面分别讨论如何计算期末付和期初付等额年金的价值。这里所说的价值是指年金的现值或终值。

### 2.2.1　期末付等额年金

如果年金的支付期限是 $n$ 年，在每年末支付 1 元，那么这种年金就是期末付等额年金（annuity-immediate）。期末付等额年金的现金流如图 2-1 所示，第 1 年末支付 1 元，第 2 年末支付 1 元，直至第 $n$ 年末支付 1 元。

| 时间： | 0 | 1 | 2 | … | $n-1$ | $n$ |
|---|---|---|---|---|---|---|
| 付款： | | 1 | 1 | … | 1 | 1 |

**图 2-1 期末付等额年金**

期末付等额年金的现值用符号 $a_{\overline{n}|i}$ 表示，其中 $n$ 表示年金的支付次数，$i$ 表示计算年金现值时所使用的利率。在不会引起混淆的情况下，可以省略利率符号，把年金的现值简记为 $a_{\overline{n}|}$。

期末付等额年金在每年末支付 1 元，其现值等于这些付款的现值之和，可以表示为

$$a_{\overline{n}|}=v+v^2+\cdots+v^n \tag{2.1}$$

上式中，$v$ 表示第 1 年末支付的 1 元在时间零点的现值，$v^2$ 表示第 2 年末支付的1 元在时间零点的现值，以此类推，$v^n$ 表示第 $n$ 年末支付的 1 元在时间零点的现值。其中 $v=1/(1+i)$ 表示 1 年期的贴现因子。

对式（2.1）两边同时乘以（$1+i$）可得

$$(1+i)a_{\overline{n}|}=1+v+\cdots+v^{n-1} \tag{2.2}$$

用式（2.2）的两边分别减去式（2.1）的两边，有

$$ia_{\overline{n}|}=1-v^n \tag{2.3}$$

故期末付等额年金的现值为

$$a_{\overline{n}|}=\frac{1-v^n}{i} \tag{2.4}$$

**【例 2-1】**式（2.3）经变形可得式（2.5），请解释该式两边为何是等价的。

$$ia_{\overline{n}|}+v^n=1 \tag{2.5}$$

**【解】**可以参见图 2-2：时间零点投资 1 元，历时 $n$ 年，年有效利率为 $i$，那么在每年末将产生 $i$ 元利息，这些利息的现值为 $ia_{\overline{n}|}$；在第 $n$ 年末，还可以收回初始投资的1 元本金，其现值为 $v^n$。这些未来收入的现值之和为 $ia_{\overline{n}|}+v^n$。时间零点投资的 1 元本金在价值上应该等于它在未来产生的所有收入的现值之和，故式（2.5）成立。

| | | | | | | |
|---|---|---|---|---|---|---|
| 本金： | 1 | | | | | |
| 时间： | 0 | 1 | 2 | … | $n-1$ | $n$ |
| 收入： | | $i$ | $i$ | … | $i$ | $i$<br>1 |

**图 2-2 与时间零点的 1 元等价的未来收入**

本例的现金流也可以理解为：在时间零点支付 1 元购买一只 $n$ 年期债券，该债券每年末支付 $i$ 元利息，到第 $n$ 年末返还 1 元本金。时间零点购买债券支出的 1 元，在价值上应该等于该债券未来的收入，即每年的 $i$ 元利息收入和到期返还的 1 元本金。

**【例 2-2】**一项年金在 20 年内每年末支付 4 万元，另一项年金在 10 年内每年末支付 5 万元。如果年有效利率为 $i$，则这两项年金的现值相等。假设一笔款项以年有效利率

$i$ 投资 $n$ 年，则第 $n$ 年末的累积价值将是其本金的2倍，求 $n$。

**【解】** 根据题意有等式：

$$4a_{\overline{20}|}=5a_{\overline{10}|}$$

故有

$$4\cdot\frac{1-v^{20}}{i}=5\cdot\frac{1-v^{10}}{i}$$

$$4v^{20}-5v^{10}+1=0$$

$$v^{10}=0.25\Rightarrow i=0.148\,698\,4$$

假设另一笔款项金额为 $x$，则有 $x(1+i)^n=2x$，由此可得 $n=5$。

**Excel应用**

### PV函数

计算期末付等额年金的现值可以应用Excel中的PV函数，譬如，对于【例2-2】的第一项年金，支付期限为20年，每年末支付4万元，年有效利率为0.148 698 4，在Excel的任意一个单元格中输入“=PV(0.148 698 4,20,4,0,0)”，然后回车，即可得到其现值为25.218 8万元。

---

期末付等额年金的终值用符号 $s_{\overline{n}|i}$ 表示，其中 $n$ 表示年金的支付次数，$i$ 表示计算年金终值的年有效利率，在不会引起混淆的情况下，可以省略利率符号，简记为 $s_{\overline{n}|}$。

把现值 $a_{\overline{n}|}$ 按照年有效利率 $i$ 累积到第 $n$ 年末即得终值为

$$s_{\overline{n}|}=(1+i)^n a_{\overline{n}|}=\frac{(1+i)^n-1}{i}\tag{2.6}$$

**【例2-3】** 式（2.6）变形可得式（2.7），解释式（2.7）为何成立。

$$(1+i)^n=1+is_{\overline{n}|}\tag{2.7}$$

**【解】** 等式两边都是时间零点的1元在第 $n$ 年末的价值，所以两者相等。式（2.7）左边是时间零点的1元在第 $n$ 年末的终值；右边是时间零点的1元在未来 $n$ 年产生的利息收入的终值，再加上第 $n$ 年末收回的1元本金。时间零点的1元在每年末产生的利息收入为 $i$ 元，它们的终值为 $is_{\overline{n}|}$。本例的现金流可以参考图2-2。

**【例2-4】** 投资者在前5年的每年末向基金存入2万元，在随后的5年，每年末存入4万元。已知年有效利率为5%，求投资者在第10年末的累积值。

**【解】** 存入基金的现金流可以分解为两个期末付年金：一个是每年末支付2万元的10年期年金，另一个是从第6年开始每年末支付2万元的5年期年金，如表2-1所示。

**表2-1　原现金流分解为两个等额年金**　　单位：万元

| 时间 | 0 | 1 | 2 | 3 | 4 | 5 | 6 | 7 | 8 | 9 | 10 |
|---|---|---|---|---|---|---|---|---|---|---|---|
| 原现金流 |  | 2 | 2 | 2 | 2 | 2 | 4 | 4 | 4 | 4 | 4 |

续表

| 时间 | 0 | 1 | 2 | 3 | 4 | 5 | 6 | 7 | 8 | 9 | 10 |
|---|---|---|---|---|---|---|---|---|---|---|---|
| 分解后的两个等额年金 |  | 2 | 2 | 2 | 2 | 2 | 2 | 2 | 2 | 2 | 2 |
|  |  |  |  |  |  |  | 2 | 2 | 2 | 2 | 2 |

这两个年金的终值之和即为投资者在第10年末的累积值：

$$2s_{\overline{10}|}+2s_{\overline{5}|}=2\times\left[\frac{(1+0.05)^{10}-1}{0.05}+\frac{(1+0.05)^{5}-1}{0.05}\right]$$
$$=36.21(\text{万元})$$

**Excel应用**

## FV函数

计算期末付等额年金的终值可以应用Excel中的FV函数，譬如，对于【例2-4】的两个年金，年有效利率为0.05，每年末支付2万元，一个年金的支付期限为10年，另一个年金的支付期限为5年，在Excel的任意一个单元格中输入“=FV(0.05,10,2,0,0)+FV(0.05,5,2,0,0)”，然后回车，即可得到其终值为36.21万元。

永续年金（perpetuity）是指无限期支付的年金，其现值等于$n$年期等额年金的现值在支付次数$n\to\infty$时的极限。用$a_{\overline{\infty}|}$表示期末付永续年金的现值：

$$a_{\overline{\infty}|}=\lim_{n\to\infty}a_{\overline{n}|}=\lim_{n\to\infty}\frac{1-v^n}{i}=\frac{1}{i} \tag{2.8}$$

上式表明，如果在时间零点将$1/i$元的本金按年有效利率$i$进行投资，则在未来的每年末都可以获得1元利息。换言之，未来每年末支付的1元在时间零点的现值为$1/i$元。

**【例2-5】**一项期末付永续年金由A、B、C、D分享。A获得前$n$次付款，B获得第二个$n$次付款，C获得第三个$n$次付款，D获得此后的所有付款，如图2-3所示。已知C的现值与D的现值之比为1。计算B的现值与D的现值之比。

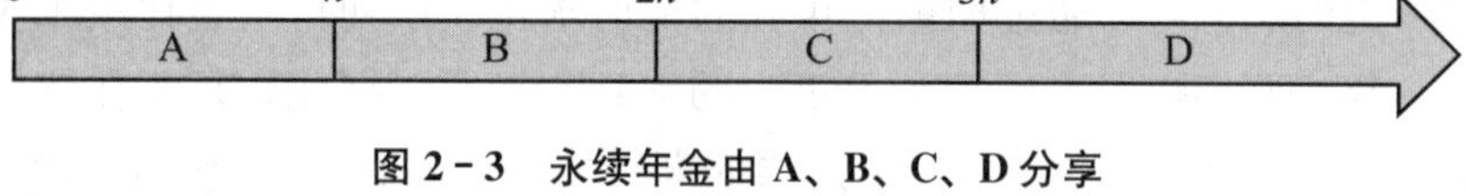


**图2-3　永续年金由A、B、C、D分享**

**【解】**A的现值为

$$PV_A=a_{\overline{n}|}=\frac{1-v^n}{i}$$

B的现值为

$$PV_B=v^n\cdot a_{\overline{n}|}=v^n\cdot\frac{1-v^n}{i}$$

C的现值为

$$PV_C = v^{2n} \cdot a_{\overline{n}|} = v^{2n} \cdot \frac{1-v^n}{i}$$

D 的现值为

$$PV_D = v^{3n} \cdot a_{\overline{\infty}|} = \frac{v^{3n}}{i}$$

由于 C 的现值与 D 的现值之比为 1，即

$$\frac{PV_C}{PV_D} = \frac{1-v^n}{v^n} = 1$$

故

$$v^n = 0.5$$

由此可以求得 B 的现值与 D 的现值之比为

$$\frac{PV_B}{PV_D} = \frac{1-v^n}{v^{2n}} = \frac{1-0.5}{0.5^2} = 2$$

### 2.2.2 期初付等额年金

假设年金的支付期限是 $n$ 年，在每年初支付 1 元，则称这种年金为期初付等额年金（annuity-due）。期初付等额年金的现金流如图 2-4 所示，第一次付款发生在时间零点，最后一次付款发生在第 $n-1$ 年末。

| 时间： | 0 | 1 | 2 | … | $n-1$ | $n$ |
|---|---|---|---|---|---|---|
| 付款： | 1 | 1 | 1 | … | 1 | |

图 2-4　期初付等额年金

期初付等额年金的现值用符号 $\ddot{a}_{\overline{n}|i}$ 表示，其中 $n$ 表示年金的支付次数，$i$ 表示计算年金现值使用的年有效利率。在不会引起混淆的情况下，可以省略利率符号，简记为 $\ddot{a}_{\overline{n}|}$。

期初付年金的现值可以通过期末付年金的现值求得。期初付年金比期末付年金的付款时间提前一年，而年初的 1 元相当于年末的（$1+i$）元，因此，每年初支付 1 元的期初付年金，等价于每年末支付（$1+i$）元的期末付年金，如表 2-2 所示。换言之，期末付年金的现值乘以（$1+i$），即得期初付年金的现值：

$$\ddot{a}_{\overline{n}|} = (1+i)a_{\overline{n}|} = \frac{1-v^n}{i/(1+i)} = \frac{1-v^n}{d} \tag{2.9}$$

表 2-2　期初付年金与期末付年金的关系

| 时间 | 0 | 1 | 2 | 3 | … | … | $n-2$ | $n-1$ | $n$ |
|---|---|---|---|---|---|---|---|---|---|
| 期初付年金 | 1 | 1 | 1 | 1 | … | … | 1 | 1 | |
| 与期初付年金等价的期末付年金 | | $1+i$ | $1+i$ | $1+i$ | $1+i$ | … | … | $1+i$ | $1+i$ |

期初付年金的现值与期末付年金的现值之间还存在下述关系：

$$\ddot{a}_{\overline{n}|}=1+a_{\overline{n-1}|} \tag{2.10}$$

这是因为$\ddot{a}_{\overline{n}|}$的$n$次付款可以分解为时间零点的1次付款再加上后面的（$n-1$）次付款。时间零点的1次付款，现值为1；后（$n-1$）次付款，现值为$a_{\overline{n-1}|}$。它们的现值之和应该等于现金流在分解前的现值$\ddot{a}_{\overline{n}|}$。

**【例2-6】**企业租用一间仓库，租期为8年。如果一次性支付租金，租金为50 000元。如果每年初等额支付租金，每年初的租金应该是多少？假设年有效利率为6%。

**【解】**无论一次性支付还是每年初支付，它们的现值应该相等。设每年初支付的租金为$x$，则可以建立下列方程：

$$50\,000=x\ddot{a}_{\overline{8}|6\%}$$

由此可得

$$x=\frac{50\,000}{\ddot{a}_{\overline{8}|6\%}}=\frac{50\,000}{(1-v^8)/d}=\frac{50\,000}{6.582\,4}=7\,596(\text{元})$$

其中$v=1/(1+i)$，$d=i/(1+i)$，$i=6\%$。

**Excel应用**

### PV函数

在Excel中计算期初付年金的现值可以应用PV函数。譬如，对于【例2-6】的年金，期限为8年，年有效利率为6%，每年初支付7 596元，在Excel的任意单元格中输入“=PV(0.06,8,7 596,0,1)”，然后回车，即可求得年金的现值为50 000元。

---

期初付年金的终值用符号$\ddot{s}_{\overline{n}|i}$表示，可以简记为$\ddot{s}_{\overline{n}|}$。如前所述，期初付年金的价值是期末付年金的（$1+i$）倍，所以有

$$\ddot{s}_{\overline{n}|}=s_{\overline{n}|}(1+i)=\frac{(1+i)^n-1}{i/(1+i)}=\frac{(1+i)^n-1}{d} \tag{2.11}$$

**【例2-7】**解释下述关系式成立：

$$\ddot{s}_{\overline{n}|}=s_{\overline{n+1}|}-1 \tag{2.12}$$

**【解】**对于$n$年期的期初付年金，假设在第$n$年末虚设一次付款，则可以将其看作（$n+1$）次付款的期末付年金，其终值为$s_{\overline{n+1}|}$。从$s_{\overline{n+1}|}$中减去虚设的1元（其终值仍然是1元），即得原来$n$年期期初付年金的终值$\ddot{s}_{\overline{n}|}$。

**【例2-8】**投资者在每年初都存入1 000元，持续20年。如果存款按单利计息，年利率为$i$，则20年末的累积值是28 400元。如果存款按复利计息，年利率为$i$，计算这些存款在第20年末的累积值。

**【解】**如果存款以单利的年利率$i$计息，第20年末的累积值为

$$1\,000\left[(1+20i)+(1+19i)+\cdots+(1+i)\right]$$

$$=1\ 000[20+i(1+2+\cdots+20)]$$
$$=20\ 000+210\ 000i$$

令其等于 28 400，即可求得

$$i=0.04$$

如果上述存款按复利的年利率 $i=0.04$ 计息，则其累积值为

$$1\ 000\ddot{s}_{\overline{20|}}=1\ 000\times\frac{(1+i)^{20}-1}{d}=1\ 000\times\frac{(1+i)^{20}-1}{i/(1+i)}=30\ 969(\text{元})$$

**Excel 应用**

### FV 函数

在 Excel 中计算期初付年金的累积值（终值）可以应用 FV 函数。譬如，对于【例 2-8】中的年金，期限为 20 年，年利率为 4%，每年初支付 1 000 元，在 Excel 的任意单元格中输入"=FV(0.04,20,1 000,0,1)"，然后回车，即可求得年金的累积值（终值）为 30 969 元。

**【例 2-9】** 证明年金的现值与终值之间存在下列关系：

(1) $\frac{1}{a_{\overline{n|}}}=\frac{1}{s_{\overline{n|}}}+i$ (2.13)

(2) $\frac{1}{\ddot{a}_{\overline{n|}}}=\frac{1}{\ddot{s}_{\overline{n|}}}+d$ (2.14)

**【解】** 式（2.13）的证明过程如下：

$$\frac{1}{s_{\overline{n|}}}+i=\frac{1+is_{\overline{n|}}}{s_{\overline{n|}}}=\frac{1+[(1+i)^n-1]}{[(1+i)^n-1]/i}=\frac{i(1+i)^n}{(1+i)^n-1}=\frac{i}{1-v^n}=\frac{1}{a_{\overline{n|}}}$$

式（2.14）的证明过程类似：

$$\frac{1}{\ddot{s}_{\overline{n|}}}+d=\frac{1+d\ddot{s}_{\overline{n|}}}{\ddot{s}_{\overline{n|}}}=\frac{1+[(1+i)^n-1]}{[(1+i)^n-1]/d}=\frac{d(1+i)^n}{(1+i)^n-1}=\frac{d}{1-v^v}=\frac{1}{\ddot{a}_{\overline{n|}}}$$

**【例 2-10】** 投资者在 40 年间每年末向基金存入 10 000 元，如果从第 41 年开始，每年末领取 $X$，可以领取 15 年。已知年有效利率为 8%，计算 $X$。

**【解】** 在第 40 年末，投资者前 40 年存入资金的累积值等于未来 15 年领取资金的现值，故有

$$10\ 000\cdot s_{\overline{40|}}=X\cdot a_{\overline{15|}}$$

由此可得

$$X=10\ 000\cdot\frac{s_{\overline{40|}}}{a_{\overline{15|}}}=10\ 000\cdot\frac{(1.08^{40}-1)/0.08}{(1-1.08^{-15})/0.08}=302\ 654(\text{元})$$

当支付次数 $n\to\infty$ 时，即得期初付永续年金的现值 $\ddot{a}_{\overline{\infty|}}$ 为

$$\ddot{a}_{\overline{\infty|}}=\lim_{n\to\infty}\ddot{a}_{\overline{n|}}=\lim_{n\to\infty}(1+i)a_{\overline{n|}}=\frac{1+i}{i}=\frac{1}{d} \quad (2.15)$$

### 2.2.3 延期年金

延期年金是延迟若干个时期才开始支付的年金。对于延期 $m$ 年的期末付年金，其现值用符号 ${}_{m|}a_{\overline{n}|i}$ 表示，可以简记为 ${}_{m|}a_{\overline{n}|}$。

延期年金的现值 ${}_{m|}a_{\overline{n}|}$ 可以选择下述两种计算方法之一，参见图 2-5。

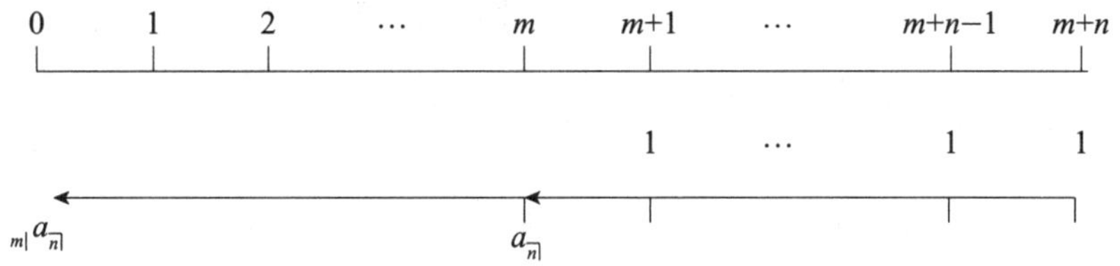


**图 2-5 延期年金的现值**

(1) 首先计算期末付 $n$ 年期年金的现值 $a_{\overline{n}|}$，再将此现值向前贴现 $m$ 年，即得延期年金的现值为

$$ {}_{m|}a_{\overline{n}|}=v^m\cdot a_{\overline{n}|} \tag{2.16}$$

(2) 从 $(m+n)$ 年期末付年金的现值中减去 $m$ 年期末付年金的现值，即得延期年金的现值为

$$ {}_{m|}a_{\overline{n}|}=a_{\overline{m+n}|}-a_{\overline{m}|} \tag{2.17}$$

上式中，首先在前 $m$ 年的每年末虚设 1 元付款，然后计算所有 $(m+n)$ 次付款的现值 $a_{\overline{m+n}|}$。从 $a_{\overline{m+n}|}$ 中扣除虚设的 $m$ 次付款的现值 $a_{\overline{m}|}$，即得延期年金的现值。

若用 ${}_{m|}a_{\overline{\infty}|}$ 表示延期 $m$ 年的期末付永续年金的现值，则有

$$ {}_{m|}a_{\overline{\infty}|}=\lim_{n\to\infty}v^m a_{\overline{n}|}=\frac{v^m}{i} \tag{2.18}$$

**【例 2-11】** 投资者从银行获得一笔贷款，年有效利率为 8%。双方约定，借款人从第 11 年末开始，直至第 20 年末，每年末偿还 2 000 万元。计算这笔贷款的本金。

**【解】** 贷款本金等于未来偿还值的现值。偿还值是一个延期 10 年的等额年金，已知年有效利率为 $i=8\%$，求其现值有两种方法。

方法一：

$$\begin{aligned}2\,000\,{}_{m|}a_{\overline{n}|}&=2\,000\times v^{10}\times a_{\overline{10}|}\\&=2\,000\times(1+i)^{-10}\times\frac{1-(1+i)^{-10}}{i}\\&=2\,000\times0.463\,19\times6.710\,1\\&=6\,216(\text{万元})\end{aligned}$$

方法二：

$$2\,000\,{}_{m|}a_{\overline{n}|}=2\,000\times(a_{\overline{20}|}-a_{\overline{10}|})$$

$$=2\,000\times\left(\frac{1-(1+i)^{-20}}{i}-\frac{1-(1+i)^{-10}}{i}\right)$$
$$=2\,000\times(9.818\,1-6.710\,1)$$
$$=6\,216(\text{万元})$$

**【例 2-12】** 投资者用 10 万元购买了一个延期 3 年的永续年金，该永续年金在每年初的付款为 1.2 万元。求年有效利率为多少。

**【解】** 设年有效利率为 $i$，则延期 3 年的永续年金的现值为

$$1.2\times v^3\cdot\ddot{a}_{\overline{\infty}|}=1.2\times\frac{(1+i)^{-3}}{i/(1+i)}$$

令上式等于 10 万元，解方程即可求得年有效利率为 $i=9.93\%$。

**【例 2-13】** 一份保险合同规定，年金受益人可以在每年末从保险公司领取 20 000 元，一共领取 10 年。如果年金受益人希望在第 15 年末一次性领取所有年金，假设年有效利率为 5%，计算保险公司在第 15 年末一次性支付的金额应该是多少。

**【解】** 已知年有效利率为 $i=5\%$。上述年金在第 10 年末的价值为 $20\,000s_{\overline{10}|}$，将其向后累积 5 年，即得该年金在第 15 年末的累积值，也就是保险公司在第 15 年末一次性支付的金额为

$$20\,000s_{\overline{10}|}(1+i)^5=20\,000\times\frac{(1+i)^{10}-1}{i}(1+i)^5$$
$$=20\,000\times12.577\,9\times1.276\,28$$
$$=321\,058.44(\text{元})$$

## 2.3 每年支付 *m* 次的等额年金

在等额年金中，每年支付一次，每次支付 1 元。如果将一年等分为 $m$ 个时间区间，在每个时间区间支付 $1/m$ 元，就得到了每年支付 $m$ 次的等额年金。在实践中，$m$ 的常见取值是 4 或 12，分别表示每季度或每月支付 1 次，每次支付 1/4 元或 1/12 元。

对于每年支付 $m$ 次的年金，计算其价值，可以采取两种方法：一种方法是将年有效利率转换成月有效利率或季有效利率，然后应用年金的基本计算公式（如下例所示）；另一种方法是将每年的多次支付转化为每年一次的支付，然后应用年金的基本计算公式。本节重点讨论第二种计算方法。

**【例 2-14】** 一笔 50 万元的贷款，计划在今后的 5 年内按月等额偿还，每月末偿还一次。如果年有效利率为 6%，计算每月末的付款金额。

**【解】** 首先将年有效利率转换为月有效利率：

$$j=(1+0.06)^{1/12}-1=0.004\,868$$

5 年共有 60 个月，假设每月末的偿还金额为 $X$，则有

$$500\ 000 = Xa_{\overline{60}|0.004\ 868} \Rightarrow X = 9\ 629.62(\text{元})$$

从本例可以看出，通过利率转换很容易计算这种年金的现值。

下面讨论如何将每年的多次支付转换为每年的一次支付，然后应用年金的基本公式计算这种年金的价值。

## 2.3.1 每年支付 $m$ 次的期末付年金

每年支付 $m$ 次的期末付年金如图 2－6 所示，将每年等分为 $m$ 个时间区间，在每个时间区间末支付 $1/m$ 元，每年的付款总额仍然是 1 元，一共支付 $n$ 年。

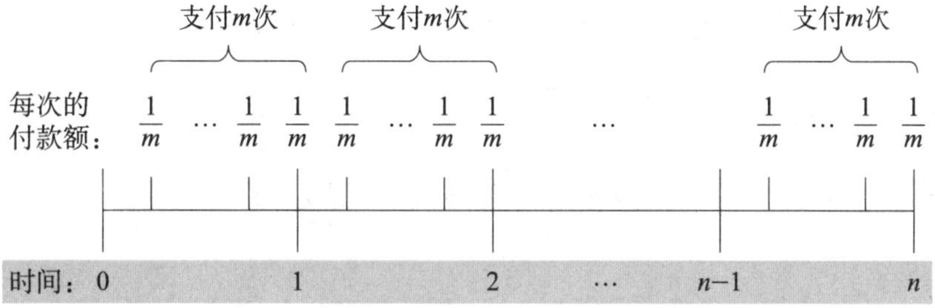


**图 2－6 每年支付 $m$ 次的期末付年金**

与 $n$ 年期期末付等额年金相比，每年支付 $m$ 次的期末付等额年金相当于将原来每年末支付的 1 元转化为在每个时间区间末支付 $1/m$ 元。每年的付款总额保持不变，仍然为 1 元，但付款的时间在整体上有所提前，所以每年支付 $m$ 次的期末付等额年金的价值将会变大。

以 1 年期的期末付年金为例，如果在年末支付 1 元，则该年金的终值为 1 元。如果将一年等分为 $m$ 个时间区间，在每个时间区间末支付 $1/m$ 元，则该年金的终值将变为 $i/i^{(m)}$。证明过程如图 2－7 所示。

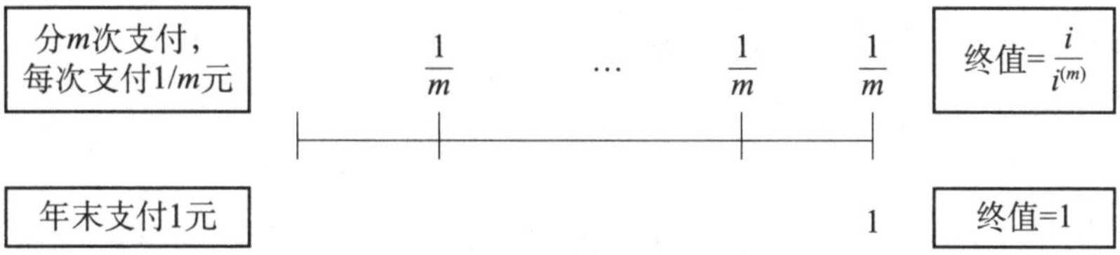


**图 2－7 每年支付 $m$ 次的 1 年期期末付年金的终值**

在图 2－7 中，假设每个时间区间的有效利率为 $j$，与其对应的年名义利率为 $i^{(m)}=mj$。支付 $m$ 次的 1 年期期末付年金在每个时间区间末支付 $1/m$ 元，一共支付 $m$ 次，每个时间区间的有效利率为 $j$，故该年金的终值可以表示为

$$\frac{1}{m}\times s_{\overline{m}|j}=\frac{1}{m}\times\frac{(1+j)^m-1}{j}=\frac{1}{m}\times\frac{(1+i^{(m)}/m)^m-1}{i^{(m)}/m}=\frac{i}{i^{(m)}}$$

其中 $s_{\overline{m}|j}$ 表示下述年金的终值：每个时间区间末支付 1 元，一共支付 $m$ 次，每个时间区间的有效利率为 $j$。

由年有效利率和年名义利率的关系可知，$i/i^{(m)}>1$。换言之，将年末支付 1 元的 1 年期年金转换为一年支付 $m$ 次的 1 年期年金以后，新年金的终值将变为原年金终值的 $i/i^{(m)}$ 倍。

由于终值和现值是成比例变化的，因此，当终值变为原年金的 $i/i^{(m)}$ 倍时，现值也将变为原年金的 $i/i^{(m)}$ 倍。换言之，对于年末支付 1 元的 1 年期年金，分为 $m$ 次等额支付以后，其价值将上升为原来的 $i/i^{(m)}$ 倍。

显然，对于 $n$ 年期年金，上述结论依然成立，故有

$$a_{\overline{n}|}^{(m)}=\frac{i}{i^{(m)}}a_{\overline{n}|} \tag{2.19}$$

上式变形，每年支付 $m$ 次的期末付年金的现值也可以表示为

$$a_{\overline{n}|}^{(m)}=\frac{i}{i^{(m)}}a_{\overline{n}|}=\frac{i}{i^{(m)}}\frac{1-v^n}{i}=\frac{1-v^n}{i^{(m)}} \tag{2.20}$$

类似地，每年支付 $m$ 次的期末付年金的终值可以表示为

$$s_{\overline{n}|}^{(m)}=\frac{i}{i^{(m)}}s_{\overline{n}|} \tag{2.21}$$

上式变形，每年支付 $m$ 次的期末付年金的终值也可以表示为

$$s_{\overline{n}|}^{(m)}=\frac{i}{i^{(m)}}s_{\overline{n}|}=\frac{i}{i^{(m)}}\frac{(1+i)^m-1}{i}=\frac{(1+i)^m-1}{i^{(m)}} \tag{2.22}$$

**【例 2-15】**投资者在每月末向基金存入 1 000 元，如果基金的年有效利率为 5%，该投资者在第 5 年末的累积值是多少？

**【解】**这是一项每年支付 12 次的期末付年金，$m=12$，$i=5\%$，每年的付款额为 12 000 元。应用式（2.21），投资者在第 5 年末的累积值为

$$12\ 000s_{\overline{5}|}^{(12)}=12\ 000\frac{i}{i^{(12)}}s_{\overline{5}|}=67\ 813.74(\text{元})$$

其中

$$i^{(12)}=m\times[(1+i)^{1/m}-1]=12\times[(1+0.05)^{1/12}-1]=0.048\ 89$$

$$s_{\overline{5}|}=\frac{(1+i)^5-1}{i}=5.525\ 6$$

**【例 2-16】**一笔 3 000 万元的贷款在 5 年内每半年末等额偿还一次。若年有效利率为 5%，计算每半年末的偿还金额 $R$。

**【解】**每半年末偿还 $R$，每年的偿还总额为 $2R$。应用式（2.19），可以建立下列方程：

$$2Ra_{\overline{5}|}^{(2)}=3\ 000$$

从上式可以求得

$$R=\frac{1\ 500}{a_{\overline{5}|}^{(2)}}=1\ 500\div\left(\frac{i}{i^{(2)}}a_{\overline{5}|}\right)=342.236\ 4(\text{万元})$$

其中

$$i=5\%$$
$$i^{(2)}=2\times[(1+i)^{1/2}-1]=0.049\ 39$$
$$a_{\overline{5}|}=\frac{1-(1+i)^{-5}}{i}=4.329\ 5$$

对于每年支付 $m$ 次的期末付年金，当支付期限 $n$ 趋于无穷时，即可得到永续年金的现值，即

$$a_{\overline{\infty}|}^{(m)}=\lim_{n\to\infty}a_{\overline{n}|}^{(m)}=\lim_{n\to\infty}\frac{i}{i^{(m)}}a_{\overline{n}|}=\frac{1}{i^{(m)}} \tag{2.23}$$

**【例 2-17】** 在当前时刻投资 24 000 元，可以在今后的每月末领取 100 元，且无限期地领下去，计算年有效利率为多少。

**【解】** 这是一笔永续年金，每年领取 12 次，即 $m=12$，每年领取的总金额为 1 200 元。应用式（2.23），可以建立下列方程：

$$1\ 200\times\frac{1}{i^{(12)}}=24\ 000$$

由此可得年名义利率为 $i^{(12)}=0.05$，将其转换为年有效利率，有

$$i=(1+0.05/12)^{12}-1=0.051\ 16$$

## 2.3.2 每年支付 *m* 次的期初付年金

每年支付 $m$ 次的期初付年金如图 2-8 所示，将一年等分为 $m$ 个时间区间，每个时间区间的长度为 $1/m$ 年，在每个时间区间初的付款额为 $1/m$ 元，每年的付款总额是 1 元，一共支付 $n$ 年。

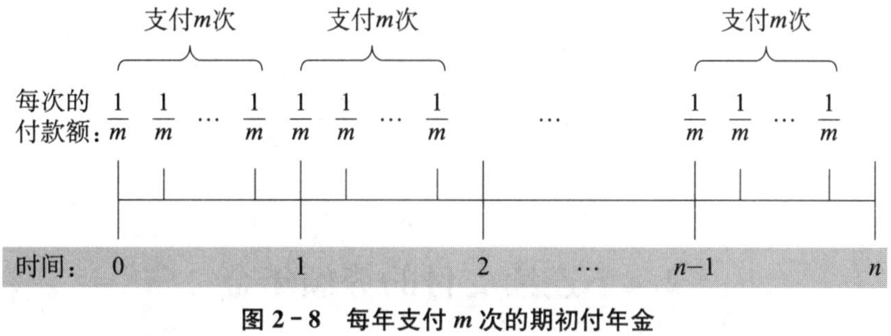


**图 2-8 每年支付 *m* 次的期初付年金**

比较图 2-8 和图 2-6 可见，期初付年金比期末付年金提前支付了 $1/m$ 年，所以期初付年金的现值是期末付年金现值的 $(1+i)^{1/m}$ 倍，故有

$$\ddot{a}_{\overline{n}|}^{(m)}=(1+i)^{\frac{1}{m}}a_{\overline{n}|}^{(m)} \tag{2.24}$$

上式变形，也可以将每年支付 $m$ 次的期初付年金的现值表示为

$$\ddot{a}_{\overline{n}|}^{(m)}=(1+i)^{\frac{1}{m}}a_{\overline{n}|}^{(m)}=(1+i)^{\frac{1}{m}}\frac{1-v^n}{i^{(m)}}=\frac{1-v^n}{d^{(m)}} \tag{2.25}$$

上式也可以用 $n$ 年期期初付年金的现值表示如下：

$$\ddot{a}_{\overline{n}|}^{(m)}=\frac{1-v^n}{d^{(m)}}=\frac{d}{d^{(m)}}\frac{1-v^n}{d}=\frac{d}{d^{(m)}}\ddot{a}_{\overline{n}|} \tag{2.26}$$

由于年有效贴现率在数值上小于与其等价的年名义贴现率，即 $d/d^{(m)}<1$，所以上式表明，将 $n$ 年期期初付年金转化为每年 $m$ 次支付以后，其价值会变小，即变为原来的 $d/d^{(m)}$ 倍。

将式（2.25）累积 $n$ 年，即得每年支付 $m$ 次的期初付年金的终值为

$$\ddot{s}_{\overline{n}|}^{(m)}=(1+i)^n\ddot{a}_{\overline{n}|}^{(m)}=(1+i)^n\frac{1-v^n}{d^{(m)}}=\frac{(1+i)^n-1}{d^{(m)}} \tag{2.27}$$

上式也可以用 $n$ 年期期初付年金的终值表示如下：

$$\ddot{s}_{\overline{n}|}^{(m)}=\frac{(1+i)^n-1}{d^{(m)}}=\frac{d}{d^{(m)}}\frac{(1+i)^n-1}{d}=\frac{d}{d^{(m)}}\ddot{s}_{\overline{n}|} \tag{2.28}$$

**【例 2-18】** 有一笔 50 万元的贷款，计划在今后的 5 年内按月等额偿还，每月初偿还一次。如果年有效利率为 6%，计算每月初的偿还金额。

**【解】** 假设每月初的偿还金额为 $X$，则每年的偿还金额为 $12X$，应用式（2.24）和式（2.19），有

$$500\,000=12X\cdot\ddot{a}_{\overline{5}|}^{(12)}=12X\cdot(1+i)^{1/12}a_{\overline{5}|}^{(12)}=12X\cdot(1+i)^{1/12}\cdot\frac{i}{i^{(12)}}\cdot a_{\overline{5}|}$$

解此方程可得

$$X=9\,582.84(\text{元})$$

其中

$$i=6\%$$

$$i^{(12)}=12\times[(1+0.06)^{1/12}-1]=0.058\,41$$

$$a_{\overline{5}|}=\frac{1-(1+0.06)^{-5}}{0.06}=4.212\,4$$

## 2.4 连续支付的等额年金

在每年支付 $m$ 次的等额年金中，每次的付款金额为 $1/m$ 元，全年的付款总额为 1 元。如果假设每年连续不断地付款，但保持全年的付款总额仍然为 1 元，就得到了连续支付的等额年金。

连续支付年金（continuously payable annuity）是指在一年内连续支付且支付无穷多次的年金。连续支付年金在现实生活中并不存在，某些支付频率很高的年金，如每日支付一次的年金，可以用连续支付年金进行近似。

下面分别讨论连续支付年金的现值和终值。

### 2.4.1　连续支付年金的现值

一般年金根据付款时点的不同，可以区分为期初付年金和期末付年金，但对于连续支付年金而言，期初和期末将融为一点。

假设年金的支付期限为 $n$ 年，年有效利率为 $i$，每年连续支付，每年的支付总额为 1 元的年金现值用 $\bar{a}_{\overline{n}|}$ 表示。

每年支付 $m$ 次的期末付年金，当 $m$ 趋于无穷大时，即得连续支付年金。因此，连续支付年金的现值可以通过下述极限求得：

$$\bar{a}_{\overline{n}|}=\lim_{m\to\infty}a_{\overline{n}|}^{(m)}=\lim_{m\to\infty}\frac{1-v^n}{i^{(m)}}=\frac{1-v^n}{\delta} \tag{2.29}$$

连续支付年金的现值也可以通过积分方法求得。连续支付、一年内的付款总额为 1 元的年金可以看作在时刻 $t$ 支付 $\mathrm{d}t$ 元的年金，该年金在一年内的付款总额正好等于 1 元，即

$$\int_0^1 \mathrm{d}t = 1$$

在时刻 $t$ 支付 $\mathrm{d}t$ 元的现值可以表示为 $v^t\mathrm{d}t$。将 $[0, n]$ 期间所有付款的现值求和，即得 $n$ 年期连续支付年金的现值为

$$\bar{a}_{\overline{n}|}=\int_0^n v^t\,\mathrm{d}t=\left.\frac{v^t}{\ln v}\right|_0^n=\frac{v^n-1}{\ln v}=\frac{1-v^n}{\delta}$$

对于连续支付年金和每年末支付一次的年金，它们的现值之间存在下述关系：

$$\bar{a}_{\overline{n}|}=\frac{1-v^n}{\delta}=\frac{i}{\delta}\cdot\frac{1-v^n}{i}=\frac{i}{\delta}a_{\overline{n}|} \tag{2.30}$$

其中 $i/\delta>1$。

类似地，对于连续支付年金和每年初支付一次的年金，它们的现值之间存在下述关系：

$$\bar{a}_{\overline{n}|}=\frac{d}{\delta}\ddot{a}_{\overline{n}|} \tag{2.31}$$

其中 $d/\delta<1$。

**【例 2-19】**假设年有效利率为 10%，在下列各种情况下计算每年支付 1 元的 20 年期年金的现值：

(1) 每年末支付 1 次。

（2）每季度末支付一次。

（3）每月末支付一次。

（4）每天支付一次。

（5）连续支付。

**【解】** 计算过程如下：

（1）$a_{\overline{20}|}=\dfrac{1-1.1^{-20}}{0.1}=8.513\ 6$(元)

（2）$a_{\overline{20}|}^{(4)}=\dfrac{i}{i^{(4)}}a_{\overline{20}|}=\dfrac{0.1}{4\times(1.1^{1/4}-1)}\times 8.513\ 6=8.826\ 5$(元)

（3）$a_{\overline{20}|}^{(12)}=\dfrac{i}{i^{(12)}}a_{\overline{20}|}=\dfrac{0.1}{12\times(1.1^{1/12}-1)}\times 8.513\ 6=8.897\ 1$(元)

（4）$a_{\overline{20}|}^{(365)}=\dfrac{i}{i^{(365)}}a_{\overline{20}|}=\dfrac{0.1}{365\times(1.1^{1/365}-1)}\times 8.513\ 6=8.931\ 3$(元)

（5）$\bar{a}_{\overline{20}|}=\dfrac{i}{\delta}a_{\overline{20}|}=\dfrac{0.1}{\ln 1.1}\times 8.513\ 6=8.932\ 5$(元)

本例的结果表明，对于期末付年金，如果每年的付款总额保持不变，则每年支付的次数越多，年金的现值越大。图2-9给出了本例年金的现值随着支付次数的增加而不断增加的过程。当年金的支付次数较少时，譬如每年不超过12次，年金的现值随着支付次数的增加而快速增加。当年金的支付次数较多时，譬如每年超过12次以后，年金的现值随着支付次数的增加而增加的速度逐渐放缓。

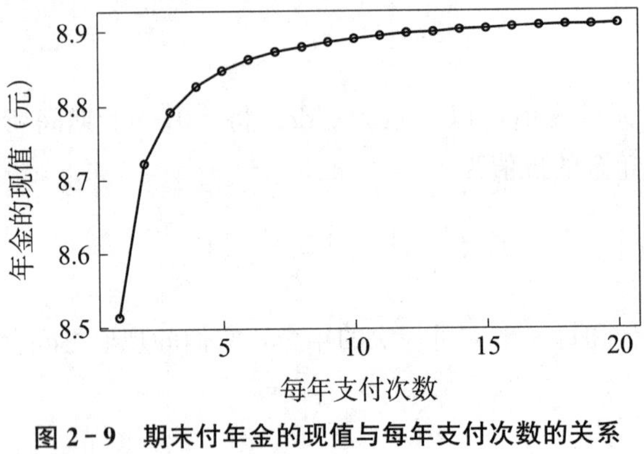


**图2-9 期末付年金的现值与每年支付次数的关系**

从每年支付一次的年金到每年支付 $m$ 次的年金，再到连续支付年金，年金的现值是不断变化的。对于期末付年金而言，随着每年支付次数的增加，年金的平均付款时间不断提前，所以年金现值越来越大。对于期初付年金来说，随着每年支付次数的增加，年金的平均付款时间不断延迟，所以年金现值越来越小。当每年支付次数趋于无穷大时，期末付年金和期初付年金的现值都将等于连续支付年金的现值。它们的变化过程如图2-10所示。

**【例2-20】** 假设年有效贴现率为5%，在第5年末和第7年末之间，投资者每年连续支付1 000元。计算该项付款在第2年末的价值。

**【解】** 已知 $d=0.05$，所以 $v=1-d=0.95$，$1+i=1/0.95$，$\delta=\ln(1+i)=\ln(1/0.95)$。

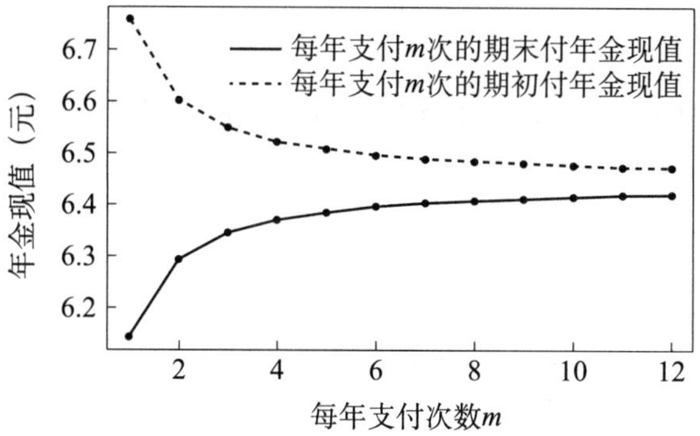


**图 2-10　年金现值与每年支付次数的关系**

付款发生在第 5 年末到第 7 年末，是一个 2 年期的连续支付年金，所以在第 5 年末的价值为 $1\,000\bar{a}_{\overline{2}|}$，再向前贴现 3 年，即得第 2 年末的价值为

$$\begin{aligned}1\,000\bar{a}_{\overline{2}|}v^3 &= 1\,000\times\frac{1-v^2}{\delta}v^3\\&=1\,000\times\frac{1-0.95^2}{\ln(1/0.95)}\times0.95^3\\&=1\,629.73(\text{元})\end{aligned}$$

**【例 2-21】** 假设年有效利率为 6%，计算每年连续支付 500 元的永续年金的现值。

**【解】** 对于连续支付年金，当 $n\to\infty$ 时，可以得到永续年金的现值为

$$\bar{a}_{\overline{\infty}|}=\lim_{n\to\infty}\frac{1-v^n}{\delta}=\frac{1}{\delta}$$

故本例永续年金的现值为

$$500\bar{a}_{\overline{\infty}|}=\frac{500}{\delta}=\frac{500}{\ln(1+i)}=\frac{500}{\ln(1.06)}=8\,580.91(\text{元})$$

## 2.4.2　连续支付年金的终值

假设年金的支付期限为 $n$，年有效利率为 $i$。对于每年连续支付且每年支付总额为 1 元的年金，其终值用 $\bar{s}_{\overline{n}|}$ 表示。连续支付年金的终值可以通过将其现值向后累积 $n$ 年求得，即

$$\bar{s}_{\overline{n}|}=(1+i)^n\bar{a}_{\overline{n}|}=\frac{(1+i)^n-1}{\delta}$$

连续支付年金的终值也可以通过积分方法求得。如果在时刻 $t$ 的付款为 $\mathrm{d}t$，则一年的付款总额正好等于 1 元。也就是说，连续支付年金就是在时刻 $t$ 支付 $\mathrm{d}t$ 元的年金。时刻 $t$ 的 $\mathrm{d}t$ 元累积到在第 $n$ 年末的终值为 $(1+i)^{n-t}\mathrm{d}t$。连续支付年金的终值等于在 $[0, n]$ 期间所有付款的终值之和，即

$$\bar{s}_{\overline{n}|}=\int_0^n (1+i)^{n-t}\mathrm{d}t=-\frac{(1+i)^{n-t}}{\ln(1+i)}\bigg|_0^n=\frac{(1+i)^n-1}{\delta}$$

容易验证，对于连续支付年金和每年支付 1 元的年金，它们的终值之间存在下列关系：

$$\bar{s}_{\overline{n}|}=\frac{i}{\delta}s_{\overline{n}|}=\frac{d}{\delta}\ddot{s}_{\overline{n}|} \tag{2.32}$$

上式表明，连续支付年金的终值等于期末付年金终值的 $i/\delta$ 倍，等于期初付年金终值的 $d/\delta$ 倍，其中 $i/\delta>1$，$d/\delta<1$。

**【例 2-22】** 假设年有效利率为 6%，在第 2 年末和第 7 年末之间，投资者每年连续支付 10 000 元。计算该年金在第 10 年末的累积值。

**【解】** 付款发生在第 2 年末到第 7 年末，是一个 5 年期的连续支付年金。在第 7 年末，该年金的累积值为

$$10\ 000\bar{s}_{\overline{5}|}=10\ 000\times\frac{(1+i)^5-1}{\delta}=10\ 000\times\frac{1.06^5-1}{\ln 1.06}=58\ 045.6(\text{元})$$

将其向后累积 3 年，即得在第 10 年末的累积值为

$$58\ 045.6\times 1.06^3=69\ 133.3(\text{元})$$

**【例 2-23】** 计算当利息力等于多少时，有 $\bar{s}_{\overline{15}|}=\bar{s}_{\overline{10}|}+2\bar{s}_{\overline{5}|}$。

**【解】** 连续支付年金的累积值可以用利息力表示为

$$\bar{s}_{\overline{n}|}=\frac{(1+i)^n-1}{\delta}=\frac{e^{n\delta}-1}{\delta}$$

将题目中的等式用利息力表示，可得

$$\frac{e^{15\delta}-1}{\delta}=\frac{e^{10\delta}-1}{\delta}+2\cdot\frac{e^{5\delta}-1}{\delta}$$

$$e^{15\delta}-e^{10\delta}-2e^{5\delta}+2=0$$

$$(e^{5\delta}-1)(e^{10\delta}-2)=0$$

上式中，如果 $e^{5\delta}=1$，则意味着利息力 $\delta=0$，不符合题意，故有

$$e^{10\delta}=2\Rightarrow\delta=\ln 2/10=0.069\ 31$$

## 2.5 价值方程

任何一个等额年金问题都包含下述三个变量：

（1）年金的现值或终值。

（2）年金的支付次数 $n$。

（3）年有效利率 $i$。

在这三个变量中，只要已知其中的任意两个变量，即可求得第三个变量。前面关于年金问题的讨论都假设年金的利率 $i$ 和支付次数 $n$ 是已知的，并在此基础上计算年金的现值和终值。如果已知年金的现值或终值，需要求解未知的利率或支付次数，就可以通过建立价值方程（equation of value）来解决。所谓价值方程，就是根据现金流之间的价值关系建立的一种方程。下面通过几个示例说明价值方程及其应用。

**【例 2－24】**投资者每年初向基金存入 5 000 元。如果基金的年有效利率为 6%，投资者需要经过多长时间可以累积到 20 万元？

**【解】**根据题意可以建立下列价值方程：

$$5\,000\ddot{s}_{\overline{n|}}=200\,000$$

变形可得

$$\ddot{s}_{\overline{n|}}=40$$
$$\frac{(1+0.06)^n-1}{0.06/(1+0.06)}=40\Rightarrow n=20.302\,4$$

这意味着需要 20.302 4 年可以累积到 20 万元。其中，0.302 4 年相当于 110 天，故经过 20 年零 110 天之后投资者可以累积到 20 万元。

**【例 2－25】**投资者将 20 万元存入基金，希望在每年末领取 1 万元，假设基金的年收益率为 4.5%，计算：(1) 投资者可以领取多长时间；(2) 最后一次领取的金额是多少。

**【解】**根据题意可以建立下列价值方程：

$$20=a_{\overline{n|}}=\frac{1-(1+0.045)^{-n}}{0.045}$$

解此方程可得

$$n=52.311\,4(\text{年})$$

即投资者可以在前 52 年的每年末领取 1 万元，并在第 53 年领取一笔小于 1 万元的付款 $W$。领取 $W$ 的时间为第 53 年的第 $0.311\,4\times365=114$ 天（一年按 365 天计算），故求解 $W$ 的价值方程为

$$10\,000\cdot s_{\overline{52|}}\cdot(1+0.045)^{0.311\,4}+W=200\,000\cdot(1+0.045)^{52.311\,4}$$

由此可得

$$W=3\,067(\text{元})$$

**【例 2－26】**已知年金的现值为 80 000 元，如果每年末支付一次，每次支付 25 000 元，一共可以支付 4 年，计算年有效利率是多少。

**【解】**年有效利率 $i$ 是下列方程的解：

$$80\,000=25\,000\times a_{\overline{4|}i}=25\,000\times\frac{1-(1+i)^{-4}}{i}$$

求解上述方程，可得年有效利率为 $i=9.56\%$。

**Excel应用**

## RATE函数

求解年金问题中的利率可以使用Excel中的RATE函数，譬如，对【例2-26】，在一个空白单元格中输入“=RATE(4,-25 000,80 000)”后回车，即可求得年有效利率为9.56%。

**【例2-27】** 投资者在期初投资2 000元，2年后又投资3 000元，到第5年末的累积值为7 000元。该项投资的年有效利率是多少？

**【解】** 假设年有效利率为$i$，则可以建立下列价值方程：

$$2\,000(1+i)^5+3\,000(1+i)^3=7\,000$$

显然，根据这个方程无法求得未知利率的解析表达式，但可以应用Excel求其数值解，具体过程如下。

**Excel应用**

## 求解方程

(1) 在A1单元格中输入利率的初始值“0.01”；

(2) 在A2单元格中输入“=2 000*(1+A1)^5+3 000*(1+A1)^3-7 000”后回车；

(3) 打开“数据”→“模拟分析”→“单变量求解”对话框；

(4) 在“目标单元格”中输入“A2”，在“目标值”中输入“0”，在“可变单元格”中输入“A1”，最后单击“确定”，即可得到年有效利率为9.15%。

## 小　结

等额年金是指每次的付款金额完全相等的年金，既可以每年支付一次，也可以每年支付多次，在理论上还可以连续支付。在实践中，每天支付一次近似等于连续支付。

各种年金价值计算公式如下。

| 年金类型 | | 现值 | 终值 |
|---|---|---|---|
| 每年支付一次 | 期末付 | $a_{\overline{n}\rceil}=\dfrac{1-v^n}{i}$ | $s_{\overline{n}\rceil}=\dfrac{(1+i)^n-1}{i}$ |
| | 期初付 | $\ddot{a}_{\overline{n}\rceil}=\dfrac{1-v^n}{d}$ | $\ddot{s}_{\overline{n}\rceil}=\dfrac{(1+i)^n-1}{d}$ |
| 每年支付$m$次 | 期末付 | $a_{\overline{n}\rceil}^{(m)}=\dfrac{1-v^n}{i^{(m)}}$ | $s_{\overline{n}\rceil}^{(m)}=\dfrac{(1+i)^n-1}{i^{(m)}}$ |
| | 期初付 | $\ddot{a}_{\overline{n}\rceil}^{(m)}=\dfrac{1-v^n}{d^{(m)}}$ | $\ddot{s}_{\overline{n}\rceil}^{(m)}=\dfrac{(1+i)^n-1}{d^{(m)}}$ |
| 连续支付 | | $\bar{a}_{\overline{n}\rceil}=\dfrac{1-v^n}{\delta}$ | $\bar{s}_{\overline{n}\rceil}=\dfrac{(1+i)^n-1}{\delta}$ |

如果已知每年支付一次的年金价值，就可以求得每年支付 $m$ 次和连续支付年金的价值，如下表所示。

| 现值 | 终值 |
|---|---|
| $a_{\overline{n}\rceil}^{(m)}=\frac{i}{i^{(m)}}a_{\overline{n}\rceil}$ | $s_{\overline{n}\rceil}^{(m)}=\frac{i}{i^{(m)}}s_{\overline{n}\rceil}$ |
| $\ddot{a}_{\overline{n}\rceil}^{(m)}=\frac{d}{d^{(m)}}\ddot{a}_{\overline{n}\rceil}$ | $\ddot{s}_{\overline{n}\rceil}^{(m)}=\frac{d}{d^{(m)}}\ddot{s}_{\overline{n}\rceil}$ |
| $\bar{a}_{\overline{n}\rceil}=\frac{i}{\delta}a_{\overline{n}\rceil}=\frac{d}{\delta}\ddot{a}_{\overline{n}\rceil}$ | $\bar{s}_{\overline{n}\rceil}=\frac{i}{\delta}s_{\overline{n}\rceil}=\frac{d}{\delta}\ddot{s}_{\overline{n}\rceil}$ |

## 习 题

2.1 投资者将在10年后退休。他计划从现在开始每年初向基金存入20 000元，如果基金的年收益率为6%，计算他在退休时可以获得多少退休金。

2.2 投资者从2010年3月1日起，每月末可以领取200元，2020年5月末是最后一次领取。如果每月复利一次的年名义利率为6%，计算该年金在2015年12月31日的价值。

2.3 投资者留下了10万元遗产，该笔遗产前5年的利息收入由其长子领取，第二个5年的利息收入由其次子领取，从第11年开始，剩余遗产全部归第三个儿子。如果年有效利率为8%，计算三个儿子在该笔遗产中分别领取多大比例的份额。

2.4 一项在36年内每年末支付4 000元的年金，与另一项在18年内每年末支付5 000元的年金有相等的现值，年有效利率为 $i$。计算1 000元的投资在年有效利率为 $i$ 时，经过多长时间可以翻番。

2.5 一项10年期的年金在前5年的每季度末付款1 000元，后5年的每季度末付款2 000元。如果年有效利率为5%，计算该年金的现值。

2.6 一项每3年末支付1元的永续年金的现值为125/91元，计算年有效利率。

2.7 一项永续年金在每月初付款1元，如果每年复利4次的年名义利率为4%，计算该项年金的现值。

2.8 一项永续年金在每月初付款1 000元，另一项永续年金在每季度末付款3 020元。计算当年有效利率为多少时，这两项年金的现值相等。

2.9 假设有一笔100 000元的贷款，计划从第5年开始在每年末偿还10 000元，直至还清为止。如果年有效利率为5%，并要求将不足10 000元的一次非正规付款与最后一次10 000元的付款同时支付，计算最后一次付款的时间和金额。

2.10 一项年金从2015年1月1日开始，每月末支付100元，支付60次。这项年金的价值等于在第 $k$ 月末支付的6 000元。假设每月复利一次的年名义利率为12%，求 $k$。

2.11 如果投资者用其获得的一笔保险金购买一项10年期的期末付年金，则每年末可以领取1 538元；如果购买一项20年期的期末付年金，则每年末可以领取1 072元。

求年有效利率。

2.12 投资者在前两年的每季度初向基金存入1 000元，在后两年的每季度初存入2 000元，基金的年名义利率为12%，每月复利一次。计算第4年末的累积值。

2.13 每半年复利一次的年名义利率为$i$，每两年末支付1元的永续年金的现值是5.89元，计算$i$。

2.14 已知利息力为$\delta=\frac{1}{1+t}$，计算$\bar{a}_{\overline{n}|}$。

2.15 已知利息力为$\delta=\frac{1}{1+0.5t}$，计算$s_{\overline{5}|}$。

2.16 已知$\int_0^8 \bar{a}_{\overline{t}|}\mathrm{d}t = 100$，计算$\bar{a}_{\overline{10}|}$。

2.17 已知利息力为$\delta=0.1$，计算当$t$为多少时，在时刻$t$支付1元相当于将这1元在时刻0与1之间连续支付。

第3章

# 变额年金

变额年金（varying annuity）是指每次的付款金额可以变化的年金。对于变额年金，如果每次的付款金额没有任何变化规律，就只能逐笔计算每次付款的现值或终值，然后将它们相加得到整个年金的现值或终值。本章讨论的变额年金是指规律性变化的年金，如付款金额按算术级数或几何级数变化。对于这类年金，可以建立较为简便的计算公式。

概括地讲，变额年金可以分为两大类：一类是离散变额年金，另一类是连续变额年金。

离散变额年金是指付款金额的变化是离散的，如每年变化一次。这类年金包括每年支付一次的变额年金、每年支付 $m$ 次的变额年金和连续支付的变额年金。离散变额年金既可以按算术级数变化（递增或递减），也可以按几何级数变化（即所谓的复递增年金）。

连续变额年金是指付款金额随着时间的变化而变化，其中两个特例是连续递增年金和连续递减年金。

本章首先介绍每年支付一次的离散变额年金，然后讨论每年支付 $m$ 次的离散变额年金，最后将其推广到连续支付的变额年金和一般连续支付的现金流。

## 3.1 递增年金

递增年金（increasing annuity）是指每次的付款金额按算术级数逐期递增的年金。下面分期末付和期初付两种情况讨论其价值的计算问题。

### 3.1.1 期末付递增年金

期末付递增年金（increasing annuity-immediate）的现金流如下：第 1 年末支付 1 元，第 2 年末支付 2 元……第 $n$ 年末支付 $n$ 元，如图 3-1 所示。

| 时间： | 0 | 1 | 2 | … | $n-1$ | $n$ |
|---|---|---|---|---|---|---|
| 付款： | | 1 | 2 | … | $n-1$ | $n$ |

**图3-1　期末付递增年金**

期末付递增年金的现值用 $(Ia)_{\overline{n}|}$ 表示，它等于每年末付款金额的现值之和，即

$$(Ia)_{\overline{n}|}=v+2v^2+3v^3+\cdots+nv^n \tag{3.1}$$

上式两边同时乘以 $(1+i)$，则有

$$(1+i)(Ia)_{\overline{n}|}=1+2v+3v^2+\cdots+nv^{n-1} \tag{3.2}$$

用式（3.2）的两边分别减式（3.1）的两边，则有

$$\begin{aligned} i\cdot(Ia)_{\overline{n}|}&=(1+v+v^2+v^3+\cdots+v^{n-1})-nv^n\\ &=\ddot{a}_{\overline{n}|}-nv^n \end{aligned}$$

由此可得期末付递增年金的现值计算公式为

$$(Ia)_{\overline{n}|}=\frac{\ddot{a}_{\overline{n}|}-nv^n}{i} \tag{3.3}$$

$n$ 年期期末付递增年金可以分解成 $n$ 项等额年金，如表3-1所示。

**表3-1　期末付递增年金的分解表**

| 时间 | 0 | 1 | 2 | 3 | … | $n-1$ | $n$ |
|---|---|---|---|---|---|---|---|
| 递增年金 | | 1 | 2 | 3 | … | $n-1$ | $n$ |
| 分解后的等额年金 | | 1 | 1 | 1 | … | 1 | 1 |
| | | | 1 | 1 | … | 1 | 1 |
| | | | | 1 | … | 1 | 1 |
| | | | | | ⋮ | ⋮ | ⋮ |
| | | | | | | 1 | 1 |
| | | | | | | | 1 |

根据表3-1，期末付递增年金的终值可以表示为 $n$ 项等额年金的终值之和，即

$$\begin{aligned} (Is)_{\overline{n}|}&=s_{\overline{n}|}+s_{\overline{n-1}|}+\cdots+s_{\overline{1}|}\\ &=\frac{(1+i)^n-1}{i}+\frac{(1+i)^{n-1}-1}{i}+\cdots+\frac{(1+i)-1}{i}\\ &=\frac{[(1+i)^n+(1+i)^{n-1}+\cdots+(1+i)]-n}{i}\\ &=\frac{\ddot{s}_{\overline{n}|}-n}{i} \end{aligned}$$

将上述终值向前贴现 $n$ 年，即得其现值 $(Ia)_{\overline{n}|}$ 为

$$(Ia)_{\overline{n}|}=v^n(Is)_{\overline{n}|}=\frac{\ddot{a}_{\overline{n}|}-nv^n}{i} \tag{3.4}$$

上式中，$v=1/(1+i)$ 表示1年期的贴现因子。

**【例3-1】** 有一项20年期的递增年金，第1年末支付650元，第2年末支付700元，第3年末支付750元，以此类推，最后一次支付发生在第20年末，假设年有效利率为6%，求该年金的现值。

**【解】** 年金最后一次的支付额为 $650+19\times 50=1\ 600$ 元。该项年金的现金流如表3-2所示，可以分解为下列两项年金之和：

（1）每年支付600元的期末付等额年金。

（2）第一年支付50元，以后每年的付款增加50元的期末付递增年金。

**表3-2　年金分解表**　　单位：元

| 年份 | | 1 | 2 | 3 | … | 20 |
|---|---|---|---|---|---|---|
| 原年金 | | 650 | 700 | 750 | … | 1 600 |
| 分解后的年金 | 等额年金 | 600 | 600 | 600 | … | 600 |
| | 递增年金 | 50 | 100 | 150 | … | 1 000 |

因此，上述年金的现值为

$$600a_{\overline{20}|}+50(Ia)_{\overline{20}|}=600\times a_{\overline{20}|}+50\times\frac{\ddot{a}_{\overline{20}|}-20v^{20}}{0.06}=11\ 817(\text{元})$$

其中

$$i=6\%$$

$$a_{\overline{20}|}=\frac{1-(1+i)^{-20}}{i}=11.469\ 9$$

$$\ddot{a}_{\overline{20}|}=\frac{1-(1+i)^{-20}}{i/(1+i)}=12.158\ 1$$

$$v_{\overline{20}|}=(1+i)^{-20}=0.311\ 8$$

**【例3-2】** 有一项递增年金，第1年末支付300元，第2年末支付320元，第3年末支付340元，以此类推，直至最后一次支付600元，假设年有效利率为5%，计算此年金的终值。

**【解】** 支付额每次递增20元，所以一共有 $(600-300)/20+1=16$ 次支付，最后一次支付发生在第16年末。

该项年金的现金流如表3-3所示，可以分解为下列两项年金之和：

（1）每年支付280元的期末付等额年金。

（2）第1年支付20元，以后每年的付款增加20元的期末付递增年金。

**表3-3　年金分解表**　　单位：元

| 年份 | | 1 | 2 | 3 | … | 16 |
|---|---|---|---|---|---|---|
| 原年金 | | 300 | 320 | 340 | … | 600 |
| 分解后的年金 | 等额年金 | 280 | 280 | 280 | … | 280 |
| | 递增年金 | 20 | 40 | 120 | … | 320 |

因此，上述年金的终值可以表示为

$$280s_{\overline{16}|}+20(Is)_{\overline{16}|}=280\times s_{\overline{16}|}+20\times\frac{\ddot{s}_{\overline{16}|}-16}{0.05}=10\ 160.25(\text{元})$$

其中

$$i=0.05$$

$$s_{\overline{16}|}=\frac{(1+i)^{16}-1}{i}=23.657\ 5$$

$$\ddot{s}_{\overline{16}|}=\frac{(1+i)^{16}-1}{i/(1+i)}=24.840\ 4$$

### 3.1.2 期初付递增年金

期初付递增年金（increasing annuity-due）的价值，可以根据期末付年金与期初付年金之间的关系进行计算。期初付年金比期末付年金提前 1 年，其价值是期末付年金的 $(1+i)$ 倍，故期初付递增年金的现值 $(I\ddot{a})_{\overline{n}|}$ 为

$$(I\ddot{a})_{\overline{n}|}=(1+i)(Ia)_{\overline{n}|}=(1+i)\frac{\ddot{a}_{\overline{n}|}-nv^n}{i}=\frac{\ddot{a}_{\overline{n}|}-nv^n}{d} \tag{3.5}$$

将上式累积 $n$ 年，即得期初付递增年金的终值 $(I\ddot{s})_{\overline{n}|}$ 为

$$(I\ddot{s})_{\overline{n}|}=(1+i)^n(I\ddot{a})_{\overline{n}|}=(1+i)^n\frac{\ddot{a}_{\overline{n}|}-nv^n}{d}=\frac{\ddot{s}_{\overline{n}|}-n}{d} \tag{3.6}$$

当 $n\to\infty$ 时，有

$$\lim_{n\to\infty}nv^n=\lim_{n\to\infty}\frac{n}{(1+i)^n}=0$$

所以，期初付和期末付递增永续年金的现值分别为

$$(Ia)_{\overline{\infty}|}=\lim_{n\to\infty}(Ia)_{\overline{n}|}=\lim_{n\to\infty}\frac{\ddot{a}_{\overline{n}|}-nv^n}{i}=\frac{1}{di} \tag{3.7}$$

$$(I\ddot{a})_{\overline{\infty}|}=\lim_{n\to\infty}(I\ddot{a})_{\overline{n}|}=\lim_{n\to\infty}\frac{\ddot{a}_{\overline{n}|}-nv^n}{d}=\frac{1}{d^2} \tag{3.8}$$

**【例 3-3】**一项永续年金在每年末支付 100 元，第一次支付发生在第 $n$ 年末，其现值为 170.5 元；另一项永续年金的第一次支付也发生在第 $n$ 年末，每年末依次支付 100 元、200 元、300 元等，其现值为 3 410 元。计算 $n$。

**【解】**第一项年金是延期 $n-1$ 年的永续年金，有

$$100\cdot v^{n-1}\cdot\frac{1}{i}=170.5 \tag{3.9}$$

第二项年金是延期 $n-1$ 年的递增年金，应用式（3.7），有

$$100 \cdot v^{n-1} \cdot \frac{1}{id} = 3\ 410 \tag{3.10}$$

以上两式相除即得

$$d = \frac{170.5}{3\ 410} = 0.05$$

故

$$i = \frac{d}{1-d} = \frac{1}{19}$$

将上式的 $i=1/19$ 代入式（3.9），可得

$$100 \cdot v^{n-1} \cdot \frac{1}{i} = \frac{100 \times 19}{(1+1/19)^{n-1}} = 170.5 \Rightarrow n = 48$$

## 3.2　递减年金

### 3.2.1　期末付递减年金

递减年金（decreasing annuity）是指付款金额按算术级数逐期递减的年金。下面首先讨论期末付递减年金（decreasing annuity-immediate）。

期末付递减年金的现金流如下：第 1 年末支付 $n$ 元，第 2 年末支付 $n-1$ 元……第 $n$ 年末支付 1 元，如图 3 - 2 所示。

| 时间： | 0 | 1 | 2 | … | $n-1$ | $n$ |
|---|---|---|---|---|---|---|
| 付款： | | $n$ | $n-1$ | … | 2 | 1 |

图 3 - 2　期末付递减年金

$n$ 年期递减年金可以分解成 $n$ 项等额年金之和，如表 3 - 4 所示。

表 3 - 4　期末付递减年金分解表

| 时间 | 0 | 1 | 2 | 3 | … | $n-1$ | $n$ |
|---|---|---|---|---|---|---|---|
| 递减年金 | | $n$ | $n-1$ | $n-2$ | … | 2 | 1 |
| 分解后的等额年金 | | 1 | 1 | 1 | … | 1 | 1 |
| | | 1 | 1 | 1 | … | 1 | |
| | | 1 | 1 | 1 | … | | |
| | | ⋮ | ⋮ | ⋮ | | | |
| | | 1 | 1 | 1 | | | |
| | | 1 | 1 | | | | |
| | | 1 | | | | | |

应用表 3－4，期末付递减年金的现值可以表示为 $n$ 项等额年金的现值之和。用 $(Da)_{\overline{n}|}$ 表示期末付递减年金的现值，则有

$$\begin{aligned}(Da)_{\overline{n}|}&=a_{\overline{n}|}+a_{\overline{n-1}|}+\cdots+a_{\overline{1}|}\\&=\frac{1-v^n}{i}+\frac{1-v^{n-1}}{i}+\cdots+\frac{1-v}{i}\\&=\frac{n-(v^n+v^{n-1}+\cdots+v)}{i}\\&=\frac{n-a_{\overline{n}|}}{i}\end{aligned}$$

将期末付递减年金的现值累积 $n$ 年，即得期末付递减年金的终值 $(Ds)_{\overline{n}|}$ 为

$$(Ds)_{\overline{n}|}=(1+i)^n(Da)_{\overline{n}|}=\frac{n(1+i)^n-s_{\overline{n}|}}{i} \tag{3.11}$$

**【例 3－4】** 投资者 A 拥有一项 10 年期的期末付递增年金，第 1 年末支付 1 000 元，以后每年递增 500 元。投资者 B 拥有一项 10 年期的期末付递减年金，第 1 年末支付 $X$ 元，以后每年递减 $X/10$ 元。假设年有效利率为 5%，两项年金的现值相等，计算 $X$。

**【解】** 投资者 A 的年金如表 3－5 所示，可以分解为下列两项年金之和：

（1）每年支付 500 元的期末付等额年金；

（2）第 1 年支付 500 元，以后每年的付款增加 500 元的期末付递增年金。

**表 3－5　投资者 A 的年金分解表**　　单位：元

| 年份 | | 1 | 2 | 3 | … | 10 |
|---|---|---|---|---|---|---|
| 原年金 | | 1 000 | 1 500 | 2 000 | … | 5 500 |
| 分解后的年金 | 等额年金 | 500 | 500 | 500 | … | 500 |
| | 递增年金 | 500 | 1 000 | 1 500 | … | 5 000 |

因此，投资者 A 的现值可以表示为

$$\mathrm{PV_A}=500a_{\overline{10}|}+500(Ia)_{\overline{10}|}$$

投资者 B 的年金可以表示为 $X/10$ 项 10 年期的标准递减年金，其现值为

$$\mathrm{PV_B}=\frac{X}{10}\cdot(Da)_{\overline{10}|}$$

由于两项年金的现值相等，因此有

$$500a_{\overline{10}|}+500(Ia)_{\overline{10}|}=\frac{X}{10}\cdot(Da)_{\overline{10}|}$$

即　$$500a_{\overline{10}|}+500\times\frac{1.05a_{\overline{10}|}-10\times1.05^{-10}}{0.05}=\frac{X}{10}\times\frac{10-a_{\overline{10}|}}{0.05}$$

得　$X=517$

其中

$$a_{\overline{10}|}=\frac{1-(1+0.05)^{-10}}{0.05}=7.7217$$

**【例 3-5】**有一项期末付变额年金，付款时期为 $2n$ 年。第 1 年末的付款金额为 1 元，以后每年递增 1 元，直至第 $n$ 年末的付款为 $n$ 元。第 $n+1$ 年末的付款是 $n$ 元，之后每年递减 1 元，直至第 $2n$ 年末的最后一次付款为 1 元，如图 3-3 所示。用基本年金的表达式 $a_{\overline{n}|}$ 写出这项年金的现值。

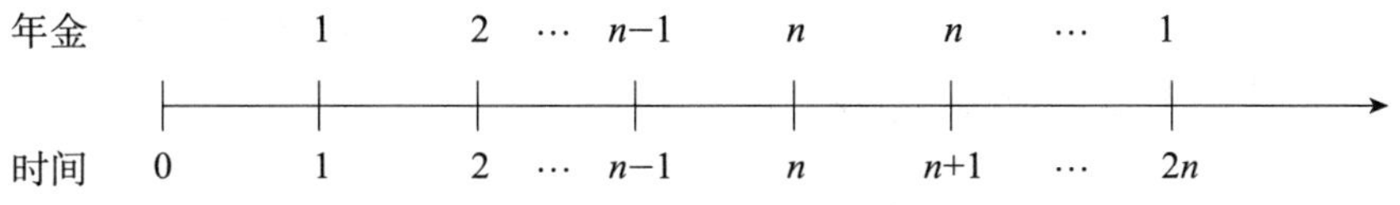


**图 3-3　年金的现金流**

**【解】**该年金由一项递增年金和一项延期 $n$ 年的递减年金构成，其现值可以表示为

$$\begin{aligned}
\mathrm{PV}&=(Ia)_{\overline{n}|}+v^n\cdot(Da)_{\overline{n}|}\\
&=\frac{\ddot{a}_{\overline{n}|}-nv^n}{i}+v^n\,\frac{n-a_{\overline{n}|}}{i}\\
&=\frac{1}{i}(\ddot{a}_{\overline{n}|}-nv^n+nv^n-a_{\overline{n}|}\cdot v^n)\\
&=\frac{1}{i}[(1+i)a_{\overline{n}|}-a_{\overline{n}|}\cdot v^n]\\
&=\frac{a_{\overline{n}|}}{i}(1+i-v^n)\\
&=a_{\overline{n}|}(a_{\overline{n}|}+1)
\end{aligned}$$

### 3.2.2　期初付递减年金

对于每年支付一次的年金，期初付年金的价值是期末付年金的（$1+i$）倍，所以，期初付递减年金（decreasing annuity-due）的现值可以根据期末付递减年金的现值计算，即

$$(D\ddot{a})_{\overline{n}|}=(1+i)(Da)_{\overline{n}|}=\frac{n-a_{\overline{n}|}}{d}\tag{3.12}$$

将上述现值累积 $n$ 年，即得期初付递减年金的终值为

$$(D\ddot{s})_{\overline{n}|}=(1+i)^n(D\ddot{a})_{\overline{n}|}=(1+i)^n\,\frac{n-a_{\overline{n}|}}{d}=\frac{n(1+i)^n-s_{\overline{n}|}}{d}\tag{3.13}$$

**【例 3-6】**一项年金在第 1 年末支付 1 元，以后每年增加 1 元，直至第 $n$ 年末支付 $n$ 元。从第 $n+1$ 年开始，每年递减 1 元，直至最后一年末支付 1 元。证明该项年金的现值可以表示为 $a_{\overline{n}|}\cdot\ddot{a}_{\overline{n}|}$。

**【解】**这项年金的现金流如图 3-4 所示。

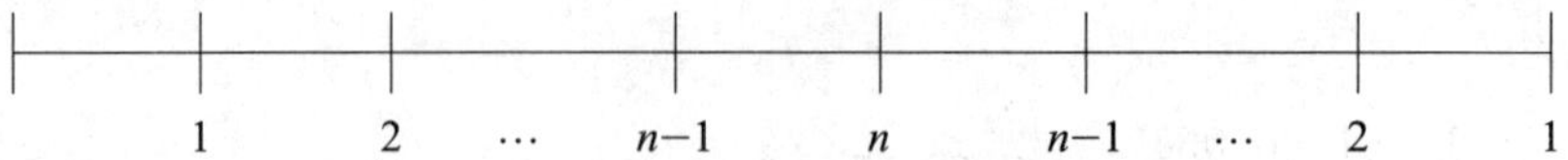


**图 3-4　年金的现金流**

这是一项 $n$ 年期的递增年金与一项延期 $n$ 年的 $n-1$ 年期的递减年金之和，因此，其现值可以表示为

$$\begin{aligned}
\mathrm{PV} &= (Ia)_{\overline{n}|} + v^n \cdot (Da)_{\overline{n-1}|} \\
&= \frac{\ddot{a}_{\overline{n}|} - nv^n}{i} + v^n \cdot \frac{(n-1) - a_{\overline{n-1}|}}{i} \\
&= \frac{1}{i}(a_{n-1} + 1 - nv^n + nv^n - v^n - v^n a_{\overline{n-1}|}) \\
&= \frac{1}{i}(a_{\overline{n-1}|} - v^n a_{\overline{n-1}|} + 1 - v^n) \\
&= \frac{1}{i}(1 - v^n)(a_{\overline{n-1}|} + 1) \\
&= a_{\overline{n}|} \cdot \ddot{a}_{\overline{n}|}
\end{aligned}$$

**【例 3-7】** 有一项 20 年期的年金，第 1 年末支付 600 元，以后每年末的付款增加 100 元，直至第 10 年末的付款为 1 500 元，然后每年末的付款减少 100 元，直至第 20 年末的付款为 500 元。计算该项年金的现值。

**【解】** 年金的分解见表 3-6。

**表 3-6　年金的分解**　　单位：元

| 年份 | 原年金 | 分解后的年金 | |
|---|---|---|---|
| 1 | 600 | 500 | 100 |
| 2 | 700 | 500 | 200 |
| 3 | 800 | 500 | 300 |
| 4 | 900 | 500 | 400 |
| 5 | 1 000 | 500 | 500 |
| 6 | 1 100 | 500 | 600 |
| 7 | 1 200 | 500 | 700 |
| 8 | 1 300 | 500 | 800 |
| 9 | 1 400 | 500 | 900 |
| 10 | 1 500 | 500 | 1 000 |
| 11 | 1 400 | 500 | 900 |
| 12 | 1 300 | 500 | 800 |
| 13 | 1 200 | 500 | 700 |
| 14 | 1 100 | 500 | 600 |
| 15 | 1 000 | 500 | 500 |
| 16 | 900 | 500 | 400 |

续表

| 年份 | 原年金 | 分解后的年金 | |
|---|---|---|---|
| 17 | 800 | 500 | 300 |
| 18 | 700 | 500 | 200 |
| 19 | 600 | 500 | 100 |
| 20 | 500 | 500 | 0 |

应用【例 3-6】的结果，上述年金的现值可以表示为

$$\begin{aligned}PV&=500a_{\overline{20|}}+100a_{\overline{10|}}\ddot{a}_{\overline{10|}}\\&=500a_{\overline{20|}}+100(1+i)(a_{\overline{10|}})^2\\&=500\times\frac{1-1.06^{-20}}{0.06}+100\times1.06\times\left(\frac{1-1.06^{-10}}{0.06}\right)^2\\&=11\ 477.07(\text{元})\end{aligned}$$

## 3.3　复递增年金

复递增年金（compound increasing annuity）是指付款金额按照某一固定比例增长的年金，即按几何级数增长的年金。譬如，第 1 年末支付 1 元，第 2 年末支付 1.1 元，第 3 年支付末 1.21 元，等等，支付金额每年增长 10%，这就是一个复递增年金。下面分别就期初付和期末付这两种情况讨论复递增年金的价值计算问题。

### 3.3.1　期初付复递增年金

期初付复递增年金的现金流如下：在时间零点支付 1 元，此后每年初的支付金额按 $r$ 的复利增长，直至第 $n$ 年初支付 $(1+r)^{n-1}$，如图 3-5 所示。

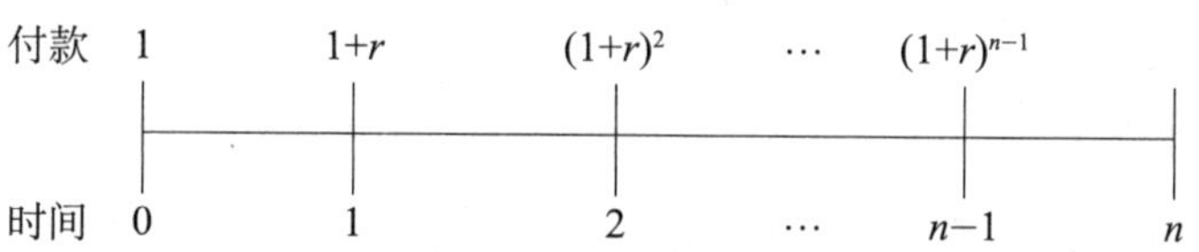


图 3-5　期初付复递增年金

把期初付复递增年金的现金流逐笔贴现求和，即得其现值 $(C\ddot{a})_{\overline{n|}i}$ 为

$$(C\ddot{a})_{\overline{n|}i}=1+(1+r)v+(1+r)^2v^2+\cdots+(1+r)^{n-1}v^{n-1}$$

上式中，令

$$(1+r)v=\frac{1}{1+j}\tag{3.14}$$

则期初付复递增年金的现值可以表示为

$$(C\ddot{a})_{\overline{n}|i}=1+\frac{1}{1+j}+\left(\frac{1}{1+j}\right)^{2}+\cdots+\left(\frac{1}{1+j}\right)^{n-1} \tag{3.15}$$

其中

$$j=\frac{i-r}{1+r} \tag{3.16}$$

由式（3.14）可知，$(1+r)(1+j)=1+i$，所以，上式中的 $j$ 表示从年有效利率 $i$ 中扣除年金增长率 $r$ 之后的净利率。换言之，在式（3.15）中，$n$ 年期期初付复递增年金的现值就是应用净利率 $j$ 计算的 $n$ 年期期初付等额年金的现值，故有

$$(C\ddot{a})_{\overline{n}|i}=\ddot{a}_{\overline{n}|j} \tag{3.17}$$

上式中，若年金增长率等于年有效利率，即 $r=i$，则 $j=0$，此时，期初付复递增年金的现值可以简化为

$$(C\ddot{a})_{\overline{n}|i}=\ddot{a}_{\overline{n}|j=0}=n \tag{3.18}$$

**【例 3-8】**投资者拥有一项 20 年期的期初付复递增年金，该年金在第 1 年初支付 200 元，以后每年增长 10%。假设年有效利率为 5%，计算此年金的现值。

**【解】**本例年金的现金流如图 3-6 所示。

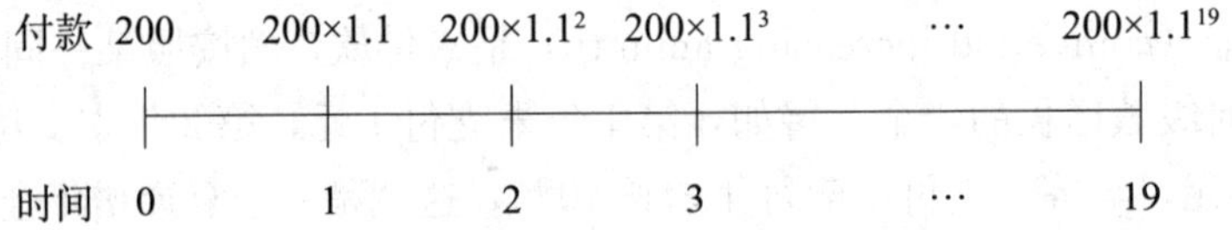


**图 3-6 期初付复递增年金的现金流**

应用式（3.17），此年金的现值可以表示为

$$(C\ddot{a})_{\overline{n}|}=200\cdot\ddot{a}_{\overline{20}|j}$$

其中

$$j=\frac{i-r}{1+r}=\frac{0.05-0.1}{1+0.1}=-4.545\ 5\%$$

故有

$$(C\ddot{a})_{\overline{n}|}=200\cdot\ddot{a}_{\overline{20}|-4.545\ 5\%}=200\times\frac{1-(1-0.0454\ 55)^{-20}}{-0.045\ 455/(1-0.045\ 455)}=6\ 449(\text{元})$$

## 3.3.2 期末付复递增年金

期末付年金比期初付年金的付款时间推迟了一年，其现值是期初付年金的 $1/(1+i)$。因此，期末付复递增年金的现值可以用期初付复递增年金的现值表示为

$$(Ca)_{\overline{n}|i}=\frac{(C\ddot{a})_{\overline{n}|i}}{1+i}=\frac{\ddot{a}_{\overline{n}|j}}{1+i} \tag{3.19}$$

其中，$j=\frac{i-r}{1+r}$，表示从年有效利率 $i$ 中扣除年金增长率 $r$ 以后的净利率。

将式（3.19）变形，期末付复递增年金的现值也可以表示为

$$(Ca)_{\overline{n}|i}=\frac{\ddot{a}_{\overline{n}|j}}{1+i}=\frac{(1+j)a_{\overline{n}|j}}{1+i}=\frac{a_{\overline{n}|j}}{(1+i)/(1+j)}=\frac{a_{\overline{n}|j}}{1+r} \tag{3.20}$$

**【例 3-9】** *投资者拥有一项 10 年期的期末付复递增年金，第 1 年末支付 1 000 元，以后每年增长 5%。假设年有效利率为 11.3%，计算该年金的现值。*

**【解】** 本例年金的现金流如图 3-7 所示。

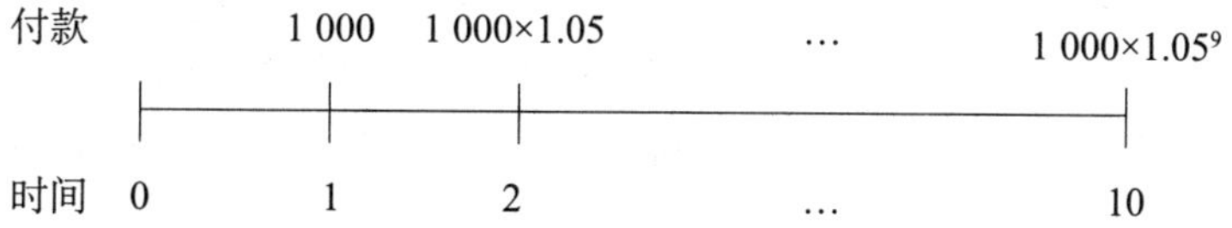


**图 3-7　期末付复递增年金的现金流**

年金增长率为 $r=0.05$，年有效利率为 $i=0.113$，应用式（3.16），扣除年金增长率以后的净利率为

$$j=\frac{i-r}{1+r}=\frac{0.113-0.05}{1+0.05}=0.06$$

应用式（3.19），该项年金在时间零点的现值为

$$1\ 000(Ca)_{\overline{n}|i}=1\ 000\times\frac{\ddot{a}_{\overline{n}|j}}{1+i}=1\ 000\times\frac{\ddot{a}_{\overline{10}|0.06}}{1+0.113}=7\ 009.61(\text{元})$$

其中

$$\ddot{a}_{\overline{10}|0.06}=\frac{1-1.06^{-10}}{0.06/(1+0.06)}=7.801\ 7$$

在特定条件下，复递增永续年金存在现值。从式（3.17）容易看出，当 $i>r$ 时，期初付复递增永续年金的现值存在，可以表示为

$$(C\ddot{a})_{\overline{\infty}|i}=\ddot{a}_{\overline{\infty}|j}=\lim_{n\to\infty}\ddot{a}_{\overline{n}|j}=\lim_{n\to\infty}(1+j)a_{\overline{n}|j}=\frac{1+j}{j}=\frac{1+i}{i-r} \tag{3.21}$$

相应地，应用期初付年金与期末付年金的关系，期末付复递增永续年金的现值可以表示为

$$(Ca)_{\overline{\infty}|}=\frac{(C\ddot{a})_{\overline{\infty}|}}{1+i}=\frac{1}{i-r} \tag{3.22}$$

**【例 3-10】** *一项永续年金从第 3 年末开始支付，首次付款金额为 5 000 元，以后每年增长 5%。如果年有效利率为 8%，计算该项年金的现值。*

**【解】** 年金增长率为 $r=0.05$，年有效利率为 $i=0.08$，首先应用式（3.22），计算永续年金在第 2 年末的价值，然后将其向前贴现 2 年，即得该项年金的现值为

$$PV=5\,000\times1.08^{-2}\times(Ca)_{\overline{\infty}|}=5\,000\times1.08^{-2}\times\frac{1}{0.08-0.05}=142\,889.8(\text{元})$$

## 3.4　每年支付 $m$ 次的变额年金

对于 $n$ 年期变额年金，假设每年的付款额分别为 $C_1$，$C_2$，…，$C_n$，本节讨论将每年的付款额等分为 $m$ 次支付以后，如何计算变额年金的价值。

首先考虑期末付年金。以第 $t$ 年为例，如果将第 $t$ 年末的付款额 $C_t$ 等分为 $m$ 次支付，每隔 $1/m$ 年支付一次，每次支付 $C_t/m$，就形成了一项支付 $m$ 次的期末付等额年金，如图 3－8 所示。假设 $1/m$ 年区间上的有效利率为 $j$，对应的年名义利率记为 $i^{(m)}=mj$，则该年金的终值可以表示为

$$\frac{C_t}{m}\times s_{\overline{m}|j}=\frac{C_t}{m}\times\frac{(1+j)^m-1}{j}=C_t\times\frac{(1+j)^m-1}{mj}=C_t\times\frac{i}{i^{(m)}}$$

上式表明，如果将第 $t$ 年末的付款额 $C_t$ 等分为 $m$ 次支付，则其终值将变为原来的 $i/i^{(m)}$ 倍，其现值也将变为原来的 $i/i^{(m)}$ 倍。

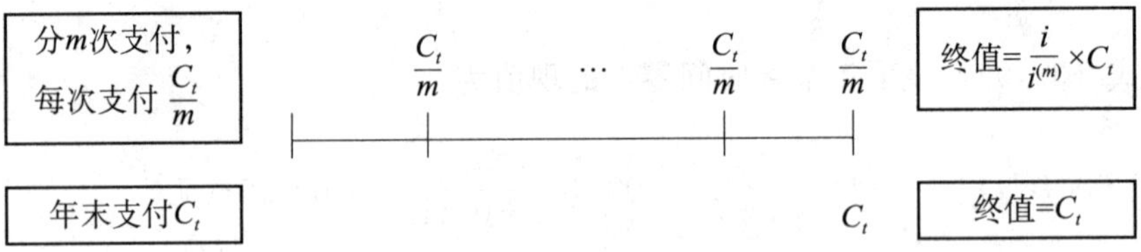


**图 3－8　每年支付 $m$ 次的变额年金**

由此可见，把每年支付 1 次的期末付变额年金转化为每年支付 $m$ 次的期末付变额年金，后者的价值将是前者的 $i/i^{(m)}$ 倍，即

$$V_{\overline{n}|}^{(m)}=\frac{i}{i^{(m)}}V_{\overline{n}|} \tag{3.23}$$

上式中，$V_{\overline{n}|}$表示每年支付 1 次的 $n$ 年期期末付变额年金的价值（现值或终值），$V_{\overline{n}|}^{(m)}$表示每年支付 $m$ 次的 $n$ 年期期末付变额年金的价值（现值或终值），$i/i^{(m)}>1$。

式（3.23）适用于任意变额年金。譬如，每年支付 $m$ 次的期末付递增年金的现值为

$$(Ia)_{\overline{n}|}^{(m)}=\frac{i}{i^{(m)}}\times(Ia)_{\overline{n}|} \tag{3.24}$$

每年支付 $m$ 次的期末付递减年金的终值为

$$(Ds)_{\overline{n}|}^{(m)}=\frac{i}{i^{(m)}}\times(Ds)_{\overline{n}|} \tag{3.25}$$

**【例 3－11】** 每年支付 1 次的 $n$ 年期期初付变额年金的价值为$\ddot{V}_{\overline{n}|}$，计算每年支付 $m$ 次的 $n$ 年期初付变额年金的价值。

**【解】** 在每年支付 $m$ 次的情况下，期初付年金的付款时间比期末付年金提前 $1/m$ 年，故其价值是期末付年金的 $(1+i)^{1/m}$倍，即

$$\ddot{V}_{\overline{n}|}^{(m)}=(1+i)^{1/m}V_{\overline{n}|}^{(m)}$$

将式（3.23）代入上式，有

$$\begin{aligned}\ddot{V}_{\overline{n}|}^{(m)}&=(1+i)^{1/m}V_{\overline{n}|}^{(m)}\\&=(1+i)^{1/m}\frac{i}{i^{(m)}}V_{\overline{n}|}\\&=\frac{i/(1+i)}{i^{(m)}/(1+i)^{1/m}}[(1+i)V_{\overline{n}|}]\\&=\frac{d}{d^{(m)}}\ddot{V}_{\overline{n}|}\end{aligned}$$

即

$$\ddot{V}_{\overline{n}|}^{(m)}=\frac{d}{d^{(m)}}\ddot{V}_{\overline{n}|} \tag{3.26}$$

上式表明，将每年支付 1 次的期初付变额年金转化为每年支付 $m$ 次的期初付变额年金，后者的价值是前者的 $d/d^{(m)}$ 倍，其中 $d/d^{(m)}<1$。

**【例 3-12】** 一项年金在第 1 年的每月末支付 2 000 元，在第 2 年的每月末支付 2 100 元，在第 3 年的每月末支付 2 200 元……在第 10 年的每月末支付 2 900 元。如果年有效利率为 5%，计算该项年金的现值。

**【解】** 该项年金如表 3-7 所示，可以分解为下列两项年金之和：

（1）每月末支付 1 900 元的 10 年期等额年金；

（2）第 1 年的每月末支付 100 元，第 2 年的每月末支付 200 元……第 10 年的每月末支付 1 000 元的 10 年期递增年金。

**表 3-7 年金的分解** 单位：元

| 年份 | | 1 | 2 | 3 | … | 10 |
|---|---|---|---|---|---|---|
| 原年金 | | 2 000 | 2 100 | 2 200 | … | 2 900 |
| 分解后的年金 | 等额年金 | 1 900 | 1 900 | 1 900 | … | 1 900 |
| | 递增年金 | 100 | 200 | 300 | … | 1 000 |

根据表 3-7，该项年金的现值为

$$\begin{aligned}\mathrm{PV}&=1\,900\times12\times a_{\overline{10}|}^{(12)}+100\times12\times(Ia)_{\overline{10}|}^{(12)}\\&=1\,900\times12\times\frac{i}{i^{(12)}}\times a_{\overline{10}|}+100\times12\times\frac{i}{i^{(12)}}\times(Ia)_{\overline{10}|}\\&=1\,900\times12\times\frac{1-1.05^{-10}}{i^{(12)}}+100\times12\times\frac{\ddot{a}_{\overline{10}|}-10\times1.05^{-10}}{i^{(12)}}\\&=1\,900\times12\times\frac{1-1.05^{-10}}{0.048\,89}+100\times12\times\frac{8.107\,8-10\times1.05^{-10}}{0.048\,89}\end{aligned}$$

$$=228\ 373.47(\text{元})$$

其中

$$i=0.05$$
$$i^{(12)}=12\times[(1+0.05)^{1/12}-1]=0.048\ 89$$
$$\ddot{a}_{\overline{10}|}=\frac{1-(1+0.05)^{-10}}{0.05/(1+0.05)}=8.107\ 8$$

**【例 3-13】** 有一项 10 年期的年金，第 1 年的每月初支付 1100 元，第 2 年的每月初支付 1 000 元，第 3 年的每月初支付 900 元，依次递减，第 10 年的每月初支付 200 元。假设年有效利率为 8%，计算此项年金的现值和第 10 年末的终值。

**【解】** 该项年金的现金流如表 3-8 所示，可以分解为下列两项年金之和：

（1）每月初支付 100 元的 10 年期等额年金；

（2）第 1 年的每月初支付 1 000 元，第 2 年的每月初支付 900 元……第 10 年的每月初支付 100 元的 10 年期递减年金。

**表 3-8　年金的分解**　单位：元

| 年份 | | 1 | 2 | 3 | … | 10 |
|---|---|---|---|---|---|---|
| 原年金 | | 1 100 | 1 000 | 900 | … | 200 |
| 分解后的年金 | 等额年金 | 100 | 100 | 100 | … | 100 |
| | 递减年金 | 1 000 | 900 | 800 | … | 100 |

根据表 3-8 的年金分解结果，该项年金的现值为

$$\begin{aligned}PV&=100\times12\times\ddot{a}_{\overline{10}|}^{(12)}+100\times12\times(D\ddot{a})_{\overline{10}|}^{(12)}\\&=100\times12\times[\ddot{a}_{\overline{10}|}^{(12)}+(D\ddot{a})_{\overline{10}|}^{(12)}]\\&=100\times12\times\left[\frac{d}{d^{(12)}}\times a_{\overline{10}|}+\frac{d}{d^{(12)}}\times(Da)_{\overline{10}|}\right]\\&=100\times12\times\frac{d}{d^{(12)}}\times\left[a_{\overline{10}|}+\frac{10-a_{\overline{10}|}}{i}\right]\\&=59\ 859(\text{元})\end{aligned}$$

其中

$$i=0.08$$
$$d=0.08/(1+0.08)=0.0741$$
$$d^{(12)}=12\times[1-(1-d)^{1/12}]=0.076\ 71$$
$$a_{\overline{10}|}=\frac{1-(1+0.08)^{-10}}{0.08}=6.710\ 1$$

**【例 3-14】** 有一项 30 年期的变额年金，每年末支付一次，现值为 46 502 元。如果将该年金调整为每月末等额支付一次，保持每年的付款总额不变。假设年有效利率为 5%，计算新年金的现值和终值。

**【解】** 每年支付 12 次的期末付年金的价值是每年支付 1 次的期末付年金价值的 $i/i^{(12)}$

倍，故由式（3.23）可知，新年金的现值为

$$V_{\overline{30}|}^{(12)}=46\ 502\times\frac{i}{i^{(12)}}=46\ 502\times\frac{i}{12[(1+i)^{1/12}-1]}=47\ 558(\text{元})$$

新年金的终值为

$$V_{\overline{30}|}^{(12)}\times(1+i)^{30}=205\ 543(\text{元})$$

## 3.5　连续支付的变额年金

连续支付的变额年金（continuously payable varying annuity）是指每年连续支付，但付款额每年变化一次的年金。在每年分 $m$ 次支付的变额年金中，令每年的支付次数趋于无穷大，即 $m\to\infty$，就得到了连续支付的变额年金。

常见的变额年金有递增年金、递减年金和复递增年金，相应地，连续支付的变额年金也包括这三种类型。

连续支付的递增年金（continuously payable increasing annuity）的现金流如下：第 1 年连续支付 1 元，第 2 年连续支付 2 元，第 3 年连续支付 3 元，直至第 $n$ 年连续支付 $n$ 元，如图 3-9 所示，其现值用 $(I\bar{a})_{\overline{n}|}$表示。字母 $a$ 上方的横线表示支付是连续的，字母 $I$ 上方没有横线表示支付金额离散增长，即每年增长一次。

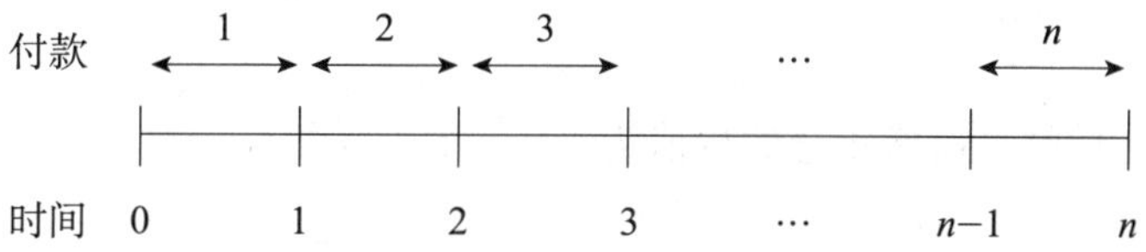


**图 3-9　连续支付的递增年金**

连续支付的递减年金（continuously payable decreasing annuity）的现金流如下：第 1 年连续支付 $n$ 元，第 2 年连续支付 $n-1$ 元，直至第 $n$ 年连续支付 1 元。该年金的现金流如图 3-10 所示，其现值用 $(D\bar{a})_{\overline{n}|}$表示。

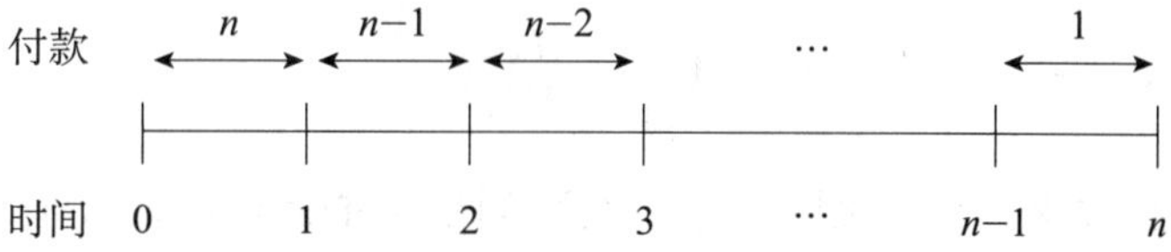


**图 3-10　连续支付的递减年金**

连续支付的复递增年金（continuously payable compound increasing annuity）的现金流如下：第 1 年连续支付 1 元，第 2 年连续支付（$1+r$）元，直至第 $n$ 年连续支付 $(1+r)^{n-1}$元。该年金的现金流如图 3-11 所示，其现值用 $(C\bar{a})_{\overline{n}|}$表示。

如前所述，每年支付一次的期末付年金转化为每年支付 $m$ 次的期末付年金，后者的价值是前者的 $i/i^{(m)}$ 倍；每年支付一次的期初付年金转化为每年支付 $m$ 次的期初付年金，后者的价值是前者的 $d/d^{(m)}$ 倍。在每年支付 $m$ 次的年金中，令 $m\to\infty$，即得连续支付

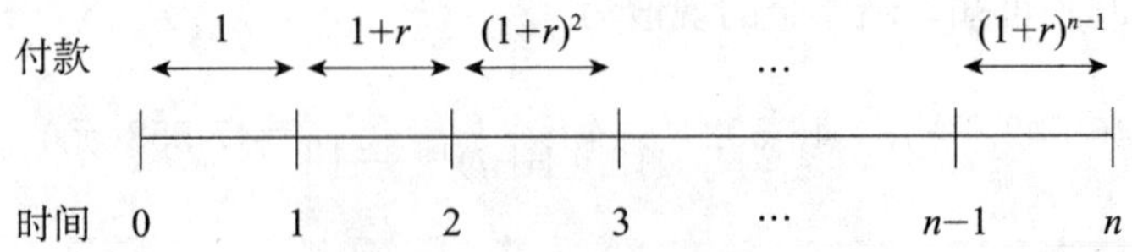


**图3-11 连续支付的复递增年金**

年金。

由于$\lim\limits_{m\to\infty} i^{(m)}=\delta$，在式（3.23）中，令$m\to\infty$，即得连续支付的$n$年期变额年金的价值（现值或终值）为

$$\bar{V}_{\overline{n}|}=\frac{i}{\delta}V_{\overline{n}|} \tag{3.27}$$

上式中，$V_{\overline{n}|}$表示$n$年期期末付变额年金的价值（现值或终值），$\bar{V}_{\overline{n}|}$表示$n$年期连续支付的变额年金的价值（现值或终值）。

式（3.27）可以应用于计算任意变额年金的价值，譬如，$n$年期连续支付的递增年金的现值为

$$(I\bar{a})_{\overline{n}|}=\frac{i}{\delta}(Ia)_{\overline{n}|} \tag{3.28}$$

$n$年期连续支付的递减年金的终值为

$$(D\bar{s})_{\overline{n}|}=\frac{i}{\delta}(Ds)_{\overline{n}|} \tag{3.29}$$

$n$年期连续支付的复递增年金的现值为

$$(C\bar{a})_{\overline{n}|}=\frac{i}{\delta}(Ca)_{\overline{n}|} \tag{3.30}$$

**【例3-15】** 假设$n$年期期初付变额年金的价值为$\ddot{V}_{\overline{n}|}$，计算$n$年期连续支付的变额年金的价值$\bar{V}_{\overline{n}|}$。

**【解】** 式（3.27）变形可得

$$\bar{V}_{\overline{n}|}=\frac{i}{\delta}V_{\overline{n}|}=\frac{i/(1+i)}{\delta}[(1+i)V_{\overline{n}|}]=\frac{d}{\delta}\ddot{V}_{\overline{n}|} \tag{3.31}$$

上式表明，连续支付的变额年金的价值是期初付变额年金价值的$d/\delta$倍，其中$d/\delta<1$。与式（3.27）类似，上式可以应用于计算任意变额年金的价值。

**【例3-16】** 一项年金在第1年连续支付30元，第2年连续支付40元，第3年连续支付50元，直至第10年连续支付120元。假设年有效利率为5%，求这项年金的现值。

**【解】** 如图3-12所示，原年金可以分解为下列两项年金之和：一项是连续支付且每年支付20元的10年期等额年金；另一项是连续支付的递增年金，第1年连续支付10元，第2年连续支付20元，直至第10年连续支付100元。

根据图3-12，本例中年金的现值为

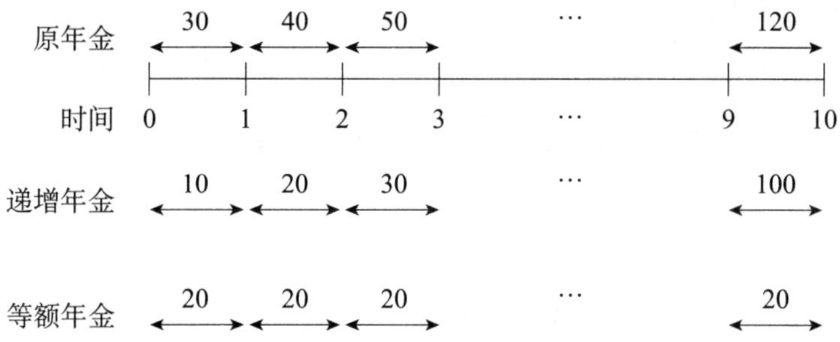


**图 3-12　连续支付年金的分解**

$$\begin{aligned}\text{PV} &= 20\bar{a}_{\overline{10|}} + 10(I\bar{a})_{\overline{10|}}\\ &= 20\times 7.913\,2 + 10\times 40.350\,1\\ &= 561.77(\text{元})\end{aligned}$$

其中

$$i = 0.05$$

$$\bar{a}_{\overline{10|}} = \frac{i}{\delta}a_{\overline{10|}} = \frac{1-1.05^{-10}}{\ln 1.05} = 7.913\,2$$

$$\ddot{a}_{\overline{10|}} = \frac{1-1.05^{-10}}{0.05/(1+0.05)} = 8.107\,8$$

$$(I\bar{a})_{\overline{10|}} = \frac{i}{\delta}(Ia)_{\overline{10|}} = \frac{i}{\delta}\times\frac{\ddot{a}_{\overline{n|}} - nv^n}{i} = \frac{8.107\,8 - 10\times 1.05^{-10}}{\ln 1.05} = 40.350\,1$$

对于连续支付的递增年金，当支付期限 $n$ 趋于无穷时，就得到连续支付的永续年金，即

$$(I\bar{a})_{\overline{\infty|}} = \lim_{n\to\infty}(I\bar{a})_{\overline{n|}} = \lim_{n\to\infty}\frac{\ddot{a}_{\overline{n|}} - nv^n}{\delta} = \frac{1}{d\delta} \tag{3.32}$$

其中

$$\lim_{n\to\infty} nv^n = \lim_{n\to\infty}\frac{n}{(1+i)^n} = 0$$

**【例 3-17】** 一项连续支付的永续年金在第 1 年连续支付 2 000 元，第 2 年连续支付 3 000 元，第 3 年连续支付 4 000 元，按此规律无限期地支付下去。假设年有效利率为 6%，计算此项年金的现值。

**【解】** 如图 3-13 所示，原年金可以分解为下列两项年金之和：一项是每年连续支付 1 000 元的等额年金；另一项是每年连续支付的递增年金，第 1 年连续支付 1 000 元，第 2 年连续支付 2 000 元，第 3 年连续支付 3 000 元，按此规律无限期地支付下去。

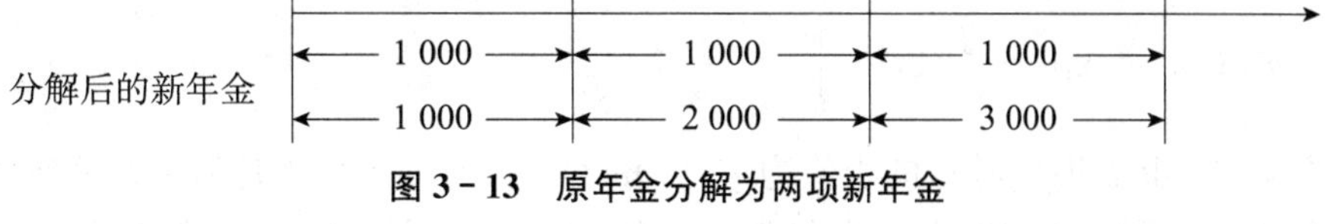


**图 3-13　原年金分解为两项新年金**

因此，原年金的现值可以表示为

$$
\begin{aligned}
\text{PV} &= 1\,000\bar{a}_{\overline{\infty}|} + 1\,000(I\bar{a})_{\overline{\infty}|} \\
&= 1\,000 \times \frac{i}{\delta} a_{\overline{\infty}|} + 1\,000 \times \frac{1}{d\delta}\text{（应用式(3.32)）} \\
&= 1\,000 \times \frac{1}{\delta} + 1\,000 \times \frac{1}{d\delta} \\
&= 1\,000 \times \frac{1}{\ln 1.06} + 1\,000 \times \frac{1}{(0.06/1.06) \times \ln 1.06} \\
&= 320\,353.8\text{（元）}
\end{aligned}
$$

**【例 3-18】** 一项年金在第 1 年连续支付 100 万元，第 2 年连续支付 90 万元，第 3 年连续支付 80 万元，直至第 10 年连续支付 10 万元。假设年有效利率为 6%，计算该项年金的现值。

**【解】** 这是一项 10 年期的连续支付的递减年金，其现值为

$$
\begin{aligned}
\text{PV} &= 10 \times (D\bar{a})_{\overline{10}|} \\
&= 10 \times \frac{i}{\delta}(Da)_{\overline{10}|} \\
&= 10 \times \frac{10 - a_{10}}{\ln 1.06} \\
&= 10 \times \frac{10 - (1 - 1.06^{-10})/0.06}{\ln 1.06} \\
&= 453.06\text{（万元）}
\end{aligned}
$$

## 3.6 一般连续变化的现金流

本节讨论最一般意义上的现金流，即付款连续发生、付款金额随时间连续变化的现金流。这种现金流可以表述为：付款时间是从时刻 $a$ 到时刻 $b$，在时刻 $t$ 的付款率为 $\rho(t)$，利息力为 $\delta(t)$。

时刻 $t$ 的付款率 $\rho(t)$ 的含义是：如果按此付款率支付，一年的付款额将为 $\rho(t)$ 元，因此在时间 $t$ 的一个微小时间区间 $[t, t+\mathrm{d}t]$ 内，付款额为 $\rho(t)\mathrm{d}t$。

由累积函数的定义可知，时间零点的 1 元在时刻 $t$ 的累积值可以表示为

$$
a(t) = \exp\left[\int_0^t \delta(s)\mathrm{d}s\right]
$$

时刻 $t$ 支付的 1 元在时间零点的现值为

$$
a^{-1}(t) = \exp\left[-\int_0^t \delta(s)\mathrm{d}s\right]
$$

付款额 $\rho(t)\mathrm{d}t$ 在时间零点的现值为 $a^{-1}(t)\rho(t)\mathrm{d}t$。为了计算从时刻 $a$ 到时刻 $b$ 所有付款的现值 $\text{PV}_0$，需要将该期间所有付款的现值加总，在连续情况下就是对它们进行积

分，即

$$PV_0 = \int_a^b a^{-1}(t)\rho(t)\,dt = \int_a^b \rho(t)\exp\left[-\int_0^t \delta(s)\,ds\right]dt \tag{3.33}$$

在已知现值的情况下，现金流在未来任意时刻 $T$ 的价值等于现值的累积值。譬如，将式（3.33）的现值累积至时刻 $T$，只需乘以下述累积函数

$$a(T) = \exp\left[\int_0^T \delta(s)\,ds\right]$$

即得现金流在时刻 $T$ 的累积值为

$$FV_T = PV_0 \times a(T) = \int_a^b \rho(t)\exp\left[\int_t^T \delta(s)\,ds\right]dt \tag{3.34}$$

**【例 3-19】** 一个连续支付的现金流在时刻 $t$ 的付款率为 $\rho(t)=3$，支付期限从 $t=2$ 到 $t=6$，利息力为 $\delta(t)=0.05$。计算此现金流在时间零点的现值。

**【解】** 应用式（3.33），该现金流的现值为

$$\begin{aligned}PV &= \int_2^6 3\times\exp\left[-\int_0^t 0.05\,ds\right]dt\\ &= \int_2^6 3e^{-0.05t}\,dt\\ &= 9.84\end{aligned}$$

**【例 3-20】** 有一个连续支付的现金流，支付期限从 $t=0$ 到 $t=0.5$，在时刻 $t$ 的付款率为 $\rho(t)=10t+3$，利息力为 $\delta(t)=0.2t+0.06$。计算此现金流在时间零点的现值。

**【解】** 应用式（3.33），该现金流的现值为

$$\begin{aligned}PV &= \int_0^{0.5}(10t+3)\exp\left[-\int_0^t (0.2s+0.06)\,ds\right]dt\\ &= \int_0^{0.5}(10t+3)\exp[-(0.1t^2+0.06t)]\,dt\\ &= -50\int_0^{0.5}(-0.2t-0.06)\exp(-0.1t^2-0.06t)\,dt\\ &= 2.68\end{aligned}$$

**【例 3-21】** 一个连续支付的现金流在时刻 $t$ 的付款率为 $\rho(t)=150\exp(-0.03t)$，支付期限从 $t=1$ 到 $t=6$，利息力为 $\delta(t)=0.04$。计算此现金流在 $t=9$ 时的价值。

**【解】** 应用式（3.34），该现金流在 $t=9$ 时的价值为

$$\begin{aligned}FV &= \int_1^6 150\exp(-0.03t)\exp\left[\int_t^9 0.04\,ds\right]dt\\ &= 150\int_1^6 \exp(-0.03t)\exp(0.36-0.04t)\,dt\\ &= 150\int_1^6 \exp(0.36-0.07t)\,dt\\ &= 845.71\end{aligned}$$

**【例 3-22】** 连续递增年金（continuously increasing annuity）的支付期限为 $n$ 年，在时刻 $t$ 的付款率为 $t$。已知利息力为 $\delta$，计算连续递增年金的现值。

**【解】** 根据连续递增年金的含义，在时刻 $t$ 的付款额为 $t\,\mathrm{d}t$，其现值为 $\mathrm{e}^{-\delta t}t\,\mathrm{d}t$，将 $[0, n]$ 区间内所有付款的现值求和（即求积分）可得：

$$
\begin{aligned}
(\bar{I}\bar{a})_{\overline{n}|} &= \int_0^n t\cdot \mathrm{e}^{-\delta t}\,\mathrm{d}t = \left[-\frac{t}{\delta}\cdot \mathrm{e}^{\delta t}\right]_0^n - \int_0^n \frac{\mathrm{e}^{-\delta t}}{-\delta}\,\mathrm{d}t = -\frac{n\cdot \mathrm{e}^{-\delta n}}{\delta} - \left[\frac{1}{\delta^2}\cdot \mathrm{e}^{\delta t}\right]_0^n \\
&= -\frac{n\cdot \mathrm{e}^{-\delta n}}{\delta} - \frac{\mathrm{e}^{-\delta n}}{\delta^2} + \frac{1}{\delta^2} = \frac{\dfrac{1-\mathrm{e}^{-\delta n}}{\delta} - n\cdot \mathrm{e}^{-\delta n}}{\delta} \\
&= \frac{\dfrac{1-v^n}{\delta} - nv^n}{\delta} = \frac{\bar{a}_{\overline{n}|} - nv^n}{\delta}
\end{aligned}
$$

即

$$
(\bar{I}\bar{a})_{\overline{n}|} = \frac{\bar{a}_{\overline{n}|} - nv^n}{\delta} \tag{3.35}
$$

上式中，字母 $I$ 上方的横线表示年金是随着时间连续递增的，字母 $a$ 上方的横线表示年金是连续支付的。

**【例 3-23】** 连续递减年金（continuously decreasing annuity）的支付期限为 $n$ 年，在时刻 $t$ 的付款率为 $n-t$。已知利息力为 $\delta$，计算连续递减年金的现值。

**【解】** 连续递减年金的付款率为 $n-t$，在时刻 $t$ 的付款额为 $(n-t)\mathrm{d}t$，其现值为 $\mathrm{e}^{-\delta t}(n-t)\mathrm{d}t$，把 $[0, n]$ 时期的所有现值求和（即求积分），可得连续递减年金的现值为

$$
\begin{aligned}
(\bar{D}\bar{a})_{\overline{n}|} &= \int_0^n (n-t)\mathrm{e}^{-\delta t}\,\mathrm{d}t \\
&= n\bar{a}_{\overline{n}|} - (\bar{D}\bar{a})_{\overline{n}|} \\
&= n\bar{a}_{\overline{n}|} - \frac{\bar{a}_{\overline{n}|} - nv^n}{\delta} \\
&= \frac{n(1-v^n) - \bar{a}_{\overline{n}|} + nv^n}{\delta} \\
&= \frac{n - \bar{a}_{\overline{n}|}}{\delta}
\end{aligned}
$$

即

$$
(\bar{D}\bar{a})_{\overline{n}|} = \frac{n - \bar{a}_{\overline{n}|}}{\delta} \tag{3.36}
$$

上式中，字母 $D$ 上方的横线表示年金是随着时间连续递减的，字母 $a$ 上方的横线表示年金是连续支付的。

## 小　结

变额年金是指付款金额随着时间而变化的年金。在现实中，常见的变额年金是指每年递增（或递减）一次的年金。递增（或递减）的方式包括算术级数递增（或递减）和几何级数递增（或递减）。

变额年金的价值计算公式如下表所示。

| 年金类型 | | | 现值 | 终值 |
|---|---|---|---|---|
| 每年支付一次 | 递增年金 | 期末付 | $(Ia)_{\overline{n}\mid}=\dfrac{\ddot{a}_{\overline{n}\mid}-nv^n}{i}$ | $(Is)_{\overline{n}\mid}=\dfrac{\ddot{s}_{\overline{n}\mid}-n}{i}$ |
| | | 期初付 | $(I\ddot{a})_{\overline{n}\mid}=\dfrac{\ddot{a}_{\overline{n}\mid}-nv^n}{d}$ | $(I\ddot{s})_{\overline{n}\mid}=\dfrac{\ddot{s}_{\overline{n}\mid}-n}{d}$ |
| | 递减年金 | 期末付 | $(Da)_{\overline{n}\mid}=\dfrac{n-a_{\overline{n}\mid}}{i}$ | $(Ds)_{\overline{n}\mid}=\dfrac{n(1+i)^n-s_{\overline{n}\mid}}{i}$ |
| | | 期初付 | $(D\ddot{a})_{\overline{n}\mid}=\dfrac{n-a_{\overline{n}\mid}}{d}$ | $(D\ddot{s})_{\overline{n}\mid}=\dfrac{n(1+i)^n-s_{\overline{n}\mid}}{d}$ |
| | 复递增年金 | 期末付 | $(Ca)_{\overline{n}\mid i}=\dfrac{\ddot{a}_{\overline{n}\mid j}}{1+i}=\dfrac{a_{\overline{n}\mid j}}{1+r}$ | 注：现值乘以 $(1+i)^n$ 即得终值。$r$ 表示年金增长率，$j=\dfrac{i-r}{1+r}$。 |
| | | 期初付 | $(C\ddot{a})_{\overline{n}\mid i}=\ddot{a}_{\overline{n}\mid j}$ | |
| 每年支付 $m$ 次 | 任意变额年金 | 期末付 | $V^{(m)}_{\overline{n}\mid}=\dfrac{i}{i^{(m)}}V_{\overline{n}\mid}$ | 注：$V$ 表示任意变额年金的价值（现值或终值）。 |
| | | 期初付 | $\ddot{V}^{(m)}_{\overline{n}\mid}=\dfrac{d}{d^{(m)}}\ddot{V}_{\overline{n}\mid}$ | |
| 连续支付 | 任意变额年金 | | $\bar{V}_{\overline{n}\mid}=\dfrac{i}{\delta}V_{\overline{n}\mid}=\dfrac{d}{\delta}\ddot{V}_{\overline{n}\mid}$ | |

对于付款时间从 $a$ 到 $b$，时刻 $t$ 的付款率为 $\rho(t)$，利息力为 $\delta(t)$ 的一般现金流，现值为

$$PV_0=\int_a^b a^{-1}(t)\rho(t)\mathrm{d}t=\int_a^b \rho(t)\exp\left[-\int_0^t \delta(s)\mathrm{d}s\right]\mathrm{d}t$$

在任意时刻 $T$ 的累积值为

$$FV_T=\int_a^b \rho(t)\exp\left[\int_t^T \delta(s)\mathrm{d}s\right]\mathrm{d}t$$

## 习　题

3.1　一项年金在第 1 年末的付款为 1 000 元，以后每年增加 100 元，一共支付 10 次。如果年有效利率为 5%，计算该项年金的现值。

3.2　一项永续年金在第 1 年末支付 1，第 2 年末支付 2，直至第 $n$ 年末支付 $n$，然后一直维持在每年末支付 $n$，计算此项年金的现值。

3.3　一项永续年金在第 4 年初支付 2，第 6 年初支付 4，第 8 年初支付 6，第 10 年初支付 8，并按此规律无限期地支付下去。年有效利率为 10%，计算该项年金的现值。

3.4　年金 A 支付 20 年，每年末支付 55。年金 B 支付 30 年，其中前 10 年每年末支付 30，中间 10 年每年末支付 60，最后 10 年每年末支付 90。若这两项年金的现值相等，计算它们的现值为多少。

3.5　一项 15 年期年金，在第 1 年末支付 300 元，第 2 年末支付 280 元，第 3 年末支付 260 元，直至支付金额减少到 160 元，然后每年的支付金额保持 160 元不变，直至第 15 年末。假设年有效利率为 5%，计算此项年金在时刻零的现值。

3.6　一项 10 年期年金在第 1 年末的付款为 1 000 元，以后每年增长 10%。如果年有效利率为 5%，计算该项年金的现值。

3.7　投资者在第 1 年的每季度初存款 1 个单位，第 2 年的每季度初存款 2 个单位，以此类推，第 8 年的每季度初存款 8 个单位。在第 8 年末，投资者取出这笔存款用于购买一项每年末支付 $X$ 的永续年金。假设年有效利率为 8%，计算 $X$。

3.8　投资者每年初向基金投入一笔资金，持续 10 年。前 5 次投资金额均为 1 000 元，从第 6 次开始投资金额每年递增 5%。若基金的年有效利率为 8%，计算该项投资在第 10 年末的累积值。

3.9　投资者在 $t=1$ 时收到 400 元，$t=2$ 时收到 450 元，$t=3$ 时收到 500 元，以此类推，直至最后一次收到 900 元。假设年有效利率为 5%，计算这些款项在时刻零的现值和在 $t=12$ 时的终值。

3.10　一个现金流的付款过程如下：现在支付 50 元，此后每年比上一年减少 10 元，直至第 4 年末，然后每年的付款又比前一年增加 10 元，直至第 8 年末。假设年有效利率为 9%，计算该现金流在时刻零的现值。

3.11　投资者需要在第 10 年末筹集到 80 000 元，为此他现在投资 $X$ 元，第 1 年末投资（$X-500$）元，第 2 年末投资（$X-1\ 000$）元，直到第 9 年末投资（$X-4\ 500$）元。假设年有效利率为 6%，计算 $X$ 的值。

3.12　一项期末付永续年金，前 5 年的付款均为 20 元，从第 6 年末开始，付款每年比上一年增长 $k$%。假设年有效利率为 9%，此项永续年金的现值为 335 元，求 $k$ 的值。

3.13　有一项连续支付的年金，第 1 年连续支付 100 元，第 2 年连续支付 110 元，第3 年连续支付 120 元，以此类推，直到第 10 年连续支付 190 元。假设年有效利率为 4%，计算此项年金在第 10 年末的终值。

3.14　一项连续年金在第 1 年连续支付 100 万元，此后每年比前一年减少 5 万元，直到最后一次支付 65 万元。假设年有效利率为 7%，计算此项年金在第 10 年末的终值。

3.15　一项 10 年期的连续年金，在时刻 $t$ 的支付率为 $\rho(t)=4t+3$，假设利息力为 $\delta(t)=0.03+0.04t$，计算此项年金在时刻零的现值。

3.16　一个现金流从 $t=5$ 到 $t=10$ 连续付款，在时刻 $t$ 的支付率为 $\rho(t)=1.2t^2+2t$。从 $t=0$ 到 $t=5$ 的利息力为 $\delta_t=0.004t+0.01$，从 $t=5$ 到 $t=10$ 的利息力为 $\delta(t)=0.0006t^2+0.001t$，计算此现金流在 $t=0$ 时的现值。

3.17　一项连续年金在时刻 $t$ 的支付率为 $\rho(t)=9k+tk$，其中 $0\leqslant t\leqslant 10$，利息力为 $\delta(t)=1/(t+9)$。在第 10 年末，此项年金的价值 25 000 元，求 $k$ 的值。

# 第4章 收益率

收益率是利率在现实生活中的一种具体表现形式，用于描述一个投资项目的收益水平。譬如，在一个 30 天的投资区间上，如果收益率为 1%，也就意味着该投资区间上的有效利率为 1%。在实践中，一个投资区间上的收益率通常会年化表示，即表示为年化收益率，30 天的收益率为 1%，表示为年化收益率就是 $0.01\times 365/30=12.17\%$。年化收益率也就是年名义利率。

任何投资项目都表现为一个现金流，既包括资金流入，也包括资金流出。投资项目的收益率也就是这个现金流的收益率。第 2 章和第 3 章讨论了等额年金和变额年金的价值计算问题，为现金流的分析奠定了基础。对于变化比较规律的现金流，收益率的计算比较容易。但对于一些复杂现金流，可能出现不存在收益率或存在多重收益率的问题。

本章主要介绍收益率的计算方法、收益率唯一性的条件、基金的币值加权收益率和时间加权收益率，以及基金的收益分配方法。

## 4.1 收益率的定义与求解

一个投资项目的现金流既包括资金流入，也包括资金流出。前者是投资收入，后者是成本费用。资金流入与资金流出之差称为资金的净流入。资金净流入的现值称为净现值。使得净现值等于零的利率就是收益率。

### 4.1.1 净现值

净现值（net present value，NPV）是资金净流入的现值，是评价收益绝对水平的重要指标，也是计算收益率的基本工具。净现值越大，表明投资收益越多。

对于任意一个现金流，假设时刻 $t$ 的净流入为 $R_t$，则净现值可表示为

$$\mathrm{NPV}(i)=\sum_{t=0}^{n} v^t R_t=\sum_{t=0}^{n}(1+i)^{-t} R_t \tag{4.1}$$

其中 $v=(1+i)^{-1}$ 表示 1 年期的贴现率，$R_t$ 表示时刻 $t$ 的资金净流入。

式（4.1）表明，净现值的大小与下列因素有关：

（1）年有效利率 $i$ 越高，净现值越小；

（2）资金净流入越多，净现值越大。

表 4－1 是一个投资项目的现金流，包括资金流出、资金流入和资金净流入。

**表 4－1　资金流出、流入和净流入**　　单位：万元

| 时间（年） | 资金流出 | 资金流入 | 资金净流入 $R_t$ |
|---|---|---|---|
| 0 | 10 | 0 | −10 |
| 1 | 1 | 0 | −1 |
| 2 | 1 | 4 | 3 |
| 3 | 1 | 4 | 3 |
| 4 | 1 | 4 | 3 |
| 5 | 1 | 4 | 3 |
| 6 | 0 | 4 | 4 |

对于表 4－1 中的资金净流入，在年有效利率为 $i$ 的条件下，净现值可以表示为

$$\begin{aligned}\mathrm{NPV}(i)&=-10-v+3\sum_{t=2}^{5} v^t+4v^6\\&=-10-(1+i)^{-1}+3\sum_{t=2}^{5}(1+i)^{-t}+4(1+i)^{-6}\end{aligned}$$

上式就是每一笔资金净流入的现值之和。

表 4－2 给出了在各种利率水平下计算的净现值。可以看出，年有效利率越高，净现值越小。

**表 4－2　净现值**

| 年有效利率 | 净现值（万元） |
|---|---|
| 0.05 | 2.163 8 |
| 0.06 | 1.683 3 |
| 0.07 | 1.227 6 |
| 0.08 | 0.795 1 |
| 0.09 | 0.384 3 |
| 0.10 | −0.006 1 |
| 0.11 | −0.377 3 |

续表

| 年有效利率 | 净现值（万元） |
|---|---|
| 0.12 | −0.730 6 |
| 0.13 | −1.066 9 |
| 0.14 | −1.387 2 |
| 0.15 | −1.692 5 |

根据表 4－2 绘制的净现值曲线如图 4－1 所示，其中使得净现值等于零的年有效利率为 9.98%。

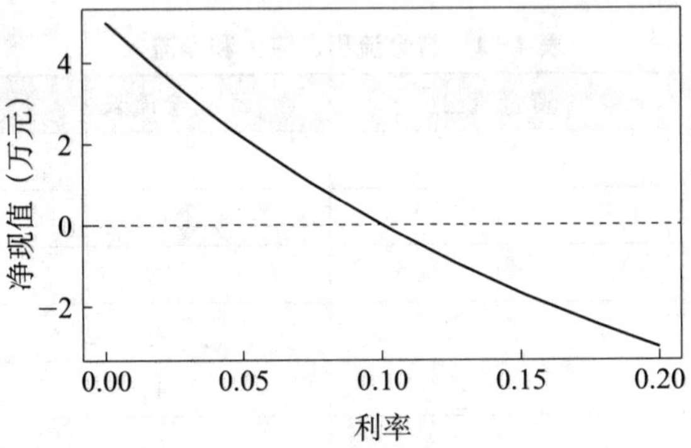


**图 4－1 净现值曲线**

**Excel 应用**

### NPV 函数

计算净现值可以应用 NPV 函数。譬如，对于表 4－1 中的现金流，在单元格 A2 至 A7 中输入资金净流入，并在另一个空白单元格（如 B7）中输入函数“＝NPV(5%，A2：A7)＋A1”后回车，即得年有效利率为 5%时的净现值为 2.163 8（万元）。

## 4.1.2 收益率的定义

收益率（yield rate），也称为内部报酬率（internal rate of return，IRR），通常定义为使得净现值等于零的年有效利率。譬如，在表 4－2 和图 4－1 中，使得净现值等于零的年有效利率为 9.98%，这个年有效利率就称为年收益率。

更一般地，收益率是下列方程关于 $i$ 的解：

$$\sum_{t=0}^{n}(1+i)^{-t}R_t=0 \tag{4.2}$$

式中，$R_t$ 表示时间 $t$ 的资金净流入。

上述收益率的定义比较抽象，下面通过一个简例给出一种直观解释。假设一项投资在当前时刻的投资额为 100 万元，2 年以后的累积值为 120 万元。这项投资的年收益率 $i$ 应该满足下述方程：

$$100(1+i)^2=120 \tag{4.3}$$

上式表明，当前时刻的 100 万元按照年收益率 $i$ 进行累积，两年以后，累积值正好等于 120 万元。解上述方程即得年收益率为 8.54%。这里的年收益率概念十分直观，也容易理解，但与前文关于收益率的定义似乎没有直接的对应关系。为此，对式（4.3）变形可得：

$$120(1+i)^{-2}-100=0 \tag{4.4}$$

上式左边第一项表示资金流入的现值，第二项表示资金流出的现值，两者相减就是资金净流入的现值，亦即净现值，因此，式（4.4）表示净现值等于零。换言之，求解式（4.3）或式（4.4）得到的利率就是使得净现值等于零的利率，因而也就是收益率。

对于表 4-1 中的现金流，年收益率 $i$ 是下述方程的解：

$$-10-(1+i)^{-1}+3\sum_{t=2}^{5}(1+i)^{-t}+4(1+i)^{-6}=0 \tag{4.5}$$

上式左边是资金净流入的现值，即净现值。求解上述方程，即得年收益率为 $i=9.98\%$。

**Excel 应用**

### IRR 函数

计算一个定期现金流的收益率可以应用 IRR 函数。譬如，对于表 4-1 中的现金流，在单元格 A1 至 A7 中输入资金净流入，并在另一个空白单元格（如 B7）中输入函数"=IRR(A1：A7)"后回车，即可得到年收益率为 9.98%。

---

**【例 4-1】** 一个项目的初始投资为 3 000 万元，在第 2 年初追加投资 1 000 万元。项目在第 1 年末可获得 2 000 万元，在第 2 年末可获得 4 000 万元。求该项目的收益率。

**【解】** 该项目的资金净流入为

$$R_0=-3\,000(\text{万元}),\ R_1=2\,000-1\,000=1\,000(\text{万元}),\ R_2=4\,000(\text{万元})$$

令净现值等于零，可以建立下列方程：

$$-3\,000+1\,000(1+i)^{-1}+4\,000(1+i)^{-2}=0$$

求解上述方程，即得年收益率为 $i=1/3$。

**【例 4-2】** 如果在期初投资 20 万元，在今后的 5 年内每年末可以获得 5 万元的收入。假设投资者 A 所要求的年收益率为 7%，投资者 B 所要求的年收益率为 8%。应用净现值和收益率分别分析A和B的投资可行性。

**【解】** 该投资项目的净现值为$-20+5a_{\overline{5}|}$，若按投资者A所要求的年收益率7%计算，净现值为0.5万元，大于零，所以投资者A可以投资。

若按投资者B所要求的年收益率8%计算，净现值为-0.036万元，小于零，所以投资者B不宜投资。

如果令净现值等于零，即$-20+5a_{\overline{5}|}=0$，则可以求得该项目的年收益率为7.93%，大于投资者A所要求的年收益率，小于投资者B所要求的年收益率，所以投资者A可以投资，而投资者B不宜投资。

### 4.1.3 收益率的求解

如前所述，收益率是方程（4.2）关于年有效利率$i$的解。这是一个高次方程，可能存在多个解，也可能无解。当然，我们最希望出现的情况是存在唯一解。

下面是存在多重收益率的一个示例。

**【例4-3】** 一个投资项目的现金流如下：时间零点流出10 000元，第1年末流入21 500元，第2年末流出11 550元。计算投资者的年收益率。

**【解】** 投资项目的资金净流入如表4-3所示。

**表4-3 资金净流入** 单位：元

| 时间 | 0 | 1 | 2 |
|---|---|---|---|
| 资金净流入 | -10 000 | 21 500 | -11 550 |

假设年收益率为$i$，并令净现值等于零，可以建立下列方程：

$$-10\,000+21\,500(1+i)^{-1}-11\,550(1+i)^{-2}=0$$

上述方程经变形可得

$$[20\times(1+i)-21]\times[10\times(1+i)-11]=0$$

由此可得

$$20\times(1+i)-21=0 \text{ 或 } 10\times(1+i)-11=0$$

解得$i_1=0.05$，$i_2=0.10$。

可见，本例存在两个不同的年收益率，分别是5%和10%。

在金融实践中，如果一个项目在资金净流入大于零的情况下，由于某些原因，后期又出现了资金净流入小于零的情况，就有可能出现多重收益率。

除了多重收益率外，还有可能出现收益率不存在的情况，如下例所示。

**【例4-4】** 一个投资项目的现金流如下：时间零点流出10 000元，第1年末流入20 000元，第2年末流出11 550元。计算投资者的年收益率。

**【解】** 假设年收益率为$i$，并令净现值等于零，可以建立下列方程：

$$-10\,000+20\,000(1+i)^{-1}-11\,550(1+i)^{-2}=0$$

上述方程经变形得

$$1\ 000i^2=-155$$

该方程显然无实数解，也就意味着收益率不存在。

当出现多重收益率或收益率不存在时，就无法通过收益率大小比较不同项目的收益水平。此时，可以尝试计算修正收益率。关于修正收益率的介绍可以参见 4.1.5 节。

在大多数情况下，收益率都是唯一的。下面通过几个例子介绍收益率的求解方法。

**【例 4-5】**投资者在每年初投资 1 000 万元，一共投资 5 年。假设原始投资额的年有效利率为 6%，每年支付一次利息。利息在进行再投资时的年有效利率为 5%。计算投资者在第 5 年末的累积值以及这项投资的年收益率。

**【解】**投资的现金流如表 4-4 所示。

**表 4-4 投资的现金流** 单位：万元

| 时间 | 0 | 1 | 2 | 3 | 4 | 5 |
|---|---|---|---|---|---|---|
| 本金 | 1 000 | 1 000 | 1 000 | 1 000 | 1 000 | |
| 利息 | | 60 | 60×2 | 60×3 | 60×4 | 60×5 |

本金在第 5 年末的累积值为 5 000 万元。利息收入形成一个递增年金，在第 5 年末的累积值为 $60\times(Is)_{\overline{5}|5\%}$，所以投资者在第 5 年末可以获得的累积值为

$$5\ 000+60\ (Is)_{\overline{5}|0.05}=5\ 000+60\times\frac{\ddot{s}_{\overline{5}|0.05}-5}{0.05}=5\ 962.3(万元)$$

其中

$$\ddot{s}_{\overline{5}|0.05}=\frac{(1+0.05)^5-1}{0.05/(1+0.05)}=5.801\ 9$$

假设该项投资的年收益率为 $i$，则可建立下列方程：

$$1\ 000\ddot{s}_{\overline{5}|i}=1\ 000\times\frac{(1+i)^5-1}{i/(1+i)}=5\ 962.3$$

解此方程可得年收益率为 $i=5.926\%$。

可见，该项投资的收益率介于原始投资的收益率（6%）和利息的再投资收益率（5%）之间。

**【例 4-6】**投资者在当前时刻的本金为 10 000 元。他首先购买了一项每年初支付 1 000元的 10 年期年金，该年金以年有效利率 8%计息。投资者收到年金收入后以 7% 的年有效利率进行再投资。投资者将购买年金后剩余的资金全部投资于 10 年期的定期存单，该存单按每年复利 4 次的年名义利率 10%计息。计算投资者在这 10 年期间的年收益率。

**【解】**投资者购买年金支付的价格为

$$1\ 000\ddot{a}_{\overline{10}|0.08}=1\ 000\times\frac{1-(1+0.08)^{-10}}{0.08/(1+0.08)}=7\ 246.89(元)$$

从本金中减去购买年金支付的价格，得到投资于 10 年期存单的资金为

$$10\ 000-7\ 246.89=2\ 753.11(\text{元})$$

投资者收到的年金收入以 7%的年有效利率进行投资，故在第 10 年末的积累值为

$$1\ 000\ddot{s}_{\overline{10}|0.07}=1\ 000\times\frac{(1+0.07)^{10}-1}{0.07/(1+0.07)}=14\ 783.60(\text{元})$$

存单的季度有效利率为 2.5%，故存单在第 10 年末的积累值为

$$2\ 753.11\times(1+0.025)^{40}=7\ 392.28(\text{元})$$

年金和存单在第 10 年末的总累积值为

$$14\ 783.60+7\ 392.28=22\ 175.88(\text{元})$$

时间零点的本金为 10 000 元，10 年末的累积值为 22 175.88 元，故投资者在这 10 年期间的年收益率为：

$$10\ 000\times(1+i)^{10}=22\ 175.88\Rightarrow i=8.29\%$$

**【例 4－7】** 一项投资的现金流如表 4－5 所示，计算该项投资的年收益率。

**表 4－5　投资项目的现金流**　　单位：万元

| 投资日期 | 资金流出 | 资金流入 | 资金净流入 | 投资天数 | 投资年数 |
|---|---|---|---|---|---|
| 2022/1/13 | 25 | | －25 | 0 | 0 |
| 2022/2/20 | 25 | | －25 | 38 | 0.104 1 |
| 2022/3/28 | | 20 | 20 | 74 | 0.202 7 |
| 2022/6/3 | | 18 | 18 | 141 | 0.386 3 |
| 2022/7/17 | | 14 | 14 | 185 | 0.506 8 |

**【解】** 资金净流入的发生时间不规则，需要计算具体的投资时间。把第一笔投资发生的时间（2022 年 1 月 13 日）设定为时间零点。应用"实际/365"规则计算投资年数，有关结果如表 4－4 中最后一列所示。

年收益率是下列方程的解：

$$25+25(1+i)^{-0.104\ 1}=20(1+i)^{-0.202\ 7}+18(1+i)^{-0.386\ 3}+14(1+i)^{-0.506\ 8}$$

上式中，左边是资金流出的现值，右边是资金流入的现值，两边相减就是净现值。

解上述方程，可得年收益率为 $i=14.21\%$。

**【例 4－8】** 投资账户的余额及其新增投资如表 4－6 所示。计算该投资账户在当年的币值加权收益率。注：每个日期的投资余额中不含当日的新增投资。

表 4-6 投资账户的余额和新增投资

单位：万元

| 日期 | 2022 年 1 月 1 日 | 2022 年 4 月 1 日 | 2022 年 9 月 1 日 | 2022 年 12 月 31 日 |
|---|---|---|---|---|
| 账户余额 | 100 | 112 | 110 | 120 |
| 新增投资 | | −20 | 30 | |

**【解】** 假设账户的年收益率为 $i$，则可建立下列方程：

$$100(1+i)-20(1+i)^{275/365}+30(1+i)^{122/365}=120$$

上式表明，一年有 365 天，其中分别发生在 4 月 1 日和 9 月 1 日的−20 万元和 30 万元新增投资，产生利息的天数分别为 275 天和 122 天，转化为年数分别为 $t=275/365$ 年和 $t=122/365$ 年。

求解上述方程即得年收益率为 $i=10.547\%$。

**Excel 应用**

XIRR 函数

计算非周期现金流的收益率可以应用 XIRR 函数。对于【例 4-8】的数据，在单元格 A1 至 A4 中输入资金的净流入，在单元格 B1 至 B4 中输入净流入的发生时间，在单元格 C5 中输入函数“=XIRR(A1：A4,B1：B4)”后回车，即可求得收益率为 10.547%。

### 4.1.4 收益率唯一的条件

如前所述，求解收益率的方程是一个高次方程，可能无解，也可能存在多个解。最理想的情况是能够得到收益率的唯一解。收益率在什么情况下是唯一的呢？考察表 4-1 会有所启发。在表 4-1 中，资金净流入 $R_t$ 的符号很有规律，前几年都是负号，随后几年都是正号。如果资金净流入的符号满足这一规律，即资金净流入只改变过一次符号，收益率将是唯一的。当然，这是一个比较粗糙的判断准则。在某些情况下，虽然资金净流入改变过两次符号，但收益率也是唯一的。譬如，对于表 4-7 的资金净流入，虽然改变过两次符号，但仍然存在唯一的收益率 10.11%。

事实上，在更加一般的条件下，收益率也是唯一的。如果用收益率计算资金净流入的累积值，该累积值始终为负，直至最后一年末才为零，那么这个收益率就是唯一的。譬如，在表 4-7 中，如果按收益率 10.11%计算，资金净流入的累积值始终为负，直至最后一年末才为零，所以这个收益率是唯一的。

表 4-7 资金净流入及其累积值

| 时间（年） | 资金净流入 | 资金净流入累积值的计算公式 | 资金净流入的累积值 |
|---|---|---|---|
| 0 | −10 | −10 | −10 |
| 1 | 5 | −10×(1+10.11%)+5 | −6.011 |

续表

| 时间（年） | 资金净流入 | 资金净流入累积值的计算公式 | 资金净流入的累积值 |
|---|---|---|---|
| 2 | 5 | $-6.011\times(1+10.11\%)+5$ | $-1.619$ |
| 3 | $-3$ | $-1.619\times(1+10.11\%)-3$ | $-4.782$ |
| 4 | $-2$ | $-4.782\times(1+10.11\%)-2$ | $-7.266$ |
| 5 | 8 | $-7.266\times(1+10.11\%)+8$ | 0 |

对于表 4－1 中的现金流，若按收益率 9.98%计算，资金净流入的累积值也是始终为负，直至最后一年末才为零，如表 4－8 所示，所以该现金流的收益率也是唯一的。

**表 4－8　资金净流入的累积值**

| 时间（年） | 资金净流入 $R_t$ | 资金净流入的累积值 |
|---|---|---|
| 0 | $-10$ | $-10$ |
| 1 | $-1$ | $-11.998$ |
| 2 | 3 | $-10.196$ |
| 3 | 3 | $-8.214$ |
| 4 | 3 | $-6.034$ |
| 5 | 3 | $-3.637$ |
| 6 | 4 | 0 |

在【例 4－3】中，现金流有两个收益率，分别为 5%和 10%。无论按哪个收益率计算，资金净流入的累积值都大于零，即

$$-1\,000(1+i)+2\,150=\begin{cases}1\,100, & \text{当 } i=5\%\text{时}\\ 1\,050, & \text{当 } i=10\%\text{时}\end{cases}$$

也正因为如此，该例出现了多重收益率。

由此可见，如果按某个收益率计算，资金净流入的累积值出现了正值，那就表明有可能出现多重收益率。

综上所述，判断一个收益率是不是唯一的，可以依次采用下述两个判断准则。

准则一：计算资金净流入，如果资金净流入只改变过一次符号，则求解方程得到的收益率将是唯一的。

如果资金净流入改变过两次或两次以上的符号，可以采用准则二进行判断。

准则二：用求得的收益率计算资金净流入的累积值，如果累积值始终为负，直至最后一年末才为零，那么该收益率就是唯一的。

### 4.1.5　修正收益率

计算收益率需要求解一个高次方程，而这个方程有可能没有实数解，也可能存在多个解。在这种情况下，可以考虑计算修正收益率（modified internal rate of return）。

计算修正收益率需要已知筹资利率和再投资利率。筹资利率是筹集资金所需支付的利率，可以看作使用资金的成本。再投资利率是将资金流入进行再投资时可以获得的收益率。

在计算修正收益率时，对所有的资金流出使用筹资利率计算它们在投资起点的现值，并对所有的资金流入使用再投资利率计算它们在投资终点的累积值。将投资起点的现值按照修正收益率计算投资终点的累积值，应该等于用再投资利率计算的资金流入在投资终点的累积值。

假设现金流的到期时间是 $T$，则计算修正收益率 $i$ 的一般方程如下：

$$\begin{array}{c}\text{基于筹资利率计算的}\\\text{资金流出的现值}\end{array}\times(1+i)^T=\begin{array}{c}\text{基于再投资利率计算的}\\\text{资金流入的累积值}\end{array}$$

上式左边是资金流出的现值按照修正收益率计算的 $T$ 年末的累积值，右边是资金流入按照再投资利率计算的 $T$ 年末的累积值，令两者相等，即可求得现金流的修正收益率。

**【例 4-9】**投资者在当前时刻投资 10 000 元，在以后 3 年的每年末可以获得 4 000 元收入，计算此项投资的收益率。如果每年的投资收入只能按 5%的利率进行再投资，计算此项投资的修正收益率。

**【解】**根据题意，收益率是下述方程的解：

$$10\ 000=4\ 000\cdot a_{\overline{3}|i}=4\ 000\times\frac{1-(1+i)^{-3}}{i}$$

解此方程即得收益率为 $i=9.7\%$。

如果每年的投资收入只能按 5%的利率进行再投资，则求解修正收益率的方程如下：

$$10\ 000(1+i)^3=4\ 000s_{\overline{3}|5\%}=4\ 000\times\frac{(1+0.05)^3-1}{0.05}$$

方程左边是当前时刻的 10 000 元投资在第 3 年末的累积值，右边是每年末的 4 000 元投资收入在第 3 年末的累积值。

解此方程即得修正收益率为 $i=8.04\%$。

**Excel 应用**

### MIRR 函数

计算修正收益率可以应用函数 MIRR。譬如，对于【例 4-9】中的现金流，在一个空白单元格中输入“=MIRR({-10 000,4 000,4 000,4 000},0,5%)”并回车，即可得到修正收益率为 8.04%。

---

**【例 4-10】**一项投资的现金流如下：时间零点流出 10 000 元，第 1 年末流入 21 500 元，第 2 年末流出 11 550 元，计算该项投资的收益率。如果投资者以 8%的年有效利率借入资金，且对获得的投资收入以 5%的年有效利率进行再投资，计算该项投资的修正收益率。

**【解】**令资金净流入的现值等于零，即得求解收益率的方程如下：

$$-10\,000+21\,500(1+i)^{-1}-11\,550(1+i)^{-2}=0$$

容易验证，上述方程存在两个解，分别为 5%和 10%，即存在多重收益率。

下面考虑计算修正收益率。筹集资金的年有效利率为 8%，故资金流出在时间零点的现值为

$$10\,000+11\,550\,(1+8\%)^{-2}=19\,902.26(\text{元})$$

获得的投资收入按 5%的年有效利率进行再投资，所以资金流入在第 2 年末的累积值为

$$21\,500\times(1+5\%)=22\,575(\text{元})$$

设该项目的修正收益率为 $i$，则有

$$19\,902.26\times(1+i)^2=22\,575$$

由此可得修正收益率为 $i=6.5\%$。

## 4.2 币值加权收益率

每当我们论及收益率时，它总是与一定的条件相联系，如某个时期的收益率或某笔投资的收益率。如果分析的对象仅仅涉及一笔本金，或者本金的变化仅仅发生在期初或期末，收益率的计算就比较简单。在现实生活中，可能遇到本金在一个时期（如一年）内不断变化的情况，譬如，开放式基金的本金每天都有可能增加或减少，完全取决于投资者个人。从理论上讲，我们可以通过建立价值方程求解基金的收益率，但这不总是一种方便的做法。在金融实践中，用单利近似复利，可以对求解基金收益率的高次方程进行简化，从而得到一种近似公式，应用这种近似公式计算得到的收益率称作币值加权收益率（dollar-weighted rate of return）。

假设年初的本金为 $A_0$，在时刻 $t$ 的新增本金为 $C_t$（$0\leqslant t\leqslant 1$），年收益率为 $i$，则年末的累积值可表示为

$$A_0(1+i)+\sum_t C_t(1+i)^{1-t} \tag{4.6}$$

在上式中，时刻 $t$ 的新增投资额 $C_t$ 只在时刻 $t$ 以后产生收益，即产生收益的时间长度为（$1-t$）。如果用 $A_1$ 表示年末的累积值，则可以建立下列价值方程：

$$A_0(1+i)+\sum_t C_t(1+i)^{1-t}=A_1 \tag{4.7}$$

在上式中，$C_t$ 既可以大于零，表示增加投资；也可以小于零，表示减少投资。

求解式（4.7）中的方程，即可得到收益率 $i$ 的精确值。但在许多实际问题中，求解上述方程并不容易，需要应用迭代算法求其数值解。为方便应用，下面介绍一种近似计算收益率的方法。

在式（4.7）中，用复利计算累积值。对于不足一年的新增投资，如果用单利近似复利，即令

$$(1+i)^{1-t}\approx 1+(1-t)i$$

则式（4.7）左边可以近似表示为

$$\begin{aligned}A_0(1+i)+\sum_t C_t(1+i)^{1-t} &\approx A_0(1+i)+\sum_t C_t[1+(1-t)i]\\ &= i\left[A_0+\sum_t C_t(1-t)\right]+\left(A_0+\sum_t C_t\right)\end{aligned}$$

令上式等于年末累积值 $A_1$，即得收益率的一个近似计算公式为

$$i\approx\frac{A_1-\left(A_0+\sum_t C_t\right)}{A_0+\sum_t C_t(1-t)}=\frac{I}{A_0+\sum_t C_t(1-t)} \tag{4.8}$$

上式中，$I=A_1-\left(A_0+\sum_t C_t\right)$ 表示当年的利息收入，其中 $\left(A_0+\sum_t C_t\right)$ 是全年的本金之和，将其从年末的累积值 $A_1$ 中减去，即得当年的利息收入。分母上的 $A_0+\sum_t C_t(1-t)$ 可以看作以本金产生利息的时间长度为权数计算的加权平均本金余额，也可以解释为日均资金占用额。年初的本金产生利息的时间长度是 1 年，所以它的权数为 1；时刻 $t$ 的新增投资 $C_t$ 产生利息的时间长度是（$1-t$）年，所以其权数为（$1-t$）。

由此可见，根据式（4.8）计算的收益率也可以解释为当年产生的利息收入与当年的加权平均本金余额之比。

**【例 4-11】**在年初存入 1 000 万元，在 4 月末存入 1 000 万元，在 6 月末和 8 月末分别提取 200 万元和 500 万元。在年末时，基金余额为 1 500 万元。计算基金的币值加权收益率。

**【解】**基金的资金流入和资金流出如图 4-2 所示。

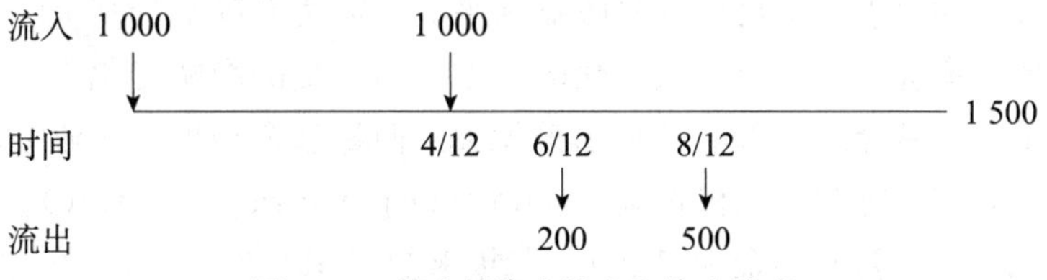


**图 4-2　基金的资金流入和资金流出**

基金当年的利息收入为：

$$I=1\ 500-(1\ 000+1\ 000-200-500)=200(\text{万元})$$

基金的平均本金余额（日均资金占用额）为

$$P=1\ 000+1\ 000\times\left(1-\frac{4}{12}\right)-200\times\left(1-\frac{6}{12}\right)-500\times\left(1-\frac{8}{12}\right)=1\ 400(\text{万元})$$

故基金的币值加权收益率（收益率的近似值）为

$$i \approx \frac{I}{P} = \frac{200}{1\ 400} = 14.29\%$$

**【例 4-12】** 投资账户的余额及其新增投资如表 4-9 所示。计算该投资账户在当年的币值加权收益率。注：每个日期的投资余额中不含当日的新增投资。

**表 4-9　投资账户的余额和新增投资**　（单位：万元）

| 日期 | 2022 年 1 月 1 日 | 2022 年 4 月 1 日 | 2022 年 9 月 1 日 | 2022 年 12 月 31 日 |
|---|---|---|---|---|
| 账户余额 | 100 | 112 | 110 | 120 |
| 新增投资 | | −20 | 30 | |

**【解】** 期初的本金为 100 万元，4 月 1 日减少了 20 万元本金，9 月 1 日又增加了 30 万元本金，因此期末的本金余额为 100－20＋30＝110(万元)。从期末的账户余额（120 万元）中减去期末的本金余额（110 万元），即得当年的利息收入为 $I=10$ 万元。

期初的本金产生利息的时间长度为 1 年，4 月 1 日的新增投资产生利息的时间长度为 9/12 年，9 月 1 日的新增投资产生利息的时间长度为 4/12 年，故账户的平均本金余额为

$$P = 100 - 20 \times \frac{9}{12} + 30 \times \frac{4}{12} = 95(\text{万元})$$

故币值加权收益率为

$$i \approx \frac{I}{P} = \frac{10}{95} = 10.53\%$$

## 4.3　时间加权收益率

币值加权收益率可以衡量投资者的收益水平，但无法准确衡量基金经理人的管理水平。币值加权收益率会受到本金增减变化的影响，而本金的增减变化是由参与基金的投资者个人决定的，与基金经理人的管理水平无关。衡量基金经理人的业绩需要扣除本金增减变化的影响，即计算时间加权收益率（time-weighted rate of return）。

假设投资账户在年初的本金为 $A(0)$，在年末的累积值为 $A(1)$。在此期间，共有 $n$ 次新增投资，分别记为 $C_1$，$C_2$，…，$C_n$。这 $n$ 次新增投资的发生时间将整个年度分割为 $n+1$ 个时间区间。假设在第 $k$ 个时间区间末的累积值为 $A_k$，新增投资为 $C_k$（可正可负），则该投资账户的现金流如图 4-3 所示。

在第 1 个时间区间，账户的初始本金为 $A(0)$，在第一次新增投资发生之前，账户的累积值为 $A_1$，故第 1 个时间区间的收益率为

$$j_1 = \frac{A_1}{A(0)} - 1$$

在第 2 个时间区间，有新增投资 $C_1$，所以该时间区间的初始本金为 $A_1 + C_1$，在该时

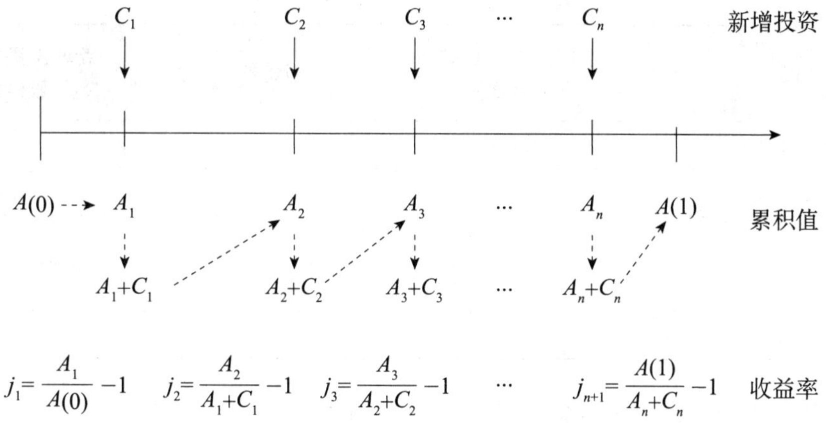


**图 4-3　投资账户的现金流**

间区间末，累积值变为 $A_2$，故第 2 个时间区间的收益率为

$$j_2=\frac{A_2}{A_1+C_1}-1$$

以此类推，最后一个时间区间（第 $n+1$ 个时间区间）的收益率为

$$j_{n+1}=\frac{A(1)}{A_n+C_n}-1$$

注意，上述各个时间区间的收益率都不会受到新增投资的影响。

假设在年初投资 1 元，则基于上述各个时间区间的收益率计算的年末累积值为

$$(1+j_1)(1+j_2)\cdots(1+j_{n+1})$$

假设时间加权收益率为 $i$，则年初投资的 1 元在年末的累积值为（$1+i$）。

令上述两个累积值相等，即得

$$1+i=(1+j_1)(1+j_2)\cdots(1+j_{n+1})$$

由此可将时间加权收益率表示为

$$i=(1+j_1)(1+j_2)\cdots(1+j_{n+1})-1 \tag{4.9}$$

其中，$j_k$ 是第 $k$ 个时间区间的收益率。

时间加权收益率也可以表示为

$$i=\frac{A_1}{A(0)}\times\frac{A_2}{A_1+C_1}\times\frac{A_3}{A_2+C_2}\times\cdots\times\frac{A_n}{A_{n-1}+C_{n-1}}\times\frac{A(1)}{A_n+C_n}-1 \tag{4.10}$$

式中，每一项比值都是时间区间末的累积值与时间区间初的本金之比。

**【例 4-13】**一个养老金账户在 2022 年 1 月 1 日的余额为 400 亿元。2022 年，该账户的新增投资及其余额变化情况如表 4-10 所示，其中负值表示减少投资，正值表示增加投资。计算该账户在 2022 年的币值加权收益率和时间加权收益率。

表 4-10　账户余额的变化过程　　　　单位：亿元

| 时间 | 新增投资发生前的账户余额 | 新增投资 | 新增投资发生后的账户余额 |
|---|---|---|---|
| 2022.1.1 | 400 | | |
| 2022.5.1 | 410 | −20 | 390 |
| 2022.7.1 | 400 | −20 | 380 |
| 2022.9.1 | 380 | 5 | 385 |
| 2022.12.31 | 410 | | |

**【解】**账户的资金流入和资金流出如图 4-4 所示。

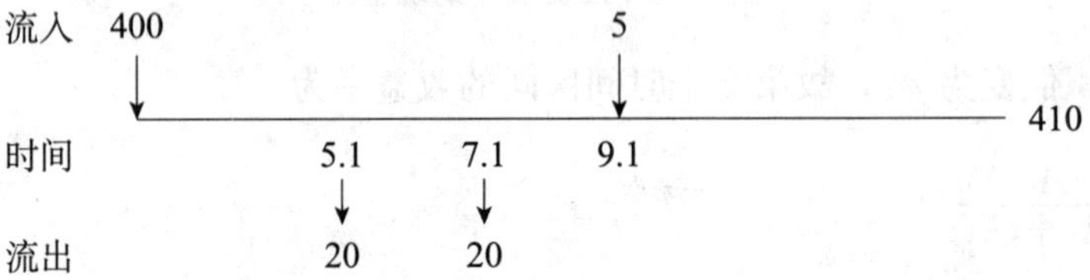


**图 4-4　养老金账户的资金流入和资金流出**

（1）计算币值加权收益率。账户的利息收入为

$$I=410-(400-20-20+5)=45(\text{亿元})$$

账户的平均本金余额为

$$P=400-20\times\frac{8}{12}-20\times\frac{6}{12}+5\times\frac{4}{12}=378.33(\text{亿元})$$

故币值加权收益率为

$$i\approx\frac{I}{P}=\frac{45}{378.33}=11.89\%$$

（2）计算时间加权收益率。三次新增投资将一年划分为四个时间区间，每个时间区间的收益率分别为

$$j_1=\frac{410}{400}-1$$

$$j_2=\frac{400}{410-20}-1$$

$$j_3=\frac{380}{400-20}-1$$

$$j_4=\frac{410}{380+5}-1$$

应用式（4.9），时间加权收益率为

$$i=(1+j_1)(1+j_2)(1+j_3)(1+j_4)-1$$

$$=\frac{410}{400}\times\frac{400}{410-20}\times\frac{380}{400-20}\times\frac{410}{380+5}-1$$
$$=11.96\%$$

**【例 4-14】** 投资账户在 1 月 1 日的余额为 $A$，在 6 月 30 日的余额为 $B$，在 12 月 31 日的余额为 $C$。在下列情况下，分别计算账户的币值加权收益率和时间加权收益率：

（1）没有新增投资发生。

（2）6 月 30 日新增投资 $D$。6 月 30 日的余额 $B$ 中不包含新增投资 $D$。

**【解】** 账户的现金流如图 4-5 所示。

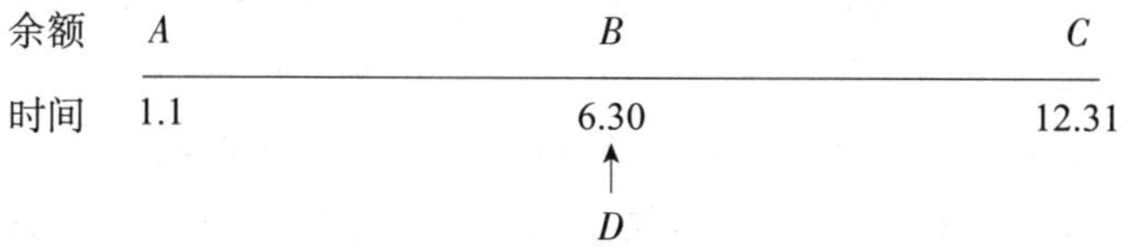


**图 4-5　投资账户的现金流**

（1）没有新增投资发生，意味着 $D=0$。

因为没有新增投资，账户的利息收入等于期末余额与期初余额之差，即 $I=C-A$；账户的平均本金余额就是期初余额 $A$，故账户的币值加权收益率为

$$i=\frac{C-A}{A}$$

因为没有新增投资，全年可以看作一个时间区间，该时间区间的收益率就是时间加权收益率，即等于期末余额与期初余额之比减 1：

$$i=\frac{C}{A}-1=\frac{C-A}{A}$$

可见，在没有新增投资的情况下，时间加权收益率等于币值加权收益率。

（2）账户的新增投资为 $D$，账户的利息收入为 $I=C-A-D$；账户的平均本金余额为 $P=A+D/2$，故账户的币值加权收益率为

$$i\approx\frac{I}{P}=\frac{I}{A+D/2}=\frac{C-A-D}{A+D/2}$$

新增投资将全年划分为两个时间区间，这两个时间区间的收益率分别为

$$j_1=\frac{B}{A}-1$$

$$j_2=\frac{C}{B+D}-1$$

故账户的时间加权收益率为

$$i=(1+j_1)(1+j_2)-1$$
$$=\frac{B}{A}\cdot\frac{C}{B+D}-1$$

## 4.4 收益分配

基金由许多投资者共同所有，在每个年度末，如何把基金在当年的收益分配给每个投资者呢？在一只基金中，某些投资者可能加入基金的时间较早，而另一些投资者加入基金的时间相对较晚。如果基金的收益率水平长期保持恒定，那么只需按照基金的平均收益率给每个投资者分配收益。譬如，假设基金的收益率一直保持在 6%的水平，某个投资者的本金是 10 000 元，投资期限是 9 个月，根据单利计算，应该分配给他的收益是 10 000×0.06×9/12=450 元。这种分配投资收益的方法称为组合方法（portfolio method）。

组合方法根据投资基金的平均收益率给每个投资者分配收益。不论投资者加入基金的时间早晚，他们都将获得一个相同的收益率。在收益率比较平稳的时期，这种方法是切实可行的。如果市场利率波动较大，尤其是当市场利率处于上升阶段时，用组合方法分配收益可能不利于吸引新的投资者。这是因为当市场利率上升时，基金在早期的投资收益率相对较低，从而会拉低基金的平均收益率。当基金的平均收益率低于当前的市场利率时，如果基金按平均收益率分配收益，则潜在的投资者不会加入基金。在市场利率上升的时期，为了鼓励潜在的投资者加入基金，可以采取投资年度方法（investment year method）分配收益。当然，在市场利率下降的时期，采用组合方法更能吸引潜在的投资者，但对于早期加入基金的投资者可能不够公平，因为新增投资会拉低他们的平均收益水平。

应用投资年度方法分配收益，需要使用两个不同的利率，一个是投资年度利率，另一个是组合利率。投资年度利率考虑投资发生年度，投资发生的年度不同，分配收益时使用的利率也不同。譬如，在 2022 年分配收益时，对于 2020 年发生的投资，用 5% 的利率分配收益；对于 2021 年发生的投资，用 4.9%的利率分配收益；对于 2022 年发生的投资，用 4.85%的利率分配收益。这种在分配收益时考虑投资发生年度的利率就是投资年度利率。组合利率是一种平均分配收益的利率，譬如，在 2022 年分配收益时，无论投资发生在 2020 年、2021 年还是 2022 年，都按 5%的利率分配收益，这个 5%就是组合利率。

在金融实践中，投资在发生之后的一个约定期限内（如 3 年或 5 年），按投资年度利率分配收益，超过这个期限以后，按组合利率分配收益。譬如，在表 4-12 中，投资在发生之后的 5 年内按投资年度利率分配收益，超过 5 年的投资都按组合利率分配收益。以 2019 年为例，发生在 2015—2019 年度的投资，在 2019 年分配收益时使用的投资年度利率如表 4-11 所示，也就是表 4-12 中黑体数字所形成的对角线上的元素。投资发生的时间不同，它们在 2019 年分配收益时使用的利率水平也不同。

**表 4-11　2019 年分配收益时使用的投资年度利率**

| 投资年度 | 2015 | 2016 | 2017 | 2018 | 2019 |
|---|---|---|---|---|---|
| 投资年度利率 | 6.72% | 7.09% | 7.06% | 7.22% | 7.50% |

当投资发生的时间超过5年时，分配收益时将采用组合利率。譬如，发生在2015年和2016年的投资在2021年分配收益时都使用7.47%的组合利率，因为发生在这两年的投资在2021年时投资期限都超过了5年。

在表4-12中，投资年度利率的上标表示投资发生的年度，上标与下标之和表示分配收益的年度。譬如，$i_1^{2015}$ 表示发生在2015年的投资在2016年分配收益时所使用的投资年度利率，即 $i_1^{2015}=6.53\%$。在组合利率中，只有下标，没有上标，意味着分配收益时不考虑投资发生的具体时间。譬如，$i_{2021}$既可以表示2015年发生的投资在2021年分配收益时所使用的利率，也可以表示2016年发生的投资在2021年分配收益时所使用的利率。换言之，在2021年分配收益时，如果投资期限满5年，如发生在2010—2016年的投资，都采用相同的组合利率，即 $i_{2021}=7.47\%$。

**表4-12 投资年度方法**

| 投资发生的日历年度 | 投资年度利率（%） | | | | | 组合利率（%） | 组合利率的日历年度 |
|---|---|---|---|---|---|---|---|
| $x$ | $i_0^x$ | $i_1^x$ | $i_2^x$ | $i_3^x$ | $i_4^x$ | $i_{x+5}$ | $x+5$ |
| 2015 | 6.50 | 6.53 | 6.56 | 6.62 | 6.72 | 7.45 | 2020 |
| 2016 | 7.00 | 7.00 | 7.03 | 7.09 | 7.24 | 7.47 | 2021 |
| 2017 | 7.00 | 7.01 | 7.06 | 7.18 | 7.12 | 7.48 | 2022 |
| 2018 | 7.20 | 7.22 | 7.30 | 7.26 | 7.22 | | |
| 2019 | 7.50 | 7.53 | 7.50 | 7.46 | | | |
| 2020 | 8.00 | 7.96 | 7.90 | | | | |
| 2021 | 7.50 | 7.49 | | | | | |
| 2022 | 7.30 | | | | | | |

**【例4-15】** 投资者在2016年初向一只基金投资1 000万元，根据表4-12中的收益分配方案，计算该笔投资在2021—2022年这两年期间可以分配得到的收益。假设投资者在2022年分配收益之前没有从基金中提取任何资金。

**【解】** 2016年初投资的1 000万元，在前5年（2016—2020年）分配收益时，使用投资年度利率，即表4-12中2016日历年度对应的一行利率。应用这些利率计算，2016年初投资的1 000万元在2020年末的累积值为

$$1\,000\times(1+7\%)\times(1+7\%)\times(1+7.03)\times(1+7.09)\times(1+7.24\%)$$
$$=1\,407.274\,5(\text{万元})$$

从2021年开始，这笔投资的期限超过了5年，所以在2021—2022年分配收益时，使用组合利率。2021年和2022年的组合利率分别为7.47%和7.48%，所以将2020年的累积值按这两个组合利率再进行累积，得到2022年末的累积值为

$$1\,407.274\,5\times(1+7.47\%)\times(1+7.48\%)=1\,625.525\,0(\text{万元})$$

用2022年末的累积值减去2020年末的累积值，即得该笔投资在2021—2022年期间

分配得到的收益：

$$1\ 625.525\ 0-1\ 407.274\ 5=218.250\ 8(\text{万元})$$

## 小　结

一个现金流既包括资金流入，也包括资金流出。资金流入与资金流出之差称作净流入。资金净流入的现值称作净现值。使得净现值等于零的利率就是收益率。

判断收益率是否唯一的第一个准则是：如果资金净流入只改变过一次符号，收益率将是唯一的。

判断收益率是否唯一的第二个准则是：如果用收益率计算的资金净流入的累积值始终为负，直至最后一年末才为零，这个收益率就是唯一的。

当收益率不存在或不唯一时，可以基于筹资利率和再投资利率计算修正收益率。修正收益率是下述方程的解：

$$\begin{matrix}\text{基于筹资利率计算的}\\\text{资金流出的现值}\end{matrix}\times(1+i)^{T}=\begin{matrix}\text{基于再投资利率计算的}\\\text{资金流入的累积值}\end{matrix}$$

基金的币值加权收益率等于当年的利息收入与平均本金余额（日均资金占用额）之比：

$$i\approx\frac{I}{A_0+\sum_{t}(1-t)C_t}$$

上式中，$I$ 表示当年的利息收入，等于基金的年末余额减去年初余额和所有新增投资。分母是以本金产生利息的时间长度为权数计算的加权平均本金余额，也可以解释为日均资金占用额。

时间加权收益率扣除了资金增减变化的影响，其大小可以用于反映基金经理人的管理水平。在一个年度内，如果发生了 $n$ 次新增投资，这些新增投资的发生时间将一年划分为 $n+1$ 个时间区间。可以在每个时间区间上分别计算收益率，这些收益率不受本金增减变化的影响。基于这些时间区间的收益率可以计算得到年收益率，这个年收益率就是时间加权收益率。用 $j_k$ 表示第 $k$ 个时间区间的收益率，$k=1,\ 2,\ \cdots,\ n,\ n+1$，则时间加权收益率为

$$i=(1+j_1)(1+j_2)\cdots(1+j_{n+1})-1$$

基金的收益分配方法主要有两种：一种是组合方法，另一种是投资年度方法。组合方法根据基金的平均收益率给每个投资者分配收益。不论投资者加入基金的时间早晚，他们都将获得一个相同的收益率。

投资年度方法使用两个不同的利率分配收益：一个是投资年度利率，另一个是组合利率。投资年度利率考虑投资发生的年度，投资发生的年度不同，分配收益时使用的利率也不同。投资在发生之后的若干年（如 5 年）内，按投资年度利率分配收益。组合利率是一种平均分配收益的利率，对于超过一定期限（如 5 年）的投资，按组合利率分配收益。

## 习 题

4.1 项目的初始投资金额为 50 000 元，未来的现金流入分别为第 1 年末 15 000 元、第 2 年末 40 000 元、第 3 年末 10 000 元。求该该项目的收益率。

4.2 一个投资账户的有关信息如下：

| 时间 | 2022.1.1 | 2022.5.1 | 2022.9.1 | 2022.12.31 |
|---|---|---|---|---|
| 账户余额（元） | 50 000 | 75 000 | 90 000 | 67 000 |
| 新增投资（元） | | 15 000 | −25 000 | |

计算该账户的币值加权收益率和时间加权收益率。

4.3 账户 A 和账户 B 的有关信息如下，其中账户余额是指在新增投资发生之前的余额。

| 日期 | 新增投资（元） | 账户 A 的余额（元） |
|---|---|---|
| 2022.1.1 | | 50 000 |
| 2022.3.1 | | 55 000 |
| 2022.5.1 | 24 000 | 50 000 |
| 2022.11.1 | −36 000 | 77 310 |
| 2022.12.31 | | 43 100 |

| 日期 | 新增投资（元） | 账户 B 的余额（元） |
|---|---|---|
| 2022.1.1 | | 100 000 |
| 2022.7.1 | −15 000 | 105 000 |
| 2022.12.31 | | $X$ |

账户 B 在 2022 年的时间加权收益率等于账户 A 在 2022 年的币值加权收益率，求 $X$。

4.4 投资者于 2022 年 1 月 1 日在一个账户投资了 100 万元。该年的其他投资信息如下：

| | 2022.4.19 | 2022.10.30 |
|---|---|---|
| 余额（万元） | 90 | 110 |
| 新增投资（万元） | $X$ | $X$ |

该账户在 2022 年 12 月 31 日的余额为 120 万元，2022 年的币值加权收益率为零，求该账户的时间加权收益率。

4.5 2022 年 1 月 1 日，一个投资账户的余额为 100 万元。4 月 1 日，余额上升为 120 万元，投资者在当日又存入 $D$ 万元。10 月 1 日，账户余额为 100 万元，投资者在当日提取 50 万元。2022 年 12 月 31 日，账户余额为 65 万元。假设该账户的时间加权收益率为零，计算该账户的币值加权收益率。

4.6　2022 年 1 月 1 日，某投资者向基金投入 1 000 万元，第二笔投资发生在 2022 年 7 月 1 日，直至 2022 年 11 月 31 日，基金的账面余额为 2 000 万元。已知该基金在过去一年的时间加权收益率为 10%，币值加权收益率为 9%，求投资者在 2022 年前 6 个月的年收益率。

4.7　投资账户在 1 月 1 日的账面余额为 75 万元，12 月 31 日的账面余额为 130 万元。每月末存入该账户 10 万元，并分别在 2 月 28 日、6 月 30 日、10 月 15 日和 10 月 31 日从账户中提取 5 万元、25 万元、8 万元和 35 万元。求账户在当年的币值加权收益率。

4.8　投资者于 1 月 1 日在一个账户中投资 50 万元，下表为该投资账户的余额变化情况。

| 日期 | 投资前的余额（万元） | 新增投资（万元） |
|---|---|---|
| 3 月 15 日 | 40 | 20 |
| 6 月 1 日 | 80 | 80 |
| 10 月 1 日 | 175 | 75 |

6 月 30 日，账户余额为 157.50 万元，12 月 31 日，账户余额为 $X$。如果把账户在前 6 个月的时间加权收益率表示为年有效利率，则它正好等于账户全年的时间加权收益率，求 $X$。

4.9　投资账户在年初的余额为 20 000 万元。在每季度末新增投资 1 000 万元。在新增投资发生后的账户余额分别为 23 000 万元、24 800 万元、25 000 万元及 25 100 万元。计算该投资账户的时间加权收益率。

4.10　投资者购买了一项 5 年期的金融产品，该产品在未来 5 年的每年初向投资者支付 10 000 元。投资者每年初将这些收入存入一个投资账户，该投资账户按年有效利率 4% 计息。投资者将每年末从该投资账户中获得的利息收入又存入另一个账户，该账户以 3% 的年有效利率计息。投资者在 5 年内获得的年收益率为 4%，计算他购买金融产品的价格。

4.11　投资者在 20 年内每年初向银行存入 5 000 元，银行以 $i\%$ 的年有效利率在每年末支付利息。这些利息以 $(i/2)\%$ 的年有效利率进行再投资。假设整个投资在 20 年期间的年收益率为 8%，计算 $i$。

4.12　投资者 A 以年有效利率 10% 投资 1 000 万元，期限为 10 年，每年末支付利息，利息以年有效利率 $i$ 进行再投资。第 10 年末，利息的积累值为 1 500 万元。投资者 B 在 20 年的每年末投资 150 万元，年有效利率为 12%，每年末支付利息，利息以年有效利率 $i$ 进行再投资。求 B 的利息收入在第 20 年末的积累值。

4.13　投资者的初始投资为 12 万元，第 10 年末又投资 12 万元，这些投资的年有效利率为 $i$，每年末支付一次利息。投资者每年末获得的利息收入以 $0.75i$ 的年有效利率进行再投资。在第 20 年末，利息收入的累积值为 64 万元，求 $i$。

4.14　投资者分别在 2021 年、2022 年和 2023 年年初投资 100 万元。根据下表的数据计算该投资者在 2023 年可以分配到的收益。

| 原始投资的日历年度 $x$ | 投资年度利率 | | 组合利率 $i_{x+2}$ | 组合利率的日历年度 $x+2$ |
|---|---|---|---|---|
| | $i_0^x$ | $i_1^x$ | | |
| 2021 | 6.50% | 6.53% | 7.53% | 2023 |
| 2022 | 7.00% | 7.07% | | |
| 2023 | 8.00% | | | |

4.15　投资者在2019年初向一个基金投资1 000万元，假设投资者之前没有从基金中提取任何资金。根据表4-12的收益分配方案，计算该笔投资在2022年可以分配得到的收益。

第5章

# 债务偿还方法

债务关系是当今社会最为重要的经济关系之一。在债务关系中，做到合法守信、有借有还，是每位公民应有的价值追求。

在金融实践中，常见的两种债务偿还方法是分期偿还法（amortization method）和偿债基金法（sinking fund method）。在分期偿还法中，借款人分期清偿贷款，每次偿还的金额中既包括当期支付的利息，也包括一部分偿还的本金。分期偿还法包括等额分期偿还和变额分期偿还。在等额分期偿还中，借款人每次偿还相等的金额；在变额分期偿还中，借款人每次偿还的金额是可以变化的。

在偿债基金方法中，借款人一方面定期支付贷款的利息，另一方面要储存一笔偿债基金，用于贷款到期时一次性清偿贷款本金。偿债基金可以分为等额偿债基金和变额偿债基金。在等额偿债基金中，借款人每次向偿债基金存入的储蓄额相等；在变额偿债基金中，借款人每次向偿债基金存入的储蓄额是可以变化的。

下面首先讨论等额分期偿还和等额偿债基金，然后讨论变额分期偿还和变额偿债基金。

为便于表述，本章的大部分内容假设每年偿还一次，但有关计算公式很容易调整到每季度或每月偿还一次的情况。

## 5.1 等额分期偿还

等额分期偿还是指借款人在偿还贷款时每次偿还相等的金额。这是一种最基本、应用最为广泛的贷款偿还方法。

在等额分期偿还中，需要解决下列计算问题：

(1) 借款人每次应该偿还的金额是多少？

（2）在特定日期，借款人未偿还的本金余额是多少？

（3）在每次偿还的总金额中，支付的利息和偿还的本金分别是多少？

下面分别讨论这些问题的解决方法。

### 5.1.1　借款人每次应该偿还的总金额

假设贷款本金为 $L_0$，贷款期限为 $n$ 年，年有效利率为 $i$，借款人每年末等额分期偿还，每次偿还的金额为 $R$。所有偿还金额的现值之和应该等于贷款本金，即可以建立下列价值方程：

$$L_0=Ra_{\overline{n}|i} \tag{5.1}$$

其中

$$a_{\overline{n}|i}=\frac{1-(1+i)^{-n}}{i}$$

由此可得借款人每次偿还的金额为

$$R=\frac{L_0}{a_{\overline{n}|i}} \tag{5.2}$$

**【例 5－1】**一笔本金为 100 000 元的贷款，贷款期限为 5 年，每月末偿还一次。假设每月复利一次的年名义利率为 6%。计算借款人每月末的偿还金额。

**【解】**借款人需要偿还 5 年，每月末偿还一次，共需偿还 60 次，即 $n=60$。月有效利率 $i=0.5\%$。应用式（5.2），借款人每月末的偿还金额为

$$R=\frac{100\ 000}{a_{\overline{60}|0.005}}=\frac{100\ 000}{51.725\ 6}=1\ 933(\text{元})$$

其中

$$a_{\overline{60}|0.005}=\frac{1-(1+0.005)^{-60}}{0.005}=51.725\ 6$$

**Excel 应用**

**PMT 函数**

计算等额分期偿还金额可以应用 Excel 中的 PMT 函数。譬如，在【例 5－1】中，在一个空白单元格中输入“＝PMT(0.005,60,100 000,0,0)”并回车，即可求得每月末的偿还金额为 1 933 元。

### 5.1.2　未偿还本金余额

未偿还本金余额（outstanding balance）是指在某一个特定日期借款人尚未偿还的贷

款本金。在贷款的起始日期，未偿还本金余额就是贷款本金 $L_0$。下面用 $L_k$ 表示第 $k$ 年末的未偿还本金余额（$k=1, 2, \cdots, n$）。$L_k$ 中不包含第 $k$ 次偿还的金额，换言之，第 $k$ 年末的未偿还本金余额等于第 $k+1$ 年初的未偿还本金余额。如果贷款期限为 $n$ 年，则第 $n$ 年末的未偿还本金余额应该为零，即 $L_n=0$。

计算未偿还本金余额有两种不同的方法，即过去法和将来法。过去法是基于过去已经偿还的金额计算未偿还本金余额，而将来法是基于将来需要偿还的金额计算未偿还本金余额。可以证明，这两种方法是等价的。

**1. 过去法**

过去法（retrospective method）是指从原始贷款本金中减去过去已经偿还的金额即得未偿还本金余额。这里需要注意的是，原始贷款本金 $L_0$ 发生在时间零点，而每年的偿还额 $R$ 发生在每年末。发生在不同日期的金额在价值上没有可比性，不能直接加减。为了价值上的可比性，将原始贷款本金和每年已经偿还的金额全部累积到第 $k$ 年末，计算它们在一个共同日期的价值。以第 $k$ 年末为例，原始贷款本金在第 $k$ 年末的价值为 $L_0(1+i)^k$，前 $k$ 年已经偿还的金额在第 $k$ 年末的价值为 $Rs_{\overline{k}|}$。从原始贷款本金的累积值中减去已经偿还金额的累积值，即得第 $k$ 年末的未偿还本金余额为

$$L_k=L_0(1+i)^k-Rs_{\overline{k}|}, \quad k=1,2,3,\cdots,n \tag{5.3}$$

每年末的未偿还本金余额也可以递推计算：

$$L_{k+1}=L_k(1+i)-R, \ k=0,1,2,\cdots,n \tag{5.4}$$

上式表明，第 $k+1$ 年末的本金余额等于第 $k$ 年的本金余额累积一年后再减去当年偿还的金额 $R$。

**【例 5-2】** 有一笔 100 000 元的保险金，受益人选择每月末领取一次。如果保险金的年收益率为 8%，则 25 年可以领完。在受益人领取 10 年后，保险金的年收益率提高到了 10%，计算在后 15 年，受益人每月可以领取多少保险金。

**【解】** 在前 10 年，月有效利率为

$$i=(1+0.08)^{1/12}-1=0.006\ 434\ 03$$

在后 15 年，月有效利率为

$$j=(1+0.1)^{1/12}-1=0.007\ 974\ 14$$

按月有效利率 $i$ 计算，25 年（即 300 个月）可以领完保险金，故每月领取的保险金为

$$R=\frac{100\ 000}{a_{\overline{300}|i}}=100\ 000\times\frac{i}{1-(1+i)^{-300}}=753.42(\text{元})$$

用过去法计算第 10 年末（120 个月末）的保险金余额为

$$\begin{aligned}L_{10}&=L_0(1+i)^{120}-Rs_{\overline{120}|i}\\&=100\ 000\times(1+i)^{120}-753.42\times\frac{(1+i)^{120}-1}{i}\end{aligned}$$

$$=80\ 183.27(\text{元})$$

因此，在后 15 年每月可以领取的保险金为

$$R^*=\frac{L_{10}}{a_{\overline{180}|j}}=\frac{80\ 183.27}{95.384\ 3}=840.63(\text{元})$$

其中

$$a_{\overline{180}|j}=\frac{1-(1+j)^{-180}}{j}=\frac{1-(1+0.007\ 974\ 14)^{-180}}{0.007\ 974\ 14}=95.384\ 3$$

**2. 将来法**

在每年末，未偿还本金余额应该等于将来需要偿还的总金额在此日期的现值。所谓将来法（prospective method），就是把将来需要偿还的金额贴现到计算日的现值，即得未偿还本金余额。譬如，在第 $k$ 年末，将来还需偿还（$n-k$）次，每年偿还一次，每次偿还 $R$，所以用将来法计算的未偿还本金余额为

$$L_k=Ra_{\overline{n-k}|},\quad k=1,2,3,\cdots,n \tag{5.5}$$

用过去法和将来法计算的未偿还本金余额是相等的。事实上，将式（5.3）变形即得式（5.5）。证明过程如下：

由式（5.1）可知，贷款本金为 $L_0=Ra_{\overline{n}|}$，将其代入式（5.3）可得

$$\begin{aligned}L_k&=L_0(1+i)^k-Rs_{\overline{k}|}=Ra_{\overline{n}|}(1+i)^k-Rs_{\overline{k}|}\\&=R\left[\frac{1-v^n}{i}\cdot(1+i)^k-\frac{(1+i)^k-1}{i}\right]=R\,\frac{1-v^{n-k}}{i}\\&=Ra_{\overline{n-k}|}\end{aligned}$$

虽然过去法和将来法的计算结果相同，但在实际应用中，应根据实际情况，选择合适的计算方法。如果未来的付款金额和付款次数都是已知的，应用将来法就比较简便；否则，就需要应用过去法。

**【例 5-3】** 应用将来法重新计算【例 5-2】中第 10 年末的保险金余额。

**【解】** 由【例 5-2】可知，将来还需领取 15 年，即 180 个月，每月末领取 $R^*=840.63$ 元，所以应用将来法计算第 10 年末的保险金余额为

$$L_{10}=R^*a_{\overline{180}|j}=840.63\times\frac{1-(1+j)^{-180}}{j}=80\ 182.92(\text{元})$$

结果与【例 5-2】相同，误差是由四舍五入造成的。

### 5.1.3 本金和利息的分解

在等额分期偿还方法中，每次偿还的金额是 $R$，其中包括当期支付的利息（interest）和偿还的本金（principle）两部分。下面讨论在每次的偿还金额 $R$ 中，有多少是对本金的偿还，有多少是支付当期的利息。

第 $k-1$ 年末的未偿还本金余额为 $L_{k-1}$，这也是第 $k$ 年初的未偿还本金余额，所以在第 $k$ 年末应该支付的利息 $I_k$ 为

$$I_k = iL_{k-1}$$

把将来法的公式（5.5）代入上式，可得第 $k$ 年末应该支付的利息为

$$I_k = iRa_{\overline{n-k+1}|} = R(1-v^{n-k+1}) \tag{5.6}$$

因此，在第 $k$ 年末偿还的本金 $P_k$ 为

$$P_k = R - I_k = R \cdot v^{n-k+1} \tag{5.7}$$

其中，$v=1/(1+i)$ 表示 1 年期的贴现因子。

式（5.7）表明，借款人偿还的本金形成一个等比数列，如第 1 年末偿还的本金为 $Rv^n$，第 2 年末偿还的本金为 $Rv^{n-1}$……第 $n$ 年末偿还的本金为 $Rv$。这是一个递增数列，即借款人在早期偿还的本金较少，而在后期偿还的本金较多。因为每年支付的总金额 $R$ 是固定的，所以借款人支付的利息金额是逐期递减的。这一结论也可以从表 5－1 和图 5－1 中看出。

**【例 5－4】** 证明借款人每年偿还的本金之和等于原始贷款本金，即 $\sum_{k=1}^{n} P_k = L_0$ 。

**【解】** 借款人每年偿还的本金之和为

$$\sum_{k=1}^{n} P_k = \sum_{k=1}^{n} Rv^{n-k+1} = \frac{L_0}{a_{\overline{n}|}} \times \sum_{k=1}^{n} v^{n-k+1} = \frac{L_0}{a_{\overline{n}|}} \times a_{\overline{n}|} = L_0$$

假设借款人每年末偿还的总金额为 1 单位，偿还期限为 $n$ 年，年有效利率为 $i$，则每年末支付的利息、偿还的本金以及每年末的未偿还本金余额如表 5－1 所示，该表称作分期偿还表。

**表 5－1　等额分期偿还表**

| 时间（年数） | 偿还额 | 支付的利息 | 偿还的本金 | 未偿还本金余额 |
|---|---|---|---|---|
| 0 | 1 | | | $a_{\overline{n}\|}$ |
| 1 | 1 | $1-v^n$ | $v^n$ | $a_{\overline{n-1}\|}$ |
| 2 | 1 | $1-v^{n-1}$ | $v^{n-1}$ | $a_{\overline{n-2}\|}$ |
| ⋮ | ⋮ | ⋮ | ⋮ | ⋮ |
| $k$ | 1 | $1-v^{n-k+1}$ | $v^{n-k+1}$ | $a_{\overline{n-k}\|}$ |
| ⋮ | ⋮ | ⋮ | ⋮ | ⋮ |
| $n-1$ | 1 | $1-v^2$ | $v^2$ | $a_{\overline{1}\|}$ |
| $n$ | 1 | $1-v$ | $v$ | 1 |

在表 5－1 中，如果令 $n=20$，$i=10\%$，则借款人每年支付的利息和偿还的本金如图 5－1 所示，未偿还本金余额如图 5－2 所示。可以看出，借款人支付的利息逐期递减，偿还的本金逐期递增，每年末的未偿还本金余额逐期递减。

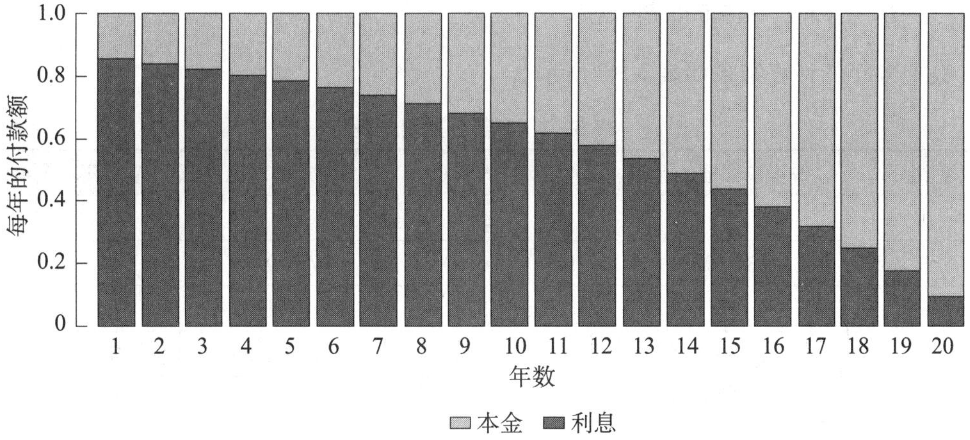


**图5-1　每年末偿还的本金和利息**

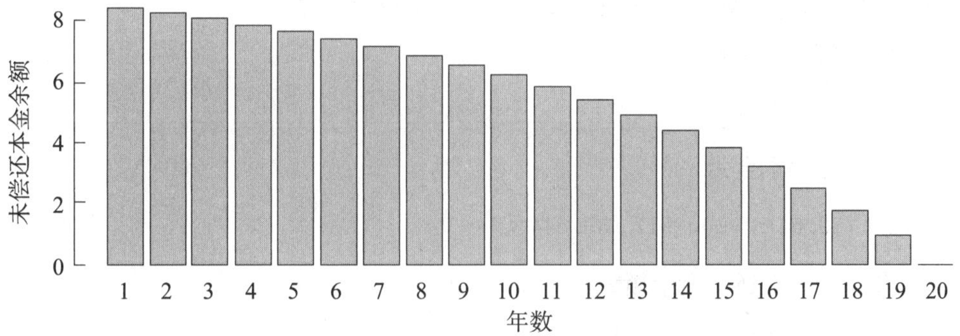


**图5-2　每年末的未偿还本金余额**

**【例5-5】** 有一笔本金为100 000元的贷款，期限为5年，年有效利率为6%，每年末等额分期偿还。计算下列各项并构造分期偿还表：

(1) 每年末偿还的金额。

(2) 每年末的未偿还本金余额。

(3) 在每年末偿还的总金额中，利息和本金分别是多少。

**【解】** 由式（5.2）可知，每年末应该偿还的总金额为

$$R=\frac{100\ 000}{a_{\overline{5|}}}=100\ 000\times\frac{0.06}{1-1.06^{-5}}=23\ 739.64(\text{元})$$

应用式（5.5）可以求得各年末的未偿还本金余额。譬如，第3年末的未偿还本金余额为

$$L_3=Ra_{\overline{5-3|}}=23\ 739.64\times\frac{1-1.06^{-2}}{0.06}=43\ 524.08(\text{元})$$

应用式（5.6）可以求得每年末支付的利息金额。譬如，第3年末支付的利息金额为

$$I_3=R(1-v^{5-3+1})=23\ 739.64\times(1-1.06^{-3})=3\ 807.38(\text{元})$$

应用式（5.7）可以求得每年偿还的本金。譬如，第3年末偿还的本金为

$$P_3=R-I_3=19\ 932.26(\text{元})$$

其他各年的计算结果如表 5－2 所示。

**表 5－2　等额分期偿还表**　　单位：元

| 时间（年数） | 每年末偿还的金额 | 支付的利息 | 偿还的本金 | 未偿还本金余额 |
|---|---|---|---|---|
| 0 | | | | 100 000 |
| 1 | 23 739.64 | 6 000.00 | 17 739.64 | 82 260.36 |
| 2 | 23 739.64 | 4 935.62 | 18 804.02 | 63 456.34 |
| 3 | 23 739.64 | 3 807.38 | 19 932.26 | 43 524.08 |
| 4 | 23 739.64 | 2 611.44 | 21 128.20 | 22 395.89 |
| 5 | 23 739.64 | 1 343.75 | 22 395.89 | 0.00 |

表 5－2 所示的等额分期偿还表可以按下述方法递推计算求得：

第 1 年支付的利息为

$$100\ 000\times 6\%=6\ 000(\text{元})$$

第 1 年偿还的本金为

$$23\ 739.64-6\ 000=17\ 739.64(\text{元})$$

第 1 年末的未偿还本金余额为

$$100\ 000-17\ 739.64=82\ 260.36(\text{元})$$

第 2 年支付的利息为

$$82\ 260.36\times 6\%=4\ 935.62(\text{元})$$

第 2 年偿还的本金为

$$23\ 739.64-4\ 935.62=18\ 804.02(\text{元})$$

第 2 年末的未偿还本金余额为

$$82\ 260.36-18\ 804.02=63\ 456.34(\text{元})$$

以此类推，可以得到表 5－2 的所有结果。在 Excel 中，只需计算出第 1 年的结果，然后选中第 1 年的数值，用鼠标下拉右下角的黑色十字即可自动填充以后各年的结果。

**【例 5－6】** 投资者向基金账户存入 20 000 元，在今后的 5 年内每年末可以领取 5 000 元，计算基金的年有效利率。如果从第 3 年初开始，基金的年有效利率上升了 100 个基点，计算投资者在今后的 3 年，每年末可以领取多少元。

**【解】** 假设基金的年有效利率为 $i$，则可以建立如下价值方程：

$$20\ 000=5\ 000a_{\overline{5}|}=5\ 000\times\frac{1-(1+i)^{-5}}{i}$$

上式经变形得

$$\frac{1-(1+i)^{-5}}{i}=4$$

应用 Excel 中的单变量求解，可以求得年利率为 $i=7.93\%$。

投资者在第 2 年末的账户余额（也就是第 3 年初的账户余额）是

$$L_2=5\ 000a_{\overline{3}|}=5\ 000\times\frac{1-(1+0.079\ 3)^{-3}}{0.079\ 3}=12\ 901.78(\text{元})$$

如果年有效利率提高 100 个基点，即从 7.93%上升到 8.93%，则在今后 3 年，投资者每年末可以领取的金额为

$$R=\frac{12\ 901.78}{a_{\overline{3}|}}=12\ 901.78\times\frac{0.089\ 3}{1-(1+0.089\ 3)^{-3}}=5\ 090.55(\text{元})$$

**【例 5-7】** 有一笔本金为 10 000 元的贷款，为期 10 年。如果年有效利率为 6%，比较下述三种还款方式支付的利息总额：

（1）在第 10 年末一次性偿还所有本息。

（2）每年末支付当年的利息，在第 10 年末一次性偿还本金。

（3）每年末等额分期偿还。

**【解】** 在三种偿还方式下，借款人偿还金额的现金流不同，所以支付的利息总额也不同。

（1）这笔贷款在第 10 年末的累积值为

$$10\ 000\times(1+0.06)^{10}=17\ 909(\text{元})$$

从中减去 10 000 元本金，即得借款人支付的利息总额为 17 909－10 000＝7 909 元。

（2）借款人每年末需要支付的利息为 10 000×0.06＝600 元，10 年期间支付的利息总额为 6 000 元。

（3）如果 10 年内等额分期偿还，则借款人每年末需要偿还的金额为

$$R=\frac{10\ 000}{a_{\overline{10}|}}=10\ 000\times\frac{0.06}{1-1.06^{-10}}=1\ 359(\text{元})$$

借款人 10 年期间偿还的总金额为 13 590 元，从中减去本金 10 000 元，得到利息金额为 3 590 元。

第一种方法在第 10 年末一次性偿还本金，所以支付的利息最多；第三种方法在每年末都有部分本金的偿还，所以支付的利息最少。

**【例 5-8】** 投资者从商业银行获得 100 万元住房抵押贷款，期限为 20 年，每月末等额分期偿还。贷款的年有效利率为 8%。借款人按原计划偿还了 150 次以后，也就是在第 150 个月末，申请再过 10 天一次性还清贷款余额，计算借款人应该一次性偿还多少。

**【解】** 根据年有效利率可以求得月有效利率为

$$j=(1+0.08)^{1/12}-1=0.006\ 434$$

借款人每月末应该偿还的金额为

$$R=\frac{1000\ 000}{a_{\overline{240}|j}}=1\ 000\ 000\times\frac{0.006\ 434}{1-1.006\ 434^{-240}}=8\ 191.48(\text{元})$$

借款一共需要偿还 240 次，偿还了 150 次以后，还剩余 90 次尚未偿还，所以在第 150 个还款日，借款人的未偿还本金余额为

$$L_{150}=8191.48a_{\overline{90}|j}=8\ 191.48\times\frac{0.006\ 434}{1-1.006\ 434^{-90}}=558\ 322.60(\text{元})$$

如果借款人申请在第 150 个还款日后立即还清所有的未偿还本金余额，则需要一次性偿还 558 322.60 元。在本例中，借款人申请在第 150 个还款日后的第 10 天一次性还清所有贷款余额，所以偿还的总金额还应该包括这 10 天（即 1/3 个月）所产生的利息在内，即借款人需要一次性偿还的总金额为

$$L=L_{150}(1+j)^{1/3}=558\ 322.60\times1.006\ 434^{1/3}=559\ 517.5(\text{元})$$

**【例 5-9】**在等额分期偿还方法中，贷款期限为 $n$，贷款的年有效利率为 $i$，借款人每年末的偿还金额为 1 个单位。当贷款期限 $n$ 增加时，借款人支付的利息总额 $n-a_n$ 与贷款本金 $a_n$ 之比会如何变化？

**【解】**利息总额与贷款本金之比为可以表示为贷款期限 $n$ 的函数：

$$f(n)=\frac{n-a_{\overline{n}|}}{a_{\overline{n}|}}=\frac{ni}{1-v^n}-1$$

式中，$v=1/(1+i)$ 表示 1 年期的贴现因子。

当 $i>0$ 时，上式关于 $n$ 的一阶导数为

$$f'(n)=\frac{i(1-v^n)+niv^n\ln v}{(1-v^n)^2} \tag{5.8}$$

式（5.8）的分母大于零。分子提出 $i$ 后，剩余项为 $1-v^n+v^n\ln v^n$。令 $x=v^n$，显然有$0<x<1$。容易证明 $g(x)=1-x+x\ln x$ 是（0，1）区间上的减函数，且 $g(1)=0$，所以在（0，1）区间上 $g(x)>0$。这就意味着式（5.8）的分子也大于零，所以 $f'(n)>0$。

由此可见，利息总额与贷款本金之比是贷款期限的增函数，即贷款期限越长，借款人支付的利息总额与贷款本金之比越大，如表 5-3 所示。

**表 5-3　利息总额与贷款本金之比（假设贷款的年有效利率为 10%）**

| 贷款期限（年数） | 贷款本金 | 利息总额 | 利息总额与贷款本金之比 |
|---|---|---|---|
| 1 | 0.91 | 0.09 | 0.10 |
| 5 | 3.79 | 1.21 | 0.32 |
| 10 | 6.14 | 3.86 | 0.63 |
| 15 | 7.61 | 7.39 | 0.97 |
| 20 | 8.51 | 11.49 | 1.35 |
| 25 | 9.08 | 15.92 | 1.75 |
| 30 | 9.43 | 20.57 | 2.18 |

## 5.2　等额偿债基金

在偿债基金方法中，贷款人要求借款人在贷款期间定期支付贷款利息，同时向偿债基金储蓄，在贷款到期时，偿债基金的累积值应该等于贷款本金。

等额偿债基金是指借款人每期向偿债基金的储蓄额相等。假设借款人从银行获得10 000元的贷款，期限为5年，年有效利率为6%。双方达成协议，借款人按下述方法偿还贷款：

（1）借款人每年末向银行支付600元利息（即10 000元的6%）；

（2）借款人在银行开设一个存款账户，每年末向该账户存入1 791.76元，该账户按5.5%的年有效利率计息。到第5年末，账户的累积值正好是10 000元，用于偿还贷款本金。

在这个简例中，借款人在银行开设的存款账户就是偿债基金。借款人每年末向偿债基金储蓄相等的金额，故称作等额偿债基金。

偿债基金的积累过程也就是原始本金的偿还过程。换言之，借款人在偿债基金的储蓄额及其产生的利息收入可以看作对贷款本金的偿还。从原始贷款本金中减去偿债基金的累积值，就是借款人尚未偿还的本金余额。

在偿债基金方法中，借款人需要在每年末支付当期的利息，同时还需要积累一笔偿债基金。这笔基金在贷款到期时应该正好等于贷款的原始本金 $L_0$。偿债基金的利率与贷款利率既可能相等，也可能不相等。在这两种不同情况下，借款人每年末向偿债基金的储蓄额不同。下面分别进行讨论。

### 5.2.1　偿债基金利率不等于贷款利率的情形

在偿债基金方法中，通常的情况是偿债基金的利率小于贷款利率。不过，本节的结论同样适用于偿债基金的利率大于贷款利率的情形。

假设贷款期限为 $n$ 年，偿债基金的年有效利率为 $j$，贷款本金为 $L_0$，借款人每年末向偿债基金的储蓄额为 $D$。偿债基金在第 $n$ 年末的累积值应该等于贷款本金，即

$$Ds_{\overline{n}|j}=L_0 \tag{5.9}$$

故借款人在每年末向偿债基金的储蓄额为

$$D=\frac{L_0}{s_{\overline{n}|j}} \tag{5.10}$$

借款人每年末需要支付的利息为

$$I=iL_0 \tag{5.11}$$

所以借款人在每年末支付的总金额为

$$I+D=iL_0+\frac{L_0}{s_{\overline{n}|j}} \tag{5.12}$$

借款人每年末向偿债基金储蓄 $D$ 元，所以偿债基金在第 $k$ 年末的累积值为 $Ds_{\overline{k}|j}$，从原始贷款本金 $L_0$ 中减去偿债基金的累积值，即得借款人在第 $k$ 年末的未偿还本金余额为

$$L_k=L_0-Ds_{\overline{k}|j} \tag{5.13}$$

**【例 5-10】** 贷款本金为 100 000 元，期限为 5 年，贷款的年有效利率为 10%。借款人用等额偿债基金方法来偿还贷款，偿债基金的年有效利率为 8%。问：

（1）借款人每年末向偿债基金的储蓄额为多少？

（2）在等额偿债基金方法中，借款人每年末支付的总金额为多少？如果借款人用等额分期偿还方法偿还贷款，且贷款的年有效利率与等额偿债基金方法相同，均为 10%，借款人每年末支付的总金额为多少？

（3）借款人在第 2 年末的未偿还本金余额是多少？

**【解】** 本例中，$L_0=100\ 000$，$n=5$，$i=10\%$，$j=8\%$。

（1）应用公式（5.10），借款人每年末向偿债基金的储蓄额为

$$D=\frac{100\ 000}{s_{\overline{5}|0.08}}=100\ 000\times\frac{0.08}{1.08^5-1}=17\ 045.65(\text{元})$$

（2）在等额偿债基金方法中，应用公式（5.12），可以求得借款人每年末支付的总金额为

$$R=I+D=0.1\times100\ 000+17\ 045.65=27\ 045.65(\text{元})$$

如果用等额分期偿还方法偿还贷款，则借款人每年末支付的总金额为

$$R=\frac{100\ 000}{a_{\overline{5}|0.1}}=100\ 000\times\frac{0.1}{1-1.1^{-5}}=26\ 379.75(\text{元})$$

可见，如果偿债基金的利率小于贷款利率，则借款人每年支付的总金额要大于等额分期偿还方法中支付的总金额。换言之，在等额偿债基金方法中，如果偿债基金的利率小于贷款利率，则意味着借款人支付的实际利息成本要高于贷款。

（3）应用式（5.13），从原始本金中减去偿债基金在第 2 年末的累积值，可以求得借款人在第 2 年末的未偿还本金余额为

$$\begin{aligned}L_2&=100\ 000-17\ 045.65\times s_{\overline{2}|0.08}\\&=100\ 000-17\ 045.65\times\frac{1.08^2-1}{0.08}\\&=64\ 545.06(\text{元})\end{aligned}$$

**【例 5-11】** 有两笔贷款的本金均为 10 000 元，期限均为 5 年，但偿还方式不同。第一笔贷款采用偿债基金方法偿还，贷款的年有效利率为 6%，偿债基金的年有效利率为 5%。第二笔贷款采用等额分期方法偿还。计算当第二笔贷款的年有效利率为多少时，两笔贷款对借款人而言是等价的。

**【解】** 无论选择哪一笔贷款，如果借款人在每年末都要支付相等的金额，就可以认为两笔贷款对借款人而言是等价的。

第一笔贷款采用偿债基金方法偿还，借款人在每年末支付的总金额包括两部分：一部分是利息 $I$，另一部分是向偿债基金的储蓄额 $D$，即

$$A=I+D=iL_0+\frac{L_0}{s_{\overline{n}|j}}=0.06\times 10\ 000+10\ 000\times\frac{0.05}{1.05^5-1}=2\ 409.75(\text{元})$$

第二笔贷款采用等额分期方法偿还，假设贷款的年有效利率为 $r$，则借款人在每年末需要支付的总金额为

$$B=\frac{10\ 000}{a_{\overline{n}|j}}=10\ 000\times\frac{r}{1-(1+r)^{-5}}$$

如果两笔贷款对借款人而言是等价的，则意味着 $A=B$，故有

$$2\ 409.75=10\ 000\times\frac{r}{1-(1+r)^{-5}}$$

解上述方程，即得

$$r=6.552\%$$

可见，等额分期偿还方法中的贷款利率 $r=6.552\%$时两笔贷款对借款人而言是等价的。

### 5.2.2 偿债基金利率等于贷款利率的情形

在等额偿债基金方法中，当偿债基金的利率与贷款利率相等，即 $j=i$ 时，由式（5.12）可知，借款人每年末支付的总金额为

$$I+D=iL_0+\frac{L_0}{s_{\overline{n}|i}}=L_0\left(i+\frac{1}{s_{\overline{n}|i}}\right)=\frac{L_0}{a_{\overline{n}|i}} \tag{5.14}$$

上式中，$i+\frac{1}{s_{\overline{n}|i}}=\frac{1}{a_{\overline{n}|i}}$，可参见式（2.13）。

式（5.14）正好也是在等额分期偿还方法中，借款人每年末支付的总金额。由此可见，当偿债基金的利率与贷款利率相等时，等额分期偿还方法与等额偿债基金方法是等价的。换言之，使用等额分期偿还方法和使用等额偿债基金方法，借款人在每年末支付的总金额是相等的。

当偿债基金的利率 $j$ 与贷款利率 $i$ 相等时，借款人在每年末向偿债基金的储蓄额为

$$D=\frac{L_0}{s_{\overline{n}|i}}=L_0\left(\frac{1}{a_{\overline{n}|i}}-i\right)=R-iL_0 \tag{5.15}$$

其中，$\frac{1}{a_{\overline{n}|i}}-i=\frac{1}{s_{\overline{n}|i}}$，可参见式（2.13）。

当偿债基金的利率 $j$ 与贷款利率 $i$ 相等时，偿债基金方法等价于分期偿还方法，所以在第 $k$ 年末，偿债基金方法的未偿还本金余额（$L_0-Ds_{\overline{k}|i}$）应该等于分期偿还方法中的

未偿还本金余额 $Ra_{\overline{n-k}|i}$。证明如下：

在偿债基金方法中，如果 $j=i$，则偿债基金在第 $k$ 年末的累积值为 $Ds_{\overline{k}|}$，未偿还本金余额为

$$
\begin{aligned}
L_k &= L_0 - Ds_{\overline{k}|} = L_0 - \frac{L_0}{s_{\overline{n}|}} s_{\overline{k}|} = L_0\left(1-\frac{s_{\overline{k}|}}{s_{\overline{n}|}}\right) \\
&= L_0\left[1-\frac{(1+i)^k-1}{(1+i)^n-1}\right] = L_0\frac{(1+i)^n-(1+i)^k}{(1+i)^n-1} \\
&= L_0\frac{1-v^{n-k}}{1-v^n} = L_0\frac{(1-v^{n-k})/i}{(1-v^n)/i} \\
&= Ra_{\overline{n}|}\frac{a_{\overline{n-k}|i}}{a_{\overline{n}|}} = Ra_{\overline{n-k}|i}
\end{aligned}
$$

上式正好是在等额分期偿还方法中，借款人在第 $k$ 年末的未偿还本金余额。

**【例 5－12】** 有一笔本金为 100 000 元的贷款，期限为 5 年。借款人采用偿债基金方法偿还，偿债基金和贷款的年有效利率均为 6%。计算下列各项的值：

（1）借款人每年末向偿债基金的储蓄额。

（2）偿债基金在每年末的累积值。

（3）每年末的未偿还本金余额。

**【解】** 当偿债基金的利率与贷款利率相等时，分期偿还方法与偿债基金方法等价。本例即可验证这一结论。

（1）借款人每年末向偿债基金的储蓄额为

$$D=\frac{100\ 000}{s_{\overline{5}|0.06}}=100\ 000\times\frac{0.06}{1.06^5-1}=17\ 739.64(\text{元})$$

（2）偿债基金在第 $k$ 年末的累积值为 $Ds_{\overline{k}|j}$，譬如，在第 3 年末的累积值为

$$A_3=17\ 739.64\times s_{\overline{3}|0.06}=17\ 739.64\times\frac{1.06^3-1}{0.06}=56\ 475.92(\text{元})$$

（3）每年末的未偿还本金余额等于贷款本金减去偿债基金的累积值，可以应用式（5.13）求得。譬如，第 3 年末的未偿还本金余额为

$$L_3=100\ 000-17\ 739.64\times s_{\overline{3}|0.06}=100\ 000-17\ 739.64\times\frac{1.06^3-1}{0.06}=43\ 524.08(\text{元})$$

其他计算结果如表 5－4 所示。

**表 5－4　偿债基金表（偿债基金的利率与贷款利率相等）**　　单位：元

| 时间 | 每年末支付的总金额 | 支付的当年利息 | 向偿债基金的储蓄额 | 偿债基金的累积值 | 未偿还本金余额 |
|---|---|---|---|---|---|
| 0 | | | | | 100 000 |
| 1 | 23 739.64 | 6 000 | 17 739.64 | 17 739.64 | 82 260.36 |
| 2 | 23 739.64 | 6 000 | 17 739.64 | 36 543.66 | 63 456.34 |

续表

| 时间 | 每年末支付的总金额 | 支付的当年利息 | 向偿债基金的储蓄额 | 偿债基金的累积值 | 未偿还本金余额 |
|---|---|---|---|---|---|
| 3 | 23 739.64 | 6 000 | 17 739.64 | 56 475.92 | 43 524.08 |
| 4 | 23 739.64 | 6 000 | 17 739.64 | 77 604.11 | 22 395.89 |
| 5 | 23 739.64 | 6 000 | 17 739.64 | 100 000.00 | 0.00 |

比较表 5-2 和表 5-4 可知，借款人在两种方法下每年的付款总额相等，均为 23 739.64 元，验证了当偿债基金的利率与贷款利率相等时，偿债基金方法等价于分期偿还方法。

分期偿还方法与偿债基金方法的主要区别是，它们对已经偿还的本金采用不同的计息方式。在分期偿还方法中，已经偿还的本金是按贷款利率计息的，而在偿债基金方法中，已经偿还的本金（即偿债基金的累积值）是按偿债基金的利率计息的。当偿债基金的利率与贷款利率相同时，偿债基金方法就等价于分期偿还方法。

### 5.2.3 一般形式的等额偿债基金

在等额偿债基金方法中，贷款人有可能要求借款人每年末支付一笔服务费（service payment），同时向偿债基金储蓄。借款人每年支付的服务费（$W$）不一定等于贷款利率与本金的乘积。在这种情况下，借款人每年末向偿债基金的储蓄额（$D$）应该满足下列价值方程：

$$L_0(1+i)^n=Ws_{\overline{n}|i}+Ds_{\overline{n}|j} \tag{5.16}$$

上式中，左边是贷款本金在贷款到期时的累积值；右边包括两项，第一项是借款人每年末支付的服务费在贷款到期时的累积值，第二项是借款人每年末向偿债基金的储蓄额在贷款到期时的累积值。贷款本金 $L_0$ 和服务费 $W$ 按照贷款利率 $i$ 进行累积，而向偿债基金的储蓄额 $D$ 按照偿债基金的利率 $j$ 进行累积。

在式（5.16）中，如果令服务费等于贷款利率与贷款本金的乘积，即令

$$W=I=iL_0$$

则式（5.16）就简化为式（5.9），即变形为基本的等额偿债基金方法：

$$L_0(1+i)^n=iL_0s_{\overline{n}|i}+Ds_{\overline{n}|j}$$

$$\Rightarrow L_0\left[(1+i)^n-is_{\overline{n}|i}\right]=Ds_{\overline{n}|j}$$

$$\Rightarrow L_0\left[(1+i)^n-i\times\frac{(1+i)^n-1}{i}\right]=Ds_{\overline{n}|j}$$

$$\Rightarrow L_0=Ds_{\overline{n}|j}$$

**【例 5-13】** 一笔贷款的本金是 100 万元，贷款期限是 10 年，贷款的年有效利率是 5%。贷款用偿债基金方法进行偿还，借款人每年末支付的服务费是 6 万元，偿债基金的年有效利率是 4%。计算：（1）借款人每年向偿债基金的储蓄额；（2）如果该笔贷款用

等额分期偿还方法偿还，当贷款的年有效利率为多少时，等额分期偿还方法与偿债基金方法对借款人而言是等价的。

**【解】** 应用式（5.16）可以建立如下价值方程：

$$100\times(1+0.05)^{10}=6s_{\overline{10}|0.05}+Ds_{\overline{10}|0.05}=6\times\frac{(1+0.05)^{10}-1}{0.05}+D\times\frac{(1+0.04)^{10}-1}{0.04}$$

求解上式，即得借款人每年末向偿债基金的储蓄额 $D=7.28$ 万元。

借款人支付的服务费与其向偿债基金的储蓄额之和就是借款人每年支付的总金额，即 $6+7.28=13.28$ 万元。

在等额分期偿还方法中，假设贷款的年有效利率为 $r$，则有

$$100=(6+7.28)a_{\overline{10}|r}=13.28\times\frac{1-(1+r)^{-10}}{r}$$

上式右边是借款人每年还款额的现值，应该等于左边的贷款本金。

由此可以求得等额分期偿还方法中的贷款利率为 $r=5.52\%$。换言之，对借款人而言，该笔贷款的真实利率（资金成本）为 5.52%，而不是名义上的 5%，也不是与 6 万元服务费相对应的 6%。

可以验证，当服务费增加时，贷款的真实利率将下降。譬如，当服务费为 8 万元时，该笔贷款的真实利率将下降为 5.37%。

## 5.3 变额分期偿还

变额分期偿还是指借款人每次偿还的金额不等。假设贷款本金为 $L_0$，每年末偿还的金额为 $R_t$（$t=1, 2, \cdots, n$），则有

$$L_0=\sum_{t=1}^{n}v^tR_t \tag{5.17}$$

上式中，$v=1/(1+i)$ 表示 1 年期的贴现因子。

在等额分期偿还方法中，借款人每年偿还的本金逐年递增，支付的利息逐年递减，一增一减，借款人每年偿还的总金额（即本金和利息之和）保持不变。变额分期偿还方法可以多种多样，其中最为常见的一种是所谓的等额本金偿还方法，即借款人每年偿还相等的本金。在等额本金偿还方法中，虽然借款人每年偿还的本金相等，但未偿还的本金余额和支付的利息金额都是逐年递减的，这使得借款人每年偿还的总金额也是逐年递减的。

在变额分期偿还方法中，有可能出现借款人当年偿还的总金额还不足以支付当年的应付利息的情况。譬如，按照年初的未偿还本金余额和贷款利率计算，借款人当年应该支付的利息是 1 000 元，但当年实际偿还的总金额只有 900 元。在这种情况下，相当于借款人又增加了 100 元的贷款本金。对此类问题的处理方法可以参见本节后面的例题。

**【例 5-14】** 一笔本金为 100 000 元的贷款，期限为 5 年，年有效利率为 5%，每年末

偿还 20 000 元本金。构造分期偿还表。

**【解】** 这是等额本金偿还方法，每年末偿还的本金相等，都是 20 000 元，但支付的利息逐年递减。

第 1 年末应该支付的利息为

$$100\ 000\times 0.05=5\ 000(\text{元})$$

第 1 年末偿还的总金额（包括利息和本金两部分）为

$$20\ 000+5\ 000=25\ 000(\text{元})$$

第 1 年末（第 2 年初）的本金余额等于原始本金减去已经偿还的本金，即为

$$100\ 000-20\ 000=80\ 000(\text{元})$$

第 2 年末支付的利息等于年初的本金余额乘以贷款的年有效利率，即为

$$80\ 000\times 0.05=4\ 000(\text{元})$$

第 2 年末偿还的总金额（包括利息和本金两部分）为

$$20\ 000+4\ 000=2\ 4000(\text{元})$$

以此类推，其他各年的计算结果如表 5-5 所示。

**表 5-5 等额本金分期偿还表** 单位：元

| 时间 | 每年末偿还的金额 | 支付的利息 | 偿还的本金 | 未偿还本金余额 |
|---|---|---|---|---|
| 0 | | | | 100 000 |
| 1 | 25 000 | 5 000 | 20 000 | 80 000 |
| 2 | 24 000 | 4 000 | 20 000 | 60 000 |
| 3 | 23 000 | 3 000 | 20 000 | 40 000 |
| 4 | 22 000 | 2 000 | 20 000 | 20 000 |
| 5 | 21 000 | 1 000 | 20 000 | 0 |

**【例 5-15】** 借款人从银行获得一笔贷款，期限为 5 年，年有效利率为 6%。根据还款计划，借款人在每年末偿还的总金额依次为 20 000 元、18 000 元、16 000 元、14 000 元、12 000 元。计算：(1) 贷款本金；(2) 在第 3 年末偿还的总金额中，本金和利息分别为多少。

**【解】** 每年末的偿还金额形成一个变额年金序列，可以分解为等额年金和递减年金之和，如表 5-6 所示。

**表 5-6 偿还金额的分解** 单位：元

| 时间 | | 1 | 2 | 3 | 4 | 5 |
|---|---|---|---|---|---|---|
| 偿还金额 | | 20 000 | 18 000 | 16 000 | 14 000 | 12 000 |
| 分解后的偿还金额 | 等额年金 | 10 000 | 10 000 | 10 000 | 10 000 | 10 000 |
| | 递减年金 | 10 000 | 8 000 | 6 000 | 4 000 | 2 000 |

贷款本金等于上述两项年金的现值之和，即

$$L_0=10\,000a_{\overline{5}|}+2\,000(Da)_{\overline{5}|}=10\,000\times a_{\overline{5}|}+2\,000\times\frac{5-a_{\overline{5}|}}{0.06}=68\,377.33(\text{元})$$

其中，$a_{\overline{5}|}=\frac{1-1.06^{-5}}{0.06}=4.212\,4$。

第 2 年末（即第 3 年初），未偿还本金余额为（用将来法计算）

$$L_2=10\,000a_{\overline{3}|}+2\,000(Da)_{\overline{3}|}=10\,000\times a_{\overline{3}|}+2\,000\times\frac{3-a_{\overline{3}|}}{0.06}=37\,630(\text{元})$$

其中，$a_{\overline{3}|}=\frac{1-1.06^{-3}}{0.06}=2.673\,0$。

第 3 年末，支付的利息为

$$I_3=iL_2=0.06\times 37\,630=2\,257.8(\text{元})$$

第 3 年末，借款人偿还的总金额为 $R_3=16\,000$ 元，从中减去第 3 年末支付的利息，即得第 3 年末偿还的本金为

$$P_3=R_3-I_3=16\,000-2\,257.8=13\,742.2(\text{元})$$

**【例 5-16】**有一笔本金为 100 000 元的贷款，年有效利率为 10%，期限为 6 年，每年末偿还一次，每次的偿还金额以 50%的速度递增。构造分期偿还表。

**【解】**本例的偿还金额构成了一个复递增年金，年金的增长率为 $r=50\%$。假设第 1 年末的偿还金额为 $R_1$，应用复递增年金的现值计算公式，所有偿还金额的现值之和为

$$(Ca)_{\overline{6}|}=R_1\times\frac{a_{\overline{6}|j}}{1+r}$$

所有偿还金额的现值之和应该等于贷款本金，即

$$R_1\times\frac{a_{\overline{6}|j}}{1+r}=100\,000$$

其中

$$j=\frac{i-r}{1+r}=\frac{0.1-0.5}{1+0.5}=-0.266\,667$$

$$a_{\overline{6}|j}=\frac{1-(1+j)^{-6}}{j}=20.361\,42$$

由此可得借款人第 1 年末偿还的总金额为

$$R_1=7\,366.873(\text{元})$$

贷款本金为 100 000 元，贷款的年有效利率为 10%，故借款人第 1 年末应该支付的利息为

$$I_1=100\,000\times 0.1=10\,000(\text{元})$$

显然，第 1 年末偿还的总金额 $R_1=7\,366.873$ 不足以支付当年的应付利息 $I_1=10\,000$，

亦即出现了负偿还，这会增加未偿还本金余额。

第 1 年末，借款人偿还的本金为负值：

$$P_1 = R_1 - I_1 = 7\ 366.873 - 10\ 000 = -2\ 633.127(\text{元})$$

负偿还意味着增加本金。第 1 年末，未偿还本金余额增加为

$$\begin{aligned} L_1 &= L_0(1+i) - (I_1 + P_1) \\ &= L_0 - P_1 \\ &= 10\ 000 + 2\ 633.127 \\ &= 102\ 633.127(\text{元}) \end{aligned}$$

上式中，时间零点的本金余额累积到第 1 年末的价值为 $L_0(1+i)$，从中减去第 1 年末的偿还值（$I_1 + P_1$），即得第 1 年末的本金余额 $L_1$。上式变形后的结果表明，第 1 年末的本金余额 $L_1$ 等于时间零点的本金余额 $L_0$ 减去第 1 年末偿还的本金 $P_1$，即 $L_1 = L_0 - P_1$。这个结论可以进一步推广为：第 $k$ 年末的本金余额 $L_k$ 等于第 $k-1$ 年末的本金余额 $L_{k-1}$ 减去第 $k$ 年末偿还的本金 $P_k$，即

$$L_k = L_{k-1} - P_k \tag{5.18}$$

换言之，上年末的本金余额减去当年末偿还的本金，即得本年末的本金余额。

第 2 年末，应该支付的利息为

$$I_2 = iL_1 = 0.1 \times 102\ 633.127 = 10\ 263.313(\text{元})$$

在第 2 年末，借款人偿还的总金额为

$$R_2 = 1.5R_1 = 1.5 \times 7\ 366.873 = 11\ 050.310(\text{元})$$

第 2 年末，偿还的本金为

$$P_2 = R_2 - I_2 = 11\ 050.310 - 10\ 263.313 = 786.997(\text{元})$$

第 2 年末，应用式（5.18），未偿还的本金余额为

$$\begin{aligned} L_2 &= L_1 - P_2 \\ &= 102\ 633.127 - 786.997 \\ &= 101\ 846.13(\text{元}) \end{aligned}$$

以此类推，其他各年的计算结果如表 5-7 所示。

**表 5-7 变额分期偿还表** 单位：元

| 时间 | 每年末偿还的金额 | 支付的利息 | 偿还的本金 | 未偿还本金余额 |
|---|---|---|---|---|
| 0 | | | | 100 000 |
| 1 | 7 366.87 | 10 000.00 | −2 633.13 | 102 633.13 |
| 2 | 11 050.31 | 10 263.31 | 787.00 | 101 846.13 |
| 3 | 16 575.46 | 10 184.61 | 6 390.85 | 95 455.28 |

续表

| 时间 | 每年末偿还的金额 | 支付的利息 | 偿还的本金 | 未偿还本金余额 |
|---|---|---|---|---|
| 4 | 24 863.20 | 9 545.53 | 15 317.67 | 80 137.61 |
| 5 | 37 294.79 | 8 013.76 | 29 281.03 | 50 856.58 |
| 6 | 55 942.19 | 5 085.66 | 50 856.53 | 0.04 |

注：最后结果有 0.04 的舍入误差。

## 5.4 变额偿债基金

在等额偿债基金方法中，借款人每年末向偿债基金的储蓄额相等。所谓的变额偿债基金，是指借款人每年末向偿债基金的储蓄额是变化的。

假设贷款本金为 $L_0$，贷款的年有效利率为 $i$，借款人每年末支付的利息为 $iL_0$。借款人每年末支付的总金额由两部分构成：一部分是当年的利息，另一部分是向偿债基金的储蓄额。因此，当每年支付的利息为常数时，唯一可变的量就是向偿债基金的储蓄额。假设借款人在第 $t$ 年末支付的总金额为 $R_t$，则在第 $t$ 年末向偿债基金的储蓄额为 $R_t-iL_0$。用 $j$ 表示偿债基金的利率，则 $R_t-iL_0$ 在第 $n$ 年末的累积值为 $(R_t-iL_0)(1+j)^{n-t}$。向偿债基金的所有储蓄额在第 $n$ 年末的累积值之和应该等于贷款本金 $L_0$，故有

$$L_0=\sum_{t=1}^{n}(R_t-iL_0)(1+j)^{n-t} \tag{5.19}$$

即

$$L_0=\sum_{t=1}^{n}R_t(1+j)^{n-t}-iL_0\sum_{t=1}^{n}(1+j)^{n-t}$$

$$\Rightarrow L_0=\sum_{t=1}^{n}R_t(1+j)^{n-t}-iL_0 s_{\overline{n}|j}$$

由上式可以求得贷款本金 $L_0$ 为

$$L_0=\frac{\sum_{t=1}^{n}R_t(1+j)^{n-t}}{1+is_{\overline{n}|j}} \tag{5.20}$$

将式（5.20）的分子和分母分别乘以$(1+j)^{-n}$并变形，可得贷款本金的另一种表达式：

$$L_0=\frac{\sum_{t=1}^{n}R_t(1+j)^{n-t}}{1+is_{\overline{n}|j}}$$

$$=\frac{\sum_{t=1}^{n}R_t(1+j)^{n-t}(1+j)^{-n}}{(1+j)^{-n}+is_{\overline{n}|j}(1+j)^{-n}}$$

$$= \frac{\sum_{t=1}^{n} R_t (1+j)^{-t}}{(1 - ja_{\overline{n}|j}) + ia_{\overline{n}|j}} \quad (注：1 - ja_{\overline{n}|j} = (1+j)^{-n})$$

$$= \frac{\sum_{t=1}^{n} R_t (1+j)^{-t}}{1 + (i-j)a_{\overline{n}|j}} \tag{5.21}$$

在上式中，分子是借款人所有的偿还金额按偿债基金利率计算的现值。如果偿债基金的利率与贷款利率相等，即 $j=i$，则有

$$L_0 = \sum_{t=1}^{n} v^t R_t$$

这正好就是式（5.17）所示的结果：借款人所有偿还金额的现值之和等于贷款本金。

**【例 5-17】** 假设借款人从银行获得一笔贷款，期限为 5 年，年有效利率为 8%，用偿债基金方法偿还。借款人计划每年末偿还的总金额（包括当期的利息和向偿债基金的储蓄额）依次为 20 000 元、18 000 元、16 000 元、14 000 元、12 000 元。偿债基金的年利率为 7%。计算贷款本金为多少。

**【解】** 借款人在每年末的偿还金额形成了一个变额年金序列，可以分解为等额年金和递减年金之和，如表 5-8 所示。

**表 5-8　偿还金额的分解**　　单位：元

| 时间 | | 1 | 2 | 3 | 4 | 5 |
|---|---|---|---|---|---|---|
| 偿还金额 | | 20 000 | 18 000 | 16 000 | 14 000 | 12 000 |
| 分解后的偿还金额 | 等额年金 | 10 000 | 10 000 | 10 000 | 10 000 | 10 000 |
| | 递减年金 | 10 000 | 8 000 | 6 000 | 4 000 | 2 000 |

贷款的年有效利率为 $i=8\%$，偿债基金的年有效利率为 $j=7\%$。应用式（5.21），贷款本金为

$$L_0 = \frac{\sum_{t=1}^{n} R_t (1+j)^{-t}}{1 + (i-j)a_{\overline{n}|j}}$$

$$= \frac{10\,000 \times a_{\overline{5}|0.07} + 2\,000 \times (Da)_{\overline{5}|0.07}}{1 + (0.08 - 0.07) \times a_{\overline{5}|0.07}}$$

$$= \frac{10\,000 \times a_{\overline{5}|0.07} + 2\,000 \times (5 - a_{\overline{5}|0.07})/0.07}{1 + (0.08 - 0.07) \times a_{\overline{5}|0.07}}$$

$$= 64\,083.04(元)$$

其中

$$a_{\overline{5}|0.07} = \frac{1-(1+0.07)^{-5}}{0.07} = 4.100\,2$$

本例的偿债基金表如表 5-9 所示。

表 5-9　变额偿债基金表　　单位：元

| 时间 | 每年末偿还的总金额 | 支付的利息 | 向偿债基金的储蓄额 | 偿债基金的累积值 | 未偿还本金余额 |
|---|---|---|---|---|---|
| 0 | | | | | 64 083.04 |
| 1 | 20 000 | 5 126.64 | 14 873.36 | 14 873.36 | 49 209.68 |
| 2 | 18 000 | 5 126.64 | 12 873.36 | 28 787.85 | 35 295.19 |
| 3 | 16 000 | 5 126.64 | 10 873.36 | 41 676.35 | 22 406.69 |
| 4 | 14 000 | 5 126.64 | 8 873.36 | 53 467.06 | 10 615.98 |
| 5 | 12 000 | 5 126.64 | 6 873.36 | 64 083.11 | −0.07 |

注：最后结果有−0.07 的舍入误差。

**【例 5-18】**假设一笔贷款的期限为 5 年，用偿债基金方法偿还，贷款的年有效利率为 10%，偿债基金的年有效利率为 8%。借款人计划每年末偿还的总金额（包括支付当年利息和向偿债基金的储蓄额）分别为 100 万元、200 万元、300 万元、400 万元、500 万元。计算贷款本金为多少。

**【解】**假设贷款本金为 $L_0$，则借款人每年末支付的利息为 $0.1L_0$，每年末向偿债基金的储蓄额分别为

$$100-0.1L_0,\ 200-0.1L_0,\ 300-0.1L_0,\ 400-0.1L_0,\ 500-0.1L_0$$

在贷款到期时，偿债基金的累积值应该等于贷款本金 $L_0$。借款人在偿债基金的储蓄额是一个变额年金序列，可以分解成递增年金与等额年金之差，如表 5-10 所示。

表 5-10　偿债基金的储蓄额分解为递增年金与等额年金　　单位：万元

| 时间 | 1 | 2 | 3 | 4 | 5 |
|---|---|---|---|---|---|
| 递增年金 | 100 | 200 | 300 | 400 | 500 |
| 等额年金 | $0.1L_0$ | $0.1L_0$ | $0.1L_0$ | $0.1L_0$ | $0.1L_0$ |

上述两个年金在第 5 年末的累积值之差应该等于贷款本金，即

$$100\,(Is)_{\overline{5}|0.08}-0.1L_0\,s_{\overline{5}|0.08}=L_0 \tag{5.22}$$

从上式可以求得贷款本金为

$$L_0=\frac{100\,(Is)_{\overline{5}|0.08}}{1+0.1s_{\overline{5}|0.08}}=1\ 052.45(\text{万元})$$

其中

$$s_{\overline{5}|0.08}=\frac{1.08^5-1}{0.08}=5.866\ 6$$

$$\ddot{s}_{\overline{5}|0.08}=\frac{1.08^5-1}{0.08/1.08}=6.335\ 9$$

$$(Is)_{\overline{5}|0.08}=\frac{\ddot{s}_{\overline{5}|0.08}-5}{0.08}=16.698\ 8$$

若按此本金计算，借款人第 1 年末的应付利息为 105.25 万元，而借款人计划偿还的总金额仅为 100 万元，这就意味着借款人在第 1 年末从偿债基金中借出 5.25 万元。偿债基金的年有效利率为 8%，低于贷款的年有效利率 10%。换言之，在前述计算过程中，借款人按 8%的年有效利率获得了 5.25 万元贷款，低于贷款的年有效利率 10%，这不符合偿债基金方法的基本要求，所以前面求得的贷款本金是不合理的。

借款人向偿债基金的储蓄额不能为负值，当出现负值时，可以将其调整为零，即认为借款人向偿债基金的储蓄额为零。在本例中，借款人第 1 年末向偿债基金的储蓄额为零，意味着应用偿债基金方法的时间起点为第 1 年末。借款人从第 2 年末开始向偿债基金储蓄，这些储蓄额在贷款到期时（第 5 年末）的累积值应该正好等于第 1 年末的未偿还本金余额 $L_1$。

第 1 年末的本金余额为 $L_1$，贷款的年有效利率为 $i$，所以在第 2～5 年，借款人每年末应该支付的利息为 $0.1L_1$。从借款人每年末偿还的总金额中减去利息 $0.1L_1$，即得借款人在第 2～5 年的每年末向偿债基金的储蓄额分别为

$$200-0.1L_1,\ 300-0.1L_1,\ 400-0.1L_1,\ 500-0.1L_1$$

这些储蓄额可以分解为递增年金与等额年金之和，如表 5-11 所示。

**表 5-11　偿债基金的储蓄额分解为递增年金与等额年金**　　单位：万元

| 时间 | 1 | 2 | 3 | 4 | 5 |
|---|---|---|---|---|---|
| 递增年金 | 0 | 100 | 200 | 300 | 400 |
| 等额年金 | 0 | $100-0.1L_0$ | $100-0.1L_0$ | $100-0.1L_0$ | $100-0.1L_0$ |

上述两个年金在第 5 年末的累积值之和应该等于第 1 年末的未偿还本金余额 $L_1$，即有

$$100\,(Is)_{\overline{4}|0.08}+(100-0.1L_1)s_{\overline{4}|0.08}=L_1 \tag{5.23}$$

上式左边的第一项表示递增年金的累积值，第二项表示等额年金的累积值，这两项年金之和就是借款人在第 2 年末至第 5 年末向偿债基金的储蓄额。

由式（5.23）可以求得第 1 年末的未偿还本金余额为

$$L_1=\frac{100\times(Is)_{\overline{4}|0.08}+100\times s_{\overline{4}|0.08}}{1+0.1\times s_{\overline{4}|0.08}}=1\ 057.39(\text{万元})$$

其中

$$s_{\overline{4}|0.08}=\frac{1.08^4-1}{0.08}=4.506\ 1$$

$$\ddot{s}_{\overline{4}|0.08}=\frac{1.08^4-1}{0.08/1.08}=4.866\ 6$$

$$(Is)_{\overline{4}|0.08}=\frac{\ddot{s}_{\overline{4}|0.08}-4}{0.08}=10.832\ 5$$

有了第 1 年末的未偿还本金余额，就可以反推出时间零点的贷款本金。假设时间零

点的贷款本金为 $L_0$，则第1年末的未偿还本金余额可以表示为

$$L_1 = L_0(1+i) - 100 = L_0(1+0.1) - 100 \tag{5.24}$$

上式中，$L_0(1+i)$ 表示时间零点的贷款本金 $L_0$ 累积到第1年末的价值，从中减去借款人在第1年末偿还的100万元，即得第1年末的未偿还本金余额。

把 $L_1 = 1\ 057.39$ 代入式（5.24），即得贷款本金为

$$L_0 = \frac{L_1 + 100}{1.1} = \frac{1\ 057.39 + 100}{1.1} = 1\ 052.17\text{（万元）}$$

本例的偿债基金表如表5-12所示。借款人在第1年末偿还的总金额为100万元，全部用于支付当年利息，向偿债基金的储蓄额为零，偿债基金的累积值也为零。第1年末的未偿还本金余额由式（5.23）求得，为1 057.39万元。从第2年开始，用第1年末的未偿还本金余额乘以贷款利率可以求得各年的利息金额为105.74万元，从每年偿还的总金额中减去当年的利息，即得向偿债基金的储蓄额。偿债基金的储蓄额按照8%的年有效利率进行累积，贷款到期时正好等于第1年末的未偿还本金余额。

**表5-12　变额偿债基金表**　　单位：万元

| 时间 | 每年末偿还的总金额 | 支付的当年利息 | 向偿债基金的储蓄额 | 偿债基金的累积值 | 未偿还本金余额 |
|---|---|---|---|---|---|
| 0 | | | | | 1 052.17 |
| 1 | 100 | 100 | 0 | 0 | 1 057.39 |
| 2 | 200 | 105.74 | 94.261 | 94.26 | 963.13 |
| 3 | 300 | 105.74 | 194.261 | 296.06 | 761.33 |
| 4 | 400 | 105.74 | 294.261 | 614.01 | 443.38 |
| 5 | 500 | 105.74 | 394.261 | 1 057.39 | 0 |

**【例5-19】**一笔贷款的年有效利率为10%，期限为6年。借款人用偿债基金方法偿还，偿债基金的年有效利率为8%。借款人计划第1年末偿还的总金额（包括支付的当期利息和向偿债基金的储蓄额）为1万元，以后各年以50%的速度递增。计算贷款本金是多少。

**【解】**假设贷款本金为 $L_0$，借款人每年末向偿债基金的储蓄额分别为

$$1-0.1L_0,\ 1.5-0.1L_0,\ 1.5^2-0.1L_0,\ 1.5^3-0.1L_0,\ 1.5^4-0.1L_0,\ 1.5^5-0.1L_0$$

上述储蓄额形成的现金流可以分解为复递增年金和等额年金之差，如表5-13所示。

**表5-13　偿债基金的储蓄额分解为复递增年金与等额年金**　　单位：万元

| 时间 | 1 | 2 | 3 | 4 | 5 | 6 |
|---|---|---|---|---|---|---|
| 复递增年金 | 1 | 1.5 | $1.5^2$ | $1.5^3$ | $1.5^4$ | $1.5^5$ |
| 等额年金 | $0.1L_0$ | $0.1L_0$ | $0.1L_0$ | $0.1L_0$ | $0.1L_0$ | $0.1L_0$ |

复递增年金在第 6 年末的累积值为（参见式（3.20））

$$\frac{a_{\overline{6}|j}}{1+0.5}(1+0.08)^6=23.3423(\text{万元})$$

其中

$$j=\frac{0.08-0.5}{1+0.5}=-0.28$$

$$a_{\overline{6}|j}=\frac{1-(1+j)^{-6}}{j}=22.0644$$

等额年金在第 6 年末的累积值为

$$0.1L_0\times s_{\overline{6}|0.08}=0.1L_0\times\frac{1.08^6-1}{0.08}=0.7336L_0$$

复递增年金与等额年金的累积值之差应该等于贷款本金，即有

$$23.3423-0.7336L_0=L_0 \tag{5.25}$$

由此可以求得贷款本金为

$$L_0=23.3423/1.7336=13.4646(\text{万元})$$

上述贷款本金若按 10%的贷款利率计算，借款人在第 1 年末的应付利息为 1.346 5 万元，大于借款人第 1 年末偿还的总金额 1 万元，这就意味着借款人第 1 年末向偿债基金的储蓄额为－0.346 5 万元。借款人向偿债基金的储蓄额为负值意味着借款人按照偿债基金的年有效利率获得了一笔贷款，而偿债基金的年有效利率低于贷款的年有效利率，这不符合偿债基金方法的基本要求。换言之，前述求得的贷款本金是不合理的。为此，将借款人在第 1 年末向偿债基金的储蓄额调整为零。这就意味着应用偿债基金方法的时间起点为第 1 年末。借款人从第 2 年末开始向偿债基金储蓄，这些储蓄额在贷款到期时（第 6 年末）的累积值应该正好等于第 1 年末的本金余额 $L_1$。

第 1 年末的本金余额为 $L_1$，贷款的年有效利率为 10%，故借款人在第 2～6 年的每年末需要支付的利息为 $0.1L_1$。从借款人每年末偿还的总金额中减去利息 $0.1L_1$，即得借款人第 2～6 年末向偿债基金的储蓄额如下：

$$1.5-0.1L_1,\ 1.5^2-0.1L_1,\ 1.5^3-0.1L_1,\ 1.5^4-0.1L_1,\ 1.5^5-0.1L_1$$

这些储蓄额形成的现金流可以分解为 5 年期的复递增年金和等额年金之差，如表 5-14 所示。

**表 5-14 偿债基金的储蓄额分解为复递增年金与等额年金** 单位：万元

| 时间 | 1 | 2 | 3 | 4 | 5 | 6 |
|---|---|---|---|---|---|---|
| 复递增年金 | | 1.5 | $1.5^2$ | $1.5^3$ | $1.5^4$ | $1.5^5$ |
| 等额年金 | | $0.1L_1$ | $0.1L_1$ | $0.1L_1$ | $0.1L_1$ | $0.1L_1$ |

复递增年金在第 6 年末的累积值为（参见式（3.20））

$$1.5\times(Ca)_{\overline{5}|}\times(1+i)^5=1.5\times\frac{a_{\overline{5}|j}}{1+0.5}\times(1+0.08)^5=21.8730(\text{万元})$$

其中

$$j=\frac{0.08-0.5}{1+0.5}=-0.28$$

$$a_{\overline{5}|j}=\frac{1-(1+j)^{-5}}{j}=14.8864$$

等额年金在第 6 年末的累积值为

$$0.1L_1\times s_{\overline{5}|0.08}=0.1L_1\times\frac{1.08^5-1}{0.08}=0.5867L_1$$

上述两个年金在贷款到期时（第 6 年末）的累积值之差应该等于第 1 年末的未偿还本金余额，即有

$$21.8730-0.5867L_1=L_1$$

由此可得第 1 年末的未偿还本金余额为

$$L_1=21.8730/1.5867=13.7852(\text{万元})$$

有了第 1 年末的未偿还本金余额，就可以反推出时间零点的贷款本金。假设时间零点的贷款本金为 $L_0$，则第 1 年末的未偿还本金余额可以表示为

$$L_1=L_0(1+i)-100=L_0(1+0.1)-100 \tag{5.26}$$

上式中，$L_0(1+i)$ 表示时间零点的贷款本金 $L_0$ 累积到第 1 年末的价值，从中减去借款人在第 1 年末偿还的 1 万元，即得第 1 年末的未偿还本金余额。

把 $L_1=13.7852$ 代入式（5.26），即得贷款本金为

$$L_0=\frac{L_1+1}{1.1}=\frac{13.7852+1}{1.1}=13.4411(\text{万元})$$

本例的变额偿债基金表如表 5-15 所示。在第 1 年末，借款人偿还的总金额为 1 万元，全部用于支付当年的利息，向偿债基金的储蓄额为零，偿债基金的累积值也为零，未偿还本金余额为 13.785 2 万元。从第 2 年开始，每年末偿还的总金额按 50%的速度增长，结果如表 5-15 的第二列所示，每年末支付的利息等于第 1 年末的未偿还本金余额 $L_1$ 与贷款利率的乘积，为 1.378 5 万元。从借款人每年偿还的总金额中减去当年的利息，即得向偿债基金的储蓄额。偿债基金的储蓄额按 8%的偿债基金利率累积，在贷款到期时正好等于第 1 年末的未偿还本金余额。

**表 5-15　变额偿债基金表**　　单位：万元

| 时间 | 每年末偿还的总金额 | 支付的利息 | 向偿债基金的储蓄额 | 偿债基金的累积值 | 未偿还本金余额 |
|---|---|---|---|---|---|
| 0 | | | | | 13.441 1 |
| 1 | 1 | 1 | 0 | 0 | 13.785 2 |

续表

| 时间 | 每年末偿还的总金额 | 支付的利息 | 向偿债基金的储蓄额 | 偿债基金的累积值 | 未偿还本金余额 |
|---|---|---|---|---|---|
| 2 | 1.5 | 1.378 5 | 0.121 5 | 0.121 5 | 13.663 7 |
| 3 | 2.25 | 1.378 5 | 0.871 5 | 1.002 7 | 12.782 5 |
| 4 | 3.375 | 1.378 5 | 1.996 5 | 3.079 4 | 10.705 8 |
| 5 | 5.062 5 | 1.378 5 | 3.684 0 | 7.009 8 | 6.775 4 |
| 6 | 7.5 937 5 | 1.378 5 | 6.2 152 5 | 13.785 8 | −0.000 6 |

注：最终结果有−0.000 6 的舍入误差。

从前面两例可见，在变额偿债基金方法中，第 1 年末向偿债基金的储蓄额有可能出现负值。在这种情况下，应该将其调整为零，并从第 2 年末开始向偿债基金储蓄，这些储蓄的累积值应该等于第 1 年末的未偿还本金余额。这意味着将应用偿债基金方法的时间起点推迟 1 年，即推迟到第 1 年末。

## 小　结

贷款偿还的两种常用方法是分期偿还法和偿债基金法。

在等额分期偿还方法中，借款人每年末偿还的总金额为

$$R=\frac{L_0}{a_{\overline{n|}}}$$

第 $k$ 年末支付的利息为

$$I_k=iRa_{\overline{n-k+1|}}=R(1-v^{n-k+1})$$

偿还的本金为

$$P_k=Rv^{n-k+1}$$

未偿还本金余额为

$$L_k=L_0(1+i)^k-Rs_{\overline{k|}}(\text{过去法})=Ra_{\overline{n-k|}}(\text{将来法})$$

未偿还本金余额也可以通过下述递推公式计算：

$$L_{k+1}=L_k(1+i)-R,\ k=0,1,2,\cdots,n$$

在等额分期偿还方法中，贷款期限越长，借款人支付的利息总额与贷款本金之比越高。

在等额偿债基金方法中，借款人每年末支付的利息金额为

$$I=iL_0$$

向偿债基金的储蓄额为

$$D=\frac{L_0}{s_{\overline{n}|j}}$$

第 $k$ 年末的未偿还本金余额为

$$L_0-Ds_{\overline{k}|j}$$

当偿债基金的利率与贷款利率相等时，偿债基金方法与分期偿还方法对借款人而言是等价的。

在偿债基金方法中，借款人向偿债基金的储蓄额不能为负值。在变额偿债基金方法中，第 1 年末的储蓄额有可能出现负值，在这种情况下，应该将其调整为零，并从第 2 年末开始计算偿债基金的累积值，该累积值应该等于第 1 年末的未偿还本金余额。

变额偿债基金方法下的贷款本金可以表示为

$$L_0=\frac{\sum_{t=1}^{n}R_t(1+j)^{n-t}}{1+is_{\overline{n}|j}}=\frac{\sum_{t=1}^{n}R_t(1+j)^{-t}}{1+(i-j)a_{\overline{n}|j}}$$

在上述计算贷款本金的第二个公式中，分子是未来的偿还金额按照偿债基金利率 $j$ 计算的现值，分母中的 $n$ 表示未来需要向偿债基金储蓄的次数。

如果第 1 年出现了负偿还，可以首先计算第 1 年末的本金余额 $L_1$，即

$$L_1=\frac{\text{未来}(n-1)\text{ 次偿还额在第 1 年末的价值}}{1+(i-j)a_{\overline{n-1}|j}}$$

然后倒推计算 $L_0=(L_1+R)/(1+i)$。

## 习 题

5.1 一笔贷款在 $n$ 年内等额分期偿还（$n>5$），每年末偿还一次，偿还金额为 $X$ 元。已知：(1) 第一次还款额中的利息金额为 604 元；(2) 第三次还款额中的利息金额为 593.75 元；(3) 第五次还款额中的利息金额为 582.45 元。计算 $X$。

5.2 一笔 35 年期的贷款用等额分期方法偿还，每年末偿还一次。第 8 次还款额中的利息金额为 135 元。第 22 次还款额中的利息金额为 108 元。计算第 29 次还款额中的利息金额。

5.3 有一笔本金为 100 万元的 30 年期贷款，年有效利率为 5%，以等额分期方法偿还，每年末偿还一次。计算哪年支付的利息金额最接近于当年总偿还额的 1/3。

5.4 有一笔 10 年期的贷款，在每年末偿还 $R$ 元。已知：(1) 在最初 3 年，偿还的本金总和为 290.35 元，(2) 在最后 3 年，偿还的本金总和为 408.55 元。计算在整个偿还期内支付的总利息金额。

5.5 借款人需要偿还一笔本金为 1 000 万元的贷款。第 6 年末开始第一次偿还，以后每年末等额偿还一次，第 15 年末可以还清这笔贷款（即一共偿还 10 次）。已知第10 年末的偿还结束后，未偿还本金余额为 908.91 万元。计算借款人第 5 年末的未偿还本金

余额。

5.6 有一笔 20 000 元的贷款，期限为 4 年，年有效利率为 8%。借款人每年末支付 1 600元利息，并建立一笔偿债基金用于清偿贷款本金，偿债基金的利率与贷款利率相同。计算：(1) 借款人第 2 年末向偿债基金的储蓄额；(2) 偿债基金在第 2 年末的余额；(3) 第 2 年末的未偿还本金余额。

5.7 有两笔贷款的本金均为 20 000 元，期限均为 4 年，但偿还方式不同。第一笔贷款采用偿债基金方法偿还，贷款的年有效利率为 8%，偿债基金的年有效利率为 7%。第二笔贷款采用等额分期方法偿还。计算当第二笔贷款的年有效利率为多少时，两笔贷款对借款人而言是等价的。

5.8 一笔 10 年期的贷款在每年末偿还一次，贷款的年有效利率为 5%。借款人第一次偿还的总金额为 200 万元，以后的每笔偿还均比前一年多 10 万元。计算第 5 次偿还中的利息金额。

5.9 有一笔本金为 125 000 元的贷款，期限为 30 年，贷款的年有效利率为 5%。每月末偿还一次，同一年的月偿还金额相等。每年的月偿还金额较前一年增加 2%。计算第1 年的月偿还额。

5.10 银行有一笔本金为 10 000 万元的贷款，期限为 20 年，每年末偿还 1 000 万元。银行把每次收到的偿还额立即按 5%的年有效利率进行投资。计算银行在这 20 年期间的年收益率。

5.11 有一笔本金为 55 000 元的贷款，每月末偿还 500.38 元，共需偿还 $n$ 年。每月复利一次的年名义利率为 $i$。借款人因故没有支付第一次偿还额，故在第 $n$ 年末的未偿还本金余额为 3 077.94 元。计算年名义利率 $i$。

5.12 借款人自 2010 年 1 月 1 日起以年有效利率 5%偿还一笔本金为 20 000 万元的 30 年期贷款，每年末偿还一次。该借款人自 2020 年 1 月 1 日起又以年有效利率 7%偿还另一笔本金为 10 000 万元的 20 年期贷款，也在每年末偿还一次。计算在 2020 年末偿还的总金额中，借款人偿还的本金是多少。

5.13 一笔本金为 10 000 元的贷款以每月复利一次的年名义利率 12%计息，在6 个月内的每月末分期偿还。前三次每次偿还 $X$，后三次每次偿还 $3X$。计算第 3 次偿还的本金与第 5 次支付的利息。

5.14 一笔本金为 100 万元的 30 年期贷款按月等额分期偿还，每月末偿还一次，每月复利一次的年名义利率为 $X$%。在第 69 次的还款额中，利息占 94.473%。求 $X$。

5.15 有一笔本金为 1 000 万元的 30 年期贷款，每年末偿还一次，年有效利率为 8%。前 10 次的偿还金额均等于应付利息，第 11 次至第 20 次的偿还金额等于应付利息的两倍，后 10 次的偿还金额等于 $X$。求 $X$。

5.16 有一笔 15 年期的贷款，年还款额为 1 000 元，年有效利率为 5%。在第 5 次还款之后调整了偿还方式。调整后，第 6 次的还款额为 800 元，第 7 次的还款额为 $(800+X)$ 元，以后每次的还款额均比前一次增加 $X$ 元，偿还期限不变。求调整后的最后一次还款额。

5.17 有一笔本金为 8 000 万元的 10 年期贷款，原计划按年等额分期偿还，每年末偿还一次，贷款的年有效利率为7%。偿还4次以后，借款人要求在未来的4年末等额分期偿还剩余款项，每次偿还$X$。新的偿还方式使得贷款人在整个8年期间获得了8%的年收益率。计算调整偿还方式以后，借款人每年末的还款额。

5.18　一笔本金为100 000元的30年期贷款按下述方式偿还：(1) 第1年末偿还$X$元；(2) 随后的19年，每年末的偿还金额均比上一年增加100元；(3) 在最后10年，每年的偿还额保持在前一年的水平不变。假设年利率为5%，求$X$。

5.19　借款人从银行获得一笔贷款，期限为4年，年有效利率为8%。借款人用偿债基金方法偿还，每年末偿还的总金额（包括当期的利息和向偿债基金的储蓄额）依次为2 000元、3 000元、4 000元、5 000元，偿债基金的年有效利率为7%。计算贷款本金。

# 第6章
# 债　券

## 6.1 引　言

资产可以分为实际资产和金融资产。实际资产是指有形的实物资产，如土地、工厂和机器设备等生产性资产；金融资产是无形的虚拟资产，与实际资产所产生的收益相关，如货币、债券和股票等。一个机构的金融资产就是与它进行交易的另一个机构的金融负债。金融资产和负债通常称为金融工具。

在现实生活中，个人或企业都有可能出现资金盈余，也有可能出现资金短缺。资金短缺的一方需要通过出售债权或所有权进行融资，而资金盈余的一方则可以通过金融工具进行投资，为资金短缺的一方提供资金。金融市场（financial market）就是实现资金从盈余者向短缺者流动的市场。在金融市场上，通过金融工具，资金得以融通，金融交易得以进行。

随着金融市场的不断完善，金融工具也日益丰富，如债券、股票、期权、期货和互换等。本章主要介绍债券的基本概念及其定价原理。

债券（bond）是投资者向政府、公司或金融机构提供资金的债权债务合同，该合同载明了债券发行人在指定日期向债券持有人支付利息并在到期日偿还本金的承诺。

按照利息的支付方式不同，债券可以分为零息债券（zero-coupon bond）和附息债券（bond with coupons）两类。零息债券，又称贴现债券（discount bond），是一种以低于面值的贴现方式发行，到期时按面值偿还的债券。发行价格与面值的差额就是投资者获得的利息收入。附息债券是指事先确定息票率（coupon rate），每半年或一年按面值和息票率计算并支付一次利息的债券。附息债券的持有人不仅可以在债券到期时收回本金，还可以定期获得固定的息票收入。息票收入是债券面值与息票率的乘积。

按照债券发行主体不同，可以把债券分为国债、地方政府债券和公司债券。国债是由中央政府发行的债券，一般没有违约风险，利率相对较低。地方政府债券是由地方政府发行的债券，存在一定的违约风险。公司债券是由信用较高的大公司发行的债券，根据其违约风险又可分为担保债券、信用债券和垃圾债券。担保债券附有抵押品，违约风险较低；信用债券是以发行人的资信为基础发行的债券，存在一定的违约风险；垃圾债券（junk bond）是评级低于 BBB 等级的债券，被视为投机性债券，违约风险较高。

## 6.2 债券的定价公式

影响债券价格的因素很多，如市场利率、发行人的信用、债券的特定条款和税收待遇等。本节将忽略其他影响因素，仅分析债券的理论价格与到期收益率的关系。

债券的理论价格有不同的计算方法，最常见的是基本公式法，即债券价格等于未来息票收入的现值与到期偿还值的现值之和，其他计算方法是基本公式法的变形。

### 6.2.1 基本公式

债券在未来的现金流包括两部分，即周期性息票收入和到期偿还值。假设 $n$ 年期债券的面值为 $F$，年息票率为 $r$，年息票收入为 $rF$，到期偿还值为 $C$，到期收益率为 $i$。

债券的现金流如图 6－1 所示。

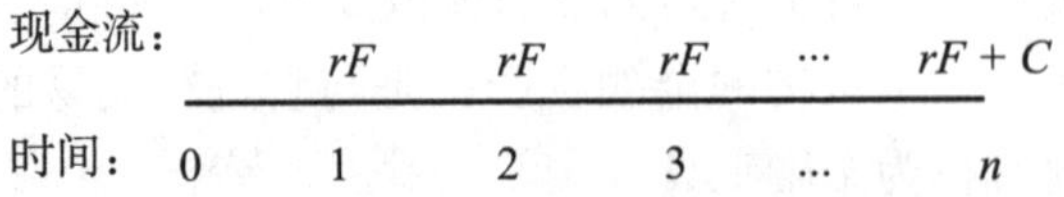


**图 6－1 债券的现金流**

债券的息票收入（利息收入）形成一个每年末支付 $rF$ 元的 $n$ 年期年金，其现值为 $rFa_{\overline{n}|}$；债券到期时还可以收回偿还值 $C$，其现值为 $Cv^n$，其中 $v=1/(1+i)$ 表示 1 年期的贴现因子。

债券价格可以表示为利息收入和到期偿还值的现值之和，即

$$P(i) = \sum_{t=1}^{n} rF \cdot v^t + C \cdot v^n = rFa_{\overline{n}|} + Cv^n \tag{6.1}$$

从式（6.1）可以看出，到期收益率 $i$ 越高，债券的价格 $P$ 越低。

需要特别注意的是，债券的到期收益率不同于一般意义上的收益率。债券的到期收益率是指投资者以价格 $P$ 购买债券，并持有至债券到期时获得的收益率。债券的到期收益率通常表示为年有效利率的形式。如果投资者在债券到期前出售了债券，他获得的收益率就不是债券的到期收益率。投资者出售债券的时间和价格不同，获得的收益率也会不同。

对于给定的 $n$ 年期债券，债券在未来的现金流是确定的，所以债券价格 $P$ 仅与到期

收益率 $i$ 有关。在某些情况下，用利息力表示债券的到期收益率可以简化计算。应用 $\delta=\ln(1+i)$，债券价格可以用利息力 $\delta$ 表示为

$$P(i)=\sum_{t=1}^{n} rF\cdot v^t+C\cdot v^n$$
$$\Rightarrow P(\delta)=rF\sum_{t=1}^{n}\mathrm{e}^{-t\delta}+C\cdot \mathrm{e}^{-n\delta} \tag{6.2}$$

上式关于利息力 $\delta$ 的一阶和二阶导数分别为

$$P'(\delta)=-trF\sum_{t=1}^{n}\mathrm{e}^{-t\delta}-nC\cdot \mathrm{e}^{-n\delta}<0$$
$$P''(\delta)=t^2rF\sum_{t=1}^{n}\mathrm{e}^{-t\delta}+n^2C\cdot \mathrm{e}^{-n\delta}>0$$

一阶导数小于零，说明债券价格是到期收益率的减函数，到期收益率越高，债券价格越低。

二阶导数大于零，说明债券价格是到期收益率的凸函数（下凸），如图 6－2 所示。到期收益率下降时，债券价格上升较多；到期收益率上升时，债券价格下降较少。换言之，虽然到期收益率发生了相同幅度的变化，但价格上升的幅度大于价格下降的幅度。

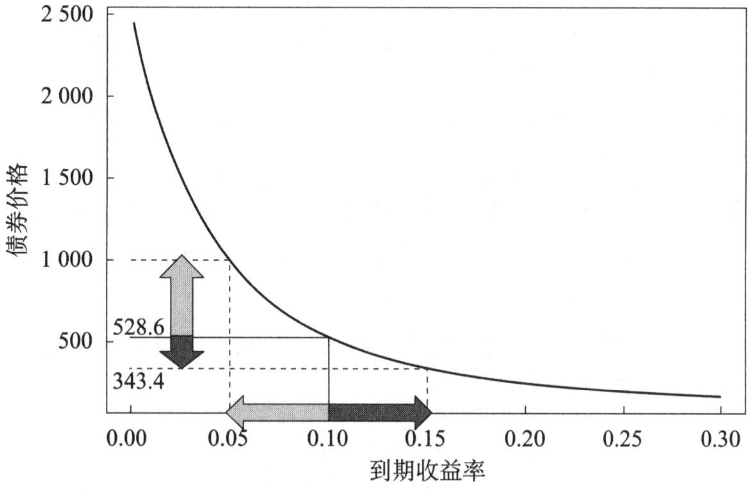


**图 6－2　债券价格与到期收益率的关系**

**【例 6－1】** 假设债券的期限为 30 年，面值和到期偿还值相等，均为 1 000 元，年息票率为 $r=5\%$。假设债券的到期收益率为 $i=5\%$，计算债券价格。

**【解】** 应用债券定价的基本公式，有

$$P(i)=50a_{\overline{30}|i}+1\,000v^{30}=50\times\frac{1-(1+i)^{-30}}{i}+1\,000\times(1+i)^{-30}=1\,000(\text{元})$$

本例中，债券的息票率等于债券的到期收益率，均为 5%，故债券的价格等于债券的面值，均为 1 000 元。

在其他到期收益率水平下，债券价格如图 6－2 所示。如果到期收益率从 10%下降到

5%，债券价格从 528.6 元上升到 1 000 元，上升 471.4 元；如果到期收益率从 10%上升到 15%，债券价格从 528.6 元下降到 343.4 元，下降 185.2 元。可见，到期收益率变动的幅度均为 5%，但债券价格上升的幅度远远大于下降的幅度。

**【例 6-2】** 债券的面值等于偿还值，且按面值发售，即 $P=C=F$。证明：债券的到期收益率等于息票率，即 $i=r$。

**【解】** 由债券定价的基本公式（6.1）可知

$$F=rFa_{\overline{n}|}+Fv^n$$

上式变形，即得

$$r=\frac{1-v^n}{a_{\overline{n}|}}=\frac{1-v^n}{(1-v^n)/i}=i$$

**【例 6-3】** 30 年期的债券，面值和到期偿还值均为 1 000 元。年息票率为 12%，每季度支付一次利息。债券价格为 850 元。计算该债券每季度复利一次的年名义收益率。

**【解】** 该债券每个季度的息票率为 3%，每个季度末支付 30 元利息。债券的期限为 30 年，一共支付 120 次利息。假设每个季度的收益率为 $j$，应用债券定价的基本公式，有

$$850=30a_{\overline{120}|j}+1\ 000\,(1+j)^{-120}=30\times\frac{1-(1+j)^{-120}}{j}+1\ 000\times(1+j)^{-120}$$

求解上述方程，即得季度收益率为 $j=3.54\%$，将其转换为每季度复利一次的年名义收益率，即为 $4j=14.16\%$。

**【例 6-4】** 2021 年 1 月 1 日发行一种面值和到期偿还值均为 100 元的附息债券，2023 年 12 月 31 日到期，每年末支付一次利息，年息票率为 5%。假设该债券的发行价格为 95 元，计算债券的到期收益率。

**【解】** 该债券的期限为 3 年，每年的息票收入为 5 元。应用基本公式（6.1），债券的到期收益率 $i$ 是下列方程的解：

$$95=5\times a_{\overline{3}|}+100\times(1+i)^{-3}$$

$$\Rightarrow 95=5\times\frac{1-(1+i)^{-3}}{i}+100\times(1+i)^{-3}$$

求解上述方程，得债券的到期收益率为 $i=6.9\%$。

**Excel 应用**

### YIELD 函数

计算附息债券的到期收益率可以应用 YIELD 函数。譬如，对于【例 6-4】中的债券，在一个空白单元格中输入“=YIELD(DATE(2021,1,1)，DATE(2023,12,31)，0.05,95,100,1,3)”并回车，即可求得该债券的到期收益率为 6.9%。

### 6.2.2 溢价公式

在溢价公式中，需要引入修正息票率的概念。息票率是息票收入与面值之比，而修正息票率是息票收入与到期偿还值之比，即

$$g=\frac{rF}{C} \tag{6.3}$$

上式表明，息票收入（$rF$）也可以由修正息票率和到期偿还值的乘积表示，即 $rF=gC$。

对式（6.1）变形，可以得到债券定价的溢价公式为

$$\begin{aligned}
&P=rFa_{\overline{n}|}+Cv^n \\
\Rightarrow &P=rFa_{\overline{n}|}+C(1-ia_{\overline{n}|}) \qquad (\text{注：} v^n=1-ia_{\overline{n}|}) \\
\Rightarrow &P=C+(rF-iC)a_{\overline{n}|} \\
\Rightarrow &P=C+(gC-iC)a_{\overline{n}|} \\
\Rightarrow &P=C+C(g-i)a_{\overline{n}|}
\end{aligned} \tag{6.4}$$

债券价格 $P$ 超过到期偿还值 $C$ 的部分称作债券的溢价。由式（6.4）可见，债券的溢价可以表示为

$$\text{溢价}=P-C=C(g-i)a_{\overline{n}|} \tag{6.5}$$

如果债券的价格 $P$ 小于到期偿还值 $C$，意味着债券按折价出售。折价可以理解为负的溢价。

**【例 6-5】** 从现金流的角度解释溢价公式：$P-C=C(g-i)a_{\overline{n}|}$。

**【解】** 考虑两笔 $n$ 年期的投资：一笔的本金为 $P$，用于购买债券，到期收益率为 $i$；另一笔的本金为 $C$，年收益率为 $i$。

第一笔投资每年末可以获得利息收入 $gC$，到期收到偿还值 $C$。

第二笔投资每年末可以获得利息收入 $iC$，到期收到偿还值 $C$。

两笔投资的本金不同，差异为 $P-C$，这会导致它们的利息收入也存在差异。每年的利息收入之差 $gC-iC=C(g-i)$ 形成一个 $n$ 年期的等额年金，现值为 $C(g-i)a_{\overline{n}|}$。期初的本金之差应该等于利息收入之差的现值，故有

$$P-C=C(g-i)a_{\overline{n}|}$$

在金融实践中，债券的偿还值通常等于债券的面值，即 $C=F$，在这种情况下，债券的修正息票率等于息票率，即 $g=r$。相应地，债券的溢价公式可以表示为

$$\begin{aligned}
P&=C+C(g-i)a_{\overline{n}|} \\
&=F+F(r-i)a_{\overline{n}|}
\end{aligned} \tag{6.6}$$

此时，债券的溢价为

$$P-F=F(r-i)a_{\overline{n}|} \tag{6.7}$$

从上式可以看出，如果债券的息票率等于到期收益率，即 $r=i$，债券按平价发行；如果 $r>i$，债券按溢价发行；如果 $r<i$，债券按折价发行。譬如，在【例 6-1】中，债券的息票率和到期收益率均为 5%，所以其价格等于面值，均为 1 000 元。

**【例 6-6】** 有一只 5 年期债券，面值和偿还值均为 100 元。每半年支付一次利息，年息票率为 5%。如果债券到期时的年收益率为 7%，分别应用基本公式和溢价公式计算该债券的价格。

**【解】** 债券的面值为 $F=100$。每半年支付一次利息，半年期的息票率为 $r=2.5\%$，故每半年支付 2.5 元利息。债券的期限为 5 年，一共支付 10 次利息。

债券到期时的年收益率为 7%，将其转化为半年期的收益率 $i$：

$$1+7\%=(1+i)^2 \Rightarrow i=3.441\%$$

应用基本公式，债券的价格为

$$P=rFa_{\overline{n}|}+Fv^n=2.5a_{\overline{10}|}+100v^{10}=92.15(\text{元})$$

其中

$$a_{\overline{10}|}=\frac{1-(1+0.034\,41)^{-10}}{0.034\,41}=8.341\,4$$

$$v^{10}=(1+0.034\,41)^{-10}=0.713\,0$$

应用溢价公式，得债券的价格为

$$P=F+F(r-i)a_{\overline{n}|}=100+100\times(2.5\%-3.441\%)a_{\overline{10}|}=92.15(\text{元})$$

### 6.2.3 基价公式

债券的基价是投资者为了获得与息票收入 $rF$ 相等的周期性收益所需的投资额，记为 $G$。换言之，债券的基价 $G$ 如果按年收益率 $i$ 投资，每年产生的利息收入将等于债券的息票收入，即 $iG=rF$，故债券定价的基本公式（6.1）可以变形为

$$\begin{aligned} P&=rFa_{\overline{n}|}+Cv^n \\ &=iGa_{\overline{n}|}+Cv^n \qquad (\text{注：} ia_{\overline{n}|}=1-v^n) \\ &=G(1-v^n)+Cv^n \\ &=G+(C-G)v^n \end{aligned} \tag{6.8}$$

上式表明，投资者若将基价 $G$ 按年收益率 $i$ 投资 $n$ 年，每年末可以获得与息票收入 $rF$ 相等的周期性收益 $iG$，到期时还可以收到 $G$ 元偿还值（本金）。投资者若将 $P$ 元用于购买 $n$ 年期债券，每年末可以获得周期性的息票收入 $rF$，到期时还可以收到 $C$ 元偿还值。由此可见，投资者购买债券可以在到期时多收到（$C-G$）元偿还值。这部分偿还值的现值为（$C-G$）$v^n$，所以，投资者购买债券的价格 $P$ 应该高于基价 $G$，即多支付

$(C-G)v^n$ 元。

应用债券的基价可以求得债券的到期收益率为

$$\text{到期收益率}=\frac{\text{息票收入}}{\text{债券的基价}} \tag{6.9}$$

**【例 6-7】** 债券的面值为 1 000 元，期限为 5 年，年息票率为 8%，每年末支付一次利息，到期时按面值偿还。如果债券的到期收益率为 9%，应用基价公式计算债券的价格。

**【解】** 债券的基价 $G$ 是为了获得与息票收入相等的周期性收益所需的投资额，即有 $iG=rF$。债券每年的息票收入为 80 元，所以基价为

$$G=80\div0.09=888.89(\text{元})$$

应用基价公式（6.9），可以求得债券的价格为

$$\begin{aligned}P&=G+(C-G)v^n\\&=888.89+(1\ 000-888.89)\times1.09^{-5}\\&=961.10(\text{元})\end{aligned}$$

### 6.2.4 Makeham 公式

Makeham 公式主要用于计算分期偿还债券的价格。债券到期偿还值的现值记为 $K=Cv^n$，将其代入基本公式，可以得到债券价格的 Makeham 公式，即

$$\begin{aligned}P&=rFa_{\overline{n}|}+Cv^n\\&=gC\,\frac{1-v^n}{i}+Cv^n\\&=\frac{g}{i}(C-Cv^n)+Cv^n\\&=\frac{g}{i}(C-K)+K\end{aligned} \tag{6.10}$$

上式中，$K$ 是到期偿还值 $C$ 的现值。债券的价格是偿还值的现值与息票收入的现值之和，所以 $\frac{g}{i}(C-K)$ 就是息票收入的现值。如果修正息票率 $g$ 与到期收益率 $i$ 相等，则息票收入的现值就成为（$C-K$），从而债券的价格 $P$ 就等于偿还值 $C$。

**【例 6-8】** 债券的面值为 1 000 元，年息票率为 5%。从第 6 年末开始，发行人每年末偿还 205 元，直至第 10 年末还清。债券的到期收益率为 6%，计算该债券的价格。

**【解】** 这是一种分期偿还债券，债券的现金流如表 6-1 所示。由于从第 6 年末开始，债券被分解成 5 次等额偿还，每次偿还 1/5，因此在计算下一期的息票收入时应该扣除已经偿还的面值。譬如在第 6 年末，面值已经偿还了 1/5，还剩余 4/5，即 800 元，所以第 7 年末的息票收入为 800×5%=40 元。以后各年以此类推。

表6-1　分期偿还债券的息票收入和偿还值　　单位：元

| 年度 | 0 | 1 | 2 | 3 | 4 | 5 | 6 | 7 | 8 | 9 | 10 |
|---|---|---|---|---|---|---|---|---|---|---|---|
| 息票收入 | | 50 | 50 | 50 | 50 | 50 | 50 | 40 | 30 | 20 | 10 |
| 偿还值 | | | | | | | 205 | 205 | 205 | 205 | 205 |

对于分期偿还债券，其价格的计算完全可以应用前面介绍的基本原理进行。譬如，对于本例的债券，到期收益率为6%，偿还值的现值为

$$205v^5 a_{\overline{5}|}=205\times 1.06^{-5}\times\frac{1-1.06^{-5}}{0.06}=645.28(\text{元})$$

息票收入的现值为

$$50a_{\overline{5}|}+10v^5(Da)_{\overline{5}|}=50\times a_{\overline{5}|}+10\times 1.06^{-5}\times\frac{5-a_{\overline{5}|}}{0.06}=308.71(\text{元})$$

式中，$a_{\overline{5}|}=\frac{1-1.06^{-5}}{0.06}=4.2124$。

债券的价格等于偿还值的现值与息票收入的现值之和，即

$$P=645.28+308.71=953.99(\text{元})$$

对于分期偿还债券，还可以采用Makeham公式计算其价格。譬如，可以将该债券分解为5种面值均为200元，偿还值均为205元，到期期限分别为6年、7年、8年、9年和10年的债券；然后计算每一种债券的价格后相加，即得到原债券的价格。

如果分解后的每种债券具有相同的修正息票率 $g$，则应用Makeham公式，第 $s$ 种债券的价格可表示为

$$P_s=\frac{g}{i}(C_s-K_s)+K_s,\quad s=1,2,\cdots,5 \tag{6.11}$$

其中，$C_s$ 是第 $s$ 种债券的到期偿还值，$K_s$ 是第 $s$ 种债券的偿还值的现值。

原债券的价格可表示为上述5种债券的价格之和，即

$$P=\frac{g}{i}\left(\sum_{s=1}^{5}C_s-\sum_{s=1}^{5}K_s\right)+\sum_{s=1}^{5}K_s \tag{6.12}$$

应用式（6.13）的前提条件是分解后的每种债券具有相同的修正息票率 $g$。这个条件通常能够得到满足。在本例中，每种债券的面值均为200元，偿还值均为205元，原债券的息票率为 $r=5\%$，故分解后每种债券的息票收入均为200×5%=10元，修正息票率均为

$$g=10\div 205=0.04878$$

下面应用式（6.13）计算分期偿还债券的价格。5种债券的偿还值之和为

$$\sum_{s=1}^{5}C_s=205\times 5=1025(\text{元})$$

偿还值的现值之和为

$$\sum_{s=1}^{5} K_s = 205v^5 a_{\overline{5}|} = 205\,(1+0.06)^{-5}\,\frac{1-1.06^{-5}}{0.06} = 645.28(\text{元})$$

故原债券的价格为

$$\begin{aligned}P &= \frac{g}{i}\Big(\sum_{s=1}^{5} C_s - \sum_{s=1}^{5} K_s\Big) + \sum_{s=1}^{5} K_s \\ &= \frac{0.048\,78}{0.06}\times(1\,025-645.28)+645.28 \\ &= 953.99(\text{元})\end{aligned}$$

应用式（6.13）计算分期偿还债券的价格要比应用基本公式更加简便。

更一般地，如果原债券可以分解为 $n$ 种偿还值分别为 $C_s$、偿还值的现值分别为 $K_s$ 的债券之和，修正息票率为 $g$，那么原债券的价格可按下述公式计算：

$$P = \frac{g}{i}\Big(\sum_{s=1}^{n} C_s - \sum_{s=1}^{n} K_s\Big) + \sum_{s=1}^{n} K_s \tag{6.13}$$

其中，$\sum_{s=1}^{n} C_s$ 是上述 $n$ 种债券的偿还值之和，$\sum_{s=1}^{n} K_s$ 是 $n$ 种债券的偿还值的现值之和。

## 6.3 债券在付息日期的价格和账面值

债券在购买日的价格 $P$ 可以理解为投资者在购买债券时的投资余额。账面值（book value）是基于购买债券时的到期收益率 $i$ 计算的债券持有人在该债券上的投资余额。在债券的付息日期，利息刚刚支付，没有应计利息，故债券的账面值（投资余额）等于债券的价格。

应用溢价公式，债券在购买日的账面值等于债券的价格，即为

$$V_0 = C + C(g-i)a_{\overline{n}|} \tag{6.14}$$

在第 $k$ 个付息日期，债券在未来还有（$n-k$）次利息收入，故债券的账面值（投资余额）可以表示为

$$V_t = rF\cdot a_{\overline{n-t}|} + Cv^{n-t} \tag{6.15}$$

上式也就是债券在第 $k$ 个付息日期的价格。

上式经变形，第 $k$ 个付息日期的账面值也可以用溢价公式表示为

$$\begin{aligned}&V_k = rF\cdot a_{\overline{n-k}|} + Cv^{n-k} \\ \Rightarrow\ &V_k = gC\cdot a_{\overline{n-k}|} + Cv^{n-k} \qquad (\text{注：} v^{n-k} = 1 - i\cdot a_{\overline{n-k}|}) \\ \Rightarrow\ &V_k = gC\cdot a_{\overline{n-k}|} + C(1-i\cdot a_{\overline{n-k}|}) \\ \Rightarrow\ &V_k = C + C(g-i)a_{n-k}\end{aligned} \tag{6.16}$$

上式基于债券未来的利息收入计算账面值，称作将来法。

计算债券的账面值也可以应用过去法。应用过去法，债券在第 $k$ 个付息日期的账面值等于发行价格 $P$ 的累积值减去已付息票收入的累积值，即

$$V_k = P(1+i)^k - rF \cdot s_{\overline{k|}} \tag{6.17}$$

上式中，右边的第一项表示债券发行价格 $P$ 在第 $k$ 年末（第 $k$ 个付息日期）的累积值，第二项表示过去已经支付的 $k$ 次利息在第 $k$ 年末（第 $k$ 个付息日期）的累积值。

容易证明，应用过去法计算的账面值等价于应用将来法计算的账面值，即

$$\begin{aligned}
V_k &= P(1+i)^k - rF \cdot s_{\overline{k|}} \\
&= (rFa_{\overline{n|}} + Cv^n)(1+i)^k - rF \cdot s_{\overline{k|}} \\
&= (rFa_{\overline{n|}} + Cv^n)(1+i)^k - rF \cdot a_{\overline{k|}}(1+i)^k \qquad （注：v=(1+i)^{-1}） \\
&= rF(a_{\overline{n|}} - a_{\overline{k|}})(1+i)^k + Cv^{n-k} \qquad （注：a_{\overline{n|}} - a_{\overline{k|}} = v^k a_{\overline{n-k|}}） \\
&= rFa_{\overline{n-k|}} + Cv^{n-k}
\end{aligned}$$

上式中最后一个表达式就是应用将来法计算的账面值。

债券的账面值可以递推计算，即上一个付息日期的账面值按照到期收益率 $i$ 累积一个时期，再减去期末支付的息票收入，即得下一个付息日期的账面值：

$$V_k = V_{k-1}(1+i) - rF \tag{6.18}$$

应用递推公式得到的初始账面值等于债券的发行价格，即 $V_0 = P$。

**【例 6-9】**债券的面值为 1 000 元，年息票率为 6%，期限为 3 年，到期按面值偿还。到期收益率为 5%，计算债券在每个付息日期的价格和账面值。

**【解】**债券每年支付的息票收入 $rF=60$ 元，到期收益率 $i=5\%$。在每个付息日期，债券的价格和账面值相等。债券在购买日期的账面值为

$$\begin{aligned}
V_0 &= 1\,000 + 1\,000 \times (0.06 - 0.05) a_{\overline{3|}0.05} \\
&= 1\,000 + 1\,000 \times (0.06 - 0.05) \times \frac{1-(1+0.05)^{-3}}{0.05} \\
&= 1\,027.23(元)
\end{aligned}$$

应用递推公式（6.18），在第 1 个付息日期（第 1 年末）的账面值为

$$V_1 = V_0(1+5\%) - 60 = 1\,018.59(元)$$

在第 2 个付息日期（第 2 年末）的账面值为

$$V_2 = V_1(1+5\%) - 60 = 1\,009.52(元)$$

在第 3 个付息日期（第 3 年末）的账面值为

$$V_3 = V_2(1+5\%) - 60 = 1\,000(元)$$

在本例中，债券价格为 1 027.23 元，大于到期偿还值 1 000 元，故该债券是溢价发行的，溢价金额为 27.23 元。

投资者在购买债券时的账面值（价格）为1 027.23元，到期时的偿还值为1 000元，两者的差额就是债券的溢价。溢价可以理解为投资者在购买债券时多支付的资金，这部分多支付的资金将通过每期增加投资者的利息收入进行补偿。

以第1年为例，按照5%的到期收益率计算，投资者在第1年末应该得到的利息收入为

$$1\,027.23\times0.05=51.36(元)$$

投资者在第1年末实际获得的利息收入（息票收入）为

$$1\,000\times0.06=60(元)$$

投资者实际获得的息票收入超过应得利息收入的差额就是对溢价的补偿，称作溢价分摊金额（amortization of premium）。溢价分摊金额也就是分摊到每年息票收入之中的溢价。

第1年末的溢价分摊金额为

$$60-51.36=8.64(元)$$

第1年末将8.64元的溢价分摊到第1年末的息票收入，所以第1年末的账面值（投资余额）相应减少。从初始账面值$V_0$中减去第1年末的溢价分摊金额，即得第1年末的账面值为

$$1\,027.23-8.64=1\,018.59(元)$$

以此类推，以后各年的溢价分摊金额和账面值如表6-2所示。在该表中，每年的账面值等于上一年的账面值减去当年的溢价分摊金额。

**表6-2 溢价金额的分摊过程**

单位：元

| 时间 (1) | 实得息票收入 (2) | 应得利息收入 (3) | 溢价分摊金额 (4)=(2)-(3) | 账面值 (5) |
|---|---|---|---|---|
| 0 | | | | 1 027.23 |
| 1 | 60 | 1 027.23×5%=51.36 | 8.64 | 1 018.59 |
| 2 | 60 | 1 018.59×5%=50.93 | 9.07 | 1 009.52 |
| 3 | 60 | 1 009.52×5%=50.48 | 9.52 | 1 000 |
| 合计 | 180 | 152.77 | 27.23 | |

表6-2表明，溢价分摊金额之和正好等于债券的溢价。债券的溢价是投资者在购买债券时支付的价格超过到期偿还值的差额。这个差额将通过每年末增加投资者的利息收入进行补偿，即投资者在每年末实际获得的息票收入将大于应得利息收入。换言之，溢价金额将逐期分摊到每年的息票收入之中，使得各期的息票收入大于应得利息收入。溢价金额被分摊到息票收入以后，账面值（投资余额）也将相应减少。在债券到期时，溢价金额被全部分摊到各期的息票收入之中，最终使得账面值等于偿还值。

**【例6-10】** 债券的面值为1 000元，息票率为6%，每年末付息一次，期限为3年，到期按面值偿还。债券的到期收益率为8%，计算债券在每个付息日期的价格和账面值。

**【解】** 债券的面值等于偿还值，所以修正息票率等于息票率，均为6%。

在每个付息日期，债券的价格与账面值相等。应用溢价公式，债券在发行日期的账面值和价格为

$$V_0=P=C+C(g-i)a_{\overline{n|}}$$

$$=1\,000+1\,000\times(0.06-0.08)\times\frac{1-1.08^{-3}}{0.08}$$

$$=948.46(\text{元})$$

债券的价格低于到期偿还值，表明债券是按折价发行的，折价金额为

$$1\,000-948.46=51.54(\text{元})$$

应用递推公式，每个付息日期的账面值如下：

$$V_1=V_0(1+8\%)-60=964.34(\text{元})$$

$$V_2=V_1(1+8\%)-60=981.49(\text{元})$$

$$V_3=V_2(1+8\%)-60=1\,000(\text{元})$$

按折价发行的债券，投资者在购买债券时的价格小于债券的到期偿还值，但在债券到期时，投资者仍然可以收到偿还值。在本例中，投资者初始的账面值是948.46元，债券到期时的账面值是1 000元，两者的差额就是债券的折价。

对于折价发行的债券，投资者在债券发行时的账面值（投资余额）小于到期偿还值，即账面值（投资余额）不足以支付到期偿还值。在以后各年，将通过扣减利息收入，对这部分不足的账面值进行补充。

譬如，投资者在第1年末应该得到的利息收入是初始账面值 $V_0$ 与到期收益率 $i$ 的乘积，即

$$948.46\times0.08=75.88(\text{元})$$

投资者在第1年末实际获得的息票收入为

$$1\,000\times0.06=60(\text{元})$$

从应得利息收入中减去实际息票收入，就是当年扣减的利息收入，称作折价累积金额（accumulation of discount）。第1年末的折价累积金额为

$$75.88-60=15.88(\text{元})$$

折价累积金额可以理解为通过扣减投资者的利息收入来补充折价，从而逐期增加账面值（投资余额）。譬如，第1年末的账面值等于初始账面值 $V_0$ 加上第1年末的折价累积金额，即

$$948.46+15.88=964.34(\text{元})$$

以此类推，以后各年的折价累积金额和账面值如表6-3所示。在该表中，每年的账面值等于上一年的账面值加上当年的折价累积金额。

表 6-3 折价的累积过程 单位：元

| 时间<br>(1) | 实得息票收入<br>(2) | 应得利息收入<br>(3) | 折价累积金额<br>(4)=(3)-(2) | 账面值<br>(5) |
|---|---|---|---|---|
| 0 | | | | 948.46 |
| 1 | 60 | 948.46×8%=75.88 | 15.88 | 964.34 |
| 2 | 60 | 964.34×8%=77.15 | 17.15 | 981.49 |
| 3 | 60 | 981.49×8%=78.52 | 18.52 | 1 000 |
| 合计 | 180 | 231.55 | 51.55 | |

债券的折价是投资者在购买债券时支付的价格低于到期偿还值的差额。折价将通过每年扣减投资者的利息收入进行补充，也就是说，投资者每年实际获得的利息收入将小于应得利息收入，这个差额称作折价累积金额。在债券到期时，折价全部得到补充，即每年的折价累积金额之和等于折价，从而最终使得债券的账面值等于到期偿还值。

折价可以理解为负的溢价，所以折价累积金额可以解释为负的溢价分摊金额。溢价分摊金额是每年末对投资者增加的利息收入，用于补偿投资者支付的溢价。折价累积金额是每年末对投资者扣减的利息收入，用于补充投资者获得的折价。无论是溢价分摊还是折价累积，在债券到期时，都将使得债券的账面值等于到期偿还值。

## 6.4 债券在非付息日期的价格和账面值

在付息日期，债券的价格与账面值相等。在非付息日期，债券的价格与账面值不再相等。债券的账面值是投资余额，可以理解为对投资者的本金占用，其中不包含应计利息；债券价格包含应计利息，债券价格减去应计利息就是账面值。在付息日期，应计利息为零，故债券价格与账面值相等。

为了便于表述，假设债券在上一个付息日期的价格为 $P_0$，在下一个付息日期的价格为 $P_1$，用 $P_t$ 表示债券在这两个付息日期之间的价格（$0<t<1$）。它们之间的关系如图 6-3 所示。

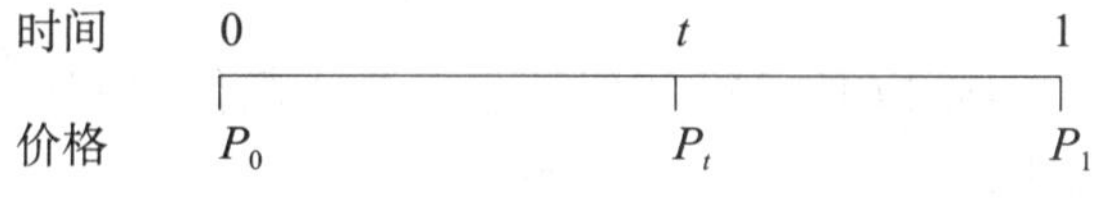


图 6-3 债券在两个付息日期之间的价格

债券在时间零点的价格为 $P_0$，到期收益率为 $i$，所以在时间 $t$ 的价格为

$$P_t=(1+i)^t\times P_0 \tag{6.19}$$

债券的账面值是债券持有人的实际投资余额，等于债券的价格减去应计息票收入。在息票支付日，应计息票收入为零，所以账面值等于债券价格；在其他日期，账面值等于债券价格减去应计息票收入。

用 $(rF)_t$ 表示从时间 0 到时间 $t$ 的应计息票收入。从价格 $P_t$ 中减去应计息票收入，

即得时间 $t$ 的账面值 $V_t$ 为

$$V_t=P_t-(rF)_t=(1+i)^tP_0-(rF)_t \tag{6.20}$$

从时间 0 到时间 1 可以产生 $rF$ 的息票收入，所以在时间 0 的本金应为 $rF/i$。若按复利计算，这个本金到时间 $t$ 的累积值为$\frac{rF}{i}(1+i)^t$，从中减去本金 $rF/i$，即得应计息票收入为

$$(rF)_t=\frac{rF}{i}[(1+i)^t-1] \tag{6.21}$$

若按单利计算，时间 0 的本金 $rF/i$ 到时间 $t$ 的应计息票收入为

$$(rF)_t=trF \tag{6.22}$$

债券价格减去应计息票收入，即得债券的账面值。债券的账面值有三种不同的计算方法，即理论方法、半理论方法和实践方法。

**1. 理论方法**

债券价格减去应用复利方法计算的应计息票收入，即得债券的账面值为

$$V_t=(1+i)^t\times P_0-\frac{rF}{i}[(1+i)^t-1] \tag{6.23}$$

在该方法中，债券价格和应计息票收入均按复利计算，可以求得精确的账面值，故称为理论方法。

**2. 半理论方法**

债券价格减去应用单利方法计算的应计息票收入，即得债券的账面值为

$$V_t=(1+i)^t\times P_0-trF \tag{6.24}$$

在该方法中，应计息票收入按单利近似计算，故称为半理论方法。

**3. 实践方法**

在式（6.24）中，如果将 $P_0$在时间 $t$ 的累积值也按单利近似计算，即得债券的账面值为

$$V_t=(1+ti)P_0-trF \tag{6.25}$$

在该方法中，债券在时间 $t$ 的价格和应计息票收入均按单利近似计算，在实践中应用广泛，故称作实践方法。

**【例 6-11】** 债券的面值为 1 000 元，年息票率为 6%，每年末付息一次，期限为 3 年，到期按面值偿还。债券的到期收益率为 8%，计算债券在购买 6 个月后的价格和账面值。

**【解】** $F=1\,000$，$r=6\%$，$n=3$，$i=8\%$。应用溢价公式，债券在初始日期的价格和账面值相等，均为

$$\begin{aligned}P_0&=V_0=F+F(g-i)a_{\overline{n}|}\\&=1\,000+1\,000(0.06-0.08)\frac{1-(1+0.08)^{-3}}{0.08}\\&=948.46(\text{元})\end{aligned}$$

债券在购买6个月后的价格为

$$P_t=(1+i)^t\times P_0=948.46\times(1+0.08)^{0.5}=985.67(\text{元})$$

债券在购买6个月后的账面值有三种不同的计算方法。

（1）应用理论方法计算，根据式（6.23），债券在6个月后的账面值为

$$\begin{aligned}V_t&=(1+i)^t\times P_0-\frac{rF}{i}[(1+i)^t-1]\\&=985.67-\frac{0.06\times 1\,000}{0.08}[(1+0.08)^{0.5}-1]\\&=956.25(\text{元})\end{aligned}$$

（2）应用半理论方法计算，根据式（6.24），债券在6个月后的账面值为

$$\begin{aligned}V_t&=(1+i)^t\times P_0-trF\\&=985.67-0.5\times 0.06\times 1\,000\\&=955.67(\text{元})\end{aligned}$$

（3）应用实践方法计算，根据式（6.25），债券在6个月后的账面值为

$$\begin{aligned}V_t&=(1+ti)\times P_0-trF\\&=(1+0.5\times 0.08)\times 948.46-0.5\times 0.06\times 1\,000\\&=956.40(\text{元})\end{aligned}$$

该债券在每个季度末的价格和账面值如表6-4所示。

**表6-4　债券在每个季度末的价格和账面值**　　单位：元

| 季度 | 价格 | 账面值 | | |
|---|---|---|---|---|
| | | 理论方法 | 半理论方法 | 实践方法 |
| 0 | 948.46 | 948.46 | 948.46 | 948.46 |
| 1 | 966.89 | 952.32 | 951.89 | 952.43 |
| 2 | 985.67 | 956.25 | 955.67 | 956.40 |
| 3 | 1 005.00 | 960.25 | 959.82 | 960.37 |
| 4 | 964.34 | 964.34 | 964.34 | 964.34 |
| 5 | 983.07 | 968.50 | 968.07 | 968.63 |
| 6 | 1 002.17 | 972.75 | 972.17 | 972.91 |
| 7 | 1 021.64 | 977.07 | 976.64 | 977.20 |
| 8 | 981.48 | 981.48 | 981.48 | 981.48 |
| 9 | 1 000.55 | 985.98 | 985.55 | 986.11 |
| 10 | 1 019.98 | 990.56 | 989.98 | 990.74 |
| 11 | 1 039.80 | 995.24 | 994.80 | 995.37 |
| 12 | 1 000.00 | 1 000.00 | 1 000.00 | 1 000.00 |

从表 6 - 4 可以看出，账面值的增加过程是平滑的，三种不同方法计算的账面值比较接近，且在每年末完全相等。债券价格呈阶梯式递增，在每年末，债券价格等于账面值。债券价格之所以呈现出这种增长形式，是因为息票收入只在每年末支付。在每个年度内，债券价格的增长过程是平滑的。在每个年度末，息票收入支付以后，债券价格将发生一次下跌，从而使得债券价格在整个增长过程中呈现阶梯式递增。图 6 - 4 描述了债券价格和账面值的变化过程。该图的横轴表示时间（以年为单位），纵轴表示债券价格和账面值，其中虚线表示债券价格的变化过程，实线表示债券账面值的变化过程。

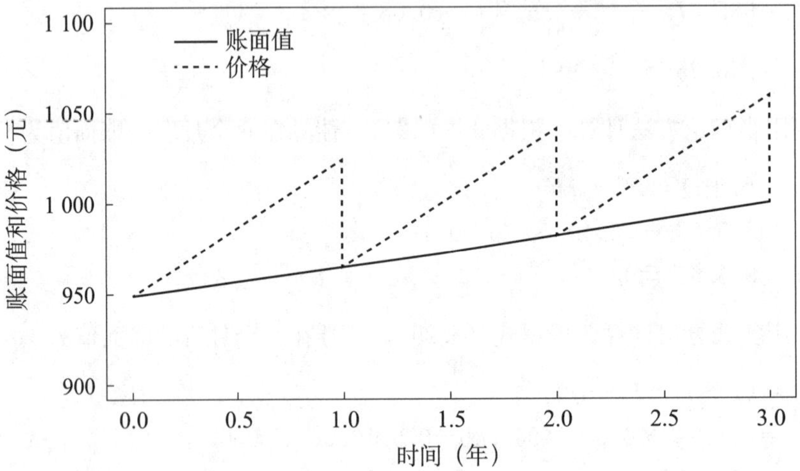


**图 6 - 4　债券价格和账面值的变化过程**

**【例 6 - 12】** 债券的面值为 100 元，年息票率为 6%，每年末付息一次，期限为 2 年，到期按面值偿还。债券的到期收益率为 5%。计算债券在每月末的价格和账面值（应用理论方法）。

**【解】** $F=100$，$r=6\%$，$n=2$，$i=5\%$。

债券在初始日期的价格和账面值相等，均为

$$P_0=V_0=6a_{\overline{2}|}+100v^2=6\times\frac{1-(1+0.05)^{-2}}{0.05}+100\times(1+0.05)^{-2}=101.86(\text{元})$$

债券按溢价发行，溢价金额为 1.86 元。

在第 1 年，每月末的价格等于将 $P_0$ 累积 $t$ 年，譬如，第 5 个月末（$t=0.42$）的价格为

$$P_{0.42}=P_0\,(1+0.05)^{0.42}=103.95(\text{元})$$

价格减去应计息票收入，即得第 5 个月末（$t=0.42$）的账面值：

$$V_{0.42}=P_{0.42}-(rF)_{0.42}=P_0\,(1+0.05)^{0.42}-\frac{rF}{i}[(1+i)^{0.42}-1]=101.49(\text{元})$$

第 1 年末，息票收入支付以后，债券价格和账面值相等，即

$$P_1=V_1=P_0(1+i)-rF=100.95(\text{元})$$

在第 2 年，每月末的价格等于将第 1 年末的价格 $P_1$ 累积（$t-1$）年，譬如，第 15

个月末（$t=1.25$）的价格等于将第 1 年末的价格累积 0.25 年，即

$$P_{1.25}=P_1(1+0.05)^{0.25}=102.19(\text{元})$$

价格减去应计息票收入，即得第 15 个月末（$t=1.25$）的账面值：

$$V_{1.25}=P_{1.25}-(rF)_{1.25}=P_{1.00}(1+0.05)^{0.25}-\frac{rF}{i}[(1+i)^{0.25}-1]=100.72(\text{元})$$

其他月末的价格和账面值如表 6-5 所示，其中 $t$ 是以年数表示的时间。在每年末（第 12 个月末和第 24 个月末），息票收入支付以后，价格和账面值相等。对于溢价发行的债券，账面值随着时间递减，到期时，账面值正好等于偿还值 100 元。

**表 6-5　债券在每月末的价格和账面值**　　单位：元

| 月份 | 时间（$t$） | 价格（$P_t$） | 账面值（$V_t$） |
|---|---|---|---|
| 0 | 0 | 101.86 | 101.86 |
| 1 | 0.08 | 102.27 | 101.79 |
| 2 | 0.17 | 102.69 | 101.71 |
| 3 | 0.25 | 103.11 | 101.64 |
| 4 | 0.33 | 103.53 | 101.56 |
| 5 | 0.42 | 103.95 | 101.49 |
| 6 | 0.50 | 104.38 | 101.41 |
| 7 | 0.58 | 104.80 | 101.34 |
| 8 | 0.67 | 105.23 | 101.26 |
| 9 | 0.75 | 105.66 | 101.18 |
| 10 | 0.83 | 106.09 | 101.11 |
| 11 | 0.92 | 106.52 | 101.03 |
| 12 | 1.00 | 100.95 | 100.95 |
| 13 | 1.08 | 101.36 | 100.88 |
| 14 | 1.17 | 101.78 | 100.80 |
| 15 | 1.25 | 102.19 | 100.72 |
| 16 | 1.33 | 102.61 | 100.64 |
| 17 | 1.42 | 103.03 | 100.56 |
| 18 | 1.50 | 103.45 | 100.48 |
| 19 | 1.58 | 103.87 | 100.40 |
| 20 | 1.67 | 104.29 | 100.32 |
| 21 | 1.75 | 104.72 | 100.24 |
| 22 | 1.83 | 105.14 | 100.16 |
| 23 | 1.92 | 105.57 | 100.08 |
| 24 | 2.00 | 100.00 | 100.00 |

## 6.5　可赎回债券的价格

某些债券中会包含一个赎回条款（call provision），该条款规定，在特定条件下，债券发行人有权要求债券持有人将已经发行的债券回售给发行人。含有赎回条款的债券称为可赎回债券（callable bond）。

公司发行可赎回债券的目的之一是控制融资成本。当市场利率下降时，债券的价格会上升。当市场利率足够低时，债券的市场价格将高于债券的赎回价格。此时，债券发行人如果赎回原来发行的债券并发行较低利率的新债券，就可以降低融资成本。赎回条款限制了债券持有人从债券价格上升中所能获得的收益，因此与其他债券相比，可赎回债券具有相对较高的预期收益率。

可赎回条款是有利于债券发行人的条款。为了保护债券持有人的利益，赎回条款中通常会规定一个赎回保护期（如5～10年），即只有当债券超过一定时期以后，债券发行人才能行使赎回权。债券发行人在赎回债券时支付给债券持有人的金额通常等于或略高于债券的面值，譬如，面值为1 000元，息票率为10%的债券，其赎回价格可能为1 100元。

**【例6-13】**可赎回债券的面值为1 000元，息票率为12%，期限为8年，赎回保护期为5年。如果发行人在第5年末赎回，则赎回价格为1 050元；如果在第6年末赎回，则赎回价格为1 030元；如果在第7年末赎回，则赎回价格为1 010元；如果到期偿还，则偿还值为1 000元。假设债券发行人从第5年末开始可以在任意一年末行使赎回权，如果投资者所要求的最低收益率为10%，计算投资者愿意支付的最高价格。

**【解】**由于债券发行人从第5年末开始可以在任意一年末行使赎回权，所以，投资者愿意支付的最高价格应该按发行人最有可能行使赎回权的日期计算。发行人最有可能行使赎回权的日期应该是债券价格最低的日期。

如果债券发行人在第5年末行使赎回权，则有 $F=1\ 000$，$C=1\ 050$，$r=12\%$，$i=10\%$，$n=5$，应用溢价公式（6.4），债券的价格为

$$\begin{aligned}P_5&=C+(gC-iC)a_{\overline{n}|}\\&=C+(rF-iC)a_{\overline{n}|}\\&=1\ 050+(1\ 000\times12\%-1\ 050\times10\%)a_{\overline{5}|0.10}\\&=1\ 106.86(\text{元})\end{aligned}$$

如果债券发行人在第6年末行使赎回权，则 $C=1\ 030$，债券的价格为

$$P_6=1\ 030+(1\ 000\times12\%-1\ 030\times10\%)a_{\overline{6}|0.10}=1\ 104.40(\text{元})$$

如果债券发行人在第7年末行使赎回权，则 $C=1\ 010$，债券的价格为

$$P_7=1\ 010+(1\ 000\times12\%-1\ 010\times10\%)a_{\overline{7}|0.10}=1\ 102.50(\text{元})$$

如果债券在到期时偿还，则 $C=1\ 000$，债券的价格为

$$P_8=1\ 000+(1\ 000\times 12\%-1\ 000\times 10\%)a_{\overline{8}|0.10}=1\ 106.70(\text{元})$$

由此可见，债券的价格在第 7 年末赎回时最低，所以投资者愿意支付的最高价格应该是 1 102.50 元。如果投资者的出价高于 1 102.50 元，则当发行人在第 7 年末行使赎回权时，投资者的收益率将达不到他所要求的 10%。譬如，如果投资者按 1 106.70 的价格购买债券（即假设发行人不行使赎回权），则当发行人实际在第 7 年末行使赎回权时，投资者的实际收益率将为 9.92%，它是下述方程的解：

$$1\ 106.70=1\ 010+(1\ 000\times 12\%-1\ 010i)a_{\overline{7}|}i$$

$$\Rightarrow 1\ 106.70=1\ 010+(1\ 000\times 12\%-1\ 010i)\times\frac{1-(1+i)^{-7}}{i}$$

上式中，等式左边是投资者实际支付的债券价格，右边是应用溢价公式计算的债券价格。

在本例中，如果债券不包含赎回条款，则债券的价格应该是 1 106.70 元，大于包含赎回条款的债券价格 1 102.50 元。

**【例 6 - 14】** 可赎回债券的面值为 1 000 元，年息票率为 8%，每季度末支付一次利息，期限为 10 年，到期时按面值偿还。债券发行人在第 5 年末可以行使赎回权。如果债券不被提前赎回，则投资者可以获得每季度复利一次的年名义收益率 6%。假设投资者购买此债券要确保每季度复利一次的年名义收益率为 6%。计算该债券在第 5 年末的赎回价格（即偿还值）。

**【解】** 债券在每个季度末的息票收入为 20 元。债券的到期收益率为 6%（每季度复利一次），相当于每个季度的有效收益率为 1.5%。债券的期限为 10 年，相当于 40 个季度。应用债券定价的基本公式，可得债券的价格为

$$\begin{aligned}P&=20a_{\overline{40}|0.015}+1\ 000v^{40}\\&=20\times\frac{1-1.015^{-40}}{0.015}+1\ 000\times 1.015^{-40}\\&=1\ 149.58(\text{元})\end{aligned}$$

如果该债券在第 5 年末（即第 20 个季度末）赎回，赎回价格为 $C$，则由债券定价的基本公式有

$$1\ 149.58=20a_{\overline{20}|}+C\cdot v^{20}$$

上式中，左边是债券的价格，右边是在第 5 年末（即第 20 个季度末）赎回时的价格。

投资者要求确保每季度复利一次的年名义收益率为 6%，这相当于 1.5%的季度有效收益率，所以在上式中令 $i=1.5\%$，即可求得债券在第 5 年末的赎回价格为

$$C=\left(1\ 149.58-20\times\frac{1-1.015^{-20}}{0.015}\right)\div 1.015^{-20}=1\ 085.84(\text{元})$$

如前所述，可赎回债券的价格等于在各种可能赎回时点上的最低价格。如果债券可以在赎回保护期以后的任意时点上行使赎回权，就需要在每个可能的赎回时点上分别计

算债券的价格，但这种时点有无穷多个。在这种情况下，可以通过债券的溢价公式寻找最低价格对应的时点。应用式（6.4），债券的溢价公式如下：

$$P=C+C(g-i)a_{\overline{n|}}$$

从上式可以看出，如果债券的偿还值 $C$ 在各种可能的赎回时点上保持不变，则当债券的修正息票率 $g$ 大于债券的到期收益率 $i$ 时，债券的期限 $n$ 越短，债券的价格越低；反之，当债券的修正息票率 $g$ 小于债券的到期收益率 $i$ 时，债券的期限 $n$ 越长，债券的价格越低。

基于债券价格的上述特点，就很容易找到可赎回债券的最低价格。

**【例 6-15】** 10 年期可赎回债券的年息票率为 6%，每半年支付一次利息。债券的面值为 1 000 元，赎回保护期为 5 年。从第 5 年末开始，债券发行人有权随时赎回债券，赎回价格为 1 020 元。如果投资者要求每半年复利一次的年名义收益率为 5%，计算该赎回债券的发行价格应该为多少。

**【解】** 债券每半年的息票收入为 30 元，每半年的修正息票率为 $g=30/1\,020=2.941\,2\%$。投资者所要求的每半年的到期收益率为 $i=2.5\%$。

修正息票率大于到期收益率，即 $g>i$，所以债券的期限越短，即 $n$ 越小，债券的价格越低。由于债券的赎回保护期为 5 年，每半年支付一次利息，所以最低价格所对应的债券期限为 10 个半年，即 $n=10$。

应用溢价公式，可得该债券的发行价格为

$$\begin{aligned}P&=C+C(g-i)a_{\overline{n|}}\\&=1\,020+1\,020\times(2.941\,2\%-2.5\%)\times a_{\overline{10|}}\\&=1\,020+1\,020\times(2.941\,2\%-2.5\%)\times\frac{1-1.025^{-10}}{0.025}\\&=1\,059.39(\text{元})\end{aligned}$$

## 6.6 贴现债券的价格

贴现债券又称零息债券，是在到期日一次性支付利息的债券。贴现债券的价格就是其到期偿还值的现值，一般计算公式如下：

$$P=C\times(1-dt)=\text{到期偿还值}\times(1-\text{贴现率}\times\text{债券期限})$$

注意，上式使用了单贴现的方式，相应的贴现率称作单贴现率。由于贴现债券的期限通常小于 1 年，故可以用单贴现率近似复贴现率，即 $(1-d)^t\approx1-dt$。

**【例 6-16】** 假设 2023 年 1 月 1 日发行了一种面值和偿还值均为 100 元的贴现债券，2023 年 8 月 31 日到期，年贴现率为 5%。计算该债券的价格。

**【解】** 贴现债券的期限为 8 个月，相当于 0.666 7 年，故其价格为

$$P=100\times(1-5\%\times0.666\,7)=96.67(\text{元})$$

## Excel应用

### PRICEDISC函数

计算贴现债券的价格可以应用PRICEDISC函数。譬如，对于【例6-15】中的贴现债券，在空白单元格中输入"=PRICEDISC(DATE(2023,1,1),DATE(2023,8,31),0.05,100)"后回车，即可求得贴现债券的价格为96.67元。

## 小　结

在债券的付息日期，债券的价格与账面值相等。根据实际需要，债券在付息日期的价格或账面值可以应用基本公式、溢价公式、基价公式或Makeham公式计算。

基本公式：$P=rFa_{\overline{n}|}+Cv^n$

溢价公式：$P=C+C(g-i)a_{\overline{n}|}$

基价公式：$P=G+(C-G)v^n$

Makeham公式：$P=\frac{g}{i}(C-K)+K$

债券价格是到期收益率的减函数，到期收益率越高，债券价格越低。

债券的溢价是投资者支付的价格大于到期偿还值的差额，后期会通过增加投资者的利息收入来补偿。债券的折价可以理解为负的溢价，是投资者支付的价格小于到期偿还值的差额，后期会通过减少投资者的利息收入来补充。溢价分摊金额是每年末对投资者增加的利息收入。折价累积金额是每年末对投资者扣减的利息收入。无论是溢价分摊还是折价累积，在债券到期时，最终都将使得债券的账面值等于到期偿还值。

债券在相邻两个付息日期之间的价格为

$$P_t=(1+i)^tP_0$$

其中$P_0$是债券在上一个付息日期的价格，$t$是距离上一个付息日期的时间。

账面值是债券持有人的投资余额，可以理解为对债券持有人的本金占用金额。在付息日期，债券的账面值与价格相等，可以用递推公式进行计算：

$$V_k=V_{k-1}(1+i)-rF$$

在非付息日期，债券的账面值与价格不同。价格中包含应计息票收入，将上一个付息日期的价格按照到期收益率进行累积，可以得到债券在非付息日期$t$的价格：

$$P_t=(1+i)^t\times P_0$$

价格$P_t$减去应计息票收入，即得债券的账面值。计算债券在非付息日期$t$的账面值有三种方法。

理论方法：$V_t=(1+i)^t\times P_0-\frac{rF}{i}[(1+i)^t-1]$

半理论方法：$V_t=(1+i)^t\times P_0-trF$

实践方法：$V_t=(1+ti)P_0-trF$

可赎回债券的价格等于在各种可能赎回时点上的最低价格。如果债券的偿还值 $C$ 在各种可能的赎回时点上保持不变，则当债券的修正息票率大于债券的到期收益率时，债券的期限越短，债券的价格越低；反之，当债券的修正息票率小于债券的到期收益率时，债券的期限越长，债券的价格越低。

贴现债券也称为零息债券，其价格是到期偿还值按照单贴现率计算的现值，即

$$P=C(1-dt)=\text{到期偿还值}\times(1-\text{贴现率}\times\text{债券期限})$$

## 习　题

6.1　已知债券的面值和到期偿还值均为 $F$，年息票率为 $r$，每年支付一次利息。债券的到期收益率为 $i$。证明：(1) 当 $r<i$ 时，债券的到期时间越长，价格越低；(2) 当 $r>i$ 时，债券的到期时间越短，价格越低。

6.2　债券的面值为 1 000 元，年息票率为 5%，期限为 5 年，到期按面值偿还，到期收益率为 6%。计算债券的价格和第 2 年末的账面值。

6.3　债券的面值为 1 000 元，年息票率为 6%，期限为 5 年，到期按面值偿还，到期收益率为 8%。计算该债券在购买 9 个月后的价格和账面值。

6.4　债券的面值为 1 000 元，期限为 5 年，到期按面值偿还，年息票率为 6%。该债券的发行价格为 950 元，计算投资者购买该债券的到期收益率。

6.5　债券的面值为 1 000 元，期限为 5 年，到期按面值偿还，年息票率为 6%。该债券的发行价格为 950 元。假设息票收入只能按 5%的利率进行投资，计算投资者在这 5 年期间获得的年收益率。

6.6　一种 $n$ 年期债券的面值为 1 000 元，年息票率为 8%。该债券在第 3 年末的账面值为 1 099.84 元，在第 5 年末的账面值为 1 082.27 元。计算该债券的价格。

6.7　已知三种 10 年期债券的面值均为 1 000 元，且具有相同的到期收益率：

(1) 债券 A 的年息票率为 8%，每半年支付一次利息，折价发行，折价为 $X$。

(2) 债券 B 的年息票率为 9%，每半年支付一次利息，溢价发行，溢价为 $Y$。

(3) 债券 C 的年息票率为 10%，每半年支付一次利息，溢价发行，溢价为 $2X$。

已知 $X=10$ 元，计算 $Y$。

6.8　面值为 1 000 元的债券，年息票率为 8%，每半年支付一次利息，到期偿还 1 100 元。如果投资者以价格 $P$ 购买此债券，则每半年复利一次的到期收益率为 6%。假设偿还值的现值为 190 元，求该债券的价格 $P$。

6.9　三种债券具有相同的到期偿还值、到期时间和到期收益率，且每年支付一次利息。债券 A 的年息票收入为 40 元，以价格 $P$ 出售；债券 B 的年息票收入为 30 元，以价格 $Q$ 出售；债券 C 的年息票收入为 80 元。计算债券 C 的价格。

6.10　面值为 1 000 元的 10 年期债券，年息票率为 $r$，每年末支付一次利息，到期偿还值为 1 100 元。如果以价格 $P$ 出售，将产生 4%的到期收益率；如果以价格 ($P-$81.94) 出售，将产生 5%的到期收益率；如果以价格 $X$ 出售，将产生 $r$ 的到期收益率。

计算 $X$。

6.11 债券的期限为20年，面值为1 000元，到期偿还1 050元，每年末支付一次利息。第一次支付的息票收入为50元，以后每次支付的息票收入比上一次增长3%。如果以价格 $P$ 购买该债券，则可以产生8%的到期收益率。计算该债券的价格 $P$。

6.12 债券的面值为1 000元，年息票率为6%，从第6年末开始，发行人每年末偿还200元，直至第10年末还清。假设债券的到期收益率为7%，计算该债券的价格。

6.13 投资者购买了一只面值为1 000元的10年期债券，年息票率为8%，每半年末支付一次利息。如果债券到期时按面值偿还，则每半年复利一次的到期收益率为7%。如果债券在第5年末赎回，则为了保证产生相同的到期收益率，赎回价格应为 $X$。求 $X$。

6.14 可赎回债券的面值为1 000元，期限为10年，年息票率为6%，每年支付一次利息。赎回保护期为5年。从第5年末开始，债券发行人有权随时赎回债券，赎回价格为1 050元。如果投资者要求的年收益率为8%，计算该赎回债券的发行价格。

6.15 债券的面值为1 000元，年息票率为10%，每年末支付一次利息，期限为5年，到期按面值偿还。到期收益率为8%。应用理论方法计算该债券在25个月末的价格和账面值，并绘图展示其他日期的价格和账面值。

第7章
# 利率风险

党的二十大报告提出，必须强化经济安全能力建设，防范化解金融、房地产、政府债务等领域的风险，切实维护经济安全，牢牢守住不发生系统性金融风险的底线。利率风险是需要重点关注的金融风险之一。

利率风险是指市场利率波动导致公司的资产（或负债）价格发生变化，进而给公司盈余带来的不确定性。本章主要以资产为例讨论利率风险的度量方法与管理技术，但其基本原理同样适用于负债。

本章首先介绍度量利率风险的常用工具，包括马考勒久期、久期和有效久期，马考勒凸度、凸度和有效凸度；然后讨论利率风险管理的免疫策略；最后简要介绍现金流匹配策略。

## 7.1 马考勒久期

直观地看，到期时间越长的债券，其价格受利率波动的影响越大，因此，衡量债券利率风险的一种简单方法是债券的到期时间。债券的到期时间越长，其利率风险越大。不过这是一种比较粗糙的方法。譬如，有两只到期时间完全相同的债券：一只是零息债券，到期时一次性还付本息；另一只是附息债券，每年末都有利息支付。这两只债券的利率风险显然是不同的，零息债券的所有本息到期时一次性偿付，所以受利率波动的影响要大于附息债券，即零息债券的利率风险更大。

为了更加准确地衡量债券的利率风险，一种改进的方法是计算债券现金流的平均到期时间，为此，马考勒（F. R. Macaulay）提出了久期（duration）的概念，称作马考勒久期。

马考勒久期有两种形式不同但结果等价的定义。首先介绍马考勒久期的第一种定义，即现金流的平均到期时间。

假设资产未来的一系列现金流为 $R_t$，则资产价格就是其未来现金流的现值，可以表示为年有效利率 $i$ 的函数：

$$P=\sum_{t>0}R_t(1+i)^{-t}=\sum_{t>0}R_t v^t \tag{7.1}$$

其中 $v=(1+i)^{-1}$ 表示 1 年期的贴现因子。

年有效利率 $i$ 也可以用年名义利率率 $i^{(m)}$ 或利息力 $\delta$ 表示，即它们之间存在下述关系：

$$(1+i)^t=\left(1+\frac{i^{(m)}}{m}\right)^{mt}=\mathrm{e}^{\delta t} \tag{7.2}$$

故资产的价格还可以用年名义利率或利息力表示为

$$P=\sum_{t>0}R_t\left(1+\frac{i^{(m)}}{m}\right)^{-mt}=\sum_{t>0}R_t\mathrm{e}^{-\delta t} \tag{7.3}$$

其中，$i^{(m)}$ 表示每年复利 $m$ 次的年名义利率。

为了简化符号，本章用 $y$ 替换年名义利率 $i^{(m)}$，即将资产价格表示为

$$P(y)=\sum_{t>0}R_t\left(1+\frac{y}{m}\right)^{-mt} \tag{7.4}$$

其中 $y=i^{(m)}$。当 $m=1$ 时，$y$ 表示年有效利率。

所谓马考勒久期（Macaulay duration），就是指未来现金流到期时间的加权平均数，权重为每个现金流的现值在总现值中的占比。

假设资产在时刻 $t$ 的现金流为 $R_t$，用 $D$ 表示马考勒久期，则有

$$D=\sum_{t>0}tw_t \tag{7.5}$$

在上式中，时间 $t$ 的权重为现金流的现值与总现值之比。如果用利息力计算现金流的现值，则权重可以表示为

$$w_t=\frac{1}{P(\delta)}R_t\mathrm{e}^{-\delta t} \tag{7.6}$$

如果用年名义利率计算现金流的现值，则权重可以表示为

$$w_t=\frac{1}{P(y)}R_t\left(1+\frac{y}{m}\right)^{-mt} \tag{7.7}$$

相应地，马考勒久期可以表示为

$$D=\frac{1}{P(\delta)}\sum_{t>0}tR_t\mathrm{e}^{-\delta t}=\frac{1}{P(y)}\sum_{t>0}tR_t\left(1+\frac{y}{m}\right)^{-mt} \tag{7.8}$$

上式中，$P(\delta)=P(y)$，都表示资产的价格，即现金流的现值之和。前者用利息力计

算现值，后者用年名义利率计算现值。

马考勒久期是现金流到期时间的加权平均数，是一个时间概念，可以用时间单位计量。

马考勒久期越大，说明现金流的平均到期时间越长，从而利率波动对资产价格的影响越大，利率风险越高。

**【例 7-1】** 债券的面值和偿还值均为 1 000 元，期限为 3 年，年息票率为 10%，每年末支付一次利息。债券的到期收益率为 10%，计算债券的马考勒久期。

**【解】** 债券的现金流及其现值如表 7-1 所示。现金流的现值之和为 1 000 元。用每年的现值除以 1 000，即得现金流到期时间的权重。

**表 7-1 债券的现金流及其现值**

| 时间（$t$） | 1 | 2 | 3 |
|---|---|---|---|
| 现金流（$R_t$） | 100 | 100 | 1 100 |
| 现金流的现值（$R_t \cdot v^t$） | $100/1.1=90.91$ | $100/1.1^2=82.65$ | $1\,100/1.1^3=826.45$ |
| 权重（$w_t$） | 9.091% | 8.265% | 82.644% |

由表 7-1 可以求得债券的马考勒久期为

$$D=\sum_{t=1}^{3} tw_t=1\times 9.091\%+2\times 8.265\%+3\times 82.644\%=2.74(\text{年})$$

**Excel 应用**

### DURATION 函数

计算债券的马考勒久期可以应用 DURATION 函数。譬如，对于【例 7-1】中的 3 年期债券，在一个空白单元格中输入“=DURATION(DATE(2015,1,1),DATE(2018,1,1),10%,10%,1,1)”后回车，即可求得该债券的马考勒久期为 2.74。

---

**【例 7-2】** 一笔贷款的期限为 $n$ 年，年有效利率为 $i$，按年等额分期偿还。求该笔贷款的马考勒久期。

**【解】** 等额分期偿还金额 $R$ 形成一个 $n$ 年期的期末付年金，所有偿还金额的现值之和为 $Ra_{\overline{n|}}$。第 $t$ 年末，偿还金额为 $R$，其现值为 $Rv^t$。由此可以求得现金流的权重为

$$w_t=\frac{Rv^t}{Ra_{\overline{n|}}}=\frac{v^t}{a_{\overline{n|}}}$$

应用式（7.5），马考勒久期为

$$\begin{aligned}D&=\sum_{t=1}^{n}tw_t=\sum_{t=1}^{n}\left(t\cdot\frac{v^t}{a_{\overline{n|}}}\right)=\frac{(Ia)_{\overline{n|}}}{a_{\overline{n|}}}=\frac{\ddot{a}_{\overline{n|}}-nv^n}{ia_{\overline{n|}}}=\frac{(1+i)a_{\overline{n|}}-nv^n}{ia_{\overline{n|}}}\\&=\frac{1+i}{i}-\frac{nv^n}{1-v^n}=\frac{1+i}{i}-\frac{n}{(1+i)^n-1}\end{aligned} \tag{7.9}$$

可见，等额分期偿还贷款的马考勒久期与贷款本金和分期偿还金额都无关，仅受贷款期限和贷款利率的影响。因此，式（7.9）也是 $n$ 年期期末付等额年金的马考勒久期。当 $n\to\infty$时，由式（7.9）可以求得期末付永续年金的马考勒久期为

$$D=\lim_{n\to\infty}\left(\frac{1+i}{i}-\frac{n}{(1+i)^n-1}\right)=\frac{1+i}{i} \tag{7.10}$$

图 7-1 应用式（7.9）给出了等额分期偿还贷款的马考勒久期。可见，在固定利率的条件下，马考勒久期是贷款期限的增函数，且递增速度越来越慢。在固定贷款期限的条件下，马考勒久期是利率的减函数，且递减速度越来越慢。

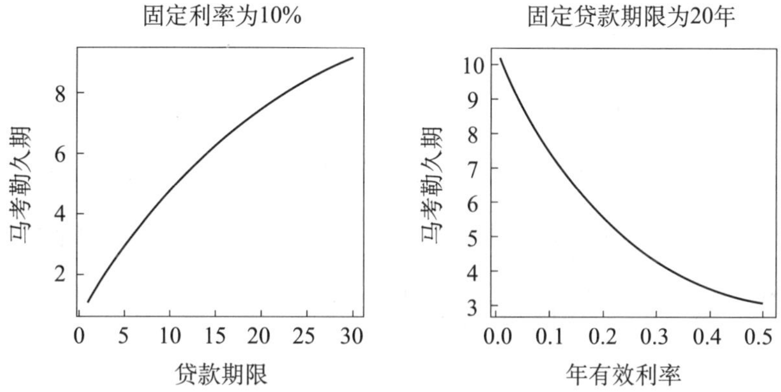


**图 7-1　等额分期偿还贷款的马考勒久期**

**【例 7-3】**一笔贷款的期限为 15 年，按月等额分期偿还。每月复利一次的年名义利率为 12%，计算该笔贷款的马考勒久期。

**【解】**月有效利率 $i=1\%$，偿还月数 $n=15\times12=180$。应用式（7.9），该笔贷款的马考勒久期为

$$D=\frac{1+i}{i}-\frac{n}{(1+i)^n-1}=\frac{1+0.01}{0.01}-\frac{180}{1.01^{180}-1}=64.969\ 8(\text{月})$$

将月数转换为年数，相应的马考勒久期为 64.969 8/12=5.41 年。

可以证明，马考勒久期是利息力的减函数，换言之，马考勒久期对利息力 $\delta$ 的一阶导数小于零。证明如下。

用利息力表示马考勒久期，有

$$D=\frac{1}{P(\delta)}\sum_{t>0}tR_t\mathrm{e}^{-\delta t}=\frac{\sum_{t>0}tR_t\mathrm{e}^{-\delta t}}{\sum_{t>0}R_t\mathrm{e}^{-\delta t}} \tag{7.11}$$

上式关于利息力 $\delta$ 求一阶导数，则有

$$\frac{\mathrm{d}D}{\mathrm{d}\delta}=\frac{\mathrm{d}}{\mathrm{d}\delta}\frac{\sum_{t>0}tR_t\mathrm{e}^{-\delta t}}{\sum_{t>0}R_t\mathrm{e}^{-\delta t}}$$

$$=-\frac{\left[\sum_{t>0}R_t e^{-\delta t}\right]\left[\sum_{t>0}t^2R_t e^{-\delta t}\right]-\left[\sum_{t>0}tR_t e^{-\delta t}\right]^2}{\left[\sum_{t>0}R_t e^{-\delta t}\right]^2}$$

$$=-\left[\frac{\sum_{t>0}t^2R_t e^{-\delta t}}{\sum_{t>0}R_t e^{-\delta t}}-\left(\frac{\sum_{t>0}tR_t e^{-\delta t}}{\sum_{t>0}R_t e^{-\delta t}}\right)^2\right] \tag{7.12}$$

$$=-\left[\sum_{t>0}t^2w_t-\left(\sum_{t>0}tw_t\right)^2\right]$$

其中，$w_t=\dfrac{R_t e^{-\delta t}}{\sum_{t>0}R_t e^{-\delta t}}=\dfrac{1}{P}R_t e^{-\delta t}$ 表示现金流的权重。

在式（7.12）的最后一个表达式中，第一项 $\sum_{t>0}t^2w_t$ 是到期时间平方的平均数，第二项 $\left(\sum_{t>0}tw_t\right)^2$ 是到期时间平均数的平方，两项相减正好就是现金流到期时间 $t$ 的方差，可以记为 $\text{var}(t)=\sigma^2$。只要现金流的到期时间不止一个，其方差就总是大于零，故有

$$\frac{dD}{d\delta}=-\sigma^2<0 \tag{7.13}$$

上式表明，马考勒久期是利息力的减函数，自然也就是年名义利率和年有效利率的减函数。换言之，马考勒久期是利率的减函数，利率越高，马考勒久期越小，从而资产价格对利率变动的敏感性越小，利率风险也就越小。

直观地看，债券的马考勒久期应该随着债券到期时间的增加而增加，但事实上并非总是如此。图 7-2 揭示了债券的马考勒久期与债券到期时间的一种反常关系。在图 7-2 中，债券的年息票率为 5%，到期收益率为 15%，横轴表示债券的到期时间，纵轴表示债券的马考勒久期。从该图可以看出，随着债券到期时间的延长，债券的马考勒久期先快速增加，然后又开始缓慢下降。换言之，当债券的到期时间超过 20 年时，到期时间越长，债券的利率风险越小。这说明用债券的到期时间衡量利率风险是不可靠的。

**【例 7-4】** 假设债券的面值为 $F$，期限为 $n$ 年，到期时按面值偿还，债券的到期收益率等于年息票率，均为 $i$。证明该债券的马考勒久期为 $D=\ddot{a}_{\overline{n}|}$。

**【解】** 该债券的现金流及其现值如表 7-2 所示。

**表 7-2**

| 时间 | 1 | 2 | 3 | … | $n-1$ | $n$ |
|---|---|---|---|---|---|---|
| 现金流 | $iF$ | $iF$ | $iF$ | … | $iF$ | $iF+F$ |
| 现金流的现值 | $iFv$ | $iFv^2$ | $iFv^3$ | … | $iFv^{n-1}$ | $iFv^n+Fv^n$ |

应用式（7.8），债券的马考勒久期可以表示为

$$D=\frac{1}{P(i)}\sum_{t=1}^{n}tR_tv^t \tag{7.14}$$

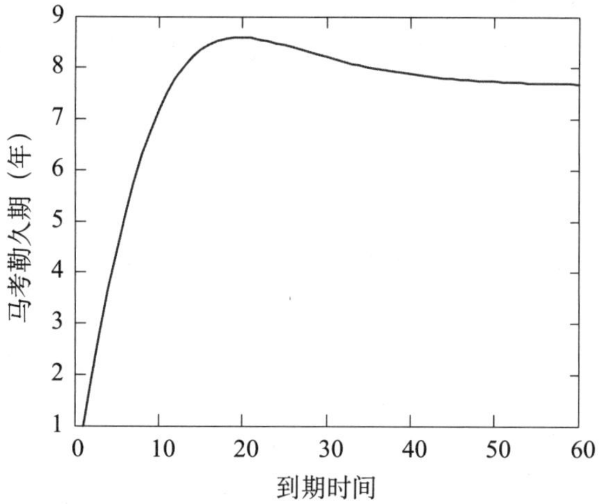


**图 7-2 债券到期时间与马考勒久期的关系（一个反例）**

其中 $v=(1+i)^{-1}$ 表示 1 年期的贴现因子。

上式中，$P(i)$ 表示现金流的现值之和。债券的息票收入是一项每年末支付 $iF$ 的等额年金，其现值之和为 $iFa_{\overline{n|}}$；到期偿还值的现值为 $Fv^n$，故

$$P(i)=iFa_{\overline{n|}}+Fv^n \tag{7.15}$$

式（7.14）中，求和项可以表示为

$$\begin{aligned}\sum_{t=1}^{n}tR_tv^t &= \sum_{t=1}^{n}tiFv^t+nFv^n\\ &= iF\sum_{t=1}^{n}tv^t+nFv^n\\ &= iF(Ia)_{\overline{n|}}+nFv^n\end{aligned} \tag{7.16}$$

将式（7.15）和式（7.16）代入式（7.14），债券的马考勒久期可以表示为

$$\begin{aligned}D&=\frac{iF(Ia)_{\overline{n|}}+nFv^n}{iFa_{\overline{n|}}+Fv^n}\\ &=\frac{i(Ia)_{\overline{n|}}+nv^n}{ia_{\overline{n|}}+v^n}\\ &=\frac{i(\ddot{a}_{\overline{n|}}-nv^n)/i+nv^n}{i(1-v^n)/i+v^n}\\ &=\ddot{a}_{\overline{n|}}\end{aligned} \tag{7.17}$$

上式表明，债券的息票率越高，债券的马考勒久期越小，亦即利率风险越低。这一点是容易理解的，息票率越高的债券，每年的息票收入越高，到期偿还值在债券价格中所占的比重越低，亦即到期时间 $n$ 上的权重降低，而其他时间上的权重上升，这会导致马考勒久期下降，利率风险降低。

图 7-3 揭示了债券的马考勒久期与债券息票率之间的一种变化关系。在图 7-3 中，债券的到期时间为 20 年，到期收益率为 10%，横轴表示债券的年息票率，纵轴表示债券

的马考勒久期。从该图可以看出，随着年息票率的上升，马考勒久期减小的速度越来越慢。这就表明，虽然债券的利率风险随着年息票率的上升而不断减小，但减小的幅度越来越小。

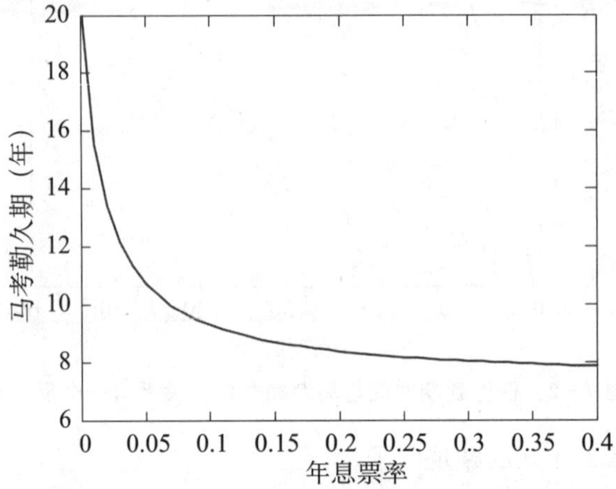


**图 7-3　债券的年息票率对马考勒久期的影响**

前面我们将马考勒久期定义为现金流到期时间的加权平均数。这个定义经过变形，可以得到马考勒久期的第二种定义方式。

资产价格是现金流的现值之和，如果用利息力计算现金流的现值，资产价格可以表示为

$$P(\delta)=\sum_{t>0}R_t e^{-\delta t}$$

资产价格关于利息力的一阶导数为

$$P'(\delta)=-\sum_{t>0}tR_t e^{-\delta t} \tag{7.18}$$

将上式代入马考勒久期的第一种定义公式，即可将马考勒久期表示为

$$D=\frac{1}{P(\delta)}\sum_{t>0}tR_t e^{-\delta t}=-\frac{P'(\delta)}{P(\delta)} \tag{7.19}$$

资产价格关于利息力的一阶导数反映了利息力的变化对资产价格的影响。一阶导数除以资产价格得到的马考勒久期反映了当利息力变化时资产单位价格的变化率。马考勒久期越大，资产价格受利息力波动的影响越大，利率风险越高。注意，在马考勒久期的第二种定义公式中，一阶导数前面有个负号。

由此可见，马考勒久期有两种形式不同但结果等价的定义。一种定义是，马考勒久期是现金流到期时间的加权平均数，权重是现金流的现值在总现值中的占比。另一种定义是，马考勒久期等于负的资产价格关于利息力的一阶导数除以资产价格。这两种定义看似完全不同，但结果是等价的。

**【例 7-5】** 已知年有效利率为 5%，计算每年连续支付 10 万元的永续年金的马考勒久期。

**【解】** 由年有效利率 $i=5\%$ 求得利息力为

$$\delta=\ln(1+i)=\ln(1+0.05)=0.048\,8$$

每年连续支付10万元的永续年金的现值为

$$P(\delta)=10\bar{a}_{\overline{\infty}|}=10\delta^{-1}$$

故马考勒久期为

$$D=-\frac{P'(\delta)}{P(\delta)}=-\frac{-10\delta^{-2}}{10\delta^{-1}}=\frac{1}{\delta}=\frac{1}{0.048\,8}=20.492(\text{年})$$

上述结果表明，连续支付永续年金的马考勒久期与其现值相等，都等于利息力的倒数，即 $D=1/\delta$。

## 7.2　修正久期

马考勒久期有两种定义，在第二种定义中，马考勒久期度量了当利息力变化时，资产单位价格的变化率。在现实生活中，利息度量的常见工具是年名义利率。从马考勒久期出发，很自然地可以提出这样一个问题：当年名义利率变化时，资产单位价格的变化率是多少呢？这个变化率就是本节将要讨论的修正久期。

资产价格关于年名义利率的一阶导数可以反映年名义利率变化时资产价格的变化率，但它受资产价格大小的影响，不同价格的资产之间不具有可比性。为此，可以计算资产单位价格的变化率，即将资产价格关于年名义利率的一阶导数除以资产价格以消除资产价格的影响。这就得到了修正久期的定义公式：

$$D^{(m)}=-\frac{P'(y)}{P(y)} \tag{7.20}$$

上式中，$y$ 既可以表示年名义利率 $i^{(m)}$，也可以表示年有效利率 $i$，其具体含义与 $m$ 的取值有关，相应地，修正久期的含义也与 $m$ 的取值有关，故记为 $D^{(m)}$，表示当年名义利率 $i^{(m)}$ 变化时资产单位价格的变化率。

资产价格关于年名义利率的一阶导数小于零，为了使得修正久期大于零，在其定义公式前面增加了一个负号。

资产价格可以表示为

$$P(y)=\sum_{t>0}R_t\left(1+\frac{y}{m}\right)^{-mt} \tag{7.21}$$

资产价格关于年名义利率 $y$ 的一阶导数为

$$P'(y)=-\sum_{t>0}tR_t\left(1+\frac{y}{m}\right)^{-mt-1} \tag{7.22}$$

故基于年名义利率 $y$ 计算的修正久期为

$$D^{(m)}=-\frac{P'(y)}{P(y)}=\frac{1}{P(y)}\sum_{t>0}tR_t\left(1+\frac{y}{m}\right)^{-mt-1} \tag{7.23}$$

当 $m=1$ 时，年名义利率等于年有效利率，即 $y=i$，式（7.23）可以简化为

$$D^{(m)}=\frac{1}{P(i)}\sum_{t>0}tR_t(1+i)^{-t-1} \tag{7.24}$$

修正久期越大，说明资产价格的波动幅度越大，年名义利率的较小波动就可能引起资产单位价格的大幅波动，即资产价格的利率风险越大。反之，修正久期越小，说明资产价格的波动幅度越小，年名义利率的较大波动只能引起资产单位价格的小幅波动，即资产的利率风险越小。

马考勒久期度量了利息力变化时资产单位价格的变化率；修正久期度量了年名义利率变化时资产单位价格的变化率。利息力与年名义利率之间可以相互转化，马考勒久期与修正久期之间是否也可以相互转化呢？答案是肯定的。

式（7.23）两边同时乘以（$1+y/m$），可得

$$\left(1+\frac{y}{m}\right)D^{(m)}=\frac{1}{P(y)}\sum_{t>0}tR_t\left(1+\frac{y}{m}\right)^{-mt}$$

上式中，$(1+y/m)^{-mt}$ 是用年名义利率表示的 $t$ 年期的贴现函数，所以上式右边就是现金流到期时间的加权平均数，也就是马考勒久期，故有

$$D^{(m)}=D\left(1+\frac{y}{m}\right)^{-1} \tag{7.25}$$

上式中，$(1+y/m)^{-1}=(1+i)^{-1/m}$，是 $t=1/m$ 时的贴现函数，所以修正久期也就是马考勒久期贴现 $1/m$ 年的现值。

当 $m=1$ 时，$y=i$，上式简化为

$$D^{(m)}=\frac{D}{1+i} \tag{7.26}$$

换言之，基于年有效利率 $i$ 计算的修正久期等于马考勒久期贴现 1 年的现值。

**【例 7-6】**假设 2 年期零息债券的到期收益率为 $i^{(12)}=12\%$，计算该债券的修正久期。

**【解】**对于 2 年期的零息债券，其马考勒久期是 2 年，即 $D=2$。在本例中，$m=12$，应用式（7.25），该债券的修正久期为

$$D^{(m)}=\frac{D}{1+y/m}=\frac{2}{1+0.12/12}=1.98$$

每年复利 12 次的年名义利率 $i^{(12)}=12\%$，可以转化为等价的年有效利率 $i=1.01^{12}-1=12.68\%$。应用式（7.26），基于年有效收益率计算的修正久期为

$$D^{(m)}=\frac{D}{1+i}=\frac{2}{1+0.1268}=1.77$$

注意，上述久期的含义之间存在差异。当 $m=1$ 时，修正久期度量了年有效利率 $i$ 发生一个微小变化对债券价格的影响；当 $m=12$ 时，修正久期度量了年名义利率 $i^{(12)}$ 发生一个微小变化对债券价格的影响；马考勒久期度量了利息力 $\delta$ 发生一个微小变化对债券

价格的影响。

**【例7-7】** 2015年10月1日发行的10年期债券，面值和到期偿还值均为1 000元。年息票率为8%，每半年支付一次利息。假设该债券每年复利2次的年名义收益率为10%，计算该债券的修正久期。

**【解】** 债券每半年支付40元息票收入，到期还有1 000元偿还值，债券的现金流如表7-3的第2列所示。

第3列是现金流的到期时间，用年数表示。

第4列是现金流的现值，用年名义收益率 $i^{(2)}=10\%$ 计算。譬如，半年后（$t=0.5$）支付时第一笔息票收入的现值为 $40(1+i^{(2)}/m)^{-mt}=40\times(1+0.1/2)^{-0.5\times2}=38.10$元。

第5列是现金流到期时间的权重，等于每笔现金流的现值与总现值之比。譬如，半年后（$t=0.5$）支付时第一笔息票收入的现值为38.10元，总现值为875.38元（第4列的合计数），故权重为38.10÷875.38=0.044。

第6列为现金流的到期时间与权重的乘积，这些乘积的总和就是马考勒久期，为 $D=6.84$ 年。

将马考勒久期贴现 $1/m$ 年，即得修正久期为

$$D^{(m)}=\frac{D}{1+y/m}=\frac{6.84}{1+0.1/2}=6.51$$

注意，这是与每年复利两次的年名义收益率10%对应的修正久期。

**表7-3 修正久期的计算过程**

| 日期<br>(1) | 现金流<br>(2) | 时间<br>(3) | 现值<br>(4) | 权重<br>(5)=(4)÷∑(4) | 马考勒久期<br>(6)=(3)×(5) |
|---|---|---|---|---|---|
| 2015/10/1 | | | | | |
| 2016/4/1 | 40 | 0.5 | 38.10 | 0.044 | 0.022 |
| 2016/10/1 | 40 | 1 | 36.28 | 0.041 | 0.041 |
| 2017/4/1 | 40 | 1.5 | 34.55 | 0.039 | 0.059 |
| 2017/10/1 | 40 | 2 | 32.91 | 0.038 | 0.076 |
| 2018/4/1 | 40 | 2.5 | 31.34 | 0.036 | 0.090 |
| 2018/10/1 | 40 | 3 | 29.85 | 0.034 | 0.102 |
| 2019/4/1 | 40 | 3.5 | 28.43 | 0.032 | 0.112 |
| 2019/10/1 | 40 | 4 | 27.07 | 0.031 | 0.124 |
| 2020/4/1 | 40 | 4.5 | 25.78 | 0.029 | 0.131 |
| 2020/10/1 | 40 | 5 | 24.56 | 0.028 | 0.140 |
| 2021/4/1 | 40 | 5.5 | 23.39 | 0.027 | 0.149 |
| 2021/10/1 | 40 | 6 | 22.27 | 0.025 | 0.150 |
| 2022/4/1 | 40 | 6.5 | 21.21 | 0.024 | 0.156 |

续表

| 日期 (1) | 现金流 (2) | 时间 (3) | 现值 (4) | 权重 (5)=(4)÷∑(4) | 马考勒久期 (6)=(3)×(5) |
|---|---|---|---|---|---|
| 2022/10/1 | 40 | 7 | 20.20 | 0.023 | 0.161 |
| 2023/4/1 | 40 | 7.5 | 19.24 | 0.022 | 0.165 |
| 2023/10/1 | 40 | 8 | 18.32 | 0.021 | 0.168 |
| 2024/4/1 | 40 | 8.5 | 17.45 | 0.020 | 0.170 |
| 2024/10/1 | 40 | 9 | 16.62 | 0.019 | 0.171 |
| 2025/4/1 | 40 | 9.5 | 15.83 | 0.018 | 0.171 |
| 2025/10/1 | 1040 | 10 | 391.97 | 0.448 | 4.480 |
| 合计 | | | 875.38 | 1.000 | 6.84 |

**Excel 应用**

### MDURATION 函数

计算债券的修正久期可以用 MDURATIOM 函数。譬如，对于【例 7-7】中的债券，在一个空白单元格中输入“=MDURATION(DATE(2015,10,1),DATE(2025,10,1),8%,10%,2,1)”并回车，即可求得债券的修正久期为 6.51。

当 $m\to\infty$ 时，年名义利率 $y$ 趋于利息力 $\delta$，修正久期趋于马考勒久期，即

$$\lim_{m\to\infty}D^{(m)}=\lim_{m\to\infty}\frac{D}{1+y/m}=D \tag{7.27}$$

**【例 7-8】** 假设年有效利率为 $i$，计算每年末支付 $R$ 元的永续年金的修正久期。

**【解】** 由式（7.10）可知，永续年金的马考勒久期为

$$D=\frac{1+i}{i}$$

在本例中，$m=1$，故应用式（7.26），永续年金的修正久期为

$$D^{(m)}=\frac{D}{1+i}=\frac{1}{i} \tag{7.28}$$

**【例 7-9】** 一项 10 年期年金在第 1 年末的付款额为 1 元，以后每年末的付款额按 5% 的速度增长。假设年有效利率为 6%，计算该项年金的修正久期。

**【解】** 这是一项期末付复递增年金，应用复递增年金的现值公式，其现值可以表示为

$$P=\frac{a_{\overline{10}|j}}{1+r}=\frac{a_{\overline{10}|j}}{1+0.05}=\frac{1-(1+j)^{-10}}{1.05j}$$

其中

$$r=5\%$$

$$j=\frac{i-r}{1+r}=\frac{i-0.05}{1.05}$$

应用链式求导法则，计算债券价格关于年有效利率的一阶导数：

$$P'(i)=\frac{\mathrm{d}P}{\mathrm{d}j}\frac{\mathrm{d}j}{\mathrm{d}i}=\frac{10(1+j)^{-11}\times 1.05j-[1-(1+j)^{-10}]\times 1.05}{(1.05j)^2}\times\frac{1}{1.05}$$

应用式（7.20）计算债券的修正久期：

$$D^{(m)}=-\frac{P'(i)}{P}=-\frac{1}{1.05}\left[\frac{10(1+j)^{-11}}{1-(1+j)^{-10}}-\frac{1}{j}\right] \tag{7.29}$$

年有效利率为 $i=6\%$，故

$$j=\frac{i-r}{1+r}=\frac{0.06-0.05}{1+0.05}=0.009\ 524$$

将其代入式（7.29），即得复递增年金的修正久期 $D^{(m)}=5.114\ 9$。

应用本例的方法，容易求得 $n$ 年期期末付复递增年金的修正久期为

$$D^{(m)}=-\frac{1}{1+r}\left[\frac{n(1+j)^{-(n+1)}}{1-(1+j)^{-n}}-\frac{1}{j}\right] \tag{7.30}$$

其中，$r$ 表示年金的年增长率，$i$ 表示年有效利率，$j=(i-r)/(1+r)$。

## 7.3　有效久期

对于现金流确定的资产，如附息债券或零息债券，修正久期和马考勒久期都可以用于度量其利率风险。对于现金流不确定的资产，如可赎回债券，就无法直接应用前面的公式计算修正久期和马考勒久期。对于现金流不确定的资产，可以应用近似方法计算修正久期或马考勒久期，相应的久期称作有效久期（effective duration），下面用 $D^*$ 表示有效久期。

在计算修正久期或马考勒久期时，我们假设已知资产价格的函数表达式，即将资产价格表示为年名义利率或利息力的函数。对于现金流不确定的资产，很难通过一个简单的函数表示资产价格，也就无法直接计算资产价格关于利息力或年名义利率的一阶导数。在这种情况下，只能近似计算一阶导数。譬如，资产价格关于年名义利率 $y=i^{(m)}$ 的一阶导数可以近似表示为

$$P'(y)\approx\frac{P_+-P_-}{2\Delta y} \tag{7.31}$$

上式中，$P_+$ 表示年名义利率增加 $\Delta y$ 时的资产价格，$P_-$ 表示年名义利率减少 $\Delta y$ 时的资产价格。

将式（7.31）中的年名义利率 $y$ 替换为利息力 $\delta$，即得资产价格关于利息力的一阶导数的近似值。

图 7-4 直观解释了式（7.31）的近似方法。在该图中，曲线刻画了资产价格随年名义利率的变化过程。直线表示一阶导数 $P'(y)$，即切线的斜率。$y_0 - y_- = y_+ - y_0 = \Delta y$，故割线 $AB$ 的斜率可以表示为$\frac{P_+ - P_-}{2\Delta y}$。由此可见，在式（7.31）的近似计算公式中，实际上是用割线 $AB$ 的斜率$\frac{P_+ - P_-}{2\Delta y}$代替了切线的斜率 $P'(y)$。

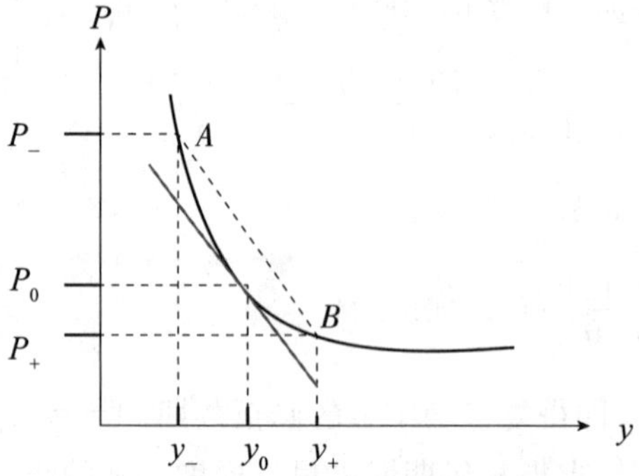


**图 7-4　资产价格随年名义利率变动的近似线性关系**

在修正久期的定义公式中，用式（7.31）近似计算资产价格关于年名义利率的一阶导数 $P'(y)$，即得有效久期的计算公式为

$$D^* = -\frac{P'(y)}{P(y)} = \frac{P_- - P_+}{P(2\Delta y)} \tag{7.32}$$

上式中，$P$ 表示当前利率水平下的资产价格，$P_+$ 表示年名义利率增加 $\Delta y$ 时的资产价格，$P_-$ 表示年名义利率减少 $\Delta y$ 时的资产价格。

式（7.32）定义的有效久期是对修正久期的近似计算。

在式（7.31）和式（7.32）中，用利息力 $\delta$ 代替年名义利率 $y$，可以得到下述的有效久期：

$$D^* = \frac{P_- - P_+}{P(2\Delta\delta)} \tag{7.33}$$

上式中，$P_+$ 表示利息力增加 $\Delta\delta$ 时的资产价格，$P_-$ 表示利息力减少 $\Delta\delta$ 时的资产价格。

式（7.33）定义的有效久期是对马考勒久期的近似计算。

**【例 7-10】** 已知 6 年期可赎回债券的价格为 100 元。如果到期收益率上升 100 个基点，债券的价格将下降为 95.87 元。如果到期收益率下降 100 个基点，债券的价格将上升至 104.76 元。计算债券的有效久期。

**【解】** 一个基点表示 0.01%。到期收益率上升或下降 100 个基点，表示 $\Delta y = 0.01$。债券的当前价格为 $P = 100$，到期收益率上升或下降后的价格分别为 $P_+ = 95.87$ 和 $P_- = 104.76$。

应用式（7.32），该债券的有效久期为

$$D^{*}=\frac{P_{-}-P_{+}}{P(2\Delta y)}=\frac{104.76-95.87}{100\times2\times0.01}=4.45$$

## 7.4　基于久期计算资产价格的变化量

修正久期度量了年名义利率的变化对资产价格的影响，因此，应用修正久期可以近似计算年名义利率变化以后的资产价格。

将修正久期的定义公式（7.20）变形可得：

$$D^{(m)}=-\frac{1}{P}\frac{\mathrm{d}P}{\mathrm{d}y}\approx-\frac{1}{P}\frac{\Delta P}{\Delta y}$$

即

$$\frac{\Delta P}{P}\approx-D^{(m)}\cdot\Delta y \tag{7.34}$$

上式左边表示资产价格变化的百分比，其中 $\Delta P$ 表示资产价格的绝对变化量，$\Delta y$ 表示年名义利率的绝对变化量。年名义利率的绝对变化量通常用基点（base points）表示。一个基点表示 0.01%，100 个基点表示 1%。譬如，年名义利率从 6%上升到 8%，可以表述为年名义利率上升了 200 个基点。

式（7.34）表明，资产价格的相对变化量 $\Delta P/P$ 与年名义利率的绝对变化量 $\Delta y$ 之间存在近似线性关系。如果年名义利率增加 100 个基点，即年名义利率的绝对增量为 1%，则资产价格下降的百分比大约为 $D^{(m)}$%。譬如，假设资产的修正久期为 3，则年名义利率增加 100 个基点时，资产价格将下降大约 3%。

**【例 7－11】** 已知债券的价格为 115.92 元，到期收益率为 7%，修正久期为 8.37。计算到期收益率上升为 7.05%时，该债券的价格大约是多少。

**【解】** 到期收益率的绝对增量为 $\Delta y=7.05\%-7\%=0.05\%$，债券价格下降的百分比近似为

$$\frac{\Delta P}{P}=-D^{(m)}\cdot\Delta y=-8.37\times0.05\%=-0.42\%$$

因此，到期收益率上升为 7.05%时，债券价格将近似等于：

$$115.92\times(1-0.42\%)=115.43(\text{元})$$

年名义利率的绝对增量越小，式（7.34）的近似结果越精确。图 7－5 描述了年名义利率与资产价格之间的近似线性变化关系。由导数的定义可知：

$$\frac{\hat{P}(y+\Delta y)-P(y)}{\Delta y}=P'(y)$$

上式经变形，可得：

$$\frac{\hat{P}(y+\Delta y)-P(y)}{P(y)}=\frac{P'(y)}{P(y)}\cdot\Delta y=-D^{(m)}\cdot\Delta y$$

上式中，用 $P(y+\Delta y)$ 代替 $\hat{P}(y+\Delta y)$，即得近似公式：

$$\frac{P(y+\Delta y)-P(y)}{P(y)}=\frac{\Delta P}{P}\approx-D^{(m)}\cdot\Delta y$$

可见，上述线性近似的精确度取决于用 $P(y+\Delta y)$ 代替 $\hat{P}(y+\Delta y)$ 所产生的误差。显然，价格曲线的弯曲程度越大，线性近似所产生的误差越大。为了更加准确地度量年名义利率变化对资产价格的影响，还需要考虑资产价格曲线的弯曲程度，即后面将要讨论的凸度。

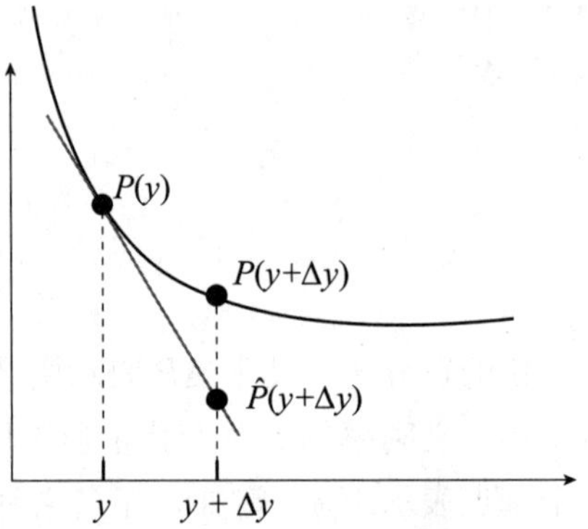


图 7-5　资产价格的相对变化量与年名义利率的绝对变化量之间的近似线性关系

与年名义利率类似，也可以建立利息力的绝对变化量与资产价格相对变化量之间的近似线性关系。将马考勒久期的定义公式变形，可得：

$$D=-\frac{1}{P}\frac{\mathrm{d}P}{\mathrm{d}\delta}\approx-\frac{1}{P}\frac{\Delta P}{\Delta\delta}$$

即

$$\frac{\Delta P}{P}\approx-D\cdot\Delta\delta \tag{7.35}$$

上式表明，如果利息力增加 100 个基点，即利息力的绝对增量为 1%，则资产价格下降的百分比大约为 $D\%$。譬如，假设资产的马考勒久期为 5 年，则当利息力增加 100 个基点时，资产价格将下降大约 5%。

## 7.5　马考勒凸度

修正久期和马考勒久期分别度量了年名义利率和利息力的绝对变化量对资产价格相对变化量的近似线性影响。图 7-5 表明，年名义利率（或利息力）对资产价格的影响并不是线性的，而是存在非线性影响成分。为了更加准确地度量年名义利率（或利息力）的变化对资产价格的影响，需要引入修正凸度和马考勒凸度的概念。本节首先介绍马考勒凸度。

马考勒久期是负的资产价格关于利息力的一阶导数与资产价格之比，即

$$D=-\frac{P'(\delta)}{P(\delta)}$$

马考勒凸度定义为资产价格关于利息力的二阶导数与资产价格之比，即

$$C=\frac{P''(\delta)}{P(\delta)} \tag{7.36}$$

注意，资产价格关于利息力的一阶导数小于零，二阶导数大于零，即 $P'(\delta)<0$，$P''(\delta)>0$。

资产价格用利息力可以表示为

$$P(\delta)=\sum_{t>0}R_t\mathrm{e}^{-\delta t}$$

故资产价格关于利息力的二阶导数为

$$P''(\delta)=\frac{\mathrm{d}^2}{\mathrm{d}\delta^2}\Big(\sum_{t>0}R_t\mathrm{e}^{-\delta t}\Big)=\sum_{t>0}t^2R_t\mathrm{e}^{-\delta t}$$

将上式代入马考勒凸度的定义公式（7.36），可以得到马考勒凸度的第二个定义公式：

$$C=\frac{P''(\delta)}{P(\delta)}=\frac{1}{P(\delta)}\sum_{t>0}t^2R_t\mathrm{e}^{-\delta t} \tag{7.37}$$

从式（7.37）可以看出，马考勒凸度是现金流到期时间平方的加权平均数，这与马考勒久期的计算方法类似。换言之，马考勒久期是 $t$ 的加权平均数，而马考勒凸度是 $t^2$ 的加权平均数，权重都是现金流的现值与总现值之比。譬如，$n$ 年期零息债券的马考勒久期是 $n$，马考勒凸度是 $n^2$。

可以证明，马考勒凸度是利息力 $\delta$ 的减函数，即在其他条件不变的情况下，利息力 $\delta$ 越高，马考勒凸度越小。

**【例 7-12】**一项 10 年期的年金在每年末支付 1 元，年有效利率为 5%，计算该项年金的马考勒凸度。

**【解】**马考勒凸度是现金流到期时间 $t^2$ 的加权平均数，计算过程如表 7-4 所示。

第 3 列是现金流的现值。譬如，第 1 年末支付的 1 元在时间零点的现值为 $R_t(1+i)^{-t}=1\times(1+5\%)^{-1}=0.952$。该列的总和就是年金的总现值 7.722。

第 4 列是现金流的权重，等于现金流的现值与总现值 7.722 之比。譬如，第 1 年的权重为 $w_1=0.952/7.722=0.123$。

第 5 列是 $t^2$ 的加权平均数，该列的总和就是马考勒凸度，计算公式如下：

$$C=\sum_{t=1}^{10}t^2w_t=34.151$$

表 7-4　马考勒凸度的计算过程

| 时间（$t$） | 现金流（$R_t$） | 现值（$R_t(1+i)^{-t}$） | 权重（$w_t$） | 马考勒凸度（$t^2w_t$） |
|---|---|---|---|---|
| 1 | 1 | 0.952 | 0.123 | 0.123 |
| 2 | 1 | 0.907 | 0.117 | 0.470 |
| 3 | 1 | 0.864 | 0.112 | 1.007 |
| 4 | 1 | 0.823 | 0.107 | 1.705 |
| 5 | 1 | 0.784 | 0.101 | 2.537 |
| 6 | 1 | 0.746 | 0.097 | 3.479 |
| 7 | 1 | 0.711 | 0.092 | 4.510 |
| 8 | 1 | 0.677 | 0.088 | 5.610 |
| 9 | 1 | 0.645 | 0.083 | 6.762 |
| 10 | 1 | 0.614 | 0.080 | 7.950 |
| 合计 | | 7.722 | 1.000 | 34.151 |

**【例 7-13】**假设年有效利率为 $i$，求期初付永续年金的马考勒凸度。

**【解】**期初付永续年金的现值可以用年有效利率 $i$ 表示为

$$P(i)=\frac{1+i}{i}$$

期初付永续年金的现值关于年有效利率的一阶和二阶导数分别为

$$P'(i)=-i^{-2}$$
$$P''(i)=2i^{-3}$$

由于 $i=e^{\delta}-1$，故应用链式法则，期初付永续年金的现值关于利息力 $\delta$ 的一阶和二阶导数分别为

$$P'(\delta)=\frac{dP}{d\delta}=\frac{dP}{di}\frac{di}{d\delta}=-i^{-2}e^{\delta}=-i^{-2}(1+i)$$
$$P''(\delta)=\frac{dP'(\delta)}{d\delta}=\frac{dP'(\delta)}{di}\frac{di}{d\delta}=(2i^{-3}+i^{-2})e^{\delta}=(2i^{-3}+i^{-2})(1+i)$$

应用马考勒凸度的定义式（7.37），期初付永续年金的马考勒凸度为

$$C=\frac{P''(\delta)}{P(\delta)}=\frac{2+i}{i^2}$$

式中，$P(\delta)=P(i)=\frac{1+i}{i}$。

马考勒凸度是现金流到期时间平方的平均数，马考勒久期是现金流到期时间的平均数。用 var($t$) 表示现金流到期时间的方差，则有

$$\mathrm{var}(t)=\left[\sum_{t>0}t^2w_t-\left(\sum_{t>0}tw_t\right)^2\right]=C-D^2 \tag{7.38}$$

其中，权重 $w_t=\dfrac{R_t e^{-\delta t}}{\sum\limits_{t>0} R_t e^{-\delta t}}=\dfrac{1}{P}R_t e^{-\delta t}$ 。

式（7.38）经变形可得：

$$C=D^2+\mathrm{var}(t) \tag{7.39}$$

上式表明，在给定马考勒久期的情况下，现金流的方差越大（即现金流越分散），马考勒凸度越大。

## 7.6　修正凸度

马考勒凸度定义为资产价格关于利息力的二阶导数与资产价格之比。修正凸度定义为资产价格关于年名义利率的二阶导数与资产价格之比，即

$$C^{(m)}=\frac{P''(y)}{P(y)} \tag{7.40}$$

与修正久期类似，修正凸度也是年名义利率 $y=i^{(m)}$ 的函数，所以修正凸度的具体含义也与 $m$ 的取值有关。

假设在时间 $t$ 的现金流为 $R_t$，则资产价格可以用年名义利率表示为

$$P(y)=\sum_{t>0} R_t\left(1+\frac{y}{m}\right)^{-mt} \tag{7.41}$$

由此可以求得资产价格关于年名义利率的二阶导数为

$$P''(y)=\sum_{t>0}\left(t+\frac{1}{m}\right)R_t\left(1+\frac{y}{m}\right)^{-mt-2} \tag{7.42}$$

将式（7.42）代入式（7.40），基于年名义利率 $y$ 的修正凸度为

$$C^{(m)}=\frac{P''(y)}{P(y)}=\frac{1}{P(y)}\left[\sum_{t>0} t\left(t+\frac{1}{m}\right)R_t\left(1+\frac{y}{m}\right)^{-mt-2}\right] \tag{7.43}$$

当 $m=1$ 时，$y$ 就是年有效利率，即 $y=i$，此时，基于年有效利率的修正凸度可以简化为

$$C^{(m)}=\frac{P''(i)}{P(i)}=\frac{1}{P(i)}\left[\sum_{t>0} t(t+1)R_t(1+i)^{-t-2}\right] \tag{7.44}$$

可以证明，修正凸度是年名义利率的减函数，即在其他条件不变的情况下，年名义利率越高，修正凸度越小。

**【例 7-14】**一项 10 年期年金在每年末支付 1 元，年有效利率为 5%，计算该年金的修正久期和修正凸度。

**【解】**该项年金的现金流每年末支付 1 元，年有效利率为 $i=5\%$。修正久期和修正凸度的计算过程如表 7-5 所示。

年金现金流的现值为

$$P=\sum_{t=1}^{10}(1+i)^{-t}=\sum_{t=1}^{10}1.05^{-t}=7.722$$

第 $t$ 年的权重为

$$w_t=\frac{1}{P}(1+i)^{-t}=\frac{1}{P}(1+0.05)^{-t}=\frac{1.05^{-t}}{7.722}$$

马考勒久期是现金流到期时间 $t$ 的加权平均数：

$$D=\sum_{t=1}^{10}tw_t=34.152$$

修正久期是马考勒久期的贴现值。本例中，$m=1$，故将马考勒久期贴现一年，即得修正久期为

$$D^{(m)}=\frac{D}{1+i}=\frac{34.152}{1+0.05}=32.526$$

应用式（7.44）计算修正凸度：

$$C^{(m)}=\frac{1}{P}\Big[\sum_{t=1}^{10}t(t+1)R_t(1+i)^{-t-2}\Big]=\frac{1}{7.722}\Big[\sum_{t=1}^{10}t(t+1)\times 1.05^{-t-2}\Big]=35.602$$

其中，求和号中的数值应用下式计算：

$$t(t+1)R_t(1+i)^{-t-2}=t(t+1)\times 1.05^{-t-2}$$

计算结果如表 7-5 的最后一列所示，修正凸度就是该列数值之和。

**表 7-5　修正久期和修正凸度的计算过程**

| 时间（$t$） | 现金流（$R_t$） | 现金流的现值 | 权重（$w_t$） | 马考勒久期 | 修正久期 | 修正凸度 |
|---|---|---|---|---|---|---|
| 1 | 1 | 0.952 | 0.123 3 | 0.123 | 0.117 | 0.224 |
| 2 | 1 | 0.907 | 0.117 5 | 0.470 | 0.447 | 0.639 |
| 3 | 1 | 0.864 | 0.111 9 | 1.007 | 0.959 | 1.218 |
| 4 | 1 | 0.823 | 0.106 5 | 1.705 | 1.624 | 1.933 |
| 5 | 1 | 0.784 | 0.101 5 | 2.537 | 2.416 | 2.761 |
| 6 | 1 | 0.746 | 0.096 6 | 3.479 | 3.313 | 3.681 |
| 7 | 1 | 0.711 | 0.092 0 | 4.510 | 4.295 | 4.675 |
| 8 | 1 | 0.677 | 0.087 7 | 5.610 | 5.343 | 5.724 |
| 9 | 1 | 0.645 | 0.083 5 | 6.762 | 6.440 | 6.815 |
| 10 | 1 | 0.614 | 0.079 5 | 7.950 | 7.572 | 7.932 |
| 合计 | | 7.722 | 1.000 | 34.152 | 32.526 | 35.602 |

**【例 7-15】** 债券的年到期收益率为 $i$，求 $n$ 年期零息债券的修正凸度。

**【解】** 不妨假设债券的面值为 1 元，则 $n$ 年期零息债券的价格为

$$P(i)=(1+i)^{-n}$$

债券价格关于到期收益率的一阶和二阶导数分别为

$$P'(i)=-n(1+i)^{-n-1}$$
$$P''(i)=n(n+1)(1+i)^{-n-2}$$

本例中 $m=1$，故 $n$ 年期零息债券的修正凸度为

$$C^{(m)}=\frac{P''(i)}{P(i)}=n(n+1)(1+i)^{-2}$$

**【例 7-16】** 已知马考勒久期 $D$ 和马考勒凸度 $C$，$y$ 表示每年复利 $m$ 次的年名义利率 $i^{(m)}$。证明修正凸度 $C^{(m)}$ 可以用马考勒久期和马考勒凸度表示为

$$C^{(m)}=\left(C+\frac{D}{m}\right)\left(1+\frac{y}{m}\right)^{-2}=\left(C+\frac{D}{m}\right)e^{-2\delta/m} \tag{7.45}$$

上式表明，将 $(C+D/m)$ 贴现 $2/m$ 年，即得修正凸度。马考勒久期和马考勒凸度的计算相对比较容易，前者是时间 $t$ 的加权平均数，后者是 $t^2$ 的加权平均数。应用马考勒久期与马考勒凸度可以简化修正凸度的计算过程。

**【证明】** 年名义利率 $y$ 与利息力 $\delta$ 具有如下关系：

$$\left(1+\frac{y}{m}\right)^m=e^{\delta}$$

$$\Rightarrow\delta=m\ln\left(1+\frac{y}{m}\right)$$

$$\Rightarrow\frac{d\delta}{dy}=\left(1+\frac{y}{m}\right)^{-1}$$

$$\Rightarrow\frac{dy}{d\delta}=\left(1+\frac{y}{m}\right)$$

资产价格关于利息力的一阶导数可以表示为

$$P'(\delta)=\frac{dP}{dy}\frac{dy}{d\delta}=P'(y)\left(1+\frac{y}{m}\right)$$

上式对利息力 $\delta$ 再求导数，可得资产价格关于利息力的二阶导数为

$$\begin{aligned}P''(\delta)&=P''(y)\frac{dy}{d\delta}\left(1+\frac{y}{m}\right)+P'(y)\frac{1}{m}\left(1+\frac{y}{m}\right)\\&=P''(y)\left(1+\frac{y}{m}\right)^2+P'(y)\frac{1}{m}\left(1+\frac{y}{m}\right)\end{aligned}$$

上式两边分别除以资产价格，有

$$C=C^{(m)}\left(1+\frac{y}{m}\right)^2-D^{(m)}\cdot\frac{1}{m}\left(1+\frac{y}{m}\right) \tag{7.46}$$

应用马考勒久期与修正久期的下述关系：

$$D^{(m)}=D\left(1+\frac{y}{m}\right)^{-1} \tag{7.47}$$

将式（7.47）代入式（7.46），可得

$$C=C^{(m)}\left(1+\frac{y}{m}\right)^{2}-D\cdot\frac{1}{m} \tag{7.48}$$

上式变形，即得修正凸度的如下计算公式：

$$C^{(m)}=\left(C+\frac{D}{m}\right)\left(1+\frac{y}{m}\right)^{-2}=\left(C+\frac{D}{m}\right)e^{-2\delta/m} \tag{7.49}$$

上式中，$\left(1+\frac{y}{m}\right)^{-2}=e^{-2\delta/m}$是时间为$t=2/m$年的贴现函数。换言之，修正凸度$C^{(m)}$等于$\left(C+\frac{D}{m}\right)$贴现$2/m$年的现值。

当$m=1$时，即在使用年有效利率的场合，修正凸度的计算公式可以简化为

$$C^{(m)}=(C+D)(1+i)^{-2}=(C+D)e^{-2\delta} \tag{7.50}$$

上式中，$(1+i)^{-2}=e^{-2\delta}$是时间为$t=2$年的贴现函数，故当$m=1$时，修正凸度等于马考勒凸度与马考勒久期之和贴现 2 年的现值。

式（7.49）和式（7.50）可以简化修正凸度的计算过程。譬如，对于$n$年期零息债券，马考勒久期为$n$，马考勒凸度为$n^2$，故修正凸度为$(n+n^2)(1+i)^{-2}$。

**【例 7-17】**有面值为 100 元的 5 年期债券，年息票率为 6%，每半年支付一次利息，到期按面值偿还。该债券每半年复利一次的年名义收益率为 8%。计算该债券的价格、马考勒久期、修正久期、马考勒凸度和修正凸度。

**【解】**债券的现金流如表 7-6 所示。

由$y=i^{(2)}=8\%$可知，债券的年有效收益率为

$$i=(1+4\%)^2-1=8.16\%$$

债券的价格为

$$P=\sum_{t>0}R_t v^t=91.89\text{（元）}$$

马考勒久期为

$$D=\sum_{t>0}t w_t=4.36\text{（年）}$$

基于每半年复利一次（$m=2$）的年名义收益率计算修正久期：

$$D^{(m)}=\frac{D}{1+y/m}=\frac{D}{1+0.08/2}=\frac{4.36}{1+0.08/2}=4.19$$

马考勒凸度为

$$C=\sum_{t>0}t^2 w_t=20.70$$

基于每半年复利一次（$m=2$）的年名义收益率计算修正凸度：

$$
\begin{aligned}
C^{(m)} &= \left(C+\frac{D}{m}\right)\left(1+\frac{y}{m}\right)^{-2}\\
&= \left(20.70+\frac{4.36}{2}\right)\left(1+\frac{0.08}{2}\right)^{-2}\\
&= 21.15
\end{aligned}
$$

**表 7-6　债券价格、马考勒久期和马考勒凸度的计算过程**

| 时间 ($t$) | 现金流 ($R_t$) | 现值 ($R_t v^t$) | 权重 ($w_t$) | 马考勒久期 ($tw_t$) | 马考勒凸度 ($t^2 w_t$) |
|---|---|---|---|---|---|
| 0.5 | 3 | 2.88 | 0.031 | 0.016 | 0.008 |
| 1 | 3 | 2.77 | 0.030 | 0.030 | 0.030 |
| 1.5 | 3 | 2.67 | 0.029 | 0.044 | 0.065 |
| 2 | 3 | 2.56 | 0.028 | 0.056 | 0.111 |
| 2.5 | 3 | 2.47 | 0.027 | 0.067 | 0.168 |
| 3 | 3 | 2.37 | 0.026 | 0.077 | 0.232 |
| 3.5 | 3 | 2.28 | 0.025 | 0.087 | 0.304 |
| 4 | 3 | 2.19 | 0.024 | 0.095 | 0.381 |
| 4.5 | 3 | 2.11 | 0.023 | 0.103 | 0.465 |
| 5 | 103 | 69.58 | 0.757 | 3.786 | 18.930 |
| 合计 | 130 | 91.89 | 1.00 | 4.36 | 20.70 |

## 7.7　有效凸度

对于确定的现金流，可以直接计算其修正凸度或马考勒凸度。但对于可赎回债券等不确定的现金流，就需要用有效凸度近似代替修正凸度或马考勒凸度。类似于有效久期的计算，在计算有效凸度时，可以对资产价格关于年名义利率的二阶导数 $P''(y)$ 进行如下近似计算：

$$
\begin{aligned}
P''(y) &= \frac{\mathrm{d}^2 P}{\mathrm{d}y^2} \approx \frac{\Delta(\Delta P)}{(\Delta y)^2}\\
&= \frac{(P_{+}-P)-(P-P_{-})}{(\Delta y)^2} \qquad (7.51)\\
&= \frac{P_{+}+P_{-}-2P}{(\Delta y)^2}
\end{aligned}
$$

因此有效凸度可以定义为

$$
C^{*} = \frac{P_{+}+P_{-}-2P}{(\Delta y)^2 P} \qquad (7.52)
$$

其中，$P$ 表示当前利率水平下的资产价格，$P_+$ 表示年名义利率增加 $\Delta y$ 时的资产价格，$P_-$ 表示年名义利率减少 $\Delta y$ 时的资产价格。

式（7.52）是对凸度的近似计算。如果用利息力 $\delta$ 代替年名义利率 $y$，即可得到马考勒凸度的近似计算公式为

$$C^* = \frac{P_+ + P_- - 2P}{(\Delta\delta)^2 P} \tag{7.53}$$

上式中，$P_+$ 表示利息力增加 $\Delta\delta$ 时的资产价格，$P_-$ 表示利息力减少 $\Delta\delta$ 时的资产价格。

**【例 7－18】** 已知一只 6 年期可赎回债券的价格为 100 元。如果年到期收益率上升 100 个基点，债券价格将下降为 95.87 元；如果年到期收益率下降 100 个基点，债券价格将上升至 104.76 元。计算该债券的有效凸度。

**【解】** $P=100$，$P_+=95.87$，$P_-=104.76$。

应用式（7.52），该债券的有效凸度为

$$C^* = \frac{P_+ + P_- - 2P}{(\Delta y)^2 P} = \frac{95.87 + 104.76 - 2\times 100}{0.01^2 \times 100} = 63$$

## 7.8 资产组合的久期和凸度

计算资产组合的久期和凸度可以采取两种方法。一种方法是首先计算组合中每种资产的久期和凸度，然后以组合中每种资产的价值在总资产价值中的占比为权重，计算这些久期和凸度的加权平均数，即得资产组合的久期和凸度。另一种方法是将资产组合看作一个整体，直接根据资产组合的现金流计算其久期和凸度。第二种方法的基本原理与单项资产类似，本节仅对第一种方法进行简要介绍。

假设资产组合由 $n$ 只债券构成，第 $k$ 只债券的现值为 $P_k$，久期为 $D_k$，凸度为 $C_k$。这里的久期可以是马考勒久期或修正久期，凸度也可以是马考勒凸度或修正凸度。

资产组合的价格为

$$P = \sum_{k=1}^{n} P_k \tag{7.54}$$

资产组合的久期可以表示为

$$\begin{aligned}\widetilde{D} &= -\frac{1}{P}\frac{\mathrm{d}P}{\mathrm{d}y} = -\frac{1}{P}\sum_{k=1}^{n}\frac{\mathrm{d}P_k}{\mathrm{d}y} \\ &= \sum_{k=1}^{n}\frac{P_k}{P}\left(-\frac{1}{P_k}\frac{\mathrm{d}P_k}{\mathrm{d}y}\right) \\ &= \sum_{k=1}^{n}\frac{P_k}{P}D_k\end{aligned} \tag{7.55}$$

类似地，资产组合的凸度 $\widetilde{C}$ 可以表示为

$$\widetilde{C}=\sum_{k=1}^{n}\frac{P_k}{P}C_k \tag{7.56}$$

**【例 7－19】** 一个债券组合由两种面值为 100 元的债券构成，两种债券到期后均按面值偿还，且到期收益率均为 5%。第一种债券的年息票率为 6%，期限为 5 年。第二种债券为 10 年期的零息债券。计算该债券组合的马考勒久期、修正久期、马考勒凸度和修正凸度。

**【解】** 关于第一种债券的计算过程如表 7－7 所示。

第一种债券的价格为

$$P_1=\sum_{t=1}^{5}R_t v^t=104.329(\text{元})$$

第一种债券的马考勒久期为

$$D_1=\sum_{t=1}^{5}tw_t=4.478(\text{年})$$

第一种债券的修正久期为

$$D_1^{(m)}=\frac{D_1}{1+i}=\frac{4.48}{1.05}=4.265$$

第一种债券的马考勒凸度为

$$C_1=\sum_{t=1}^{5}t^2w_t=21.369$$

第一种债券的修正凸度为

$$C_1^{(m)}=(D_1+C_1)\cdot(1+i)^{-2}=(4.478+21.369)\times 1.05^{-2}=23.444$$

**表 7－7　第一种债券的价格、马考勒久期和马考勒凸度**

| 时间 ($t$) | 现金流 ($R_t$) | 现值 ($R_t v^t$) | 权重 ($w_t$) | 马考勒久期 ($tw_t$) | 马考勒凸度 ($t^2 w_t$) |
|---|---|---|---|---|---|
| 1 | 6 | 5.714 | 0.055 | 0.055 | 0.055 |
| 2 | 6 | 5.442 | 0.052 | 0.104 | 0.209 |
| 3 | 6 | 5.183 | 0.050 | 0.149 | 0.447 |
| 4 | 6 | 4.936 | 0.047 | 0.189 | 0.757 |
| 5 | 106 | 83.054 | 0.796 | 3.980 | 19.902 |
| 合计 | | 104.329 | 1.000 | 4.478 | 21.369 |

第二种债券的价格为

$$P_2=100\times(1+0.05)^{-10}=61.39(\text{元})$$

第二种债券是零息债券，马考勒久期 $D_2=10$，马考勒凸度 $C_2=10^2=100$。

第二种债券的修正久期为

$$D_2^{(m)}=10/(1+0.05)=9.52$$

应用式（7.50），第二种债券的修正凸度为

$$C_2^{(m)}=(D_2+C_2)(1+i)^{-2}=(10+100)\times1.05^{-2}=99.77$$

债券组合的价格为

$$P=P_1+P_2=165.72$$

债券组合的马考勒久期为

$$\widetilde{D}=\frac{P_1}{P}D_1+\frac{P_2}{P}D_2=0.63\times4.478+0.37\times10=6.52(\text{年})$$

类似地，债券组合的修正久期为

$$\widetilde{D}^{(m)}=\frac{P_1}{P}D_1^{(m)}+\frac{P_2}{P}D_2^{(m)}=6.21$$

债券组合的马考勒凸度为

$$\widetilde{C}=\frac{P_1}{P}C_1+\frac{P_2}{P}C_2=50.50$$

债券组合的修正凸度为

$$\widetilde{C}^{(m)}=\frac{P_1}{P}C_1^{(m)}+\frac{P_2}{P}C_2^{(m)}=51.72$$

## 7.9 基于久期和凸度计算资产价格的变化量

资产价格 $P(y)$ 是年名义利率 $y$ 的函数。将资产价格函数用泰勒级数展开，则有

$$P(y)=P(y_0)+P'(y_0)(y-y_0)+\frac{1}{2}P''(y_0)(y-y_0)^2+o(y-y_0) \tag{7.57}$$

在上式中，$o(y-y_0)$ 是关于 $y-y_0$ 的高阶无穷小量，当 $y-y_0$ 较小时，可以忽略不计。将等式右边的 $P(y_0)$ 移到等式左边，并在等式两边同时除以资产价格 $P(y_0)$，可以将资产价格的相对变化率表示为下述近似公式：

$$\frac{P(y)-P(y_0)}{P(y_0)}\approx\frac{P'(y_0)}{P(y_0)}(y-y_0)+\frac{1}{2}\frac{P''(y_0)}{P(y_0)}(y-y_0)^2$$

记 $\Delta y=y-y_0$，并应用修正久期和修正凸度的定义，上式变形为

$$\frac{\Delta P}{P}\approx-D^{(m)}\cdot\Delta y+\frac{1}{2}\cdot C^{(m)}\cdot(\Delta y)^2 \tag{7.58}$$

其中

$$\frac{\Delta P}{P}=\frac{P(y)-P(y_0)}{P(y_0)}$$

$$D^{(m)}=-\frac{P'(y_0)}{P(y_0)}$$

$$C^{(m)}=\frac{P''(y_0)}{P(y_0)}$$

上式表明，年名义利率变化所导致的资产价格变化的百分比可以通过修正久期和修正凸度近似计算。

资产价格也可以表示为利息力 $\delta$ 的函数。把式（7.57）中的年名义利率 $y$ 替换为利息力 $\delta$，则式（7.58）变形为

$$\frac{\Delta P}{P}\approx -D\cdot\Delta\delta+\frac{1}{2}\cdot C\cdot(\Delta\delta)^2 \tag{7.59}$$

上式表明，利息力变化所导致的资产价格变化的百分比可以通过马考勒久期和马考勒凸度近似计算。

在式（7.58）中，如果无法求得修正久期和修正凸度，则可以用有效久期和有效凸度近似计算。相应地，式（7.58）变形为

$$\frac{\Delta P}{P}\approx -D^{*}\cdot\Delta y+\frac{1}{2}\cdot C^{*}\cdot(\Delta y)^2 \tag{7.60}$$

类似地，在式（7.59）中，也可以用有效久期和有效凸度近似计算。

从式（7.58）可以看出，修正久期对资产价格的影响取决于年名义利率的变化方向。年名义利率上升时，修正久期越大，资产价格的下降幅度越大，对投资者越不利；当年名义利率下降时，修正久期越大，资产价格的上升幅度越大，对投资者越有利。由此可见，修正久期是把“双刃剑”，对投资者既有有利的一面，也有不利的一面。但是，无论年名义利率如何变化，修正凸度越大，资产价格的上升幅度越大，对投资者就越有利。因此，对投资者而言，理想的资产应该具有较小的久期和较大的凸度。

凸度越大的资产，其规避利率风险的能力越强。这可以由图 7-6 得到反映。在该图中，债券 A（用实线表示）的凸度大于债券 B（用虚线表示）的凸度，当利率下降时，债券 A 的价格上升幅度大于债券 B；而当利率上升时，债券 A 的价格下降幅度小于债券 B。因此，债券 A 对投资者更加有利。

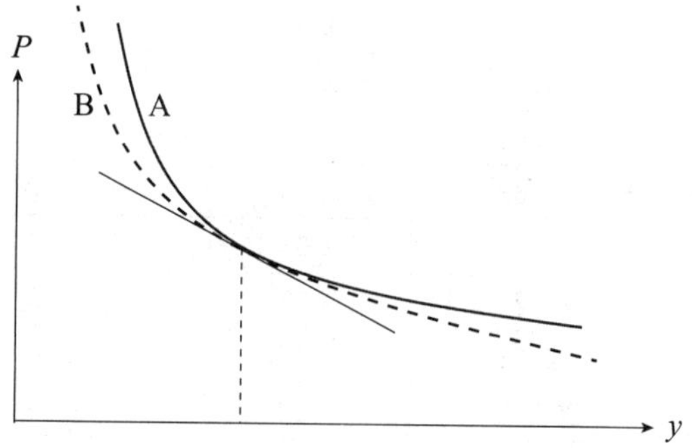


**图 7-6 凸度对债券价格的影响**

**【例7-20】** 债券的面值是1 000元，期限为15年，年息票率为11%，到期按面值偿还，到期收益率为12%。计算该债券的价格、马考勒久期、修正久期、马考勒凸度和修正凸度，以及到期收益率上升至12.5%时，债券价格如何变化。

**【解】** 债券的价格、马考勒久期、马考勒凸度的计算过程如表7-8所示。

债券价格是现金流的现值之和：

$$P=\sum_{t=1}^{15}R_t v^t=931.89(\text{元})$$

马考勒久期是到期时间的加权平均数：

$$D=\sum_{t=1}^{15}tw_t=7.75(\text{年})$$

修正久期是马考勒久期的贴现值：

$$D^{(m)}=\frac{D}{1+i}=\frac{7.75}{1.12}=6.92$$

马考勒凸度是到期时间平方的加权平均数：

$$C=\sum_{t=1}^{15}t^2 w_t=85.92$$

应用马考勒久期和马考勒凸度，可以求得修正凸度为

$$C^{(m)}=(C+D)(1+i)^{-2}=(85.92+7.75)\times(1+0.12)^{-2}=74.67$$

**表7-8　债券价格、久期和凸度的计算过程**

| 时间 ($t$) | 现金流 ($R_t$) | 现值 ($R_t v^t$) | 权重 ($w_t$) | 马考勒久期 ($tw_t$) | 马考勒凸度 ($t^2 w_t$) |
|---|---|---|---|---|---|
| 1 | 110 | 98.21 | 0.11 | 0.11 | 0.11 |
| 2 | 110 | 87.69 | 0.09 | 0.19 | 0.38 |
| 3 | 110 | 78.30 | 0.08 | 0.25 | 0.76 |
| 4 | 110 | 69.91 | 0.08 | 0.30 | 1.20 |
| 5 | 110 | 62.42 | 0.07 | 0.33 | 1.67 |
| 6 | 110 | 55.73 | 0.06 | 0.36 | 2.15 |
| 7 | 110 | 49.76 | 0.05 | 0.37 | 2.62 |
| 8 | 110 | 44.43 | 0.05 | 0.38 | 3.05 |
| 9 | 110 | 39.67 | 0.04 | 0.38 | 3.45 |
| 10 | 110 | 35.42 | 0.04 | 0.38 | 3.80 |
| 11 | 110 | 31.62 | 0.03 | 0.37 | 4.11 |
| 12 | 110 | 28.23 | 0.03 | 0.36 | 4.36 |
| 13 | 110 | 25.21 | 0.03 | 0.35 | 4.57 |
| 14 | 110 | 22.51 | 0.02 | 0.34 | 4.73 |
| 15 | 1 110 | 202.79 | 0.22 | 3.26 | 48.96 |
| 合计 | | 931.89 | 1.00 | 7.75 | 85.92 |

如果仅用修正久期作近似计算，则当债券的到期收益率上升 50 个基点时，$\Delta y=0.005$，债券价格的下降幅度为

$$\frac{\Delta P}{P}\approx -D^{(m)}\cdot\Delta y=-6.92\times 0.005=-3.46\%$$

如果进一步考虑凸度的影响，则可以得到更加精确的近似结果，即当债券的到期收益率上升 50 个基点时，债券价格的下降幅度为

$$\begin{aligned}\frac{\Delta P}{P}&\approx -D^{(m)}\cdot\Delta y+\frac{1}{2}\cdot C^{(m)}\cdot(\Delta y)^2\\&=-6.92\times 0.005+0.5\times 74.67\times 0.005^2\\&=-3.37\%\end{aligned}$$

**【例 7-21】** 一只 6 年期可赎回债券的现价为 100 元。到期收益率上升 100 个基点时，债券的价格将降为 95.87 元。到期收益率下降 100 个基点时，债券的价格将升至 104.76 元。计算到期收益率上升 50 个基点时，该债券的价格。

**【解】** $P=100$，$P_+=95.87$，$P_-=104.76$，$\Delta y=0.01$。

该债券的有效久期为

$$D^*=\frac{P_--P_+}{P(2\Delta y)}=\frac{104.76-95.87}{100\times 2\times 0.01}=4.45$$

有效凸度为

$$C^*=\frac{(P_++P_--2P)}{(\Delta y)^2P}=\frac{(95.87+104.76-2\times 100)}{0.01^2\times 100}=63$$

由式（7.60）可得，到期收益率上升 50 个基点时，债券价格的下降幅度为

$$\begin{aligned}\frac{\Delta P}{P}&\approx -D^*\cdot\Delta y+\frac{1}{2}\cdot C^*\cdot(\Delta y)^2\\&=-4.45\times 0.005+\frac{1}{2}\times 63\times 0.005^2\\&=-2.14\%\end{aligned}$$

故当收益率上升 50 个基点时，债券的价格为

$$100\times(1-2.14\%)=97.86(\text{元})$$

## 7.10 Redington 免疫

几乎任何一家企业都无法回避利率风险的影响。通过资产与负债的有效管理，可以减轻利率风险造成的不良后果。一般而言，企业的负债结构是一个外生变量，而资产结构可以根据需要调整。我们假设在负债结构给定的条件下，应用久期和凸度的有关概念，探讨如何通过合理安排资产的结构，使得企业获得防范利率风险的“免疫力”。本节介绍

Redington 免疫策略（Redington immunization），该策略由英国精算师 Frank Redington 于 20 世纪 50 年代提出，通常简称为“免疫”。

在负债结构给定的条件下，如何安排资产结构，以消除或减弱利率风险造成的不良后果是免疫策略的主要目标。下面考虑一个极端简化的例子。假设银行发行了一种 3 年期的存款单，存款单的年有效利率为 5%，吸收到的存款金额为 1 亿元。银行在投资这笔资金时可能遭遇下述两种类型的利率风险。

第一，如果投资期限太长，银行可能遭遇市场利率上升的风险。当市场利率上升时，某些储户可能要求提前取款，此时，银行不得不将一些未到期的投资变现，而这些投资的价值会由于市场利率的上升而下降。在这种情况下，银行必然遭受损失。

第二，如果投资期限太短，银行可能遭遇市场利率下降的风险。如果投资期限太短，当市场利率下降时，再投资的收益率必然也会下降，从而使得银行的总体收益减少，甚至有可能还不足以支付向储户保证的利息。此时，银行也会遭受损失。

免疫策略就是要通过合理安排资产的投资期限来减弱或消除上述两种利率风险的不利影响。换言之，通过合理安排投资期限，企业可以获得一种“免疫力”，从而不会遭受利率波动所造成的损失。

假设企业在未来需要偿还的一系列负债为 $L_1$，$L_2$，…，$L_m$，它现在需要安排一系列在未来到期的资产 $A_1$，$A_2$，…，$A_n$，以偿付未来到期的债务。在当前时刻，资产的现值应该等于负债的现值，这意味着目前的资产价值正好可以偿还未来的负债。但是，当市场利率发生变化时，资产的价值有可能不再等于负债的价值。如果资产的价值小于负债的价值，企业将会面临支付危机。

现在的问题是，如何安排资产的结构，才能保证资产的价值总是大于或等于负债的价值。要做到这一点，必须满足下列三个条件。

第一，按当前的市场利率计算，资产的现值等于负债的现值。该条件保证了未来到期的资产价值与负债价值在当前时刻正好相等，即资产正好可以偿还负债。

第二，资产的久期等于负债的久期。该条件可以保证当市场利率发生变化时，资产的价值和负债的价值将发生相同幅度的变化，从而保证资产的价值不会低于负债的价值。这里的久期可以是马考勒久期、修正久期或有效久期。

第三，资产的凸度大于负债的凸度。该条件意味着当市场利率发生变化时，资产的价值将超过负债的价值。换言之，当市场利率上升时，资产价值下降的幅度小于负债价值下降的幅度；当市场利率下降时，资产价值上升的幅度大于负债价值上升的幅度。这里的凸度可以是马考勒凸度或修正凸度。

如果一个企业的资产结构和负债结构满足上述三个条件，如图 7－7 所示，则市场利率的任何变化都不会导致企业的盈余减少。盈余是指资产的现值与负债的现值之差。

假设资产的现值为 $P_A$，久期为 $D_A$，凸度为 $C_A$；负债的现值为 $P_L$，久期为 $D_L$，凸度为 $C_L$。免疫的三个条件可以用符号表述如下：

(1) $P_A = P_L$ (7.61)

(2) $D_A = D_L$ (7.62)

(3) $C_A > C_L$ (7.63)

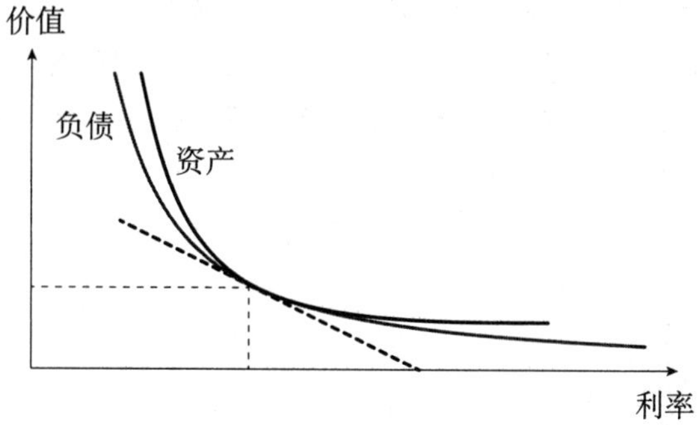


**图 7－7　Redington 免疫的三个条件**

在前述假设下，盈余可以表示为

$$S(y)=P_A-P_L$$

应用久期的定义公式，盈余关于年名义利率 $y$ 的一阶导数可以表示为

$$S'(y)=\frac{\mathrm{d}P_A}{\mathrm{d}y}-\frac{\mathrm{d}P_L}{\mathrm{d}y}=-D_A\times P_A+D_L\times P_L$$

应用凸度的定义公式，盈余关于年名义利率 $y$ 的二阶导数可以表示为

$$S''(y)=\frac{\mathrm{d}^2P_A}{\mathrm{d}y^2}-\frac{\mathrm{d}^2P_L}{\mathrm{d}^2y}=C_A\times P_A-C_L\times P_L$$

根据免疫策略的第一个条件，当前时刻的盈余为零：

$$S(y)=P_A-P_L=0$$

根据免疫策略的第二个条件，盈余关于年名义利率 $y$ 的一阶导数为零：

$$S'(y)=-D_A\times P_A+D_L\times P_L=0$$

根据免疫策略的第一个条件和第三个条件，盈余关于年名义利率 $y$ 的二阶导数大于零：

$$S''(y)=C_A\times P_A-C_L\times P_L>0$$

由此可见，如果免疫的三个条件都满足，就有

$$S(y)=0,\ S'(y)=0,\ S''(y)>0$$

假设年名义利率的变化量为 $\Delta y$，则应用泰勒级数展开式，可得

$$S(y+\Delta y)\approx S(y)+\Delta yS'(y)+\frac{(\Delta y)^2S''(y)}{2}=\frac{(\Delta y)^2S''(y)}{2}>0$$

上式表明，无论年名义利率是上升还是下降，只要变化量 $\Delta y$ 是一个较小的值，都能保证盈余总是大于零。

由此可见，如果合理安排资产结构，使得上述三个条件成立，就可以实现免疫策略，从而使得企业获得防范利率风险的“免疫力”。

注意，在上述免疫策略中，假设不同期限的利率水平是完全相同的。

**【例7-22】** 投资者从银行获得一笔200万元的贷款，期限为10年。为了防范利率风险，投资者希望购买价值200万元的债券实施免疫策略。假设当前的年有效利率为6%，可供选择的债券有以下三种：

债券A：面值1 000元，期限为10年，年息票率为6.7%。

债券B：面值1 000元，期限为15年，年息票率为6.988%。

债券C：面值1 000元，期限为30年，年息票率为5.9%。

分析投资者应该如何选择上述三种债券。

**【解】** 投资者在第10年末需要偿还的总金额为$200(1+6\%)^{10}=358.17$万元。

在当前6%的年有效利率水平下，三种债券的价格分别为

$$\text{债券 A 的价格 } P_{\mathrm{A}}=67a_{\overline{10}|}+1\,000\times1.06^{-10}=1\,051.52(\text{元})$$

$$\text{债券 B 的价格 } P_{\mathrm{B}}=69.88a_{\overline{15}|}+1\,000\times1.06^{-15}=1\,095.96(\text{元})$$

$$\text{债券 C 的价格 } P_{\mathrm{C}}=59a_{\overline{30}|}+1\,000\times1.06^{-30}=986.24(\text{元})$$

由此可知，200万元可以购买1 902份债券A，或1 825份债券B，或2 028份债券C。

负债的马考勒久期就是负债的到期时间，为10年；负债的马考勒凸度是负债到期时间的平方，即为100。

三种债券的马考勒久期和马考勒凸度如表7-9所示。债券B的马考勒久期正好等于负债的马考勒久期，均为10年；债券B的马考勒凸度126.50大于负债的马考勒凸度100，所以将所有借款全部投资于债券B就可以实现免疫。

**表7-9 市场利率保持不变的情况下购买三种债券的结果**

| 债券类型 | A | B | C |
|---|---|---|---|
| 面值（元） | 1 000 | 1 000 | 1 000 |
| 债券期限（年） | 10 | 15 | 30 |
| 年息票率（%） | 6.70 | 6.988 | 5.90 |
| 债券价格（元） | 1 051.52 | 1 095.96 | 986.24 |
| 马考勒久期（年） | 7.67 | 10 | 14.64 |
| 马考勒凸度 | 68.73 | 126.50 | 318.11 |
| 购买债券的数量 | 1 902 | 1 825 | 2 028 |
| 一份债券在第10年末的累积价值（元） | 1 883.11 | 1 962.69 | 1 766.20 |
| 所购债券在第10年末的累积价值（万元） | 358.17 | 358.17 | 358.17 |

下面在市场利率保持不变和市场利率发生变化这两种情况下进一步分析免疫策略的效果。

(1) 市场利率保持在6%不变。

一份债券A在第10年末（即债务偿还日期）的累积价值为

$$1\,000+67s_{\overline{10}|6\%}=1\,883.11(\text{元})$$

用200万元购买债券A，可以购买1 902份，因此在第10年末的累积价值为1 883.11×1 902=358.17万元，正好等于到期需要偿还的债务。

一份债券B在第10年末的累积价值为

$$69.88s_{\overline{10}|6\%}+(69.88a_{\overline{5}|6\%}+1\ 000\times1.06^{-5})=1\ 962.69(\text{元})$$

上式中，第一项是债券B在前10年的息票收入在第10年末的累积值；括号中是债券B在第10年末出售时可以获得的价值。

用200万元购买债券B，可以购买1 825份，因此在第10年末的累积价值为1 962.69×1 825=358.17万元，正好等于到期需要偿还的债务。

同理，如果购买债券C，在第10年末的累积价值也为358.17万元。

由此可见，在利率保持不变的情况下，无论购买哪种债券，在第10年末的累积价值都等于到期需要偿还的债务。也就是说，投资者没有利率风险。

前面的计算结果如表7-9所示。

(2) 假设购买债券以后，市场利率立即下降到5%。在5%的市场利率水平下，重新进行前述计算，可得表7-10所示的结果。

**表7-10 市场利率下降到5%时购买三种债券的结果**

| 债券类型 | A | B | C |
|---|---|---|---|
| 购买债券的数量 | 1 902 | 1 825 | 2 028 |
| 一份债券在第10年末的累积价值（元） | 1 842.73 | 1 965.01 | 1 854.26 |
| 所购债券在第10年末的累积价值（万元） | 350.49 | 358.61 | 376.04 |

一份债券A在第10年末（即债务偿还日期）的累积价值为（按5%的年有效利率计算）

$$1\ 000+67s_{\overline{10}|5\%}=1\ 842.73(\text{元})$$

用200万元购买债券A，可以购买1 902份，因此在第10年末的累积价值为1 842.73×1 902=350.49万元，不足以支付到期债务。

一份债券B在第10年末的累积价值为（按5%的年有效利率计算）

$$69.88s_{\overline{10}|5\%}+(69.88a_{\overline{5}|5\%}+1\ 000\times1.05^{-5})=1\ 965.01(\text{元})$$

用200万元购买债券B，可以购买1 825份，因此在第10年末的累积价值为1 965.01×1 825=358.61万元，正好等于到期需要偿还的债务。

同理，如果购买债券C，在第10年末的累积价值为376.04万元。

由此可见，如果市场利率下降到5%，债券A将不足以偿付到期债务，而债券B和债券C超过了到期债务。在其他利率水平下，购买上述三种债券在第10年末的累积价值如图7-8所示。从该图可以看出，当市场利率发生变化时，只有债券B具有免疫特性，即无论利率上升还是下降，购买债券B的累积价值总是大于负债的价值。

图7-8表明，当市场利率上升时，购买债券A在第10年末可以获得最大的累积价值，而当利率下降时，购买债券C可以获得最大的累积价值。因此，一个很自然的想法

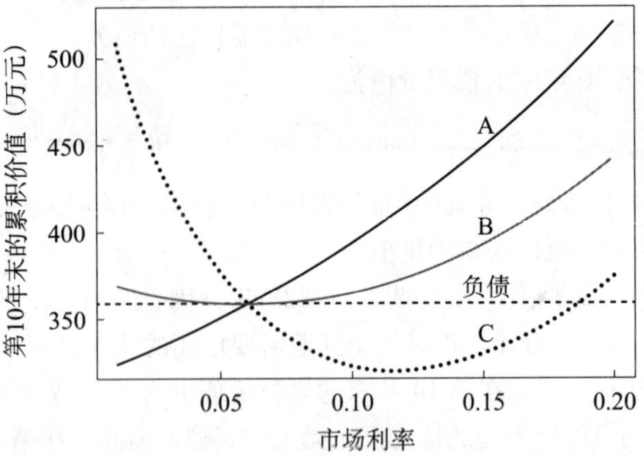


**图 7-8　三种债券的免疫特性**

是，如果同时购买债券 A 和债券 C，形成一个债券组合，该组合的免疫特性有可能优于债券 B。

为了满足免疫的三个条件，债券组合的马考勒久期应该等于负债的马考勒久期。

假设在债券 A 上的投资比例为 $p$，在债券 C 上的投资比例为 $(1-p)$，则债券组合的马考勒久期为 $7.67p+14.64(1-p)$，令其等于负债的马考勒久期 10，则有

$$7.67p+14.64(1-p)=10$$

由此可以求得在债券 A 上的投资比例为 66.5%，在债券 C 上的投资比例为 33.5%。

应用表 7-9 的结果容易验证，债券组合的马考勒凸度为 $0.665\times68.73+0.335\times318.11=152.27$，大于负债的马考勒凸度 100，满足免疫策略的第三个条件。

当市场利率发生变化时，这个债券组合比债券 B 具有更好的免疫特性，如图 7-9 所示。无论利率上升还是下降，债券 B 和债券组合的价值都会上升，但债券组合的价值上升得更多。这是因为债券组合的凸度（152.27）大于债券 B 的凸度（126.50），从而债券组合对利率风险的免疫能力更强。

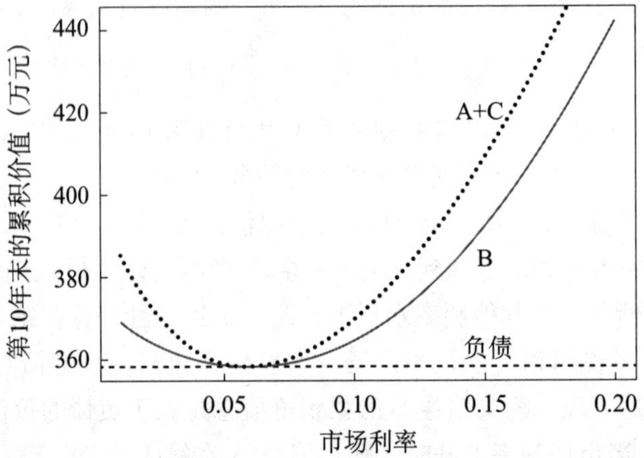


**图 7-9　债券 B 与债券组合的免疫特性**

## 7.11 完全免疫

当利率水平只发生微小变化时，Redington 免疫策略才能保证公司盈余不会减少。在完全免疫（full immunization）策略下，即使利率水平发生了较大幅度的变化，也能保证公司盈余不会减少。

假设公司在未来需要偿还一笔负债，金额为 $L$，偿还时间为 $t$，同时在未来有两笔到期的资产，金额分别为 $A$ 和 $B$，到期时间分别为 $t-a$ 和 $t+b$。它们的关系如图 7－10 所示。

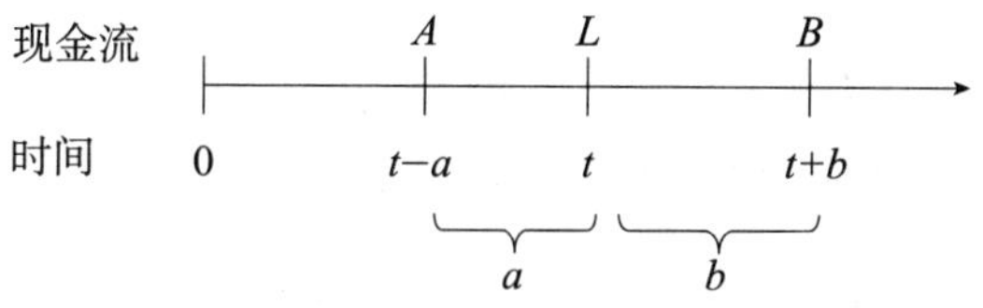


**图 7－10　完全免疫的条件**

与 Redington 免疫类似，实现完全免疫也需要满足三个条件，即

（1）资产的现值等于负债的现值。

（2）资产的久期等于负债的久期。

（3）负债的到期时间介于两笔资产的到期时间之间，即在图 7－10 中有

$$t-a<t<t+b \tag{7.64}$$

下面证明在满足前述三个条件时，可以实现完全免疫。

为简化表述，在下面的证明中，用利息力代替年名义利率，其结论同样适用于年名义利率的情形。

假设当前的利息力为 $\delta_0$，则根据完全免疫的条件（1），资产的现值等于负债的现值，即

$$A\mathrm{e}^{-(t-a)\delta_0}+B\mathrm{e}^{-(t+b)\delta_0}=L\mathrm{e}^{-t\delta_0}$$

化简可得

$$L=A\mathrm{e}^{a\delta_0}+B\mathrm{e}^{-b\delta_0} \tag{7.65}$$

盈余是资产的现值与负债的现值之差，即

$$S(\delta)=A\mathrm{e}^{-(t-a)\delta}+B\mathrm{e}^{-(t+b)\delta}-L\mathrm{e}^{-t\delta} \tag{7.66}$$

盈余关于利息力的一阶导数为

$$S'(\delta)=-A(t-a)\mathrm{e}^{-(t-a)\delta}-B(t+b)\mathrm{e}^{-(t+b)\delta}+Lt\mathrm{e}^{-t\delta}$$

由完全免疫的条件（1）和（2）可知，盈余的一阶导数等于零，即 $S'(\delta_0)=0$，所以有

$$-A(t-a)e^{-(t-a)\delta_0}-B(t+b)e^{-(t+b)\delta_0}+Lte^{-t\delta_0}=0$$

变形可得

$$-Ate^{-(t-a)\delta_0}+Aae^{-(t-a)\delta_0}-Bte^{-(t+b)\delta_0}-Bbe^{-(t+b)\delta_0}+Lte^{-t\delta_0}=0$$
$$\Rightarrow -t[Ae^{-(t-a)\delta_0}+Be^{-(t+b)\delta_0}-Le^{-t\delta_0}]+[Aae^{-(t-a)\delta_0}-Bbe^{-(t+b)\delta_0}]=0$$

上式左边的第一项是资产的现值与负债的现值之差，由完全免疫的条件（1）可知，该项为零，所以上式变形可得

$$B=A\left(\frac{a}{b}\right)e^{(a+b)\delta_0} \tag{7.67}$$

把式（7.65）中的 $L$ 代入式（7.66），可以把盈余表示为

$$S(\delta)=e^{-t\delta}[Ae^{a\delta}+Be^{-b\delta}-(Ae^{a\delta_0}+Be^{-b\delta_0})]$$

再把式（7.67）中的 $B$ 代入上式，可以把盈余进一步表示为

$$S(\delta)=Ae^{a\delta_0-t\delta}\left[e^{a(\delta-\delta_0)}+\frac{a}{b}e^{-b(\delta-\delta_0)}-\left(1+\frac{a}{b}\right)\right]$$

在上式中，方括号外边的项大于零，下面只要证明方括号中的项也大于零，就可以确保盈余总是大于零，即可以实现完全免疫。

令上式方括号中的项为 $f(\delta)$，则其关于 $\delta$ 的一阶导数为

$$f'(\delta)=ae^{a(\delta-\delta_0)}-ae^{-b(\delta-\delta_0)}$$

由于 $a$ 和 $b$ 都大于零，因此有

$$\begin{cases} f'(\delta)<0, & 如果\ \delta<\delta_0 \\ f'(\delta)=0, & 如果\ \delta=\delta_0 \\ f'(\delta)>0, & 如果\ \delta>\delta_0 \end{cases}$$

上式表明，当 $\delta<\delta_0$ 时，$f(\delta)$ 的斜率是负值；当 $\delta>\delta_0$ 时，$f(\delta)$ 的斜率是正值；而当 $\delta=\delta_0$ 时，$f(\delta)$ 的斜率为零。换言之，$f(\delta)$ 在 $\delta=\delta_0$ 处达到极小值，且这个极小值就是零。这就意味着，当 $\delta\neq\delta_0$ 时，$f(\delta)$ 总是大于零的。$f(\delta)$ 的形状如图 7－11 所示。在该图中，取 $\delta_0=0.06$，$a=0.3$，$b=0.5$。

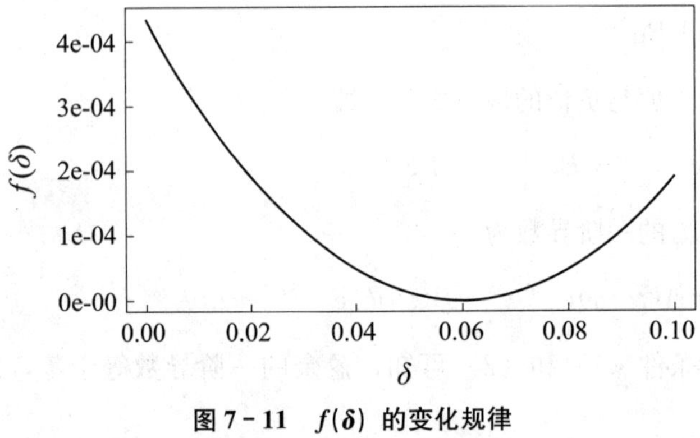


**图 7－11　$f(\delta)$ 的变化规律**

由此可见，当 $\delta\neq\delta_0$ 时，盈余 $S(\delta)>0$，亦即实现了完全免疫。

可以进一步证明，如果满足完全免疫的三个条件，则必然满足 Redington 免疫的三个条件。

完全免疫和 Redington 免疫的前两个条件完全相同，下面证明当满足完全免疫的第三个条件时，就必然满足 Redington 免疫的第三个条件。

负债只在一个时间点上有现金流，故负债的马考勒久期等于负债的到期时间 $t$。根据完全免疫的第二个条件，资产的马考勒久期等于负债的马考勒久期，也为 $t$。

根据完全免疫的第三个条件，资产在两个时间点上有现金流，故时间 $t$ 的方差大于零，即 $\text{var}(t)>0$；负债只在一个时间点上有现金流，故时间 $t$ 的方差等于零。

应用式（7.39），资产的马考勒凸度为 $t^2+\text{var}(t)$，负债的马考勒凸度为 $t^2$，即资产的马考勒凸度大于负债的马考勒凸度，满足 Redington 免疫的第三个条件。

**【例 7-23】** 公司在 10 年末需要偿还一笔 2 000 万元的债务。该公司目前拥有两种债券，一种是 5 年期的零息债券，另一种是 15 年期的零息债券。5 年期零息债券到期时的价值为 6 209 213 元，15 年期零息债券到期时的价值为 16 105 100 元。当前市场的年有效利率为 10%。判断该公司是否处于完全免疫状态。如果市场的年有效利率上升到 12%，公司的盈余将如何变化？

**【解】** 公司负债的现值为

$$P_L=\frac{20\ 000\ 000}{1.10^{10}}=7\ 710\ 866(\text{元})$$

资产的现值为

$$P_A=\frac{6\ 209\ 213}{1.10^5}+\frac{16\ 105\ 100}{1.10^{15}}=7\ 710\ 866(\text{元})$$

资产的现值等于负债的现值，满足完全免疫的第一个条件。

负债的马考勒久期为 10 年，资产的马考勒久期为

$$D=\frac{6\ 209\ 213\times1.10^{-5}\times5+16\ 105\ 100\times1.10^{-15}\times15}{7\ 710\ 866}=10(\text{年})$$

满足完全免疫的第二个条件。

完全免疫的第三个条件显然是满足的，所以该公司处于完全免疫状态。

在完全免疫状态下，无论利率水平如何变化，公司的盈余总是大于零。譬如，年有效利率上升为 12%时，重新计算资产的现值 $P_A$ 和负债 $P_L$ 的现值，两者相减即得公司的盈余为

$$S=P_A-P_L=\left(\frac{6\ 209\ 213}{1.12^5}+\frac{16\ 105\ 100}{1.12^{15}}\right)-\frac{20\ 000\ 000}{1.12^{10}}=26\ 151(\text{元})$$

由于公司处于完全免疫状态，市场利率上升使得公司的盈余从零元增长为 26 151 元。在各种市场利率水平下公司的盈余如图 7-12 所示。可以看出，在完全免疫状态下，无论市场利率上升还是下降，都会使得公司盈余增加。

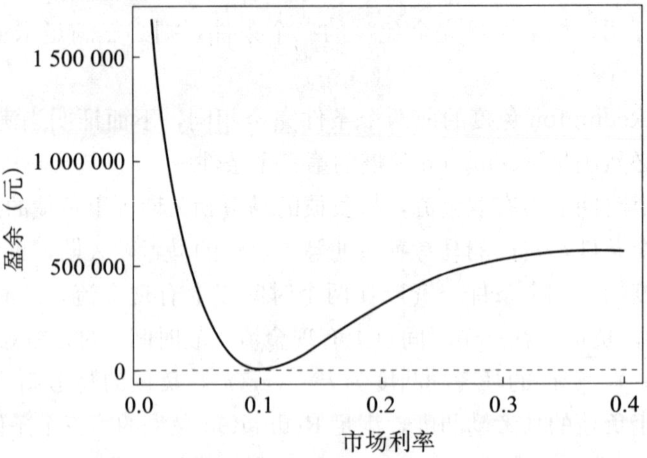


**图 7-12　完全免疫状态下市场利率变化对公司盈余的影响**

**【例 7-24】** 假设时间 $t$ 有一笔负债到期，其现值为 1 个单位，如图 7-13 所示。为了实现完全免疫，在 $t_1$ 和 $t_2$ 到期的资产上应该分别投资多大比例？

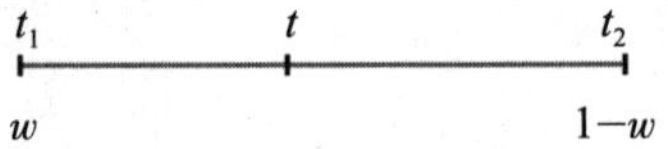


**图 7-13　完全免疫的投资比例**

**【解】** 假设在 $t_1$ 到期的资产上投资 $w$，在 $t_2$ 到期的资产上投资 $1-w$。

令资产的马考勒久期等于负债的马考勒久期，则

$$wt_1+(1-w)t_2=t$$

由此可以求得

$$w=\frac{t_2-t}{t_2-t_1}$$

## 7.12　现金流匹配

现金流匹配（cash flow matching）是进行利率风险管理的常用方法之一。现金流匹配的思想十分简单，就是对每一项在未来到期的债务，安排一项相同到期时间和相同金额的资产与其匹配。

现金流匹配策略的优点是无须不断调整投资组合，缺陷是限制了投资选择的灵活性。在现金流匹配策略下，如果某些资产的现金流与负债的现金流不能匹配，就只能放弃对这些资产的投资。

如果市场上有各种到期期限的零息债券，现金流匹配策略的应用十分简单，只需对每种到期期限的负债购买相同到期期限的零息债券即可。

如果市场上不存在满足现金流匹配策略的零息债券，而只有附息债券，应用现金流

匹配策略相对复杂一些：可以首先为最长期限的负债购买合适数量的债券，使最长期限的负债得以匹配，然后对剩余负债中期限最长的负债进行匹配，如此递推，直至所有期限的负债都有合适数量的债券进行匹配。

下面通过一个简例来说明现金流匹配策略的应用。

**【例 7-25】** 公司未来负债的现金流如表 7-11 所示。

**表 7-11 公司负债的现金流**

| 时间 | 1 | 2 | 3 | 4 | 5 |
|---|---|---|---|---|---|
| 负债（万元） | 4 090 | 6 790 | 3 550 | 36 550 | 5 250 |

可供该公司投资的债券如下：

（1）年息票率为 20%的 2 年期债券。

（2）年息票率为 10%的 4 年期债券。

（3）年息票率为 5%的 5 年期债券。

每种债券的面值均为 100 元，到期收益率均为 5%。

如果该公司打算通过现金流匹配策略管理利率风险，计算应该如何购买这三种债券。

**【解】** 期限最长的负债在第 5 年末到期，为 5 250 万元。5 年期附息债券在到期日支付的利息和偿还值为 105 元。为了对第 5 年末到期的负债进行匹配，需要购买的 5 年期债券的数量为

$$5.25\times10^{7}\div105=50(\text{万份})$$

这 50 万份 5 年期债券的现金流如表 7-12 第（2）行所示。

从负债的现金流中扣除 5 年期债券的现金流，即可得到尚未匹配的剩余负债，如表 7-12 的第（3）行所示。在第（3）行的现金流中，最后一笔负债在第 4 年末到期，金额是 36 300 万元。4 年期附息债券在到期日支付的利息和偿还值为 110 元，故需购买的 4 年期债券的数量为

$$3.63\times10^{8}\div110=330(\text{万份})$$

这 330 万份 4 年期债券的现金流如表 7-12 的第（4）行所示。

从第（3）行的剩余负债中扣除 4 年期债券的现金流，即可得到尚未匹配的剩余负债，如表 7-12 的第（5）行所示。在第（5）行的现金流中，最后一次现金流在第 2 年末到期，金额是 3 240 万元。2 年期附息债券在到期日支付的利息和偿还值为 120 元，因此需要购买的 2 年期债券的数量为

$$3.24\times10^{7}\div120=27(\text{万份})$$

从第（5）行的剩余负债中扣除 2 年期债券的现金流，最终的剩余负债为零，如第（7）行所示，这就表明资产和负债得到了完全匹配。

综上所述，为了实现资产和负债的现金流匹配，需要购买 5 年期债券 50 万份、4 年期债券 330 万份、2 年期债券 27 万份。

表 7-12 现金流匹配策略 单位：万元

| 行号 | 年度 | 1 | 2 | 3 | 4 | 5 |
|---|---|---|---|---|---|---|
| (1) | 负债 | 4 090 | 6 790 | 3 550 | 36 550 | 5 250 |
| (2) | 5 年期债券 | 250 | 250 | 250 | 250 | 5 250 |
| (3) | 剩余负债 | 3 840 | 6 540 | 3 300 | 36 300 | 0 |
| (4) | 4 年期债券 | 3 300 | 3 300 | 3 300 | 36 300 | 0 |
| (5) | 剩余负债 | 540 | 3 240 | 0 | 0 | 0 |
| (6) | 2 年期债券 | 540 | 3 240 | 0 | 0 | 0 |
| (7) | 剩余负债 | 0 | 0 | 0 | 0 | 0 |

## 小 结

利率风险是指市场利率波动导致公司的资产（或负债）价格发生变化，进而给公司盈余带来的不确定性。利率的常见形式包括年名义利率和利息力，年有效利率可以看作每年复利一次的年名义利率。相应地，与年名义利率对应的两种利率风险度量工具是修正久期和修正凸度，与利息力对应的两种利率风险度量工具是马考勒久期和马考勒凸度。

马考勒久期是现金流到期时间的加权平均数，也是负的资产价格关于利息力的一阶导数与资产价格之比。马考勒久期的计算公式如下：

$$D=-\frac{P'(\delta)}{P(\delta)}=E(t)$$

修正久期是负的资产价格关于年名义利率的一阶导数与资产价格之比。年名义利率与每年的复利次数 $m$ 有关，所以在使用修正久期的概念时，必须明确年名义利率及其复利次数 $m$。修正久期的计算公式如下：

$$D^{(m)}=-\frac{P'(y)}{P(y)}=\frac{D}{1+y/m}$$

马考勒凸度是现金流到期时间平方的加权平均数，也是资产价格关于利息力的二阶导数与资产价格之比。马考勒凸度的计算公式如下：

$$C=\frac{P''(\delta)}{P(\delta)}=E(t^2)$$

修正凸度是资产价格关于年名义利率的二阶导数与资产价格之比。修正凸度的计算公式如下：

$$C^{(m)}=\frac{P''(y)}{P(y)}=\frac{1}{P(y)}\sum_{t>0}t\left(t+\frac{1}{m}\right)R_t\left(1+\frac{y}{m}\right)^{-mt-2}$$

在实际应用中，可以首先计算马考勒久期和马考勒凸度，然后计算修正久期和修正凸度：

$$D^{(m)}=\frac{D}{1+y/m}$$

$$C^{(m)}=\left(C+\frac{D}{m}\right)\left(1+\frac{y}{m}\right)^{-2}=\left(C+\frac{D}{m}\right)\mathrm{e}^{-2\delta/m}$$

如果资产的现金流是不确定的，可以使用导数的近似公式，计算有效久期和有效凸度：

$$D^{*}=\frac{P_{-}-P_{+}}{P(2\Delta y)}$$

$$C^{*}=\frac{P_{+}+P_{-}-2P}{(\Delta y)^{2}P}$$

在有效久期和有效凸度的计算公式中，如果 $\Delta y$ 表示年名义利率的绝对变化量，则计算结果是对修正久期和修正凸度的近似；如果 $\Delta y$ 表示利息力的绝对变化量，则计算结果是对马考勒久期和马考勒凸度的近似。

资产组合的久期和凸度是组合中每种资产的久期和凸度的加权平均，权重为每种资产的价值在组合总价值中的占比。

应用修正久期和修正凸度，可以近似计算年名义利率发生 $\Delta y$ 的变化时，资产价格的相对变化量：

$$\frac{\Delta P}{P}\approx-D^{(m)}\cdot\Delta y+\frac{1}{2}\cdot C^{(m)}\cdot(\Delta y)^{2}$$

上式中，如果将年名义利率 $y$ 替换为利息力 $\delta$，则修正久期和修正凸度就需要分别替换为马考勒久期和马考勒凸度。

Redington 免疫的三个条件是：(1) 资产的现值等于负债的现值；(2) 资产的久期等于负债的久期；(3) 资产的凸度大于负债的凸度。

完全免疫策略的三个条件是；(1) 资产的现值等于负债的现值；(2) 资产的久期等于负债的久期；(3) 负债的到期时间在两笔资产的到期时间之间。

满足完全免疫的三个条件时，必然满足 Redington 免疫的三个条件。

现金流匹配策略是对每一项在未来到期的负债，安排一项相同到期时间和相同金额的资产与其匹配。现金流匹配策略的优点是无须不断调整投资组合，缺陷是限制了投资选择的灵活性。

## 习　题

7.1　有面值为 1 000 元的 10 年期债券，到期时按面值偿还，年息票率为 6%。该债券的发行价格为 1 000 元，计算该债券的马考勒久期。

7.2　已知 15 年期的零息债券到期偿还 1 000 元，该债券每月复利一次的年名义利率为 12%。计算该债券的马考勒久期和修正久期。

7.3　假设利息力为 $\delta$，求 $n$ 年期连续支付年金的马考勒久期。

7.4　已知 10 年期债券的年息票率为 5%，到期收益率为 6%，计算该债券的马考勒久期和修正久期。

7.5　债券的期限是$n$年，到期按面值偿还。该债券每年支付$m$次利息的年名义息票率等于每年复利$m$次的年名义收益率，记为$i^{(m)}$。求该债券的马考勒久期。

7.6　假设年有效利率为$i$，求$n$年期期末付等额年金的修正久期。

7.7　假设年有效利率为$i$，求期末付永续年金的马考勒久期和修正久期。

7.8　假设年有效利率为$i$，求期初付永续年金的马考勒久期和修正久期。

7.9　2年期债券的年息票率为10%，每半年付息一次，债券到期后按面值偿还。该债券每年复利2次的年名义收益率为12%，计算该债券的修正久期。

7.10　债券的期限为20年，到期收益率为8%，价格为125.31元。如果到期收益率下降为7.75%，债券的价格将上升至127.64元。如果到期收益率上升至8.25%，债券的价格将降为122.95元。计算该债券的有效久期。

7.11　债券的期限为10年，价格为75.98元，年息票率为6%，到期收益率为8%，马考勒久期为8.517年。计算当到期收益率下降为7.85%时该债券的价格。

7.12　债券当前的价格为104.88元。如果到期收益率上升50个基点，则该债券的价格将下降为100.21元。如果到期收益率下降50个基点，则该债券的价格将上升为109.57元。计算该债券的有效久期和有效凸度，以及当到期收益率上升100个基点时该债券的价格。

7.13　一项20年期的年金在每年末支付1元，年有效利率为6%，计算该年金的修正久期和修正凸度。

7.14　一项20年期的年金在每年末支付1元，年有效利率为6%，计算该年金的马考勒凸度。

7.15　一项永续年金在每年末支付1元，年有效利率为6%，计算该项永续年金的修正久期和修正凸度。

7.16　有面值为100元的5年期债券，年息票率为7%，每半年支付一次利息，到期按面值偿还。该债券每半年复利一次的年名义收益率为8%。列表依次计算该债券的价格、马考勒久期、修正久期、马考勒凸度和修正凸度。

7.17　10年期债券的久期为8.67，凸度为43.51。计算当债券价格上升50个基点时，债券价格变化的百分比。

7.18　投资者在5年末需要偿还一笔20 000元的债务。可供投资者选择的资产只有4年期零息债券和10年期零息债券。两种债券的到期收益率均为10%。为了实现免疫，投资者应该如何选择这两种债券?

7.19　投资者按当前的利率8%获得了一笔50万元的贷款，期限为4年。为了防范利率风险，投资者计划购买价值50万元的债券实施免疫策略，可供投资者选择的债券只有A和B两种。债券A的面值为1 000元，期限为2年，年息票率为7%。债券B的面值为1 000元，期限为5年，年息票率为9%。两种债券的到期收益率均为8%。投资者应该如何选择上述两种债券?

7.20　假设投资者在2年后需要偿还的债务为20 000元。可供选择投资的资产包括：(1) 货币市场基金；(2) 5年期零息债券。假设年有效利率为4%，投资者应该如何配置投资来实施完全免疫？（注：货币市场基金的修正久期为零。）

7.21 公司未来负债的现金流如下表所示。

| 时间 | 1 | 2 | 3 | 4 | 5 |
|---|---|---|---|---|---|
| 负债（万元） | 1 794 | 6 744 | 144 | 3 144 | 824 |

可供该公司投资的资产如下：

（1）年息票率为5%的1年期债券。

（2）年息票率为10%的2年期债券。

（3）年息票率为4%的4年期债券。

（4）年息票率为3%的5年期债券。

每种债券的面值为100元，到期收益率均为5%。

如果该公司打算通过现金流匹配策略管理利率风险，计算应该如何购买这三种债券。

第8章

# 远期、期货和互换

金融衍生工具（derivative instrument）也称金融衍生产品，是在货币、债券、股票、商品等基础资产上衍化和派生的金融产品，其价值依赖于基础资产（underlying assets）的价值。这里的基础资产也称作标的资产，是一个相对概念，可以是货币、债券、股票或商品，也可以是金融衍生产品。常见的金融衍生产品主要包括远期合约、期货合约、互换合约和期权合约。

金融衍生产品可以从不同的角度进行分类。根据标的资产不同，金融衍生产品可以分为股票类、利率类、货币类和商品类。股票类衍生产品可以进一步细分为股票期货、股票期权、股票指数期货和股票指数期权等。利率类衍生产品包括以短期利率为基础的利率远期、利率期货、利率期权、利率互换，以及基于长期债券利率的债券期货和债券期权等。根据交易方式不同，金融衍生产品可以分为场内交易类和场外交易类。场内交易是指在交易所进行的交易，而场外交易是指交易双方直接成为交易对手的交易。

本章主要介绍远期、期货和互换的基本概念和定价原理。

## 8.1　远　期

### 8.1.1　远期的定义

远期合约（forward contract）是指双方约定在未来某个确定的时间，按照某一确定的价格买卖一定数量的某种资产的协议。远期合约是一种非标准化合约，灵活性较大，在签订合约之前，双方可以就交割时间、交割地点、交割价格和合约规模等进行协商，以便尽量满足双方的需求。

远期合约是为了规避现货交易的风险而产生的，最初主要应用于农产品的交易，通过锁定未来的价格，使得农产品的供需双方免受未来现货市场价格波动的影响。譬如，农场主和面粉生产商在3月1日签订一份协议，约定在90天后按照每千克1.5元的价格出售10万千克小麦。在90天后，无论小麦的市场价格如何变化，他们都必须按照每千克1.5元的价格交易10万千克小麦，否则就是违约。显然，如果小麦价格上涨，农场主就要蒙受损失，而面粉生产商可以获利；反之，如果小麦价格下跌，农场主就可以获利，而面粉生产商则要蒙受损失。但无论怎样，提前将交易价格确定下来对于他们安排生产都是有益的。

在远期合约中，双方约定买卖的资产称为标的资产，如上例中的小麦。约定的成交价格称为交割价格（delivery price），如上例中的每千克1.5元。同意以约定价格在未来卖出标的资产的一方称作空头（short position），如上例中的农场主。同意以约定价格在未来买入标的资产的一方称作多头（long position），如上例中的面粉生产商。

远期合约的双方无须支付任何成本就可以成为合约的多头或空头。换言之，签订远期合约的初始费用为零。在远期合约签订的时刻，双方约定的交割价格应该使得合约的价值对双方而言都为零，否则其中一方将获得不当利益，而另一方将遭受不公平的损失。

### 8.1.2 远期的回收和盈亏

在远期合约中，交易双方的盈亏与标的资产的价格密切相关。当标的资产的价格上升时，远期合约的多头获利，而当价格下降时，远期合约的空头获利。

假设有一份3个月期的股票远期合约，双方约定在合约到期日以每股120元的价格交易100股某种股票。在合约的到期日，股票的实际价格为130元。这里的120元就是远期合约的交割价格，而130元是3个月后股票的即期价格（spot price）。在合约到期时，合约的空头，也就是卖方，有义务以合约规定的交割价格120元将股票卖给合约的多头，而合约的多头也有义务以120元的价格购买该股票。3个月后，股票的即期价格为130元，超过双方约定的交割价格120元，所以多头在每股上赚取了10元，100股总共赚取1 000元，相应地，空头损失了1 000元。反之，如果3个月后的股票价格为110元，低于合约规定的交割价格120元，则多头在每股上会损失10元，总共损失1 000元，而空头可以赚取1 000元。可见，无论股票的即期价格如何变化，一方的损失总是等于另一方的盈利，双方的总盈亏为零。

远期合约的回收（payoff）是指合约在满期时的价值。远期合约多头的回收是：

$$\text{多头的回收}=\text{满期时标的资产的即期价格}-\text{交割价格} \tag{8.1}$$

相应地，远期合约空头的回收是：

$$\text{空头的回收}=\text{交割价格}-\text{满期时标的资产的即期价格} \tag{8.2}$$

在上例中，假设交易双方在远期合约中商定，3个月后的股票交割价格为120元，则在不同的即期价格下，远期合约多头与空头的回收如表8-1所示。

表8-1 不同即期价格下远期合约的回收 单位：元

| 3个月后股票的即期价格 | 远期合约的回收 | |
|---|---|---|
| | 多头 | 空头 |
| 90 | −3 000 | 3 000 |
| 100 | −2 000 | 2 000 |
| 110 | −1 000 | 1 000 |
| 120 | 0 | 0 |
| 130 | 1 000 | −1 000 |
| 140 | 2 000 | −2 000 |
| 150 | 3 000 | −3 000 |

从表8-1可以看出，当3个月以后股票的即期价格与合约规定的交割价格相等（即每股120元）时，双方的回收均为零。在其他情况下，空头的回收与多头的回收正好相反，总和为零。

**【例8-1】**为了在一年后拥有某只股票，投资者既可以立即购买股票并持有一年，也可以通过签订远期合约购买。假设股票当前的价格是100元，一年后到期的远期交割价格为105元，股票没有分红，年有效利率为5%。投资者如果立即购买，当前需要支付100元。如果通过远期合约购买，当前的支出为零，一年后支付105元。分析这两种投资方式有何差异。

**【解】**假设一年后股票的即期价格为115元，则第一种投资方式（股票多头）的回收是115元，而第二种投资方式（远期合约多头）的回收是115−105=10元。这两个回收之所以不同，是由初始投资金额的差异造成的。在第一种投资方式中，扣除100元初始投资金额的终值为100×1.05=105元。这两种投资方式的净回收是相等的，均为10元。事实上，如果把现金流发生的时间因素考虑在内，当前支出的100元和一年后支出的105元是等价的，因此，上述两种投资方式没有差异。

回收没有考虑投资的初始费用，所以不能准确反映不同投资方式的差异，为此下面引入“盈亏”的概念。

从回收中扣除初始费用的终值就是盈亏，也称作净回收（net payoff）或利润(profit)。下文将使用“盈亏”一词。盈亏可以用公式表示为

$$\text{盈亏}=\text{回收}-\text{初始费用的终值} \tag{8.3}$$

上式中之所以减去初始费用的终值，而不是初始费用，是因为初始费用发生在期初，而盈亏的计算是在合约到期之时。

对于远期合约而言，初始费用为零，故远期合约的盈亏始终等于其回收。

**【例8-2】**假设投资者借款100万元购买了6个月期的零息债券，债券的到期偿还值为102万元。6个月期的有效利率为2%。计算投资者借款购买这种零息债券的回收和盈亏。

**【解】**债券到期时的价值为102万元，所以购买债券的回收为102万元。购买上述债

券发生的初始费用为 100 万元，所以购买债券的盈亏为 $102-100\times(1+2\%)=0$元。

可见，投资者借款购买零息债券的盈亏为零。但这并不意味着投资者购买零息债券没有赚取任何投资收入。事实上，投资者购买债券赚取了 2 万元利息收入，只不过从这 2 万元利息收入中扣除借款的资金成本以后，盈亏正好为零。这里的资金成本是指投资者为购买债券借款 100 万元所产生的 2 万元利息成本。

### 8.1.3　远期利率协议

根据标的资产不同，远期合约可以分为商品远期合约和金融远期合约。后者又可进一步细分为远期利率协议、远期外汇合约和远期股票合约等。本节仅介绍远期利率协议，其他远期合约的基本原理与此类似。

远期利率协议涉及两个重要概念：远期利率和即期利率。即期利率（spot rate）是指从当前日期开始计算的未来一定限期的利率。远期利率（forward rate）是指从将来某个日期开始计算的一定期限的利率。如 1×7 远期利率表示 1 个月之后开始的期限为 6 个月的远期利率。远期利率可以由一系列即期利率决定。例如，如果 1 年期的即期利率为 8%，2 年期的即期利率为 9%，那么其隐含了从第 1 年末到第 2 年末的远期利率为 $f=10\%$，是下述方程的解：

$$(1+8\%)(1+f)=(1+9\%)^2$$

上式两边都表示当前日期投资 1 元在第 2 年末的累积值。方程左边先按 1 年期的即期利率计算从当前日期到第 1 年末的累积值，再按远期利率计算从第 1 年末到第 2 年末的累积值。右边直接按 2 年期的即期利率计算从当前日期到第 2 年末的累积值。

远期利率协议（forward rate agreements，FRA）是双方同意从未来某一日期开始，在某一特定时期内按协议利率借贷一笔数额确定、以具体货币表示的名义本金的协议。借贷双方订立远期利率协议的目的不同，借入资金的一方主要是为了规避利率上升的风险，而贷出资金的一方则主要是为了规避利率下降的风险。在远期利率协议中，借贷双方不必交换本金，只需在结算日根据协议利率和参照利率之间的差额以及名义本金，由一方付给另一方结算金。参照利率通常选择在市场上公信力强且不受人为操纵的一种利率，如国际金融市场上曾经广泛使用的伦敦银行间同业拆借利率（LIBOR）。

在远期利率协议中，如果市场利率（参照利率）超过了协议利率，就由贷出方向借入方支付结算金，以补偿借入方在实际借款中因利率上升而造成的利息损失。反之，如果市场利率低于协议利率，则由借入方向贷出方支付结算金，弥补贷出方因市场利率下降而遭受的利息损失。

譬如，在 1×7 远期利率协议中，双方约定的协议利率为 6%，名义本金为 100 万元。1 个月后，如果参照利率为 6.2%，则借入资金的一方可以获得 0.2%的利率补偿。贷款期限是 6 个月（即 0.5 年），按照 100 万元的名义本金计算，可以转化为 0.1 万元的利息补偿，即 $100\times0.5\times0.2\%=0.1$ 万元。这个利息补偿金额理应发生在贷款偿还日期，但在远期利率协议中，利息补偿金额通常是在贷款起始日期就进行结算，所以需要将贷款偿还日期的这个利息补偿金额贴现到贷款起始日期，贴现期限为 0.5 年。根据 6.2%的参照利率贴现半年（应用单利贴现），则在贷款起始日期需要支付的利息补偿金额为 0.1/(1+0.5×6.2%)=0.097 万元。这个在贷款开始日期支付的利息补偿金额就是所谓的结算金，如图 8-1 所示。

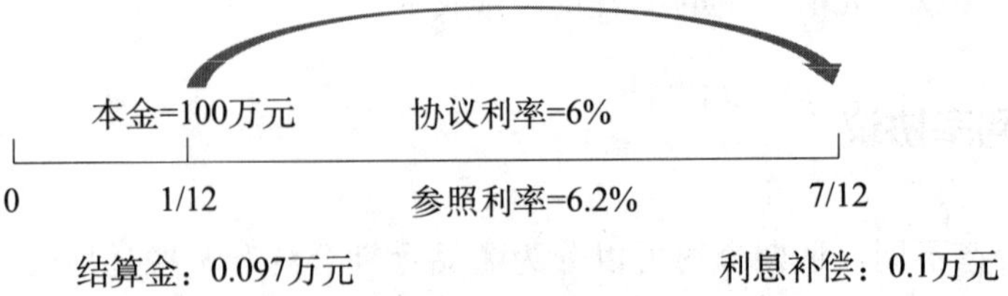


**图 8-1　1×7 远期利率协议**

借款人在贷款起始日期可以获得的结算金通常用下式计算：

$$结算金=\frac{(r-r_k)\times A\times \dfrac{D}{B}}{1+r\times \dfrac{D}{B}} \tag{8.4}$$

其中，$r$ 表示参照利率；$r_k$ 表示协议利率；$A$ 表示合同的名义本金；$D$ 表示贷款天数；$B$ 表示天数计算惯例，如美元为 360 天，英镑为 365 天；$D/B$ 是用年表示的贷款期限。

在式（8.4）中，分子表示市场参照利率超过协议利率给借款人造成的额外利息支出，用单利计算；分母是用参照利率对分子进行贴现，即用单利计算额外利息支出在结算日（贷款起始日）的价值。

**【例 8-3】** 假设 A 公司在 6 个月之后需要一笔 1 000 万元的资金，为期 3 个月。为了锁定资金成本，该公司与银行签订了一份 6×9 远期利率协议，协议利率为 4%，名义本金为 1 000 万元。分析市场利率上升对 A 公司的影响。

**【解】** 假设 6 个月后，3 个月期的市场利率上升为 4.5%，则有

$$r=4.5\%,\ r_k=4\%,\ A=10\ 000\ 000,\ D=90,\ B=360$$

应用式（8.4），A 公司可以获得的结算金为

$$\frac{(4.5\%-4\%)\times 10\ 000\ 000\times \dfrac{90}{360}}{1+4.5\%\times \dfrac{90}{360}}=12\ 361(元)$$

如果没有签订远期利率协议，A 公司就得按照市场利率 4.5%借入一笔 1 000 万元的资金，此时的利息支出为

$$10\ 000\ 000\times 4.5\%\times 90/360=112\ 500(元)$$

由于 A 公司签订了远期利率协议，因此当利率上升到 4.5%时，可以从银行获得 12 361元的结算金。该笔结算金在贷款到期时的累积值为 12 361×(1+4.5%×90/360)=12 500 元，所以公司实际上支付的贷款利率（用年名义利率表示）为

$$\frac{112\ 500-12\ 500}{10\ 000\ 000}\times\frac{360}{90}=4\%$$

这正好等于A公司与银行签订的协议利率。

可见，通过远期利率协议，A公司可以锁定未来时期的筹资成本，从而规避利率上升的风险。

## 8.2 期 货

远期合约是由交易双方通过谈判签订的非标准化合约，交割时间、交割地点、交割价格和合约规模等都可由双方协商确定，具有很大的灵活性。但是，远期合约也有其内在缺陷。譬如，远期合约没有固定的交易场所，不利于信息的交流和传递，难以形成统一的市场价格，市场效率较低。此外，远期合约的流动性较差，违约风险较高，也无法在合约到期前通过反向对冲等手段解除合约义务。为了克服远期合约的这些缺陷，期货合约便应运而生。

期货合约（futures contracts）是指双方同意在将来某个约定的日期按约定的条件（包括交割价格、交割时间、交割地点、交割方式等）买入或卖出一定标准数量的某种标的资产的标准化协议。

期货合约在有组织的交易所内进行交易，交易双方并不直接接触，而是各自跟交易所的清算部或专设的清算所进行结算。我国内地目前有五家期货交易所，分别是郑州商品交易所、大连商品交易所、上海期货交易所、广州期货交易所和中国金融期货交易所。

按照标的资产的不同，期货合约可以分为商品期货和金融期货。

商品期货是指标的资产为实物商品的期货合约，主要包括农副产品、金属产品、能源产品等几大类。譬如，上海期货交易所上市交易的期货商品有铜、铝、锌、铅等；大连商品交易所上市交易的期货商品有玉米、玉米淀粉、黄大豆等；郑州商品交易所上市交易的期货商品有强麦、普麦、棉花等。

金融期货是指以金融工具（如证券、货币、汇率、利率等）为标的资产的期货合约，主要包括利率期货、股价指数期货和外汇期货等。利率期货是指标的资产的价格依赖于利率水平的期货合约，如长期国债期货、短期国库券期货和欧洲美元期货等。股价指数期货的标的资产是股价指数，股价指数没有具体的实物形态，双方在交易时只能把股价指数的点数换算成货币单位进行结算。例如，在芝加哥商品交易所（Chicago Mercantile Exchange，CME），S&P 500指数期货的单位价格就是指数的点数乘以250美元。外汇期货的标的资产是外汇，如美元、日元、澳大利亚元和加拿大元等。

期货合约的合约规模、交割时间、交割地点等都是标准化的，无须双方商定，价格是期货合约的唯一变量。因此，交易双方最主要的工作就是通过交易所竞价确定成交价格。

期货交易每天都要进行结算。在交易之前，双方必须在经纪公司开立专门的保证金账户，并存入一定数量的初始保证金（initial margin）。在每天交易结束时，保证金账户会根据期货价格的涨跌进行调整，以反映交易者的浮动盈亏，这就是所谓的盯市（marking to market）。

如果当天的结算价格高于前一个交易日的结算价格（或当天的开仓价格），则高出部分就是多头的浮动盈利和空头的浮动亏损。浮动盈利在当天晚上会加入多头的保证金账户，并从空头的保证金账户中扣除。当保证金账户的余额超过初始保证金水平时，交易者可以提取现金，但不得使保证金账户的余额低于初始保证金水平。一旦保证金账户的余额低于交易所规定的维持保证金（maintenance margin）水平，经纪公司就会通知交易者限期把保证金水平补足到初始保证金水平，否则会被强制平仓。

期货市场上最主要的一种结清头寸的方式是对冲平仓（offset）。如果交易者不愿意进行实物交割，可以在交割日之前通过反向对冲来结清自身的期货头寸，即期货合约的买入者将原来买入的期货合约卖掉，而期货合约的卖出者将原来卖出的期货合约重新买回。

期货市场最主要的功能是通过套期保值（hedging）进行风险管理，即在期货市场上持有与现货市场上交易方向相反、数量相等的同种商品的期货合约，无论现货市场价格怎样波动，最终都能在一个市场上发生亏损的同时在另一个市场上实现盈利，并且盈亏大致相等，从而达到规避风险的目的。

## 8.3 远期和期货的定价

远期合约与期货合约的主要区别是，远期合约是一种非标准化的合约，在场外交易，违约风险较高，而期货合约是一种标准化合约，在交易所交易，几乎没有违约风险。期货合约可以看作一种标准化的远期合约，它们的定价原理相同。所以本节仅以远期合约为例，讨论它们的定价问题。

### 8.3.1 远期价格

远期价格（forward price）是指基于当前日期确定的标的资产在未来某个日期的价格。以股票远期合约为例，假设当前日期是 10 月 20 日，则在当日确定的股票在 12 月 31 日的价格就是一种远期价格。远期价格可能随着时间的推移而变化，譬如，对于前述的股票，10 月 20 日确定的远期价格很可能不同于 10 月 25 日确定的远期价格。在签订股票远期合约时，双方需要商定股票在未来日期的交割价格，该交割价格应该等于在签订合约之日所确定的股票远期价格。远期合约的定价过程实际上就是确定远期价格的过程。

在远期合约签订之日，交割价格应该等于远期价格，否则就会出现套利（arbitrage）机会。譬如，如果交割价格高于远期价格，套利者就可以通过买入标的资产现货、卖出远期并等待交割来获取无风险利润，从而促使现货价格上升、交割价格下降，直至套利机会消失，这种套利方式称作正向套利（cash-band-carry arbitrage）。反之，如果交割价格低于远期价格，套利者就可以通过卖空标的资产现货、买入远期来获取无风险利润，从而促使现货价格下降、交割价格上升，直至套利机会消失，这种套利方式称作反向套利（reverse cash-band-carry arbitrage）。

**【例 8-4】** 当前日期是 10 月 1 日，股票的现价是 100 元，12 月 31 日的远期价格为 102 元。季度有效利率为 2%。在 12 月 31 日到期的股票远期合约中，双方约定的交割价格是 100 元。假设该股票不支付红利，投资者应该如何套利？

**【解】** 股票的交割价格低于远期价格，投资者可以进行反向套利，即卖空股票现货，并买入股票远期。卖空股票现货获得 100 元，并以 2%的利率投资一个季度，到 12 月 31 日可以累积到 102 元。用其中的 100 元支付股票的交割价格后，还剩余 2 元的无风险利润。

需要指出的是，远期价格与远期合约的价值是完全不同的两个概念。远期价格是指标的资产在未来日期的价格，它与标的资产的现货价格相关；而远期合约的价值是指远期合约本身的价值，它取决于交割价格与远期价格之差。譬如，在签订远期合约之时，如果合约规定的交割价格等于远期价格，则此时的合约价值为零。但是，随着时间的推移，远期价格有可能因为标的资产价格的变化而发生变化，但合约的交割价格不会改变，所以远期合约的价值就可能不再为零。

### 8.3.2　定价假设和符号

远期合约的定价假设如下：

（1）没有交易费用和税收。

（2）市场参与者能以相同的无风险利率借入和贷出资金。

（3）没有违约风险。

（4）允许现货卖空。

（5）采用无套利定价法。

无套利定价法的基本原理是：定价合理的资产价格不会导致套利机会。无套利定价法在实际应用中具有不同的表现形式。一种常见形式是：如果两种投资组合的终值相等，则其现值也一定相等，否则就存在套利机会。套利者卖出现值较高的投资组合，同时买入现值较低的投资组合，并持有至期末即可赚取无风险利润。套利者的存在将促使现值较高的投资组合价格下降，而现值较低的投资组合价格上升，直至套利机会消失，最终使得两种投资组合的现值相等。

在远期合约中，可以交易的资产包括金融资产和普通商品，本节主要讨论金融资产的远期价格。金融资产可以划分为三种类型：

（1）到期前不产生收益的资产；

（2）到期前产生已知收益的资产；

（3）到期前产生连续收益的资产。

下面根据标的资产的不同类型，分别讨论如何计算它们的远期价格。本章使用的有关符号如图 8-2 所示。

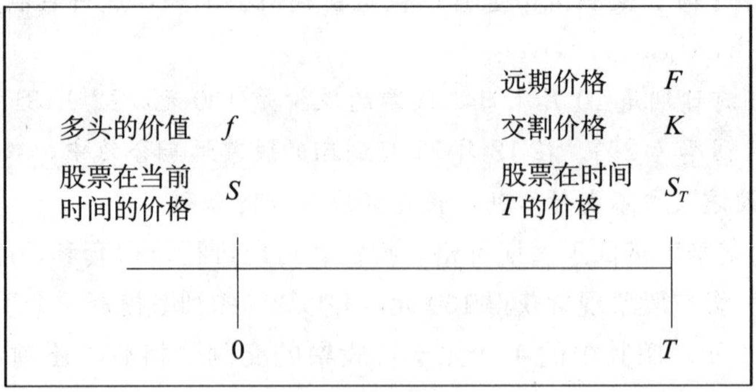


**图 8-2 远期定价的符号**

### 8.3.3 到期前不产生收益的资产

到期日之前不产生收益的资产包括零息债券和不支付红利的股票。为了计算这类资产的远期价格，可以构建如下两种资产组合：

- 组合 A：一份远期合约多头，加上一笔金额为 $Ke^{-rT}$ 的现金。
- 组合 B：一单位标的资产。

在组合 A 中，现金 $Ke^{-rT}$ 以无风险连续复利 $r$ 进行投资，期限为 $T$，到期时的累积价值为 $K$。这笔资金正好可以用来交割远期合约，以换取一单位标的资产。

可见，在 $T$ 时，两个组合都等于一单位标的资产。根据无套利定价原理，这两个组合在当前日期的价值也必须相等，即

$$f+Ke^{-rT}=S \tag{8.5}$$

上式中，左边是组合 A 在当前日期的价值，包括远期合约多头的价值 $f$ 和一笔金额为 $Ke^{-rT}$ 的现金。右边是一单位标的资产在当前日期的价值。

将式（8.5）变形，即得远期合约多头的价值为

$$f=S-Ke^{-rT} \tag{8.6}$$

在远期合约签订之日，远期合约多头的价值为 $f$，远期合约空头的价值为 $-f$，两者应该相等，即 $f=-f$，故有 $f=0$，否则对其中的一方是不公平的。由此可得远期合约在签订之日的交割价格为 $K=Se^{rT}$。

在远期合约签订之日，远期价格必须等于交割价格，否则会存在套利机会，所以远期价格可以表示为

$$F=Se^{rT} \tag{8.7}$$

可见，对于到期前不产生收益的标的资产，远期价格等于标的资产现货价格按照无风险利率计算的累积值。

如果无风险利率用年有效利率 $i$ 表示，则式（8.7）的远期价格为

$$F=S(1+i)^{T} \tag{8.8}$$

**【例8－5】**在一份股票远期合约中，标的股票不支付红利。假设合约的期限是3个月，股票当前的价格是每股50元，用连续复利表示的无风险利率为10%。计算股票的远期价格。

**【解】**在本例中，$S=50$，$T=3/12=0.25$，$r=0.10$，所以应用式（8.7），得该股票的远期价格为

$$F=50e^{0.10\times 0.25}=51.27(\text{元})$$

如果股票的交割价格不等于51.27元，就会存在套利机会。譬如，如果交割价格为51元，则套利者可以买入远期，卖空股票，并将所得收入50元以无风险利率进行投资。在合约到期时，投资的累积价值为51.27元，用其中的51元对远期合约中的股票进行交割（即买回股票），即可获得无风险利润0.27元。

反之，如果股票的交割价格大于51.27元，譬如为52元，套利者可以借入50元买入股票并卖出远期。在合约到期时，卖出股票获得52元，偿还借款51.27元，从而获得无风险利润0.73元。

**【例8－6】**考虑一份远期合约多头，其标的资产是剩余期限为6个月的1年期零息债券，交割价格为960元，6个月期的无风险利率（连续复利）为10%，该债券的现价为940元，计算该远期合约多头的价值。

**【解】**在本例中，$S=940$，$K=960$，$T=6/12=0.5$，$r=0.10$。应用式（8.6），得该远期合约多头的价值为

$$f=940-960e^{-0.1\times 0.5}=26.82(\text{元})$$

对于本例的问题，也可以这样考虑。债券的远期价格为

$$F=940e^{0.5\times 0.1}$$

上述远期价格$F$与交割价格$K=960$之差就是远期多头在$T=0.5$时的价值，将其贴现0.5年，即得远期合约多头在$t=0$时的价值为

$$f=(F-960)e^{-0.5\times 0.1}=26.82(\text{元})$$

**【例8－7】**考虑一种不支付红利的股票，$t=0.5$时的远期价格为50元，从$t=0.5$至$t=1$期间的年有效利率为10%，计算该股票在$t=1$时的远期价格。

**【解】**把$t=0.5$设定为时间零点，把$t=0.5$时的远期价格50元设定为股票的当前价格。从$t=0.5$到$t=1$的时间长度为0.5年，这期间的年有效利率为10%。应用式（8.8），得该股票在$t=1$时的远期价格为

$$F=50\times(1+10\%)^{0.5}=52.44(\text{元})$$

## 8.3.4　到期前产生已知收益的资产

到期前产生已知收益的资产包括附息债券和支付已知现金红利的股票。

为了计算这类标的资产的远期价格，可以令已知收益的现值为$D$，并构建如下两个

投资组合：

● 组合 A：一份远期合约多头，加上一笔金额为 $Ke^{-rT}$ 的现金。

● 组合 B：一单位标的资产，加上金额为 $D$ 的负债（欠款）。

如前所述，组合 A 在时间 $T$ 的价值正好等于一单位标的资产。在组合 B 中，一单位标的资产带来的现金收益为 $D$，刚好可以用来偿还负债 $D$，因此在时间 $T$，该组合的价值也等于一单位标的资产。

根据无套利定价原理，在当前日期，这两个组合的价值也应该相等，即

$$f+Ke^{-rT}=S-D \tag{8.9}$$

其中，左边表示组合 A 在当前日期的价值，右边表示组合 B 在当前日期的价值。

将式（8.9）变形，即得远期合约多头的价值为

$$f=S-D-Ke^{-rT} \tag{8.10}$$

在远期合约签订之日，远期合约多头的价值 $f$ 应该等于空头的价值 $-f$，故有 $f=0$，由此可得远期合约在签订之日确定的交割价格为

$$K=(S-D)e^{rT}$$

在远期合约签订之日，远期价格必须等于交割价格，否则会导致套利机会，所以远期价格可以表示为

$$F=(S-D)e^{rT} \tag{8.11}$$

上式表明，对于到期前产生已知收益的资产，远期价格等于现货价格的累积值减去到期前收益的累积值。之所以要扣除到期前收益的累积值，是因为到期前的收益是在远期合约交割之前支付的，远期合约多头无法获得这部分收益。

如果用年有效利率 $i$ 计算远期价格，则式（8.11）也可以表示为

$$F=(S-D)(1+i)^{T} \tag{8.12}$$

**【例 8-8】**一种 5 年期债券的现货价格为 950 元，该债券 1 年期远期合约的交割价格为 960 元，该债券在 6 个月末和 12 个月末都将收到 50 元利息，且第二次付息日是在远期合约的交割日之前。假设 6 个月期和 12 个月期的无风险利率（连续复利）分别为 9% 和 10%，如图 8-3 所示。计算该远期合约多头的价值。

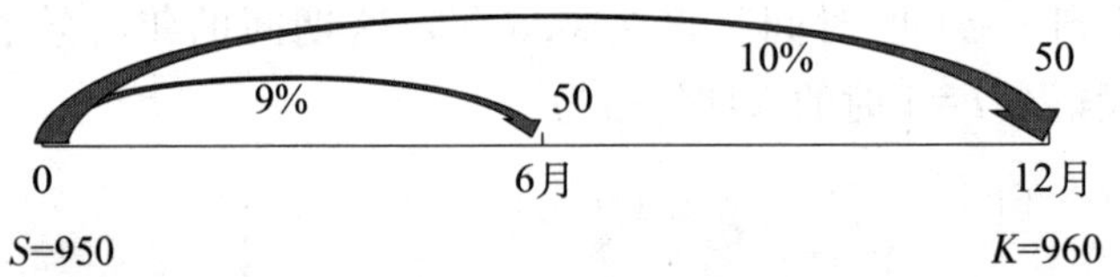


**图 8-3　附息债券的远期合约**

**【解】**该债券在远期合约到期前有两笔利息收入，它们的现值为

$$D=50e^{-0.09\times0.5}+50e^{-0.10\times1}=93.04(\text{元})$$

应用式（8.10），得该远期合约多头的价值为

$$f=S-D-Ke^{-rT}=950-93.04-960e^{-0.1\times 1}=-11.68(\text{元})$$

相应地，该合约空头的价值为 11.68 元。

本例的问题也可以这样考虑。应用式（8.11），债券的远期价格等于债券现货价格的累积值减去利息收入的累积值，即

$$F=950e^{0.1}-50e^{0.1-0.09/2}-50=947.085(\text{元})$$

上式中，第一笔利息收入先按 9%的连续复利（利息力）计算其在时间零点的现值为 $50e^{-0.09/2}$，再按 10%的连续复利（利息力）累积 1 年，即得第 12 个月末的累积值为 $50e^{0.1-0.09/2}$。第二笔利息收入发生在第 12 个月末，所以其累积值就是 50 元。

因此，远期合约多头在第 12 个月末的价值为 $F-K=F-960=-12.915$ 元，将其贴现到当前日期，即贴现 1 年，即得远期合约多头在当前日期的价值为

$$f=-12.915e^{-0.1}=-11.68(\text{元})$$

### 8.3.5　到期前产生连续收益的资产

某些金融资产在到期前可以连续产生收益，如货币和股票指数就是这种类型的资产。假设该类资产在到期前的连续收益率是已知的。

为了计算该类资产的远期价格，假设资产的连续收益率为 $\delta$，并构建如下两个组合：

- 组合 A：一份远期合约多头，加上一笔金额为 $Ke^{-rT}$ 的现金。
- 组合 B：$e^{-\delta T}$ 单位的资产，并且该资产连续产生的收益都再投资于该资产。

如前所述，组合 A 在时间 $T$ 的价值就等于一单位标的资产。组合 B 的资产数量随着资产收益的连续产生而不断增长，资产按照连续复利 $\delta$ 产生收益，所以资产的数量也按连续复利 $\delta$ 不断增长。当前日期的资产数量为 $e^{-\delta T}$，按照连续复利 $\delta$ 累积，到时间 $T$ 的数量正好等于一单位标的资产。

上述两个组合在时间 $T$ 的价值都等于一单位标的资产，所以根据无套利定价原理，在当前日期，这两个组合的价值应该相等，即

$$f+Ke^{-rT}=Se^{-\delta T} \tag{8.13}$$

其中，左边表示组合 A 在当前日期的价值，右边表示组合 B 在当前日期的价值。

将式（8.13）变形，即得远期合约多头的价值为

$$f=Se^{-\delta T}-Ke^{-rT} \tag{8.14}$$

在远期合约签订之日，远期合约多头的价值 $f$ 应该等于空头的价值 $-f$，故有 $f=0$。由此可得远期合约在签订之日的交割价格为

$$K=Se^{(r-\delta)T}$$

在远期合约签订之日，远期价格必须等于交割价格，否则会导致套利机会，所以远期价格可以表示为

$$F=Se^{(r-\delta)T} \tag{8.15}$$

上式表明，对于到期前连续产生收益的资产，其远期价格等于现货价格按照净利息力计算的累积值，其中净利息力等于无风险利息力与连续收益率之差。

**【例8-9】**沪深300指数的现值是3 000点。假设无风险连续复利为6%，股指的平均连续红利率为2%。如果股指6个月期限的远期合约的交割价格为3 050点，求该远期合约多头的价值（假设每点折合200元）。

**【解】**在本例中，$S=3\,000$，$r=6\%$，$\delta=2\%$，$T=0.5$，$K=3\,050$，应用式（8.15），得股指在第6个月末的远期价格为

$$F=Se^{(r-\delta)T}=3\,000e^{(0.06-0.02)\times 0.5}=3\,060.6(\text{元})$$

远期合约多头在第6个月末的价值为$200(F-K)$，将其贴现6个月（0.5年），即得远期合约多头在当前日期的价值为

$$f=200(F-K)e^{-rT}=200\times(3\,060.6-3\,050)e^{-0.06\times 0.5}=2\,057(\text{元})$$

## 8.3.6 远期利率协议的定价

在远期利率协议中，空头承诺在未来的某个日期，将一定金额的名义本金按约定交割利率，在一定期限内贷给多头。为远期利率协议定价，实际上就是计算远期利率。

我们通常所说的利率都是即期利率，是指从当前日期开始计算的未来一定限期的利率水平，而远期利率是指未来两个日期之间的利率。譬如，在图8-4中，$r$表示从当前时间到时间$T$的连续复利，$r^*$表示从当前时间到时间$T^*$的连续复利，这两个利率都是即期利率。远期利率就是从时间$T$到时间$T^*$的利率，该图中用连续复利表示为$r_F$。

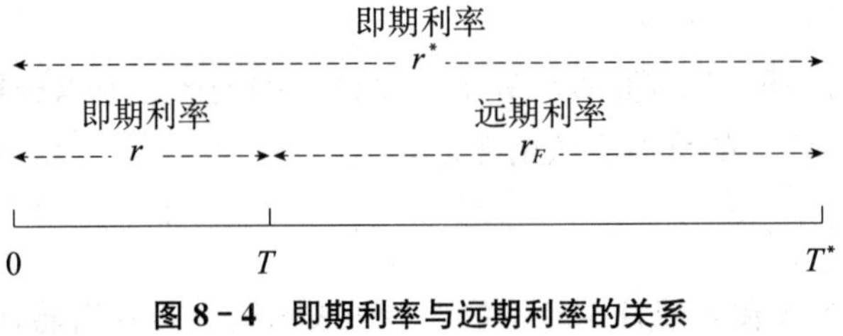


图8-4 即期利率与远期利率的关系

假设远期利率协议的名义本金为$A$，双方约定的协议利率为$r_K$（用连续复利表示），则远期利率协议的多头（即借入名义本金的一方）在时间$T$的资金流入（即借入本金）为$A$，在时间$T^*$的资金流出（即贷款偿还额）为$Ae^{r_K(T^*-T)}$。资金净流入的现值就是远期利率协议多头在当前日期的价值，即

$$f=Ae^{-rT}-Ae^{r_K(T^*-T)}\times e^{-r_F(T^*-T)}\times e^{-rT} \tag{8.16}$$

上式中，右边第一项$Ae^{-rT}$是贷款本金的现值，贴现的时间长度为$T$，使用当前日期的即期利率$r$计算现值。右边第二项是贷款偿还额的现值，贷款偿还额为$Ae^{r_K(T^*-T)}$，发

生在时间 $T^*$，分两次贴现，第一次从时间 $T^*$ 贴现到时间 $T$，使用从时间 $T$ 到时间 $T^*$ 的远期利率 $r_F$，贴现函数为 $e^{-r_F(T^*-T)}$；第二次从时间 $T$ 贴现至当前日期，使用当前日期的即期利率 $r$，贴现函数为 $e^{-rT}$。

将式（8.16）变形，可得远期利率协议多头的价值为

$$f=Ae^{-rT}\times[1-e^{(r_K-r_F)(T^*-T)}] \tag{8.17}$$

在远期利率协议的签订之日，多头和空头的价值相等，均为零，故在式（8.17）中，令 $f=0$，即得协议利率为 $r_K=r_F$。换言之，在远期利率协议的签订之日，协议利率 $r_K$ 应该等于从时间 $T$ 到时间 $T^*$ 的远期利率 $r_F$，否则会存在套利机会。

远期利率是由一系列即期利率决定的。以图 8－4 为例，可以用两种方法分别计算当前日期的 1 元本金在时间 $T^*$ 的累积值，即

$$e^{r^*T^*}=e^{rT}e^{r_F(T^*-T)} \tag{8.18}$$

上式中，左边表示当前日期的 1 元本金根据时间区间（0，$T^*$）的长度和适用于该时间区间的即期利率 $r^*$ 计算的累积值。右边表示当前日期的 1 元本金首先根据时间区间（0，$T$）的长度和适用于该时间区间的即期利率 $r$ 计算累积值，然后根据时间区间（$T$，$T^*$）的长度和适用于该时间区间的远期利率 $r_F$ 计算累积值。左边一次性计算累积值，右边分两段计算累积值，两者相等。

将式（8.18）变形，可以将远期利率表示为

$$r_F=\frac{r^*T^*-rT}{T^*-T} \tag{8.19}$$

上式中，即期利率都是用连续复利表示的，所以求得的远期利率也是连续复利的形式。

**【例 8－10】** 假设 3 个月和 6 个月的即期利率分别为 5% 和 5.5%，均为连续复利。计算 3×6 的远期利率。

**【解】** $r^*=5.5\%$，$r=5\%$，$T^*=6/12$，$T=3/12$。应用式（8.19），用连续复利表示的远期利率为

$$r_F=\frac{6/12\times0.055-3/12\times0.05}{6/12-3/12}=6\%$$

**【例 8－11】** 假设 2 年期的即期利率为 10%，3 年期的即期利率为 11%，均为连续复利。在本金为 100 万元的 2×3 的远期利率协议中，双方商定的协议利率为 12%（连续复利），如图 8－5 所示。计算远期利率以及合约多头的价值。

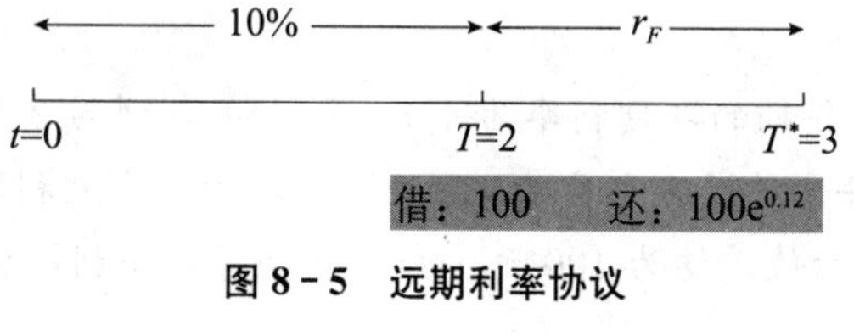


**图 8－5　远期利率协议**

【解】在本例中，$T=2$，$r=0.10$，$T^*=3$，$r^*=0.11$，$r_K=0.12$，$A=100$，应用式(8.19)，以连续复利表示的远期利率应为

$$r_F=\frac{r^*T^*-rT}{T^*-T}=\frac{0.11\times 3-0.10\times 2}{3-2}=13\%$$

应用式(8.17)，该合约多头的价值为

$$f=Ae^{-rT}\times[1-e^{(r_K-r_F)(T^*-T)}]=100\times e^{-0.10\times 2}\times[1-e^{(0.12-0.13)(3-2)}]=0.814\,7(\text{万元})$$

本例也可以这样考虑：借款的现值为 $100\times e^{-0.10\times 2}$，还款的现值为 $100\times e^{0.12}\times e^{-0.11\times 3}$，远期合约多头的价值就是借款的现值与还款的现值之差，即

$$f=100\times e^{-0.10\times 2}-100\times e^{0.12}\times e^{-0.11\times 3}=0.814\,7(\text{万元})$$

【例8-12】1年期的即期利率为5%，2年期的即期利率为5.5%，3年期的即期利率为6%，均为年有效利率。计算各年的远期利率。

【解】当前日期的1年期远期利率等于1年期的即期利率，即 $f_0=5\%$。

考虑当前日期的1元投资在第2年末的累积值：应用2年期的即期利率计算为 $1.055^2$，应用远期利率计算为 $1.05\times(1+f_1)$，故第1年末到第2年末的远期利率 $f_1$ 满足方程：

$$1.055^2=1.05\times(1+f_1)\Rightarrow f_1=6\%$$

类似地，第2年末到第3年末的远期利率 $f_2$ 满足如下方程：

$$1.06^3=1.05\times(1+f_1)\times(1+f_2)\Rightarrow f_2=7\%$$

上式两边都表示当前日期的1元投资在第3年末的累积值，左边用3年期的即期利率计算累积值，右边是用远期利率计算累积值。

【例8-13】假设1年期的即期利率为4.9%，第1年末到第2年末的远期利率为 $f_1=5.2\%$，第2年末到第3年末的远期利率为 $f_2=5.4\%$，均为年有效利率。计算年息票率为10%的3年期债券的价格。假设该债券的面值和到期偿还值均为100元。

【解】债券的价格等于息票收入与到期偿还值的现值之和：

$$\begin{aligned}P&=\frac{10}{1+0.049}+\frac{10}{(1+0.049)\times(1+0.052)}+\frac{110}{(1+0.049)\times(1+0.052)\times(1+0.054)}\\&=113.17(\text{元})\end{aligned}$$

上式中，第1年末的息票收入为10元，用即期利率4.9%贴现到当前日期；第2年末的息票收入为10元，先用远期利率 $f_1=5.2\%$ 贴现到第1年末，再用即期利率4.9%贴现到当前日期；第3年末的息票收入和到期偿还值之和为110，先用远期利率 $f_2=5.4\%$ 贴现到第2年末，再用远期利率 $f_1=5.2\%$ 贴现到第1年末，最后用即期利率4.9%贴现到当前日期。

【例8-14】假设1年期的即期利率为4%，第1年末到第2年末的远期利率为 $f_1=6\%$，第2年末到第3年末的远期利率为 $f_2=8\%$，均为年有效利率。年息票率为5%的3年期债券的价格等于其面值，均为100元。分析是否存在套利机会。

【解】与远期利率一致的债券价格为

$$P=\frac{5}{1+0.04}+\frac{5}{(1+0.04)\times(1+0.06)}+\frac{105}{(1+0.04)\times(1+0.06)\times(1+0.08)}$$
$$=97.53(元)$$

债券的市场价格为 100 元，说明债券被高估了，因而存在套利机会。

套利者可以按 100 元的价格卖出一份 3 年期债券，同时用其中的 97.53 元复制一个现金流，使得该现金流与债券的现金流相互抵消。剩余的 2.47 元即为当前日期获得的无风险利润。

首先将 97.53 元按 4%的利率投资一年。在第 1 年末，支付已出售债券的 5 元利息后，剩余资金为

$$97.53\times1.04-5=96.43(元)$$

将上述剩余资金在第 2 年按 6%的远期利率投资一年。在第 2 年末，支付已出售债券的 5 元利息后，剩余资金为

$$96.43\times1.06-5=97.22(元)$$

上述剩余资金在第 3 年按 8%的远期利率投资一年。在第 3 年末，支付已出售债券的 5 元利息和 100 元到期偿还值，剩余资金正好为零：

$$97.22\times1.08-105=0(元)$$

完成上述步骤后，套利者在当前日期获得 100－97.53＝2.47 元的无风险收益。

套利策略的现金流如表 8－2 所示。

**表 8－2　套利策略的现金流**

| 时间 | 出售债券的现金流 | 投资复制的现金流 | 净现金流 |
|---|---|---|---|
| 0 | 100 | －97.53 | 2.47 |
| 1 | －5 | 5 | 0 |
| 2 | －5 | 5 | 0 |
| 3 | －105 | 105 | 0 |

## 8.3.7　持有成本

持有成本（cost of carry）是投资者持有一项资产所消耗的储存成本、损耗成本和资金占用成本，可以表示为资产的远期价格与现价的差额，即

持有成本＝远期价格－现价

对于普通商品，如小麦、大豆和石油等，持有成本包括储存成本、损耗成本和资金占用成本；而对于金融资产，持有成本主要是资金占用成本。

**【例 8-15】** 假设股票的当前价格为 100 元，远期合约的期限为 0.5 年，无风险连续复利为 $r=0.05$，连续股利为 $\delta=0.02$，计算股票的持有成本。

**【解】** 股票的远期价格为

$$F=Se^{(r-\delta)T}=100e^{(0.05-0.02)\times 0.5}=101.51(\text{元})$$

远期价格与当前价格的差额为 1.51 元，这个差额就是股票的持有成本。

由此可见，持有成本就是在当前日期借款购买股票并持有到时间 $T$ 所支出的利息成本。

## 8.4 合成远期

合成远期是由股票多头和零息债券空头构成的一种资产组合，该资产组合的性质与远期相同，所以称作合成远期。

### 8.4.1 远期的合成

如前所述，金融资产可以分为三类：到期前不产生收益的资产、到期前产生已知收益的资产、到期前产生连续收益率的资产。为了简化表述，本节假设合成远期中的资产在到期前不产生收益，无风险连续复利的利率为 $r$。

以股票资产为例，为了在时间 $T$ 获得一单位股票，投资者可以采取下述两种方式购买。

第一种方式：在当前时间，借款 $S$（相当于出售 $S$ 元零息债券）用于购买单位股票。在到期时间 $T$，持有单位股票，同时偿还借款的本金和利息 $Se^{rT}$。

第二种方式：在当前时间，签订购买股票的远期合约，远期价格为 $F=Se^{rT}$。在到期时间 $T$，支付远期价格 $Se^{rT}$，获得单位股票。

由此可见，上述两种方式在到期时间 $T$ 的结果完全相同，都是支付 $Se^{rT}$ 并获得单位股票。根据无套利定价原理，这两种方式在当前日期的价值也必然相等。第一种方式在当前日期出售零息债券并购买股票，所以其价值相当于股票多头和零息债券空头。第二种方式在当前日期签订了远期合约多头，所以其价值就是远期多头。令这两种方式在当前日期的价值相等，即得

$$\text{远期}=\text{股票}-\text{零息债券} \tag{8.20}$$

上式表明，在时间 $T$ 的远期多头可以通过出售零息债券并购买一单位股票来合成。换言之，合成远期多头就是一个股票多头和一个零息债券空头的组合。

将上式变形，可以得到合成远期空头为

$$-\text{远期}=-\text{股票}+\text{零息债券} \tag{8.21}$$

上式中，左边是负的远期，表示远期空头；右边是股票空头与零息债券多头的组合，

表示出售股票，用所得资金购买零息债券。

上式表明，合成远期空头就是股票空头和零息债券多头的组合。

### 8.4.2　套保和套利

远期合约的主要用途之一就是通过套保来规避资产价格波动的风险，或者通过套利来赚取无风险收益。本节讨论如何通过合成远期进行套保和套利。

**1. 正向套保**

假设投资者是一个股票远期合约的空头，即在时间 $T$ 按远期价格 $F$ 出售股票，则投资者面临的风险是股票价格上升的风险。譬如，如果远期合约中约定的交割价格为 20 元，当未来的股票价格上升至 21 元时，投资者还得按照 20 元的价格出售股票，从而导致 1 元的损失。

如果投资者是股票远期合约的空头，为了规避股价上升的风险，可以通过合成一个远期多头进行套保，即用合成远期多头对现有的远期空头进行对冲。

如前所述，合成远期多头就是股票多头与零息债券空头的组合，换言之，合成远期多头就是借钱（即出售零息债券）买入股票。

为了便于说明，不妨假设股票的现价为 100 元，没有分红，无风险的年有效利率为 5%，则 $T=1$ 时的股票远期价格为

$$F=100\times(1+0.05)=105(\text{元})$$

假设投资者目前处于股票远期合约的空头位置，即在 $T=1$ 时按 105 元的价格出售股票。如果投资者预期股票价格在未来上升的可能性增大，为了规避股价上升的风险，投资者可以通过下述操作，生成一个合成远期多头对现有的远期空头进行对冲，从而实现套保。

（1）在当前日期，按 5%的利率借入 100 元用于购买股票。这相当于出售零息债券购买股票，从而生成了一个股票多头和一个零息债券空头，亦即生成了一个合成远期多头。

（2）在 $T=1$ 时，执行原来签订的远期合约，把股票按 105 元的价格出售后，获得 105 元现金，正好用于偿还借款的本息。

通过上述操作以后，无论股票价格在未来如何变化，投资者在 $T=1$ 时的回收均为零，所以风险为零。换言之，投资者通过合成远期多头对现有的远期空头进行了对冲，从而规避了股价上升的风险。

在上述套保过程中，投资者在当前日期借款买入股票，通过远期合约在未来时刻卖出股票，这种先买后卖的操作方式称作正向套保（cash and carry hedge）。

**2. 反向套保**

假设投资者是一个股票远期合约的多头，即在时间 $T$ 按远期价格 $F$ 买入股票，则投资者面临的风险是股票价格下跌的风险。

为了规避股价下跌的风险，投资者可以生成一个合成远期空头进行套保。合成远期空头是股票空头和零息债券多头的组合，所以合成远期空头也就是出售股票，并用所得

资金购买零息债券。

仍然使用前例的数据，假设投资者目前是股票远期合约的多头，即在时间 $T=1$ 按 105 元的价格买入股票。为了规避股价下跌的风险，投资者可以通过下述操作，生成一个合成远期空头对现有的远期多头进行对冲。

（1）在当前日期，以 100 元的价格卖空股票，并将这些资金投资于收益率为 5%的零息债券。这相当于生成了一个股票空头与零息债券多头的组合。这个组合就是一个合成远期空头。

（2）在时间 $T=1$，购买的零息债券到期，获得 105 元本息，正好用于支付股票远期合约多头的交割价格。

通过上述操作以后，无论股票价格如何变化，投资者在 $T=1$ 时的回收均为零，所以风险为零。换言之，投资者通过生成一个合成远期空头，为现有的远期多头进行了套保，相当于用一个合成远期空头对冲了现有的远期多头。

在上述套保过程中，投资者先卖空股票，然后通过远期合约买入股票，这种先卖后买的操作方式称作反向套保（reverse cash and carry hedge）。

**3. 正向套利**

如果远期合约中双方约定的交割价格不等于远期价格，就出现了套利机会。譬如，假设股票的现价为 100 元，年有效利率为 5%，股票不支付红利，则该股票 1 年期的远期价格为 105 元。如果远期合约中约定的交割价格为 107 元，就存在套利机会，套利者可以通过下述操作赚取无风险利润。

（1）在当前日期，按 5%的利率借入 100 元资金购买股票，这相当于出售零息债券购买股票，所以生成了一个股票多头和零息债券空头的组合。该组合就是一个合成远期多头。

（2）在当前日期，签订一份远期合约，按远期价格 107 元卖出一单位股票。

（3）在时间 $T=1$，投资者按 107 元的远期价格出售股票，同时偿还借款本息 105 元，从而获得 2 元的无风险利润。

在上述套利操作中，投资者先低价买入股票，然后通过远期合约高价卖出股票，这种先买后卖的套利方式称作正向套利。

**4. 反向套利**

如果远期合约中约定的交割价格偏低，就会出现反向套利机会。譬如在前例中，如果远期合约中约定的交割价格为 102 元，而不是 105 元，则套利者可以通过下述操作赚取无风险利润。

（1）在当前日期，按现价卖空股票获得 100 元，并将这些资金用于购买收益率为 5%的零息债券，这就生成了一个股票空头和零息债券多头的组合。该组合就是一个合成远期空头。

（2）在当前日期，签订一份远期合约，按远期价格 102 元买入股票。

（2）在时间 $T=1$，零息债券到期，投资者获得 105 元，用其中的 102 元支付股票远期合约的交割价格，剩余的 3 元即为无风险利润。

在上述套利操作中，投资者先高价卖空股票，然后通过远期合约低价买入股票，这种先卖后买的操作称作反向套利。

**5. 无套利区间**

在前面的讨论中，我们假设不存在交易成本，借款利率和存款利率相同，股票没有买卖价差，因此只有当远期合约中约定的交割价格等于远期价格时，才不会存在套利机会。但在现实中，由于存在交易成本，借款利率和存款利率不同，再加上股票的买卖价差，只要远期合约中约定的交割价格落在区间 $[F^-, F^+]$ 之内，就不会存在套利机会。

假设在当前日期，投资者从市场上购买股票需要支付的价格为 $S^a$，而卖出股票可以获得的价格为 $S^b$，且 $S^a>S^b$；借款利率和存款利率分别为 $r^a$ 和 $r^b$，且 $r^a>r^b$；在当前日期，股票或远期的交易成本均为 $k$，在时间 $T$ 没有交易成本。

如果套利者认为远期合约中约定的交割价格偏高，就可以在当前日期借款买入股票，并通过远期合约在未来卖出股票。为简单起见，假设股票没有红利。

套利者在当前日期借款买入股票的成本为 $S^a+k$，通过签订远期合约在未来卖出股票的交易成本为 $k$，所以套利者需要借入的总资金为 $S^a+2k$。

在时间 $T$，套利者需要偿还的借款总金额为 $(S^a+2k)e^{r^aT}$，同时可以按远期合约中约定的交割价格 $K$ 出售股票，所以套利者的利润可以表示为 $K-(S^a+2k)e^{r^aT}$。令套利者的利润大于零，则有

$$K>(S^a+2k)e^{r^aT} \tag{8.22}$$

由此可见，只有当远期合约中约定的交割价格大于式（8.23）时，才存在套利机会：

$$F^+=(S^a+2k)e^{r^aT} \tag{8.23}$$

上式就是无套利区间的上限，使用了较高的股票价格和较高的利率，并在股票价格中增加了两项交易成本。

反过来，如果套利者认为远期合约中约定的交割价格偏低，就可以在当前日期卖空股票，并通过远期合约在未来买入股票。为简化表述，假设股票没有红利。

套利者在当前日期卖空股票可以获得 $S^b$，并需支付交易成本 $k$，同时，套利者通过签订远期合约买入股票需要支付的交易成本为 $k$，所以，套利者在当前日期可以获得的总资金为 $S^b-2k$。

在时间 $T$，套利者的资金可以累积到 $(S^b-2k)e^{r^bT}$，同时需要按照远期合约中约定的交割价格 $K$ 买入股票，所以套利者的利润可以表示 $(S^b-2k)e^{r^bT}-K$。令套利者的利润大于零，即得

$$K<(S^b-2k)e^{r^bT} \tag{8.24}$$

由此可见，只有当远期合约中约定的交割价格小于式（8.25）时，才存在套利机会：

$$F^-=(S^b-2k)e^{r^bT} \tag{8.25}$$

上式就是无套利区间的下限，使用了较低的股票价格和较低的利率，并在股票价格中减去了两项交易成本。

由式（8.23）和式（8.25）可知，无套利区间为$[F^-, F^+]$。

【例8-16】假设股票的买价为$S^a=51$元，卖价为$S^b=50$元，借款的利率为$r^a=0.06$，存款的利率为$r^b=0.055$，股票和远期的交易成本均为$k=0.1$元，远期合约的期限为$T=0.5$。计算无套利区间。

【解】应用式（8.23）和式（8.25），无套利机会的上下限分别为：

$$F^+=(S^a+2k)e^{r^aT}=(51+2\times0.1)e^{0.06\times0.5}=52.76(\text{元})$$
$$F^-=(S^b-2k)e^{r^bT}=(50-2\times0.1)e^{0.055\times0.5}=51.19(\text{元})$$

上述结果表明，只有当远期合约中约定的交割价格小于51.19元或大于52.76元时，才存在套利机会，换言之，无套利区间为[51.19，52.76]。

## 8.5 互换

### 8.5.1 互换的含义

远期合约只能进行一次现金流的交易，但现实中的许多交易是重复发生的。譬如，发行债券的企业要定期支付利息，跨国公司要经常兑换货币，而农场主每年都需要销售其产品。这种交易就形成了一个系列付款的现金流。为了规避这种现金流的价格风险，虽然可以签订多个远期合约，但更为有效的方法是签订一个互换（swap）合约。

互换合约是指双方当事人按照商定的条件，在约定的时期内交换一系列现金流的合约。在双方进行互换以后，一方将支付现金流给另一方，并收到来自对方的现金流。双方支付的现金流都基于相同的名义本金进行计算。

远期可以看作只有一次付款的互换，而互换是附加有资金借贷行为的一系列远期。因此，互换的价格可以通过一系列不同到期时间的远期价格来确定。

为了理解互换的含义，下面假设W公司计划在未来两年购买10 000桶石油，石油在第1年末和第2年末的远期价格分别为每桶80美元和85美元，1年期和2年期的即期利率分别为5%和6%（均为年有效利率）。

该公司为了锁定未来两年的石油价格，可以签订两份远期合约：第一份远期合约的期限为一年，每桶石油的交割价格为80美元；第二份远期合约的期限为两年，每桶石油的交割价格为85美元。这两个远期交割价格的现值为

$$\frac{80}{1.05}+\frac{85}{1.06^2}=151.84(\text{美元})$$

换言之，如果W公司目前向石油公司支付151.84美元，就可以确保在未来两年的每年末获得1桶石油。

当前一次性支付石油价款，而在未来交割一系列石油，这种购买方式称作预付互换（prepaid swap）。

在预付互换中，W公司要面临石油公司的信用风险。一种规避信用风险的方法是在

交割石油之时再支付价款。在这种情况下，W 公司每年应该支付多少价款呢？从理论上讲，只要所付价款的现值等于 151.84 美元就是可行的，但通常采取等额支付的方式，即每年支付相等的价款，不妨假设为 $X$，则有

$$\frac{X}{1.05}+\frac{X}{1.06^2}=151.84$$

由此可得，W 公司每年需要支付的石油价格为 $X=82.415$ 美元，这个价格通常称作 2 年期的互换价格。

在上述互换的例子中，我们采用了实物结算的方式，当然也可以采用现金结算的方式。在现金结算方式下，W 公司可以用现货价格从市场上购买石油，并向石油公司支付 82.415 美元与现货价格之间的差额。譬如在上例中，如果石油的现货价格为 70 美元，则 W 公司按每桶 70 美元的价格从市场上购买石油，向石油公司支付的金额为

$$82.415-70=12.415(\text{美元})$$

此时，W 公司为每桶石油实际支付的价格为

$$70+12.415=82.415(\text{美元})$$

如果石油的现货价格为 90 美元，则 W 公司按每桶 90 美元的价格从市场上购买石油，向石油公司支付的金额为

$$82.415-85=-7.585(\text{美元})$$

这相当于 W 公司从石油公司获得了每桶 7.585 美元的补贴，因此 W 公司实际上为每桶石油支付的价格为

$$90-7.585=82.415(\text{美元})$$

可见，无论在哪种情况下，W 公司为每桶石油实际支付的价格都是 82.415 美元。

如果把互换价格 82.415 美元与两个远期价格（80 美元和 85 美元）进行比较，就会发现，在第 1 年末，W 公司多支付了 2.415 美元，而在第 2 年末，W 公司少支付了 2.585 美元。因此，上述互换等价于两个远期合约多头，并附加一个利率协议，该利率协议在第 1 年末向石油公司支付 2.415 美元，并在第 2 年末获得 2.585 美元。显然，该利率协议隐含的利率为 $2.585\div2.415-1=7\%$。这个利率事实上就是两个即期利率所隐含的远期利率。在本例中，1 年期的即期利率为 5%，2 年期的即期利率为 6%，故第 1 年末至第 2 年末的远期利率 $i$ 满足下述方程：

$$(1+0.05)(1+i)=(1+0.06)^2$$

由此可以求得远期利率为 $i=7\%$。

如前所述，互换合约等价于若干个远期合约并附加一个远期利率协议。由于远期合约和远期利率协议在签订之日的初始价值均为零，因此互换合约在签订之日的初始价值也应该为零。

互换合约签订之后，随着时间的推移，互换合约的价值有可能不再等于零。不妨假

设在前述的例子中，互换合约生效之后，石油的远期价格每桶上升了 3 美元，即 1 年期和 2 年期的远期价格分别为 83 美元和 88 美元，并假设即期利率没有发生变化。在这种情况下，2 年期的互换价格 $X$ 满足下述方程：

$$\frac{X}{1.05}+\frac{X}{1.06^2}=\frac{83}{1.05}+\frac{88}{1.06^2}$$

由此可以求得新的互换价格为 $X=85.415$ 美元。

此时，如果 W 公司按每桶 85.415 美元的价格卖出一个 2 年期的互换，则 W 公司在每年末的现金流如表 8-3 所示，其中 $S_T$ 表示石油的现货价格。

**表 8-3　互换的现金流**　　单位：美元

| 原互换多头 | $S_T-82.415$ |
|---|---|
| 新互换空头 | $85.415-S_T$ |
| 合计 | 3 |

可见，通过上述策略，W 公司在每年末可以获得 3 美元的净收益，该收益的现值为

$$\frac{3}{1.05}+\frac{3}{1.06^2}=5.527(\text{美元})$$

这就意味着，互换合约签订之后，如果石油的远期价格每桶上升 3 美元，则互换合约多头的价值将从初始的零美元增加到 5.527 美元。

互换合约有两种比较常见的形式，即利率互换和货币互换。它们的定价原理类似，所以下面仅介绍利率互换的概念及其定价原理。

## 8.5.2　利率互换

利率互换（interest rate swap）是指双方同意在未来的一定期限内根据同种货币、相同的名义本金交换现金流，其中一方的现金流根据浮动利率计算，而另一方的现金流根据固定利率计算。

利率互换的一个示例如图 8-6 所示，其中银行 A 的浮动利率与银行 B 的固定利率互换。在互换前，银行 A 收到浮动利率，支出固定利率；银行 B 收到固定利率，支出浮动利率。它们收入的利率和支出的利率不匹配，存在利率风险。互换以后，银行 A 的收入和支出都是浮动利率，银行 B 的收入和支出都是固定利率，双方都规避了利率风险。

进行利率互换的主要原因是交易双方在固定利率和浮动利率市场上具有比较优势。假设 A 公司和 B 公司都想借入 5 年期的 100 万元借款，其中 A 公司想借入浮动利率借款，而 B 想借入固定利率借款。由于两家公司的信用等级不同，市场向它们提供的利率也不同，如表 8-4 所示。

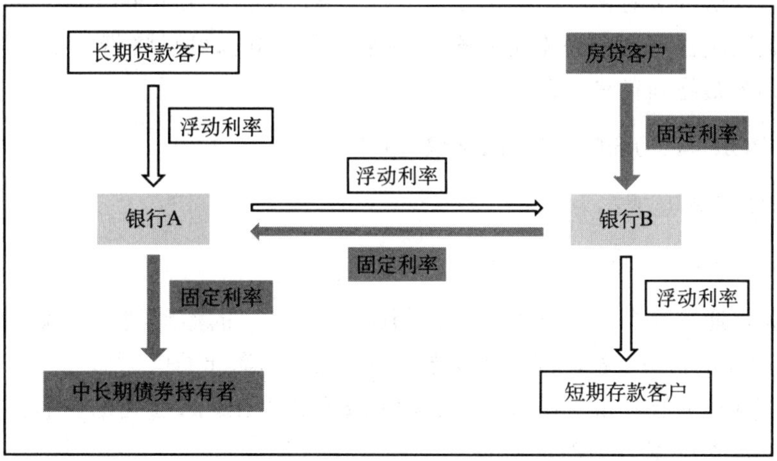


**图8-6 利率互换**

**表8-4 借款利率**

| | 固定利率 | 浮动利率 |
|---|---|---|
| A公司 | 10% | LIBOR+1% |
| B公司 | 12% | LIBOR+2% |
| 利率之差 | 2% | 1% |

从表8-4可以看出，无论是固定利率还是浮动利率，A公司的借款利率均比B公司低，即A公司在两个市场上均具有绝对优势。如果不互换，A公司将支付（LIBOR+1%）的浮动利率，而B公司将支付12%的固定利率。

进一步分析可以发现，在固定利率市场上，A公司相对于B公司有2%的绝对优势，而在浮动利率市场上，A公司相对于B公司有1%的绝对优势。这就意味着A公司在固定利率市场上具有比较优势，而B公司在浮动利率市场上具有比较优势。

根据比较优势理论，双方可以利用各自的比较优势借款进行互换，从而达到共同降低借款成本的目的。譬如，A公司以10%的固定利率借入100万元，而B公司以（LIBOR+2%）的浮动利率借入100万元，然后进行互换。由于本金相同，故双方不必交换本金而只需交换利息，即A公司向B公司支付浮动利息，而B公司向A公司支付固定利息。

注意，虽然B公司按照（LIBOR+2%）的浮动利率从银行获得借款，但在与A公司进行互换时，A公司向B公司支付的浮动利率应该低于A公司直接从银行借款的浮动利率，即低于（LIBOR+1%）的浮动利率，否则A公司不会同意进行互换。

下面首先计算双方因为互换交易而节约的总利息成本。

若不进行互换，A公司和B公司的利息成本分别为（LIBOR+1%）和12%。若进行互换，A公司和B公司的利息成本分别为10%和（LIBOR+2%）。

可见，通过互换，双方的总利息成本可以降低1%，即

$$(\text{LIBOR}+1\%)+12\%-10\%-(\text{LIBOR}+2\%)=1\%$$

这就是互换所带来的利益，是双方合作的结果，应由双方共同分享，具体分享比例可由双方谈判决定。下面假设双方各分享一半，则双方都可以将借款成本降低0.5%。此时，A公司的最终利息成本为

(LIBOR+1%)−0.5%=LIBOR+0.5%

B公司的最终利息成本为

12%−0.5%=11.5%

由此可见，通过互换，A公司获得了LIBOR+0.5%的浮动利率借款，而B公司获得了11.5%的固定利率借款，都比互换之前的利息成本降低了0.5%。

上述利率互换的流程如图8-7所示。从该图可以看出，A公司的现金流如下：

(1) 向银行支付10%的固定利率。

(2) 向B公司支付LIBOR的浮动利率。

(3) 从B公司获得9.5%的固定利率。

上述三个现金流的叠加效果是A公司支付(LIBOR+0.5%)的浮动利率。

B公司的现金流如下：

(1) 向银行支付(LIBOR+2%)的浮动利率。

(2) 向A公司支付9.5%的固定利率。

(3) 从A公司获得LIBOR的浮动利率。

上述三个现金流的叠加效果是B公司支付11.5%的固定利率。

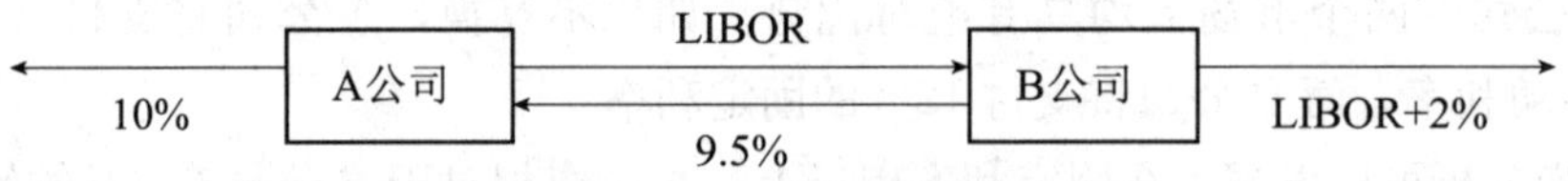


**图8-7 利率互换流程**

## 8.5.3 利率互换的定价

如果不考虑违约风险，利率互换可以通过分解成一个债券多头与一个债券空头的组合来定价，也可以通过分解成远期利率协议的组合来定价。

**1. 用债券组合给利率互换定价**

考虑图8-8所示的利率互换，名义本金为100万美元，期限为3年，B公司向A公司按6%的年利率支付固定利息（每半年支付一次），而A公司向B公司按6个月期的LIBOR支付浮动利息。

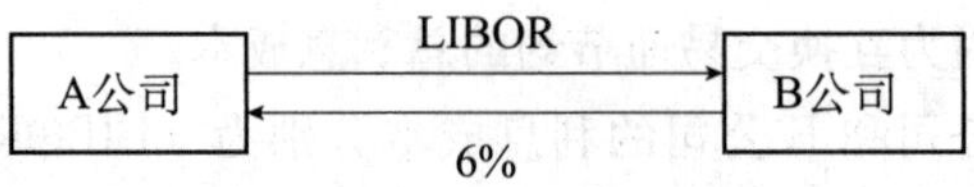


**图8-8 A公司与B公司的利率互换**

在上述利率互换中，B公司的现金流如表8-5所示。

**表 8-5　利率互换中 B 公司的现金流**　　单位：百万美元

| 日期 | LIBOR | 收到的浮动利息 | 支付的固定利息 |
|---|---|---|---|
| 2021.1.1 | 4.20 | | |
| 2021.7.1 | 4.80 | +2.10 | −3 |
| 2022.1.1 | 5.30 | +2.40 | −3 |
| 2022.7.1 | 5.50 | +2.65 | −3 |
| 2023.1.1 | 5.60 | +2.75 | −3 |
| 2023.7.1 | 5.90 | +2.80 | −3 |
| 2024.1.1 | 6.40 | +2.95 | −3 |

虽然利率互换不涉及本金交换，但可以假设在合约的到期日，A 公司支付给 B 公司 100 万美元的名义本金，同时 B 公司也支付给 A 公司 100 万美元的名义本金。这不会改变互换双方的现金流，所以不会改变互换的价值。这样，利率互换可以分解成下述两个债券的组合：

（1）B 公司按 6 个月 LIBOR 的浮动利率借给 A 公司 100 万美元，等价于 B 公司向 A 公司购买了 100 万美元的浮动利率（LIBOR）债券。

（2）A 公司按 6%的年利率借给 B 公司 100 万美元，等价于 B 公司向 A 公司出售了 100 万美元的固定利率债券（年利率为 6%，每半年付息一次）。

由此可见，对 B 公司而言，这个利率互换等价于出售固定利率债券后购买浮动利率债券，因此其价值就是上述浮动利率债券与固定利率债券的价值之差。

令 $B_{固}$ 为固定利率债券的价值，$B_{浮}$ 为浮动利率债券的价值，$r_i$ 表示到期时间为 $t_i$ 的即期利率（连续复利），$L$ 为名义本金。

对于固定利率债券，用 $k$ 表示每次支付的固定利息，则固定利率债券的价值为

$$B_{固}=\sum_{i=1}^{n}k\mathrm{e}^{-r_i t_i}+L\mathrm{e}^{-r_n t_n} \tag{8.26}$$

对于浮动利率债券，令 $k_i^*$ 为在时间 $t_i$ 支付的浮动利息，则浮动利率债券的价值为

$$B_{浮}=\sum_{i=1}^{n}k_i^*\mathrm{e}^{-r_i t_i}+L\mathrm{e}^{-r_n t_n} \tag{8.27}$$

互换合约的价值就是浮动利率债券的价值与固定利率债券的价值之差，即为

$$f=B_{浮}-B_{固}=\sum_{i=1}^{n}k_i^*\mathrm{e}^{-r_i t_i}-\sum_{i=1}^{n}k\mathrm{e}^{-r_i t_i} \tag{8.28}$$

互换合约在签订之日的价值应该为零，即 $f=0$，由此可以求得固定利息为

$$k=\frac{\sum_{i=1}^{n}k_i^*\mathrm{e}^{-r_i t_i}}{\sum_{i=1}^{n}\mathrm{e}^{-r_i t_i}} \tag{8.29}$$

如果名义本金为 1 元，则上式中的固定利息就是利率互换中的固定利率，也称作互换利率（swap rate）。浮动利息就是利率互换中的浮动利率。在实际应用中，式（8.29）中的浮动利率 $k_i^*$ 可以用即期利率中所隐含的远期利率来代替。

从式（8.29）可以看出，利率互换中的固定利率可以表示为浮动利率的加权平均数。这里的固定利率和浮动利率都表示每个利息支付周期的有效利率。如果每半年互换一次，固定利率和浮动利率都表示每半年期间的有效利率，即 1 元本金每半年可以获得的利息分别为 $k$ 和 $k_i^*$。

**【例 8-17】** 1 年期、2 年期和 3 年期的即期利率（年有效利率）分别为 5%、5.5%、6%，如图 8-9 所示。在一个 3 年期的利率互换合约中，每年互换一次利息，计算互换利率是多少。

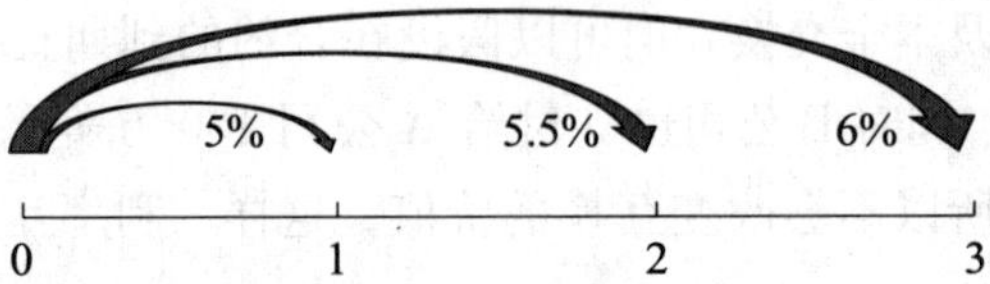


**图 8-9　已知的即期利率**

**【解】** 根据已知的即期利率计算每年的浮动利率如下：

0～1 年：5%

1～2 年：$(1+5.5\%)^2/(1+5\%)-1=6\%$

2～3 年：$(1+6\%)^3/(1+5.5\%)^2-1=7\%$

互换利率就是上述浮动利率的加权平均数，即

$$k=\frac{5\%\times(1+5\%)^{-1}+6\%\times(1+5.5\%)^{-2}+7\%\times(1+6\%)^{-3}}{(1+5\%)^{-1}+(1+5.5\%)^{-2}+(1+6\%)^{-3}}=5.96\%$$

**【例 8-18】** 在一个 2 年期的利率互换合约中，银行收取固定利率，支付浮动利率，每半年支付一次利息。已知 6 个月、12 个月和 18 个月和 24 个月的即期利率（连续复利）分别为 10%、10.5%和 11%和 11.5%。在该互换合约中，银行每半年收取的固定利率是多少（用每年复利 2 次的年名义利率表示）？

**【解】** 利息互换的 4 个时间点分别为 $t_1=0.5$，$t_2=1$，$t_3=1.5$，$t_4=2$，它们对应的即期利率（连续复利）分别为 $r_1=0.1$，$r_2=0.105$，$r_3=0.11$，$r_4=0.115$。由此可以求得 4 个时期的浮动利率（用连续复利表示）分别为

0～0.5 年：$\delta_1=0.1$

0.5～1 年：$\delta_2=\dfrac{0.105\times1-0.10\times0.5}{1-0.5}=0.11$

1～1.5 年：$\delta_3=\dfrac{0.11\times1.5-0.105\times1}{1.5-1}=0.12$

1.5～2 年：$\delta_4=\dfrac{0.115\times2-0.11\times1.5}{2-1.5}=0.13$

假设名义本金为 1 单位，每个利息互换周期为半年，根据每个互换周期的连续复利

计算，银行每半年支付的浮动利息（浮动利率）为

$$0\sim0.5\text{ 年：}k_1^*=e^{0.5\delta_1}-1=e^{0.5\times0.1}-1=5.127\%$$
$$0.5\sim1\text{ 年：}k_2^*=e^{0.5\delta_2}-1=e^{0.5\times0.11}-1=5.654\%$$
$$1\sim1.5\text{ 年：}k_3^*=e^{0.5\delta_3}-1=e^{0.5\times0.12}-1=6.184\%$$
$$1.5\sim2\text{ 年：}k_4^*=e^{0.5\delta_4}-1=e^{0.5\times0.13}-1=6.714\%$$

应用式（8.29），银行在互换合约中每半年收到的固定利息（固定利率）为

$$k=\frac{k_1^*\times e^{-0.1\times0.5}+k_2^*\times e^{-0.105\times1}+k_3^*\times e^{-0.11\times1.5}+k_4^*\times e^{-0.115\times2}}{e^{-0.1\times0.5}+e^{-0.105\times1}+e^{-0.11\times1.5}+e^{-0.115\times2}}=5.88\%$$

用每年复利 2 次的年名义利率表示，银行收到的固定利率为 5.88%×2＝11.76%。

**【例 8-19】**假设在一笔互换合约中，银行支付 6 个月期的 LIBOR，同时收取 8%的年固定利率（每半年支付一次利息），名义本金为 100 万美元。互换还有 1.25 年的时间到期。已知 3 个月、9 个月和 15 个月期的即期利率分别为 10%、11%和 12%，均为连续复利。在上一次利息支付日，6 个月期的 LIBOR 为 9%（每半年支付一次利息）。计算该利率互换对银行而言的价值。

**【解】**该互换合约的已知条件如图 8-10 所示。其中，$L$＝100 万美元，$r_1=0.1$，$r_2=0.11$，$r_3=0.12$，$t_1=0.25$，$t_2=0.75$，$t_3=1.25$。

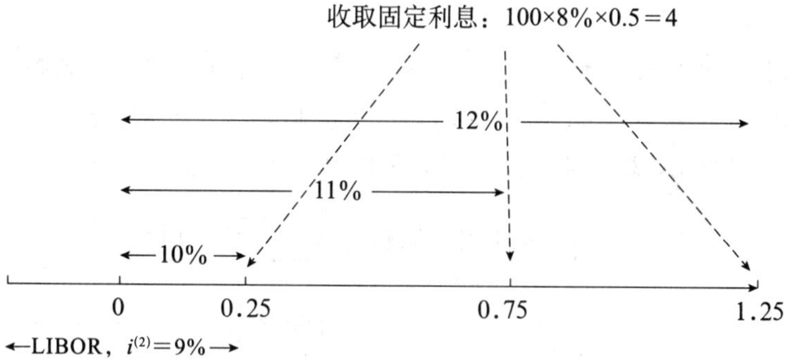


**图 8-10 互换合约中的即期利率**

银行每次收取的固定利息为

$$k=100\times8\%\times0.5=4(\text{万美元})$$

与该固定利息收入对应的固定利率债券的价值为

$$B_{\text{固}}=4e^{-0.1\times0.25}+4e^{-0.11\times0.75}+104e^{-0.12\times1.25}=97.10(\text{万美元})$$

在上一次利息支付日，6 个月期的 LIBOR 为 9%（每半年复利一次），意味着 6 个月期的浮动利率为 4.5%，所以在下一个利息支付日，银行支付的浮动利息为

$$k_1^*=100\times(0.09\div2)=4.5(\text{万美元})$$

在浮动利息支付后的当日，浮动利率债券的价值等于债券的面值 100 万美元（参见下例的说明），故浮动利率债券在当前日期的价值为

$$B_{浮}=(100+4.5)e^{-0.1\times 0.25}=101.92(万美元)$$

银行收取固定利率，支出浮动利率，所以上述利率互换对银行的价值为

$$f=B_{固}-B_{浮}=97.10-101.92=-4.82(万美元)$$

**2. 用远期利率协议给利率互换定价**

如果不考虑违约风险，利率互换可以分解为一系列远期利率协议。考虑图 8-8 中的 B 公司，在第 $i$ 个利息支付日（即时间 $t_i$），B 公司收取浮动利息 $k_i^*$，支出固定利息 $k$，这相当于 B 公司签订了一份远期利率协议，其价值为 $(k_i^*-k)e^{-r_it_i}$。一共有 $n$ 次利息交换，所以对 B 公司而言，相当于签订了 $n$ 份远期利率协议。

互换的价值就是所有 $n$ 份远期利率协议的价值之和，即为

$$f=\sum_{i=1}^{n}(k_i^*-k)e^{-r_it_i} \tag{8.30}$$

互换合约在签订之日的价值为零，即 $f=0$，故由上式可以求得与式 (8.29) 相同的固定利率：

$$k=\frac{\sum_{i=1}^{n}k_i^*e^{-r_it_i}}{\sum_{i=1}^{n}e^{-r_it_i}} \tag{8.31}$$

**【例 8-20】** 用远期利率协议计算【例 8-19】中利率互换当前的价值。

**【解】** 已知 $L=100$ 万美元，$r_1=0.1$，$r_2=0.11$，$r_3=0.12$，$t_1=0.25$，$t_2=0.75$，$t_3=1.25$，$k=4$ 万美元，$k_1^*=4.5$ 万美元，如图 8-11 所示。

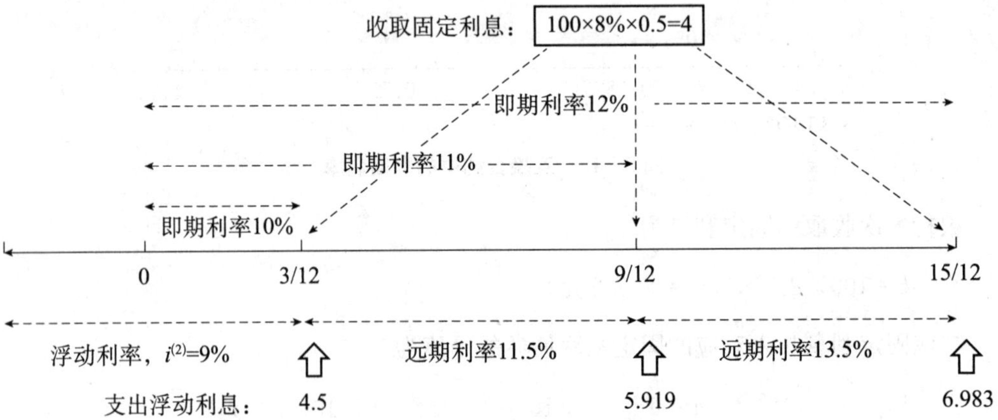


**图 8-11 利率互换合约的价值**

3 个月之后需要交换的现金流是已知的，银行用 9% 的年利率换入 8% 的年利率（每半年复利一次），所以这笔交换对银行的价值是

$$(4-4.5)e^{-0.1\times 0.25}=-0.488(万美元)$$

用连续复利表示的 3 个月末到 9 个月末的远期利率为

$$R_2=\frac{0.11\times0.75-0.10\times0.25}{0.75-0.25}=0.115$$

9 个月末银行支付的浮动利息为

$$100(e^{0.115\times0.5}-1)=5.919(\text{万美元})$$

故 9 个月末的现金流交换对银行的价值为

$$(4-5.919)e^{-0.11\times0.75}=-1.767(\text{万美元})$$

同样地，用连续复利表示的从 9 个月末到 15 个月末的远期利率为

$$R_3=\frac{0.12\times1.25-0.11\times0.75}{1.25-0.75}=0.135$$

15 个月末银行支付的浮动利息为

$$100(e^{0.135\times0.5}-1)=6.983(\text{万美元})$$

故 15 个月末的现金流交换对银行的价值为

$$(4-6.983)e^{-0.12\times1.25}=-2.568(\text{万美元})$$

上述三笔现金流交换的价值之和就是利率互换对银行的价值，即为

$$-0.488-1.767-2.568=-4.82(\text{万美元})$$

这个结果与运用债券组合定价得出的结果一致。

应用本例的结果可以验证【例 8－19】中浮动利率债券在 3 个月末的价值为 100 万美元（不含已经支付的浮动利息）。事实上，浮动利率债券在 9 个月末的利息为 5.919 万美元，在 15 个月末的利息为 6.983 万美元，在 15 个月末还可以回收本金 100 万美元，因此浮动利率债券在 3 个月末的价值就是这些现金流在 3 个月末的现值之和，即为

$$5.919\times e^{-0.5\times0.115}+(100+6.983)\times e^{-0.5\times0.135}e^{-0.5\times0.115}=100(\text{万美元})$$

## 小　结

远期合约是指交易双方约定在未来某个确定的日期，按照某一确定的价格，买卖一定数量标的资产的协议。卖出标的资产的一方称作空头，买入标的资产的一方称作多头。

一个合约的回收是指合约在满期时的价值，不考虑签订该合约时所发生的初始费用。从回收中扣除签订合约所发生的初始费用的终值就是盈亏。

期货合约是指协议双方同意在将来某个约定的日期按约定的条件（包括交割价格、交割地点、交割方式等）买入或卖出一定数量的某种标的资产的标准化协议。

对于到期前不产生收益的资产，远期价格＝现价的累积值，即

$$F=Se^{rT}$$

对于到期前产生已知收益的资产，远期价格＝现价的累积值－收益的累积值，即

$$F=(S-D)e^{rT}$$

对于到期前连续产生收益的资产，远期价格＝现价按照净利息力计算的累积值，即

$$F=Se^{(r-\delta)T}$$

净利息力＝无风险利息力－连续收益率

远期价格大于现价的部分称作持有成本，即

持有成本＝远期价格－现价

合成远期多头是股票多头和零息债券空头的组合，即

远期＝股票－零息债券

合成远期空头是股票空头和零息债券多头的组合，即

－远期＝－股票＋零息债券

互换合约是指买卖双方按照商定的条件，在约定的时间内交换一系列现金流的合约。远期是只有一次付款的互换，而互换是附加资金借贷协议的一系列远期。在利率互换合约中，如果每个利息互换周期的固定利率（$k$）和浮动利率（$k_i^*$）都是有效利率的形式，则固定利率等于浮动利率的加权平均数，即

$$k=\frac{\sum_{i=1}^{n}k_i^*\,e^{-r_it_i}}{\sum_{i=1}^{n}e^{-r_it_i}}$$

## 习　题

8.1　股票当前的价格为每股 60 元，不支付红利。年有效利率为 10%。计算使股票多头的盈亏为零的 1 年后的股票价格。

8.2　股票当前的价格为每股 100 元，不支付红利。年有效利率为 10%。计算该股票半年期和 1 年期的远期价格。

8.3　当前的股票价格是每股 105 元，预期每季度派发 1.70 元股利，第一次是在 3 个月末，最后一次恰好在交割股票之前。无风险的连续复利是 1.5%。计算该股票 1 年期的远期价格。

8.4　股票当前的价格是每股 105 元，每日复利一次的年名义股利率是 2%，该股票的日股利是多少？如果在年初持有一单位股票，股利收益全部再投资于该股票，年末将会持有多少单位股票？如果想在年末持有一单位股票，在年初应该投资多少？

8.5　股票当前的价格是每股 70 元，连续复利率是 6%。(1) 如果该股票的股利为零，该股票 6 个月期的远期价格是多少？(2) 如果该股票 1 年期的远期价格是 72 元，该股票的连续股利率是多少？

8.6　债券的市场价格是 950 元，每半年支付 50 元利息。年有效利率为 5%。若该债

券1年期的远期合约的交割价格为980元，求远期价格和该远期合约多头的价值。

8.7 沪深300指数的现值是3 000点，用来计算指数的股票的平均连续红利率为2%，无风险连续复利为3%。若该股票指数6个月期的远期合约的交割价格为3 050点，求远期价格和该远期合约多头的价值（每点为300元）。

8.8 股票的现价是105元，无风险的连续复利是6%，该股票在未来一年没有分红。在下列两种情况下，投资者应如何进行套利？（1）投资者观察到该股票6个月期的远期合约的交割价格是115元。（2）投资者观察到该股票6个月期的远期合约的交割价格是107元。

8.9 如果1年期和2年期的石油远期价格分别为每桶83美元和84美元，且1年期和2年期的即期利率分别是5%和5.5%，均为年有效利率，计算2年期的互换价格。

8.10 假设1年期、2年期和3年期的石油远期价格分别是每桶82美元、83美元和84美元；即期利率分别为：1年期5%，2年期5.5%，3年期6%，均为年有效利率。计算：（1）3年期的互换价格；（2）开始于一年后的2年期的互换价格。

8.11 银行在一个2年期的利率互换合约中，支付浮动利率，收取固定利率，每半年支付一次利息。已知6个月、12个月、18个月和24个月期的即期利率（连续复利）分别为6%、6.5%、7%和7.5%。假设互换合约的名义本金为1单位，计算银行在该互换合约中每半年收到的固定利息。

8.12 假设在一个互换合约中，银行支出6个月期的LIBOR，同时收取8%的年固定利率（每半年支付一次利息），名义本金为100万美元。互换还有1.25年的时间到期，其中3个月、9个月和15个月期的连续复利分别为10%、10.5%和11%。在上一个利息支付日，6个月期的LIBOR为10.2%（每半年支付一次利息）。计算该利率互换对银行而言，当前的价值是多少。

8.13 假设1年期、2年期和3年期的即期利率分别为5%、6%和8%，均为年有效利率。计算年息票率为10%且面值和到其偿还值均为100元的3年期债券的价格。

8.14 假设1年期、2年期和3年期的即期利率分别为8%、9%和10.2%，均为年有效利率。计算各年的远期利率。

8.15 年息票率为6%的2年期债券的到期收益率为10%，面值为100元。1年期的即期利率为7%，2年期的即期利率为9%。确定一个投资策略，使得通过买入或卖出2年期债券获得无风险套利收益。

8.16 一只面值为100元、年息票率为5%的3年期债券按面值出售。已知1年期的即期利率为5%，第1年末到第2年末的远期利率为6%，第2年末到第3年末的远期利率为7%，均为年有效利率。判断是否存在套利机会。如果存在，投资者如何获得无风险收益？

# 第9章
# 期　权

期权（option）是一种合约，该合约赋予买方在规定期限内按买卖双方约定的价格购买或出售一定数量标的资产的权利。如果标的资产为金融资产，则相应的期权称作金融期权。金融期权可分为股票期权、指数期权、货币期权（或称外汇期权）、期货期权和利率期权等。

本章将简要介绍期权的基本概念，期权定价的二叉树模型和Black-Scholes模型，以及期权的交易策略。

## 9.1　期权的基本概念

在期权交易中，经常使用的一些基本概念如下。

**1. 多头和空头**

期权的买方（buyer）称为期权多头或期权持有人，在支付期权费以后，期权多头就拥有了在合约规定的时间购买或出售标的资产的权利。

期权的卖方（seller）称作期权空头，在收取多头所支付的期权费以后，期权空头就必须承担在规定时间内根据多头的要求履行合约的义务。换言之，当期权多头按合约规定行使其买入或卖出标的资产的权利时，空头必须依约相应地卖出或买入该标的资产。

**2. 看涨期权和看跌期权**

按多头的权利划分，期权可分为看涨期权（call option）和看跌期权（put option）。看涨期权赋予期权持有人（多头）以执行价格购买标的资产的权利，而看跌期权赋予期权持有人以执行价格出售标的资产的权利。

期权交易中存在双重的买卖关系，对期权合约本身的买卖形成了期权的多头和空头，而对期权合约中标的资产的买卖则构成了看涨期权和看跌期权。其中的权利和义务关系如表 9-1 所示。

**表 9-1 期权交易中的双重买卖关系**

| | 看涨期权 | 看跌期权 |
|---|---|---|
| 期权多头 | 以执行价格买入标的资产的权利 | 以执行价格卖出标的资产的权利 |
| 期权空头 | 以执行价格卖出标的资产的义务 | 以执行价格买入标的资产的义务 |

**3. 欧式期权和美式期权**

期权多头只能在合约规定的时间内行使其权利，一旦超过了期限而仍未执行，就意味着自愿放弃了这一权利。根据执行时间的不同，期权可以分为欧式期权（European-style option）和美式期权（American-style option）。

欧式期权的多头只能在期权到期日行使买进或卖出标的资产的权利，而美式期权的多头可以在期权到期前的任何时间执行期权。显然，在其他条件相同的情况下，美式期权的多头除了拥有欧式期权的一切权利之外，还拥有一项在到期前随时执行期权的权利。

另一种期权是百慕大期权（Bermudan-style option），这种期权的多头可以在到期前的某些指定日期行权，它赋予期权多头的权利介于美式期权与欧式期权之间。

需要说明的是，这里的“美式”“欧式”“百慕大”并没有任何地理上的含义，这三种期权可以在全世界范围内进行交易。

**4. 执行价格**

执行价格（exercise price）是指期权合约所规定的、多头在行使其权利时实际执行的标的资产的价格，即标的资产的买价或卖价。与执行价格相联系的几个概念是实值期权、虚值期权和平价期权。

实值期权（in the money）是指如果立即行使权利，回收为正的期权；虚值期权（out of the money）是指如果立即行使权利，回收为负的期权；平价期权（at the money）是指如果立即行使权利，回收为零的期权。对于看涨期权，当市场价格高于执行价格时为实值期权，反之为虚值期权；对于看跌期权，当市场价格低于执行价格时为实值期权，反之为虚值期权。如果市场价格等于执行价格，看涨期权和看跌期权均为平价期权。

**5. 期权费**

期权的空头将一定的权利赋予多头而自己承担相应的义务，为了对空头承担义务作出补偿，多头要支付给空头一定的费用，这种费用就是期权费（premium）或期权价格（option price）。

在一个公平有效的市场上，风险规避者进入期货（或远期）合约几乎无需任何初始成本，而进入期权多头则需要支付相应的成本，即期权费。投资者买入期权，类似于向期权空头购买了一份规避市场价格不利变化的保险，因而其支付的期权费与投保人向保险公司支付的保险费在本质上是一致的，都是为了单向规避风险而付出的代价。

期权价格（期权费）与执行价格是完全不同的两个概念：期权价格是期权合约本身的价格，而执行价格则是期权合约中标的资产的交易价格。

**6. 期权的回收和盈亏**

期权的回收（payoff）是指在不考虑期权费的情况下，期权在满期时的价值。在计算期权的盈亏时，需要扣除期权费的终值。

看涨期权多头的回收和盈亏如下：

（1）回收＝max(0,满期时的现货价格－执行价格)

（2）盈亏＝max(0,满期时的现货价格－执行价格)－期权费的终值

上式中，$\max(x,y)$ 表示 $x$ 和 $y$ 中的最大值。

看跌期权多头的回收和盈亏如下：

（1）回收＝max(0,执行价格－满期时的现货价格)

（2）盈亏＝max(0,执行价格－满期时的现货价格)－期权费的终值

对于空头而言，其回收和盈亏就是多头的回收和盈亏的负值。

**【例 9-1】** 有一份股票的看涨期权，期限是 1 年，执行价格是 105 元。假设 1 年期的年有效利率为 5%，看涨期权的期权费是 3.40 元。如果一年后股票的价格是 110 元或 100 元，分别计算看涨期权多头的回收和盈亏。

**【解】** 看涨期权在满期时，如果股票的现价是 110 元，大于期权的执行价格 105 元，则看涨期权的多头将执行期权，故其回收为

回收＝max(0,110－105)＝5(元)

从回收中扣除期权费的终值，其盈亏为

盈亏＝5－3.40×1.05＝1.43(元)

如果一年后股票的价格是 100 元，小于期权的执行价格 105 元，看涨期权的多头不会执行期权，故其回收为

回收＝max(0,100－105)＝0(元)

从回收中扣除期权费的终值，其盈亏为

盈亏＝0－3.40×1.05＝－3.57(元)

## 9.2 期权的盈亏图

### 9.2.1 看涨期权的盈亏图

期权合约是零和游戏，多头的盈亏与空头的盈亏正好相反。看涨期权多头和空头的盈亏分别如图 9-1 和图 9-2 所示，其中假设期权的执行价格为 40 元，期权费的终值为 5 元。期权费在签订期权合约时支付，其终值是指期权费累积到期权到期时的价值。

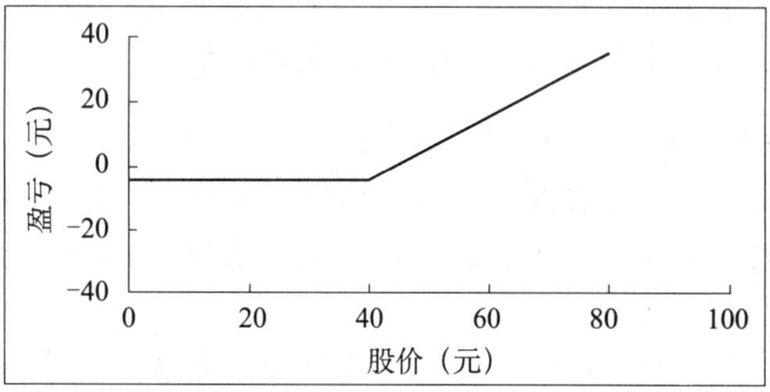


**图 9-1 看涨期权多头的盈亏**

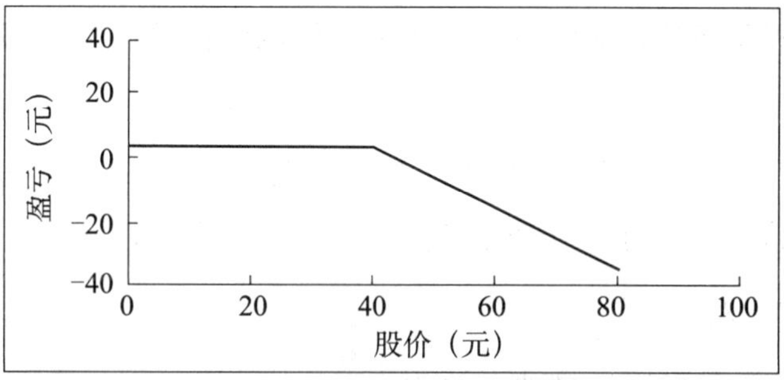


**图 9-2 看涨期权空头的盈亏**

从图 9-1 可以看出，在期权到期时，如果股票的市场价格低于执行价格 40 元，看涨期权就不会被执行，多头的亏损就是他所支付的期权费的终值（5 元）。当股票的市场价格高于 40 元时，多头将执行期权，以减少其亏损。譬如，当股票的市场价格为 42 元时，多头按 40 元的执行价格从空头购买股票，再以 42 元的价格在市场上卖出，即可赚取 2 元。考虑到多头已经支付的 5 元期权费，他的亏损为 3 元。以此类推，当股票的市场价格为 45 元时，多头的亏损为零；而当股票的市场价格超过 45 元时，多头开始盈利。股票的市场价格越高，多头的盈利就越多。

从图 9-2 可以看出，当股票的市场价格低于 40 元时，多头不会执行期权，空头的最大盈利就是他所收取的期权费。而当股票的市场价格高于 40 元时，多头就会执行期权。譬如，当股票的市场价格为 42 元时，看涨期权的多头将执行期权，空头就不得不按 42 元的价格从市场上购买股票，再按 40 元的执行价格卖给多头，从而损失 2 元，同时考虑到空头获得的期权费（5 元），他的净盈利为 3 元。当股票的市场价格为 45 元时，看涨期权空头的净盈利为零。而当股票的市场价格超过 45 元时，空头开始亏损。股票的市场价格越高，看涨期权空头的亏损就越大。

用符号表示，看涨期权多头的盈亏可以表示为

$$\text{看涨期权多头的盈亏}=\max(0,S_T-K)-Ce^{rT} \tag{9.1}$$

上式中，$S_T$ 是标的资产在时间 $T$ 的价值，$K$ 是期权合约中标的资产的执行价格，$C$ 是看涨期权的期权费，$r$ 是无风险的连续复利利率，$T$ 是期权的到期时间。

由于期权费 $C$ 是固定的，因此当 $S_T \geqslant K$ 时，多头会执行期权。但是，只有当 $S_T=$

$K+Ce^{rT}$时，多头才能达到盈亏平衡点。当 $S_T>K+Ce^{rT}$时，多头的盈利大于零。

对于看涨期权空头，其盈亏就是多头盈亏的负值，为

$$\text{看涨期权空头的盈亏}=\min(0,K-S_T)+Ce^{rT} \tag{9.2}$$

从图 9-1 和图 9-2 可以看出，看涨期权多头的亏损是有限的，最大亏损就是期权费，而其盈利可能是无限的。与此相反，看涨期权空头的亏损可能是无限的，而盈利是有限的，其最大盈利就是期权费。

**【例 9-2】** 一份股票看涨期权的执行价格为 50 元，期权费为 3 元，期权的到期时间是 0.5 年，无风险的连续复利为 5%。假设期权到期时的股票价格为 53 元，多头的盈亏是多少？在期权到期时，股票的价格为多少，多头可以达到盈亏平衡点？

**【解】** 看涨期权到期时的股票价格为 53 元，大于执行价格 50 元，所以多头会执行期权，多头的盈亏为

$$(53-50)-3e^{0.05\times 0.5}=-0.076(\text{元})$$

应用式 (9.1)，令多头的盈亏等于零：

$$(S_T-50)-3e^{0.05\times 0.5}=0$$

即可求得多头达到盈亏平衡点的股票价格为

$$S_T=53.08(\text{元})$$

### 9.2.2 看跌期权的盈亏图

看跌期权多头和空头的盈亏分别如图 9-3 和图 9-4 所示，其中假设期权的执行价格为 40 元，期权费的终值为 5 元。

从图 9-3 可以看出，在期权到期时，如果股票的市场价格高于 40 元，看跌期权的多头不会执行期权，其净亏损就是他所支付的期权费的终值（5 元）。当股票价格低于 40 元时，看跌期权的多头就可以选择执行期权，从而减少净亏损或赚取净盈利。譬如，当股票价格为 33 元时，看跌期权的多头就可以从市场上按 33 元的价格购买股票，并按执行价格 40 元卖给期权空头，从而赚取 7 元，同时考虑到多头已经支付的期权费（5 元），他的净盈利为 2 元。看跌期权到期时，股票的价格越低，多头的净盈利就越高。由于股票的价格最低为零，所以看跌期权多头的最大盈利是 35 元。

从图 9-4 可以看出，在期权到期时，如果股票的市场价格高于 40 元，看跌期权的多头不会执行期权，因此空头的净盈利就是他所收取的期权费的终值（5 元）。当股票价格低于 40 元时，看跌期权的多头就会执行期权。譬如，当股票的市场价格下降为 33 元时，看跌期权的多头将行使权利，相应地，空头就必须按执行价格 40 元从多头买进股票，从而损失 7 元。同时考虑到空头收取的 5 元期权费，他的净亏损为 2 元。看跌期权到期时，股票的市场价格越低，看跌期权空头的净亏损就越大。由于股票价格最低为零，所以看跌期权空头的最大亏损是 35 元。

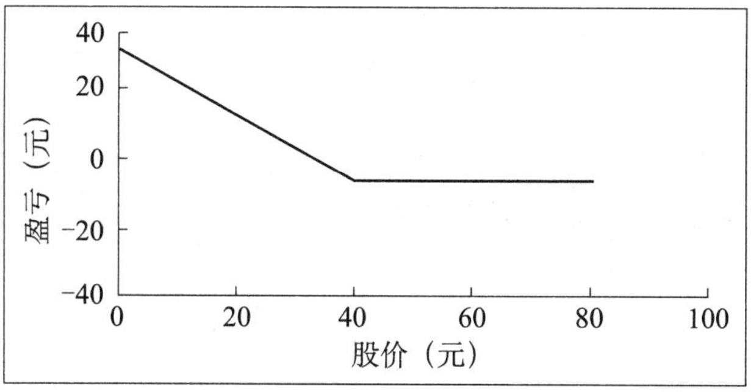


**图 9-3　看跌期权多头的盈亏**

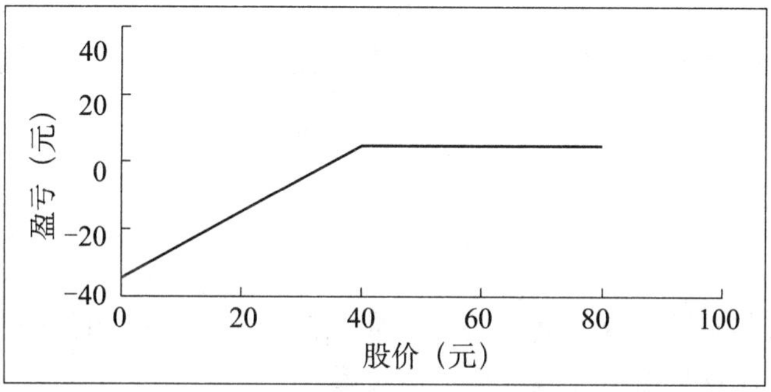


**图 9-4　看跌期权空头的盈亏**

用符号表示，看跌期权多头的盈亏是

$$\text{看跌期权多头的盈亏}=\max(0,K-S_T)-Pe^{rT} \tag{9.3}$$

上式中，max($x$，$y$) 表示 $x$ 和 $y$ 的最大值，$S_T$ 是标的资产在时间 $T$ 的价值，$K$ 是期权的执行价格，$P$ 是看跌期权的期权费，$r$ 是无风险的连续复利利率，$T$ 是期权的到期时间。

在看跌期权中，当 $S_T \leqslant K$ 时，多头会执行期权。但是，只有当 $S_T=K-Pe^{rT}$ 时，多头才达到盈亏平衡点。当 $S_T<K-Pe^{rT}$ 时，多头的盈利大于零。当 $S_T=0$ 时，看跌期权多头的盈利最大，为 $K-Pe^{rT}$。当 $S_T>K$ 时，多头的亏损最大，为期权费的终值 $Pe^{rT}$。

对于看跌期权空头，其盈亏就是多头盈亏的负值，即

$$\text{看跌期权空头的盈亏}=\min(0,S_T-K)+Pe^{rT} \tag{9.4}$$

看跌期权空头的盈利是有限的，亏损也是有限的。当 $S_T>K$ 时，看跌期权空头的盈利最大，为期权费的终值 $Pe^{rT}$。当 $S_T=0$ 时，看跌期权空头的亏损最大，为 $Pe^{rT}-K$。

从图 9-3 和图 9-4 可以看出，看跌期权多头和空头的盈亏都是有限的。

**【例 9-3】** 一份股票看跌期权的执行价格为 60 元，期权费为 3.5 元，期权的到期时间是 0.5 年，无风险的连续复利为 5%。假设期权到期时的股票价格为 57 元，多头的盈亏是多少？在期权到期时，股票的价格为多少，多头可以达到盈亏平衡点？

**【解】** 看跌期权到期时的股票价格为 57 元，小于执行价格 60 元，所以看跌期权多头会执行期权，多头的盈亏为

$$(60-57)-3.5e^{0.05\times 0.5}=-0.5886(\text{元})$$

应用式 (9.3)，令看跌期权多头的盈亏等于零，即

$$(60-S_T)-3.5e^{0.05\times 0.5}=0$$

则可以求得多头达到盈亏平衡点的股票价格为

$$S_T=56.41(\text{元})$$

## 9.3 期权价格关系

看涨期权与看跌期权的价格之间存在一定的数量关系，下面分别对欧式期权和美式期权进行讨论。

### 9.3.1 欧式期权

欧式看涨期权与看跌期权的期权费之间存在互推关系，已知其中一个，就可以求出另一个，它们之间的这种数量关系称作平价关系。

为了建立欧式期权的平价关系，考虑在时间零点的下述两个投资组合：

- 组合 A：一份欧式看涨期权，执行价格为 $K$，到期时间为 $T$，期权费为 $C_{欧}$，加上金额为 $Ke^{-rT}$ 的现金。
- 组合 B：一份欧式看跌期权，执行价格为 $K$，到期时间为 $T$，期权费为 $P_{欧}$，加上一单位无红利的股票。

下面分两种情况讨论：

(1) 在期权到期时，如果股票的现价高于执行价格，即 $S_T>K$，则：

- 对于组合 A，看涨期权会执行，执行价格为 $K$，从而可以获得 $S_T-K$。金额为 $Ke^{-rT}$ 的现金以无风险利率 $r$ 投资，在期权到期时等于 $K$。因此，在期权到期时，组合 A 的价值为 $S_T$。
- 对于组合 B，看跌期权不会执行，所以组合 B 的价值等于股票的价值 $S_T$。

由此可见，在期权到期时，如果股票的现价高于执行价格，组合 A 和组合 B 的价值都将等于 $S_T$。

(2) 在期权到期时，如果股票的现价低于执行价格，即 $S_T<K$，则：

- 对于组合 A，看涨期权不会执行，所以组合 A 的价值等于现金的累积值 $K$。
- 对于组合 B，看跌期权会执行，执行价格为 $K$，从而可以获得 $K-S_T$，再加上一单位股票的价值 $S_T$，组合 B 的价值等于 $K$。

由此可见，在期权到期时，如果股票的现价低于执行价格，组合 A 和组合 B 的价值都将等于 $K$。

综上所述，在期权到期时，无论股票价格是高于还是低于执行价格，组合 A 和组合 B 的价值都相等，因此这两个组合在当前日期的价值也应该相等，即有

$$C_{欧}+Ke^{-rT}=P_{欧}+S \tag{9.5}$$

上式中，$S$ 是股票当前时刻的价格，$K$ 是执行价格，等式左边是组合 A 在当前日期的价值，等式右边是组合 B 在当前日期的价值。

式（9.5）就是无红利股票的欧式看涨期权与看跌期权之间的平价关系（parity）。它表明欧式看涨期权与看跌期权的期权费可以互相导出。也正因如此，后面以欧式看涨期权为主讨论期权定价模型。

将式（9.5）变形，可以得到

$$C_{欧}-P_{欧}=S-Ke^{-rT} \tag{9.6}$$

上式左边是看涨期权与看跌期权的期权费之差，右边是资产现价与执行价格的现值之差。

由于远期价格可以表示为 $F=Se^{rT}$，如果把式（9.6）的右边用现值表示，即令 $S=Fe^{-rT}$，则有

$$C_{欧}-P_{欧}=F\text{ 的现值}-K\text{ 的现值} \tag{9.7}$$

从式（9.7）可以得出下述结论：如果远期价格 $F$ 大于执行价格 $K$，则看涨期权的期权费 $C$ 大于看跌期权的期权费 $P$，即

$$F>K\Rightarrow C_{欧}>P_{欧} \tag{9.8}$$

上式表明，如果股票的远期价格大于执行价格，则股票价格在未来上涨的可能性较大，所以看涨期权的期权费大于看跌期权的期权费。

同理可得：

$$F<K\Rightarrow C_{欧}<P_{欧} \tag{9.9}$$

$$F=K\Rightarrow C_{欧}=P_{欧} \tag{9.10}$$

**【例 9-4】** 股票的当前价格是 19 元，一份该股票欧式看涨期权的执行价格为 20 元，期权费为 1.4 元，期权的到期时间是 3 个月，无风险的连续复利为 6.5%。计算与该股票看涨期权具有相同到期时间和执行价格的欧式看跌期权的期权费。

**【解】** 应用式（9.5）的平价关系，看跌期权的期权费为

$$P_{欧}=C_{欧}+Ke^{-rT}-S=1.4+20\times e^{-0.065\times 0.25}-19=2.08(\text{元})$$

### 9.3.2 美式期权

对于不支付红利的股票，期权持有人提前执行美式看涨期权不是最优选择，换言之，期权持有人应该将美式看涨期权持有到期权的到期时间再决定是否行使权利。

为了说明美式看涨期权不会被提前执行，首先给出欧式看涨期权价格的下限，即

$$C_{欧}\geqslant \max(S-Ke^{-rT},0) \tag{9.11}$$

上式之所以成立，是因为欧式看涨期权的持有人在 $T$ 时刻有权利用 $K$ 元购买股票，

相当于现在有权利用 $Ke^{-rT}$ 元交换 $S$ 元。如果 $S>Ke^{-rT}$，这个权利在当前的价值应为 $S-Ke^{-rT}$，否则就为零，这也就是式（9.11）所示的结果。

由于美式期权的价格总是大于或等于欧式期权的价格，如果用 $C_{美}$ 表示美式看涨期权的价格，则由式（9.11）可知：

$$C_{美} \geqslant C_{欧} \geqslant S-Ke^{-rT}>S-K \tag{9.12}$$

上式表明，如果期权持有人提前执行美式看涨期权，譬如在当前日期行使权利，可以获得的金额为 $S-K$，小于美式期权的价格 $C_{美}$，所以提前执行美式看涨期权不是最优选择。

由此可见，对于美式看涨期权，即使期权持有人拥有在到期日之前执行期权的权利，也不应该提前执行期权。美式看涨期权不应该提前执行的经济学解释是：（1）看涨期权具有保险作用，当股票价格下跌到执行价格以下时，期权持有人不会继续遭受损失，而股票持有人会继续遭受损失；（2）提前执行期权意味着提前支付购买股票的价款，这会使期权持有人损失一部分投资收益。

对于不支付红利的股票，如果美式看涨期权不会提前执行，也就意味着美式看涨期权等价于欧式看涨期权，所以它们的价格应该相等，即

$$C_{美}=C_{欧} \tag{9.13}$$

对于美式看跌期权而言，提前行使期权可能是最优的。譬如，当股票价格接近零时，期权持有人如果立即行使期权，就可以立即获得 $K$ 元，但若在未来日期行使期权，获得的金额不会超过 $K$ 元，而且会损失一部分利息收入。

对于美式看跌期权而言，因为有可能提前执行，所以不存在与欧式期权类似的平价关系，但是，可以证明，无红利股票的美式看涨期权与美式看跌期权的价格之差存在下述关系：

$$S-K \leqslant C_{美}-P_{美} \leqslant S-Ke^{-rT} \tag{9.14}$$

其中，$C_{美}$ 和 $P_{美}$ 分别表示美式看涨期权与美式看跌期权的价格。

### 9.3.3 红利的影响

假设在期权有效期内，股票红利的现值为 $D$，则欧式看涨期权与看跌期权之间的平价关系变形为：

$$C_{欧}+Ke^{-rT}=P_{欧}+S-D$$

美式看涨期权与看跌期权之间的价格关系将变形为：

$$S-D-K \leqslant C_{美}-P_{美} \leqslant S-D-Ke^{-rT}$$

由此可见，如果股票红利的现值为 $D$，则在看涨期权与看跌期权的价格关系中，相当于把股票的现价从原来的 $S$ 调整为现在的 $S-D$。

# 9.4 期权定价的二叉树模型

所谓期权定价，就是计算期权的价格或期权费。期权定价的两种基本模型是二叉树模型（binomial tree）和 Black-Scholes 模型。相对于 Black-Scholes 模型而言，二叉树模型的原理比较简单，适用性更强，不仅可以为欧式期权定价，还可以为美式期权定价。

在二叉树模型中，需要把期权的有效期划分为许多很小的时间区间$\Delta t$，并假设在每一个时间区间$\Delta t$ 内，股票价格只有两种变动的可能：

（1）从初始价格 $S$ 上升到 $uS$，其中 $u>1$。

（2）从初始价格 $S$ 下降到 $dS$，其中 $d<1$。

在较长的时间区间内，假设股价仅有两种变化可能不符合实际，但是，当时间区间$\Delta t$很小时，这种假设是近似成立的。

股票价格的上述变动过程就形成了一个单步二叉树，如图 9－5 所示。在该图中，当股票价格上升为 $uS$ 时，期权的价值为 $f_u$；当股票价格下降为 $dS$ 时，期权的价值为 $f_d$。期权定价的目的就是计算期权在当前时刻的价值 $f$。

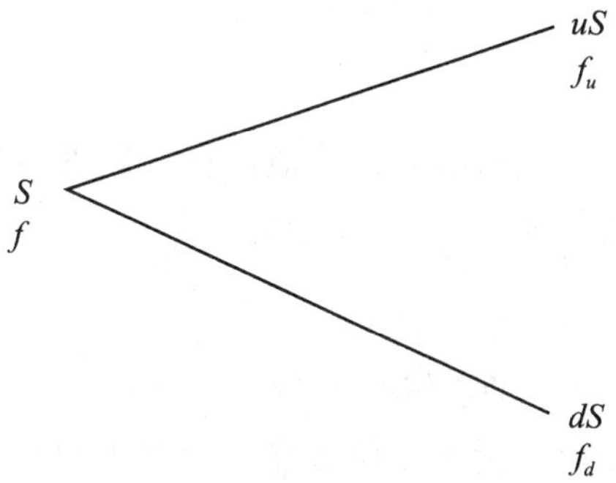


**图 9－5　股票价格变化的单步二叉树**

## 9.4.1 单步二叉树模型

### 1. 无套利定价法示例

在讨论一般性结论之前，首先考虑一个应用无套利定价法的简例。这里所谓的套利，是指投资者可以从零资本开始在资本市场进行交易，并以大于零的概率获利、以等于零的概率受损的交易策略。

**【例 9－5】** 假设股票不支付红利，股票的当前价格为 10 元，且已知在 3 个月以后，该股票的价格要么是 12 元，要么是 8 元。如果该股票欧式看涨期权的期限为 3 个月，执行价格为 11 元，无风险的连续复利为 10%。计算该期权的价格。

**【解】** 欧式期权不能提前执行，其价值取决于 3 个月以后的股票价格。根据假设，股票价格的变化过程如图 9－6 所示。

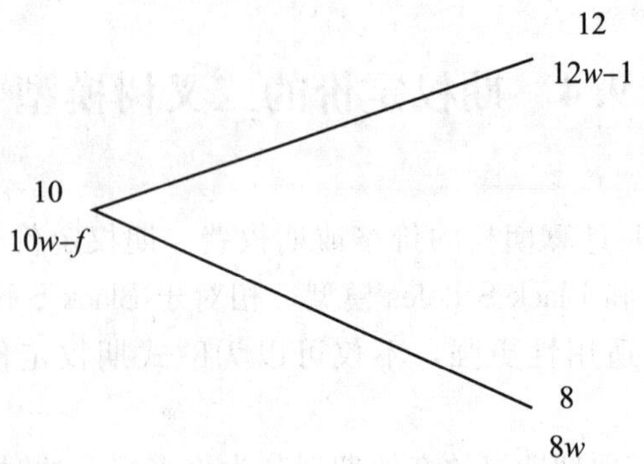


图 9-6 股票价格和组合价值的变化过程

为了计算上述看涨期权的价格 $f$，可以构建下述投资组合：1 单位看涨期权空头和 $w$ 单位股票多头，该投资组合在当前时刻的价值为 $10w-f$。

如果 3 个月以后股票的价格为 12 元，看涨期权会执行，此时，该组合的价值为 $(12w-1)$ 元，其中 $12w$ 元是股票多头的价值，$-1$ 元是看涨期权空头的价值。

如果 3 个月后股票的价格为 8 元，看涨期权不会执行，此时，该组合的价值为 $8w$ 元，其中看涨期权空头的价值为零。

为了使得该组合处于无风险状态，就应该选择适当的 $w$ 值，使得股票价格上升以后组合的价值等于股票价格下降以后组合的价值，即有

$$12w-1=8w$$

上式左边是股票价格上升以后组合的价值，右边是股票价格下降以后组合的价值。由此可得组合中的股票数量应为

$$w=0.25$$

此时，上述组合在 3 个月末的价值恒为 $12w-1=2$ 元。

可见，一个无风险组合应包括 1 单位看涨期权空头和 0.25 单位股票。在这种情况下，无论 3 个月以后股票的价格上升为 12 元还是下跌为 8 元，该组合的价值恒为 2 元。

在没有套利机会的情况下，无风险组合只能获得无风险利率。本例假设无风险的连续复利为 10%，故该组合在当前时刻的价值为

$$2e^{-0.1\times 0.25}=1.95(\text{元})$$

该组合中有 1 单位看涨期权空头和 0.25 单位股票。股票的当前价格为 10 元，看涨期权的当前价格为 $f$，所以有

$$10\times 0.25-f=1.95$$

由此可以求得看涨期权的价格为 $f=0.55$ 元。

如果看涨期权的价格不是 0.55 元，就会存在无风险套利机会。譬如，假设看涨期权的价格高于 0.55 元，如为 0.6 元，则投资组合在当前日期的价格将变为 $10\times 0.25-0.6=1.9$ 元，在这种情况下，投资者可以按 10% 的无风险利率借款 1.9 元购买该投资组合，3 个月以后按 2 元卖出，并偿还 $1.9e^{0.1\times 0.25}=1.95$ 元借款，获得 0.05 元的无风险收

益。反之，如果看涨期权的价格低于0.55元，如为0.52元，则该投资组合在当前日期的价格将变为$10\times0.25-0.52=1.98$元，在这种情况下，投资者可以卖空该投资组合，获得1.98元现金，并将其按照无风险利率进行投资，3个月以后获得$1.98e^{0.1\times0.25}=2.03$元，用其中的2元购买一个投资组合，用于对冲前期卖空的投资组合，剩余0.03元即为无风险收益。本例的套利过程如表9-2所示。

**表9-2 基于期权价格的套利方法**

| 期权价格 $f$ | 组合在当前日期的价格（$2.5-f$） | 组合在3个月后的价格 | 套利方法 |
|---|---|---|---|
| 0.55 | 1.95 | 2 | 没有套利机会 |
| 0.60 | 1.90 | 2 | 期权价格偏高，组合价格偏低，可以在当前日期借款买入组合 |
| 0.52 | 1.98 | 2 | 期权价格偏低，组合价格偏高，可以在当前日期卖空组合 |

**2. 无套利定价法的一般形式**

下面给出应用单步二叉树进行无套利定价的一般性结论。

构造一个投资组合，包括$w$单位股票多头和1单位看涨期权空头。该投资组合的当前价值为$Sw-f$。在期权到期日，如果股票价格上升为$uS$，则看涨期权的价值为$f_u$，组合的价值为$uSw-f_u$。在期权到期日，如果股票价格下跌为$dS$，则看涨期权的价值为$f_d$，组合的价值为$dSw-f_d$。

在$\Delta t$时期内，股票价格的变化过程以及与其对应的组合价值的变化过程如图9-7所示。

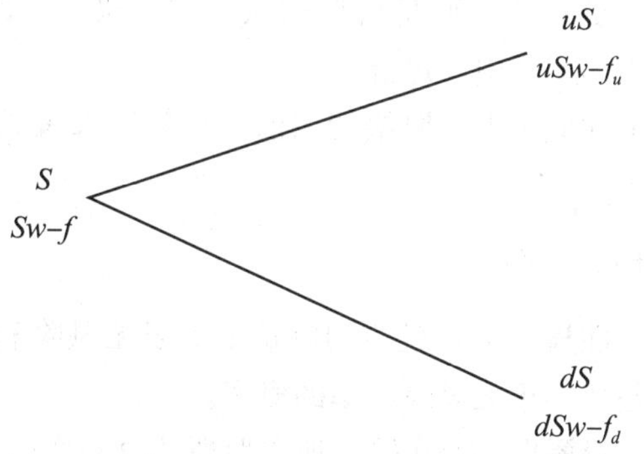


**图9-7 股票价格和组合价值的变化过程**

如果投资组合处于无风险状态，则股票价格上升以后组合的价值应该等于股票价格下跌以后组合的价值，即有

$$uSw-f_u=dSw-f_d \tag{9.15}$$

由此可以求得组合中包含的股票数量为

$$w=\frac{f_u-f_d}{uS-dS} \tag{9.16}$$

上式中，分母为股票价格的变化量，分子是期权价值的变化量。分子上的期权价值发生的变化是由分母上股票价格的变化所引致的。

如果组合中包含 $w$ 单位股票，则组合为无风险组合，即无论股票价格上涨还是下跌，组合的价值保持不变。上式表示的股票数量也称作 Delta，等于期权价值的变化与股票价格的变化之比。由此可见，为了构造一个无风险的投资组合，在出售一个期权时，必须购买数量为 Delta 的股票。构造无风险投资组合的对冲方法也称作 Delta 对冲。

对于无风险的投资组合，其收益率应该等于无风险利率，因此可以用无风险利率 $r$ 对该组合未来的价值进行折现，并令其等于组合的当前价值，即有

$$Sw-f=(uSw-f_u)e^{-r\Delta t} \tag{9.17}$$

将式（9.16）中的 $w$ 代入式（9.17）后变形，即得看涨期权的当前价值为

$$f=e^{-r\Delta t}\left[\frac{e^{r\Delta t}-d}{u-d}f_u+\frac{u-e^{r\Delta t}}{u-d}f_d\right] \tag{9.18}$$

在上式中，令

$$p=\frac{e^{r\Delta t}-d}{u-d} \tag{9.19}$$

则看涨期权的当前价值可以表示为

$$f=e^{-r\Delta t}[pf_u+(1-p)f_d] \tag{9.20}$$

式（9.20）表明，期权的当前价值就是期权在未来的期望值按照无风险利率计算的现值，其中 $p$ 可以解释为股票价格上升的概率，而 $1-p$ 是股票价格下降的概率。注意，这里的概率不是真实世界的概率，而是所谓的风险中性概率，即风险中性世界的概率。相应地，式（9.20）也称作风险中性定价公式。

容易验证，在风险中性概率下，股票的当前价格等于未来股价的期望值根据无风险利率计算的现值，即

$$S=e^{-r\Delta t}[puS+(1-p)dS]$$

上式表明，在风险中性概率下，股票的收益率等于无风险利率。换言之，风险中性概率就是使得股票的收益率等于无风险利率的概率。

在现实概率下，由于投资股票有风险，所以股票的收益率通常要大于无风险利率。

**【例 9-6】** 假设股票不支付红利，股票的当前价格为 10 元，且已知在 3 个月以后，该股票的价格要么是 12 元，要么是 8 元。如果该股票欧式看涨期权的期限为 3 个月，执行价格为 11 元，无风险连续复利为 10%。计算该期权的价格。

**【解】** 若 3 个月以后股票的价格上升为 12 元，大于看涨期权的执行价格 11 元，看涨期权会执行，此时，期权的价值为 1 元，即 $f_u=1$。

若 3 个月以后股票的价格下降为 8 元，小于看涨期权的执行价格 11 元，看涨期权不会执行，此时，期权的价值为零，即 $f_d=0$。

由于 $u=12\div10=1.2$，$d=8\div10=0.8$，应用式（9.19），股票价格上升的风险中性概率为

$$p=\frac{e^{r\Delta t}-d}{u-d}=\frac{e^{0.1\times0.25}-0.8}{1.2-0.8}=0.5633$$

应用式（9.20），看涨期权的价格为

$$\begin{aligned} f&=e^{-r\Delta t}[pf_u+(1-p)f_d]\\ &=e^{-0.1\times0.25}[p\times1+(1-p)\times0]\\ &=0.55(\text{元}) \end{aligned}$$

在前面的讨论中，我们假设股票价格上升的幅度 $u$ 和下降的幅度 $d$ 是已知的。在实际应用中，需要应用股票价格的波动率进行估计。常用的一种估计方法是由 Cox，Ross and Robinstein（1979）提出的：

$$\begin{cases} u=e^{\sigma\sqrt{\Delta t}}\\ d=e^{-\sigma\sqrt{\Delta t}} \end{cases}$$

上式中，$\sigma$ 表示股票价格的年波动率（volatility），也就是用连续复利表示的股票年收益率的标准差。股票价格的年波动率可以通过日波动率进行估计：

$$\text{年波动率}=\text{日波动率}\times\sqrt{\text{每年的交易日天数}}$$

股票每年的交易日天数通常假设为 252 天。

股票的日波动率可以通过经验数据进行估算。假设股票在第 $i$ 个交易日的价格为 $S_i$，则股票在第 $i$ 个交易日的收益率（对数收益率）可以表示为

$$u_i=\ln S_i-\ln S_{i-1},\quad i=1,2,\cdots,n$$

应用上述 $n$ 个日收益率的观察值，可以求得日收益率的标准差为

$$s=\sqrt{\frac{1}{n-1}\sum_{i=1}^{n}(u_i-\bar{u})^2}$$

其中

$$\bar{u}=\frac{1}{n}\sum_{i=1}^{n}u_i$$

上述标准差 $s$ 就是股票价格的日波动率，由此可以求得股票价格的年波动率为 $s\sqrt{252}$。

### 9.4.2 多步二叉树模型

单步二叉树模型可以进一步拓展为多步二叉树模型。用多步二叉树模型表示股票价格变化的树形结构如图 9-8 所示。

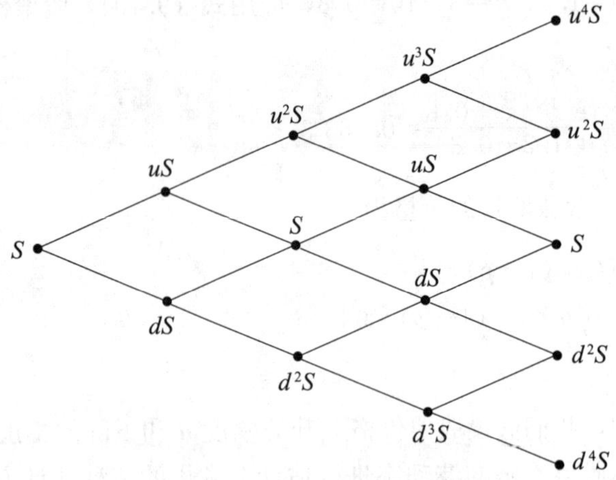


**图 9-8　股票价格变化的二叉树**

在图 9-8 中，时间零点的股票价格为 $S$；经过一个时间区间 $\Delta t$ 以后，股票价格要么上涨到 $uS$，要么下降到 $dS$；经过 2 个时间区间以后，股票价格就有三种可能：$u^2S$、$udS$ 和 $d^2S$。通常假设 $ud=1$，所以 $udS=S$。一般而言，经过 $k$ 个时间区间以后，股票价格有 $k+1$ 种可能，用符号表示为 $Su^id^{k-i}$，其中 $i=0, 1, \cdots, k$。

根据图 9-8 中每个节点上的股票价格，就可以从二叉树的最右端开始向左倒推，从而为期权定价。在已知时间 $T$ 的股票价格的情况下，期权的价值也是已知的，例如，看涨期权的价值为 $\max(S_T-K, 0)$，看跌期权的价值为 $\max(K-S_T, 0)$，所以向左倒推一个时间区间，即在时间 $T-\Delta t$，每一节点上的期权价值等于 $T$ 时的两个期权价值的加权平均数以无风险利率 $r$ 计算的现值。向左再倒推一个时间区间，即在时间 $T-2\Delta t$，每一节点上的期权价值等于 $T-\Delta t$ 时对应的两个期权价值的加权平均数以无风险利率 $r$ 计算的现值。以此类推，最终就可以求出在时间零点的期权价值。

**【例 9-7】** 股票当前的市场价格为 50 元，不支付红利，波动率为 20%，连续复利的无风险利率（利息力）为 5%，该股票 5 个月期的欧式看涨期权的执行价格为 50 元，求该期权的价格。如果上述期权是美式看涨期权，期权的价格将如何变化？

**【解】** 为了应用二叉树模型，把期权的有效期分为 5 个时间区间，每个时间区间为 1 个月，即为 1/12 年，从而有

$$\Delta t=1/12, S=50, \sigma=20\%, r=5\%$$

由此可得：

$$u=e^{\sigma\sqrt{\Delta t}}=1.0594$$
$$d=e^{-\sigma\sqrt{\Delta t}}=0.9439$$
$$p=\frac{e^{r\Delta t}-d}{u-d}=0.5217$$

为了计算当前日期的期权价格，需要用满期时的期权价值进行倒推。满期时的期权价值与满期时的股票价格相关，因此首先需要利用当前的股票价格递推得到满期时的股票价格，最终得到股票价格的二叉树如图 9-9 所示。该图的每个节点上都有两个值，上

面一个表示股票价格，下面一个表示期权价值。股票价格的计算可以从初始价格 50 元开始，参照图 9-8 逐步递推计算。譬如，第二列的两个股票价格分别为

$$uS=1.0594\times 50=52.97(\text{元})$$
$$dS=0.9439\times 50=47.20(\text{元})$$

第三列的三个股票价格分别为

$$u^2S=1.0594^2\times 50=56.12(\text{元})$$
$$udS=S=50(\text{元})$$
$$d^2S=0.9439^2\times 50=44.55(\text{元})$$

以后各个节点上的股票价格可以类似计算。

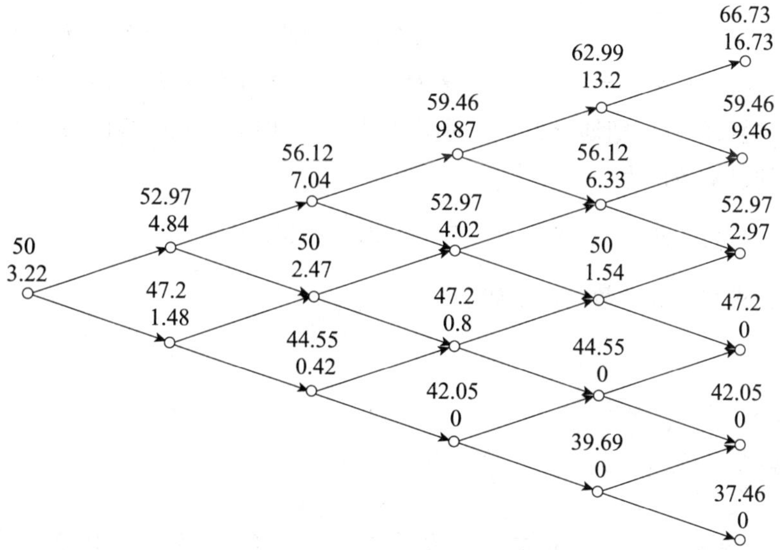


**图 9-9 欧式看涨期权的二叉树**

在最后一列的节点上，欧式看涨期权的价值为 $\max(S_T-K, 0)$。例如，最后一列第一个节点上的股票价格为 66.73 元，执行价格为 50 元，所以期权的价值为 66.73－50＝16.73 元；最后一列第二个节点上的股票价格为 59.46 元，执行价格为 50 元，所以期权的价值为 59.46－50＝9.46 元。

利用最后一列节点上的期权价值可以计算出倒数第二列各个节点上的期权价值。譬如，倒数第二列第一个节点上的期权价值为

$$\begin{aligned} f&=e^{-r\Delta t}[pf_u+(1-p)f_d]\\ &=e^{-0.05\times 1/12}\times[0.5217\times 16.73+(1-0.5217)\times 9.46]\\ &=13.2(\text{元}) \end{aligned}$$

类似地，倒数第二列第二个节点上的期权价值为

$$\begin{aligned} f&=e^{-0.05\times 1/12}\times[0.5217\times 9.46+(1-0.5217)\times 2.97]\\ &=6.33(\text{元}) \end{aligned}$$

依此方式倒推计算，最后可以计算出二叉树最左端第一个节点上的期权价值为 3.22 元，此即本例所求的期权价格。

如果把期权的有效期划分成更短的时间区间，如每天作为一个时间区间，则二叉树的节点数会很多，计算量也大增，但得出的期权价格会更加精确。对于本例的欧式看涨期权，如果把每天作为一个时间区间，即令 $\Delta t=1/365$，可以求得更精确的期权价格为 3.117 元。当时间区间很小时，二叉树模型与 Black-Scholes 模型的结果很接近。应用 Black-Scholes 模型可以求得本例中欧式看涨期权的价格为 3.095 元。

提前执行美式看涨期权意味着期权持有人需要提前支付交割价格 $K$，从而损失 $K$ 在未来的投资收益，这显然是不明智的。对于不支付红利的股票，美式看涨期权不会提前执行，故其价格等于欧式看涨期权的价格。

**【例 9-8】** 假设股票当前的市场价格为 50 元，不支付红利，波动率为 20%，连续复利的无风险利率（利息力）为 5%，该股票 5 个月期的欧式看跌期权的执行价格为 50 元，求该期权的价格。如果上述期权是美式看跌期权，期权的价格将如何变化？

**【解】** 把期权的有效期划分为 5 个时间区间，每个时间区间的长度为 1 个月。用符号表示，该例的已知条件为

$$\Delta t=1/12,\ S=50,\ K=50,\ T=5/12,\ \sigma=20\%,\ r=5\%$$

由此可以求得有关参数的取值如下：

$$u=e^{\sigma\sqrt{\Delta t}}=1.059\ 4$$

$$d=e^{-\sigma\sqrt{\Delta t}}=0.943\ 9$$

$$p=\frac{e^{r\Delta t}-d}{u-d}=0.521\ 7$$

应用二叉树模型，很容易求得该欧式看跌期权的价格为 2.19 元。求解过程如图 9-10 所示。如果把二叉树模型中的时间区间缩短为 1 天，即 $\Delta t=1/365$ 年，可以求得更加精确的结果为 2.04 元。

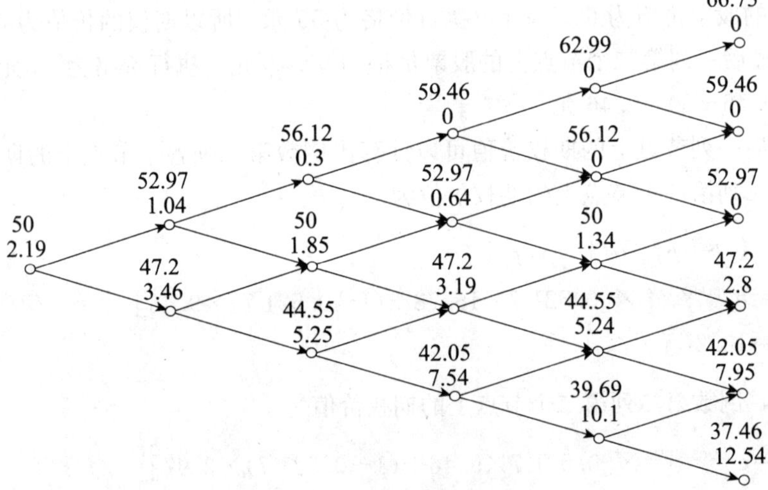


**图 9-10　欧式看跌期权的二叉树**

如果上述期权是美式看跌期权，因为存在提前执行的可能性，所以在二叉树的每个节点需要检查期权是否会提前执行。在二叉树的每个节点，一方面，采用通常的方法计算期权的价值，即对未来两个节点上的期权价值加权平均以后进行贴现，求得在该节点上的期权价值；另一方面，假设期权会提前执行，此时，期权价值等于执行价格与该节点上的股票价格之差。如果提前执行情况下的期权价值更大，该节点上的期权价值应该等于提前执行情况下的期权价值。

对于本例的美式看跌期权，计算期权价格的二叉树如图 9－11 所示。在该图中，每个时间区间为 1 个月，即 $\Delta t=1/12$ 年。股票价格的变化过程与图 9－10 中欧式看跌期权相同，但在某些节点上，美式看跌期权的价值不同于欧式看跌期权的价值。以图 9－11 右下角的三个节点为例，满期时的期权价值分别为 7.95 元和 12.54 元，计算它们的期望现值，可以求得前一个节点上的期权价值为

$$\begin{aligned} f &= e^{-r\Delta t}[pf_u+(1-p)f_d] \\ &= e^{-0.05\times 1/12}\times[0.5217\times 7.95+(1-0.5217)\times 12.54] \\ &= 10.10(\text{元}) \end{aligned}$$

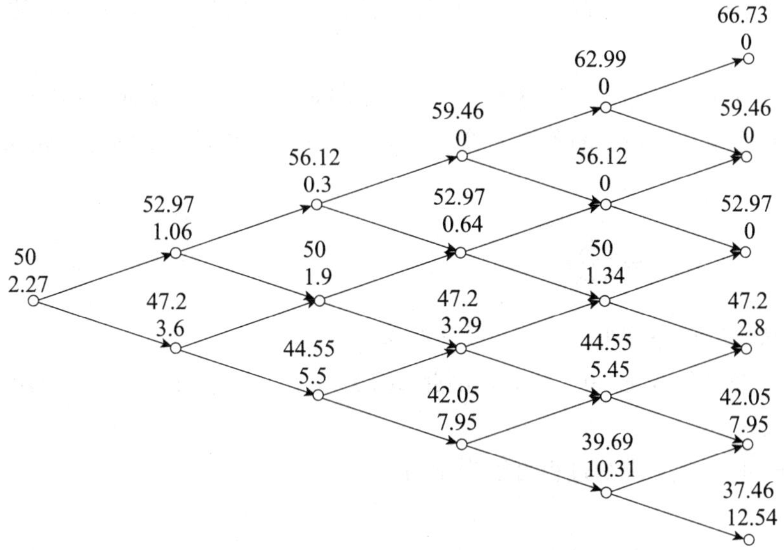


**图 9－11 美式看跌期权的二叉树**

对于美式看跌期权，还需要考察在该节点上期权提前执行的可能性。在该节点上，股票的价格为 39.69 元，期权的执行价格为 50 元，如果提前执行期权，可以获得 10.31 元，大于未来期权价值的期望现值 10.10 元，所以该期权会提前执行。由此可以确定，在该节点上的期权价值应该是 10.31 元，而不是 10.10 元。

逐步倒推，最终可以求得美式看跌期权在第一个节点上的价格为 2.27 元，大于欧式看跌期权的价格 2.19 元，表明美式看跌期权拥有更多权利。

如果对本例的美式看跌期权使用更小的时间区间，譬如 $\Delta t=1/365$ 年，可以求得更加精确的期权价格为 2.16 元，而相应的欧式看跌期权的价格为 2.04 元。

## 9.5 期权定价的 Black-Scholes 模型

期权定价的 Black-Scholes 模型需要用到随机过程的有关概念，超出了本书范围。本节仅做简要介绍，为后续课程学习奠定基础。

### 9.5.1 股票价格的变化过程

**1. 维纳过程**

令 $\Delta t$ 表示一个很小的时间区间，$\Delta z$ 表示随机变量 $z$ 在时间区间 $\Delta t$ 内的变化量，如果 $z$ 是标准维纳过程（wiener process），则 $\Delta z$ 满足下列两条性质：

（1）$\Delta z=\varepsilon\sqrt{\Delta t}$，其中 $\varepsilon$ 是服从标准正态分布的随机变量。

（2）对于任意两个不同的时间区间 $\Delta t$，$\Delta z$ 相互独立。

由性质（1）可知，$\Delta z$ 也服从正态分布，均值为 0，方差为 $\Delta t$；由性质（2）可知，标准维纳过程是马尔可夫过程的一种特殊形式。维纳过程也称作布朗运动（Brownian motion）。

对于从时间零点开始的时间区间 $[0,\ T]$，用 $z(T)-z(0)$ 表示随机变量 $z$ 在该区间的变化量，这个变化量可以看作在 $n$ 个长度为 $\Delta t$ 的时间区间中 $z$ 的总变化量，其中 $n=T/\Delta t$，故有

$$z(T)-z(0)=\sum_{i=1}^{n}\varepsilon_i\sqrt{\Delta t} \tag{9.21}$$

其中，$\varepsilon_i$ 服从标准正态分布，$i=1,\ 2,\ \cdots,\ n$。

由性质（2）可知，$\varepsilon_i$ 相互独立，因此 $z(T)-z(0)$ 服从正态分布，均值为 0，方差为 $n\Delta t=T$。

当 $\Delta t\rightarrow 0$ 时，标准维纳过程可以表示为

$$\mathrm{d}z=\varepsilon\sqrt{\mathrm{d}t} \tag{9.22}$$

图 9-12 给出了标准维纳过程的 50 个随机模拟，其中横轴的长度为一年。可以看出，随着时间的增加，随机变量 $z$ 的波动范围越来越大。

在维纳过程中，漂移率（drift rate）是指随机变量 $z$ 的均值在单位时间内的变化量，方差率（variance rate）是指随机变量 $z$ 在单位时间内的变化量的方差。

标准维纳过程的漂移率为 0，方差率为 1。漂移率为 0，意味着在未来的任意时刻，$z$ 的均值都等于它的当前值。方差率为 1，意味着在一段长度为 $T$ 的时间以后，$z$ 的方差为 $T$。

如果令漂移率为 $a$，方差率为 $b^2$，就可以得到随机变量 $x$ 的一般维纳过程为

$$\mathrm{d}x=a\mathrm{d}t+b\mathrm{d}z \tag{9.23}$$

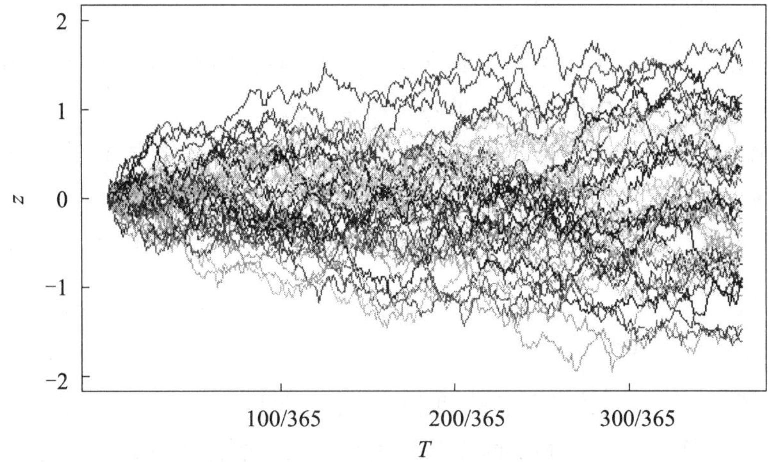


**图 9-12 标准维纳过程的随机模拟**

其中，$a$ 和 $b$ 均为常数，$dz$ 遵循标准维纳过程。

在一个很短的时间区间 $\Delta t$ 以后，随机变量 $x$ 的变化量 $\Delta x$ 可以表示为

$$\Delta x = a\Delta t + b\varepsilon\sqrt{\Delta t} \tag{9.24}$$

可见，$\Delta x$ 也服从正态分布，均值为 $a\Delta t$，方差为 $b^2\Delta t$。

同样地，在任意时间长度 $T$ 以后，随机变量 $x$ 的变化量 $\Delta x$ 也服从正态分布，均值为 $aT$，方差为 $b^2T$。

一般维纳过程的 50 个随机模拟如图 9-13 所示，其中 $a=2$，$b=1.5$，横轴的长度为一年。可以看出，一般维纳过程围绕着斜率为 2 的直线波动，方差率为 $1.5^2=2.25$。标准维纳过程的期望值总是等于零，即围绕着斜率等于零的直线波动，方差率为 1。

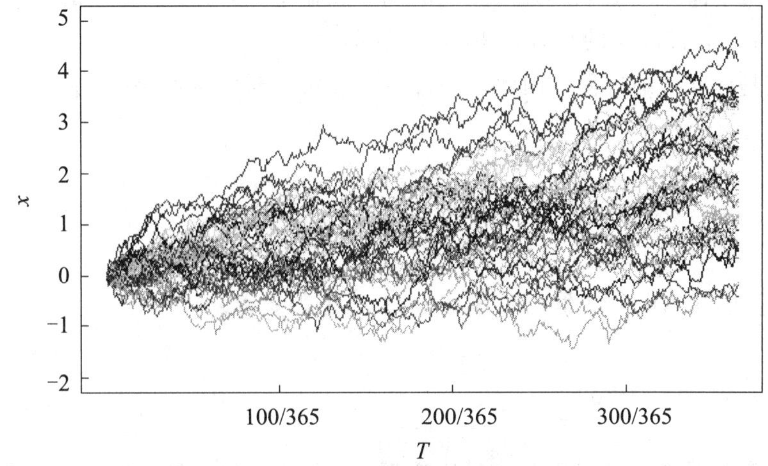


**图 9-13 一般维纳过程的随机模拟**

**2. 股票价格的变化过程**

在一般的维纳过程中，假定漂移率和方差率均为常数。如果把漂移率和方差率定义为随机变量 $x$ 和时间 $t$ 的函数，就可以得到下述的伊藤过程（Ito process）：

$$dx = a(x,t)dt + b(x,t)dz \tag{9.25}$$

其中，$dz$ 是标准维纳过程，$a(x, t)$ 和 $b(x, t)$ 是随机变量 $x$ 和时间 $t$ 的函数，随机变量 $x$ 的漂移率为 $a(x, t)$，方差率为 $[b(x, t)]^2$。

如果 $x$ 服从伊藤过程，则经过一个很短的时期后，$x$ 的变化量 $\Delta x$ 服从正态分布，但经过较长时期以后，$x$ 的变化量就未必服从正态分布。

假设股票不支付现金红利，则其价格的变化过程可以用漂移率为 $\mu S$、方差率为 $\sigma^2 S^2$ 的伊藤过程表示如下：

$$dS = \mu S dt + \sigma S dz \tag{9.26}$$

其中，$S$ 为股票价格，$\mu$ 为连续复利的期望收益率（即利息力）。

利息力表示一个无穷小区间上的年名义利率。根据利息力的定义，经过一个小区间 $\Delta t$ 以后，即在区间 $[0, \Delta t]$ 上，股票的期望有效收益率可以近似表示为 $\mu \Delta t$，因此，股票价格在区间 $[0, \Delta t]$ 上的期望增量为 $\mu S \Delta t$。

在区间 $[0, \Delta t]$ 上，股票价格的绝对变化量为 $\Delta S$，其期望值为 $\mu S \Delta t$，方差为 $\sigma^2 S^2 \Delta t$；股票价格的相对变化量为 $\Delta S/S$，其期望值为 $\mu \Delta t$，方差为 $\sigma^2 \Delta t$。可见，无论股票价格高低，在区间 $[0, \Delta t]$ 上，有效收益率 $\Delta S/S$ 的期望值都为 $\mu \Delta t$，方差都为 $\sigma^2 \Delta t$。换言之，在一个小区间上，有效收益率的期望值和方差都与时间长度成比例。这个结果也表明，用伊藤过程描述股票价格的变化过程具有一定的合理性。

对前述伊藤过程的两边同时除以 $S$ 可得：

$$\frac{dS}{S} = \mu dt + \sigma dz \tag{9.27}$$

其中，$S$ 表示股票价格，$\mu$ 表示连续复利的期望收益率，$\sigma$ 表示收益率的标准差（称作波动率（volatility），波动率的平方 $\sigma^2$ 称为方差率）。

由于 $dz$ 是标准维纳过程，因此，经过一个较短的时间区间 $\Delta t$ 以后，股票价格的相对变化为

$$\frac{\Delta S}{S} = \mu \Delta t + \sigma \varepsilon \sqrt{\Delta t} \tag{9.28}$$

可见，$\frac{\Delta S}{S}$ 也服从正态分布，均值为 $\mu \Delta t$，方差为 $\sigma^2 \Delta t$，即

$$\frac{\Delta S}{S} \sim N(\mu \Delta t, \sigma^2 \Delta t) \tag{9.29}$$

**【例 9-9】** 假设有一只不支付红利的股票，其价格变化遵循维纳过程，连续复利的期望收益率为 20%，波动率为 10%，该股票目前的市场价格为 100 元，求一周以后该股票价格变化量的概率分布。

**【解】** 在本例中，$\mu = 20\%$，$\sigma = 10\%$，$S = 100$，所以应用式（9.28），股票价格的变化过程可以表示为

$$\frac{\Delta S}{S}=0.20\Delta t+0.10\varepsilon\sqrt{\Delta t}$$

1 周等于 0.019 2 年，即 $\Delta t=0.019\,2$，所以

$$\begin{aligned}\Delta S&=100\times(0.2\times0.019\,2+0.10\times\varepsilon\times\sqrt{0.019\,2})\\&=0.384+1.386\varepsilon\end{aligned}$$

可见，一周后股票价格的变化量 $\Delta S$ 服从均值为 0.384，标准差为 1.386 的正态分布。

类似地，可以求出在不同时期以后股票价格变化量的概率分布。图 9－14 给出了在 1 周、5 周和 10 周后股票价格变化量 $\Delta S$ 的概率分布，它们都服从正态分布，均值和方差随着时间的延长逐渐增大，也就是说，期限越长，股票价格的变化量越大，变化量的不确定性也越大。

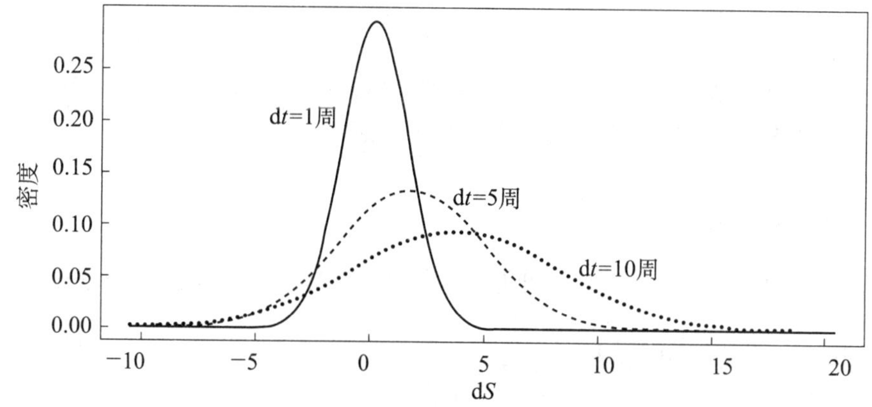


**图 9－14 股票价格变化量的分布**

图 9－15 模拟了股票价格变化过程的三条可能轨迹，横轴的时间长度均为一年。可以看出，股票价格的变化过程既有趋势性特点，也有随机性特点。趋势性特点是由其常数漂移率决定的，本例中漂移率为 20%，即股票价格平均每年增长 100×20%＝20 元。随机性特点是由股票价格的波动率决定的，本例中股票价格的年波动率为 10%。

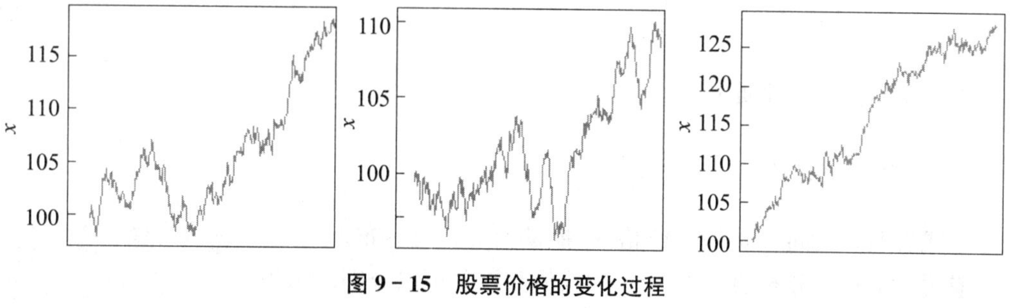


**图 9－15 股票价格的变化过程**

**3. 股票价格对数的变化过程**

若随机变量 $x$ 服从伊藤过程，即 $\mathrm{d}x=a(x,\ t)\mathrm{d}t+b(x,\ t)\mathrm{d}z$，则随机变量 $x$ 和时间 $t$ 的函数 $G$ 将服从如下的伊藤过程：

$$dG=\left[\frac{\partial G}{\partial x}a(x,t)+\frac{\partial G}{\partial t}+\frac{1}{2}\frac{\partial^2 G}{\partial x^2}b^2(x,t)\right]dt+\frac{\partial G}{\partial x}b(x,t)dz \tag{9.30}$$

其中，$dz$ 是标准维纳过程。

式（9.30）就是所谓的伊藤定理，该定理揭示了如何通过一个变量所遵循的随机过程来计算该变量的函数所遵循的随机过程。

在式（9.30）的伊藤过程中，漂移率为$\frac{\partial G}{\partial x}a(x,\ t)+\frac{\partial G}{\partial t}+\frac{1}{2}\frac{\partial^2 G}{\partial x^2}b^2(x,\ t)$，方差率为$\left(\frac{\partial G}{\partial x}\right)^2 b^2(x,\ t)$。

如前所述，股票价格的变化过程可以表示为伊藤过程，即 $dS=\mu S dt+\sigma S dz$，而衍生品的价格是标的股票价格 $S$ 和时间 $t$ 的函数，所以，根据伊藤定理，衍生品的价格 $V$ 服从如下伊藤过程：

$$dV=\left(\frac{\partial V}{\partial S}\mu S+\frac{\partial V}{\partial t}+\frac{1}{2}\frac{\partial^2 V}{\partial S^2}\sigma^2 S^2\right)dt+\frac{\partial V}{\partial S}\sigma S dz \tag{9.31}$$

由此可见，衍生品的价格 $V$ 和标的股票的价格 $S$ 受同一个标准维纳过程 $dz$ 的影响。

若令 $V=\ln S$，即用 $V$ 表示股票价格的对数，则有

$$\frac{\partial V}{\partial S}=\frac{1}{S},\ \frac{\partial^2 V}{\partial S^2}=-\frac{1}{S^2},\ \frac{\partial V}{\partial t}=0 \tag{9.32}$$

将式（9.32）代入式（9.31），可得股票价格的对数 $V$ 服从下述维纳过程：

$$dV=\left(\mu-\frac{1}{2}\sigma^2\right)dt+\sigma dz \tag{9.33}$$

上式表明，股票价格的对数 $V$ 服从漂移率为 $\mu-\sigma^2/2$，方差率为 $\sigma^2$ 的一般维纳过程。因此，经过时间长度 $T$ 以后，$V$ 的变化量服从正态分布，均值为 $(\mu-\sigma^2/2)T$，方差为 $\sigma^2 T$。

令 $V$ 在时间零点的值为 $\ln S$，在时间 $T$ 的值为 $\ln S_T$，则 $V$ 经过时期 $T$ 的变化量服从下述正态分布：

$$\ln S_T-\ln S\sim N\left(\left(\mu-\frac{\sigma^2}{2}\right)T,\ \sigma^2 T\right) \tag{9.34}$$

根据正态分布的性质可得：

$$\ln S_T\sim N\left(\ln S+\left(\mu-\frac{\sigma^2}{2}\right)T,\ \sigma^2 T\right) \tag{9.35}$$

上式表明，时间 $T$ 的股票价格 $S_T$ 服从对数正态分布。

应用对数正态分布的性质，$S_T$ 的均值和方差可以分别表示为

$$E(S_T)=Se^{\mu T} \tag{9.36}$$

$$\mathrm{var}(S_T)=S^2e^{2\mu T}(e^{\sigma^2 T}-1) \tag{9.37}$$

式（9.36）表明，在时间 $T$，股票价格的期望值等于股票在当前日期的价格按连续

复利收益率（即利息力）计算的累积值。

**【例9-10】** 假设股票当前的市场价格为50元，在6个月内不支付红利，连续复利的期望收益率为20%，波动率为10%。求该股票6个月以后的价格 $S_T$ 的分布。

**【解】** 6个月以后股票价格的对数 $\ln S_T$ 服从正态分布，即

$$\ln S_T \sim N\left(\ln 50+\left(0.20-\frac{0.10^2}{2}\right)\times 0.5,\ 0.10^2\times 0.5\right)$$

亦即

$$\ln S_T \sim N(4.009\,5,\ 0.070\,7^2)$$

上式表明，股票价格 $S_T$ 服从参数为（4.009 5，0.070 7²）的对数正态分布。

6个月以后该股票价格 $S_T$ 的均值和方差分别为

$$E(S_T)=50\times e^{0.2\times 0.5}=55.26(\text{元})$$

$$\text{var}(S_T)=50^2\times e^{2\times 0.2\times 0.5}(e^{0.1^2\times 0.5}-1)=15.31$$

对于本例的股票，也可以求得在其他时点上股票价格 $S_T$ 的概率分布，结果如图9-16所示。该图表明，时间 $T$ 越大，股票价格的期望值越大，波动范围也越大。

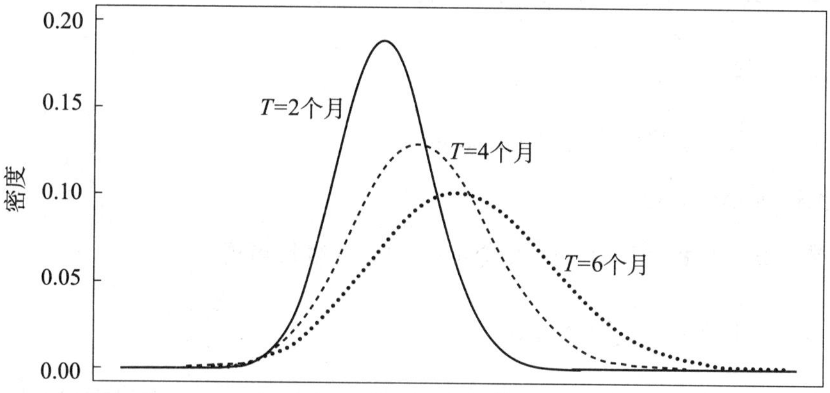


**图9-16 股票价格的概率分布**

### 9.5.2 Black-Scholes 微分方程

Black-Scholes模型的假设条件如下：

（1）股票的当前价格为 $S$。$S$ 的比例变化服从维纳过程，即 $\frac{dS}{S}=\mu dt+\sigma dz$，其中 $dS$ 表示股票价格的变化量，$dt$ 表示时间的变化量，$dz=\varepsilon\sqrt{dt}$，$\varepsilon$ 服从标准正态分布，$\mu$ 为股票的预期收益率（用利息力表示），$\sigma$ 是股票价格的波动率（即股票收益率的标准差）。假设 $\mu$ 和 $\sigma$ 都是已知的常数。

（2）在期权的有效期内，股票不支付红利。

（3）没有交易费用和税金，不考虑保证金，即不存在任何影响收益的外部因素。

（4）股票可以自由买卖，即允许卖空，且所有股票都是完全可分的，如可以购买 1/4 份股票。

（5）在期权有效期内，连续复利的无风险利率 $r$ 为常数，投资者可以按此利率无限制地进行借贷。

（6）期权为欧式看涨期权，执行价格为 $K$，到期时间为 $T$。

（7）不存在无风险套利机会。

假设 $f$ 是依赖于股票价格 $S$ 的衍生品的价格，则 $f$ 是股票价格 $S$ 和时间 $t$ 的函数。由式（9.30）可得

$$\Delta f=\left(\frac{\partial f}{\partial S}\mu S+\frac{\partial f}{\partial t}+\frac{1}{2}\frac{\partial^2 f}{\partial S^2}\sigma^2 S^2\right)\Delta t+\frac{\partial f}{\partial S}\sigma S\Delta z \tag{9.38}$$

构建这样一个投资组合：1 单位衍生品空头和 $\frac{\partial f}{\partial S}$ 单位股票多头，并令 $\pi$ 为该投资组合的价值，则有

$$\pi=-f+\frac{\partial f}{\partial S}S \tag{9.39}$$

在 $\Delta t$ 时间以后，该投资组合的价值变化量 $\Delta\pi$ 为

$$\Delta\pi=-\Delta f+\frac{\partial f}{\partial S}\Delta S \tag{9.40}$$

如前所述，股票价格的变化量可以表示为

$$\Delta S=\mu S\Delta t+\sigma S\Delta z \tag{9.41}$$

将式（9.38）和式（9.41）代入式（9.40），并变形可得

$$\Delta\pi=-\left(\frac{\partial f}{\partial t}+\frac{1}{2}\frac{\partial^2 f}{\partial S^2}\sigma^2 S^2\right)\Delta t \tag{9.42}$$

上式不含随机项 $\Delta z$，表明该投资组合在时间区间 $[0,\ \Delta t]$ 上没有风险，所以在时间区间 $[0,\ \Delta t]$ 上的收益率等于无风险利率，即有

$$\Delta\pi=\pi r\Delta t \tag{9.43}$$

上式中，左边表示投资组合在时间区间 $[0,\ \Delta t]$ 上产生的收益，等于投资组合的价值 $\pi$ 乘以时间区间 $[0,\ \Delta t]$ 上的有效利率 $r\Delta t$。这里的 $r$ 表示无风险利息力。根据利息力的定义，$r\Delta t$ 表示在时间区间 $[0,\ \Delta t]$ 上的有效利率。

将式（9.42）和式（9.39）代入式（9.43）即得

$$-\left(\frac{\partial f}{\partial t}+\frac{1}{2}\frac{\partial^2 f}{\partial S^2}\sigma^2 S^2\right)\Delta t=\left(-f+\frac{\partial f}{\partial S}S\right)r\Delta t \tag{9.44}$$

将上式化简，就可以得到关于衍生品价格 $f$ 的 Black-Scholes 微分方程

$$\frac{\partial f}{\partial t}+rS\frac{\partial f}{\partial S}+\frac{1}{2}\sigma^2 S^2\frac{\partial^2 f}{\partial S^2}=rf \tag{9.45}$$

Black-Scholes 微分方程有多种解，基于不同衍生品的边界约束条件，可以求得不同衍生品的价格。譬如，对于欧式看涨期权，边界约束条件为

$$f=\max(S_T-K,0) \tag{9.46}$$

上式是欧式看涨期权在到期时间 $T$ 的价值。

基于式（9.46）的边界约束条件，求解式（9.45）的微分方程，就可以得到欧式看涨期权的定价公式。

### 9.5.3 Black-Scholes 定价公式

在 Black-Scholes 微分方程中出现的变量包括股票的当前价格、无风险利率、时间和股票价格的波动率，它们都与投资者的风险偏好无关。与投资者风险偏好相关的变量是预期收益率，投资者越厌恶风险，预期收益率的值应该越大，而该变量恰好从模型中消除了。这就意味着，Black-Scholes 微分方程与风险偏好无关，因此在求解过程中可以使用任意的风险偏好假设。最简单的风险偏好假设是风险中性假设，在此假设之下，所有股票的预期收益率都等于无风险利率 $r$，这是因为风险中性的投资者并不需要额外的收益来补偿他们承担的风险。同样地，在风险中性假设下，所有现金流都可以通过无风险利率进行贴现。这就是所谓的风险中性定价原理。

在风险中性假设下，求式（9.46）的期望值，并应用无风险利率将其贴现到当前日期，即得欧式看涨期权在当前日期的价值为

$$C_{欧}=e^{-rT}E[\max(S_T-K,0)]=e^{-rT}\int_K^{\infty}(s-K)g(s)\mathrm{d}s \tag{9.47}$$

上式中，$g(s)$ 表示股票价格 $S_T$ 的密度函数。如前所述，股票价格 $S_T$ 服从对数正态分布。在风险中性假设下，把对数正态分布中的预期收益率 $\mu$ 替换为无风险利率 $r$，即得

$$\ln S_T\sim N\left(\ln S+\left(r-\frac{\sigma^2}{2}\right)T,\ \sigma^2T\right) \tag{9.48}$$

根据上式可以写出密度函数 $g(s)$ 的解析表达式，将其代入式（9.47）并求解，可以得到欧式看涨期权的定价公式为

$$C_{欧}=S\Phi(d_1)-Ke^{-rT}\Phi(d_2) \tag{9.49}$$

其中

$$d_1=\frac{\ln(S/K)+(r+\sigma^2/2)T}{\sigma\sqrt{T}}$$

$$d_2=\frac{\ln(S/K)+(r-\sigma^2/2)T}{\sigma\sqrt{T}}=d_1-\sigma\sqrt{T}$$

上式中，$\Phi(x)$ 表示标准正态分布的分布函数。对于标准正态分布，有 $\Phi(-x)=1-\Phi(x)$。

根据欧式看涨期权与看跌期权之间的平价关系，可以得到欧式看跌期权的定价公

式为

$$P_{欧}=C_{欧}+Ke^{-rT}-S=Ke^{-rT}\Phi(-d_2)-S\Phi(-d_1) \tag{9.50}$$

在前面的讨论中，我们假设股票不支付红利。如果股票红利的现值为 $D$，用（$S-D$）代替式（9.49）和式（9.50）中的 $S$，即可求出支付红利股票的欧式看涨期权和看跌期权的价格。如果股票的年红利率为连续复利 $\tau$，用 $Se^{-\tau T}$ 代替式（9.49）和式（9.50）中的 $S$，就可求出支付连续年收益率股票的欧式看涨期权和看跌期权的价格。

美式看涨期权不会提前执行，故其价值等于欧式看涨期权的价格。美式看跌期权可能提前执行，其价格需要通过数值算法求解，如二叉树模型。注意，美式看涨期权和看跌期权之间不存在欧式期权中的平价关系。

**【例 9-11】** 假设股票没有红利，市场价格为 20 元，波动率为 4%，无风险利率为 5%。求该股票执行价格为 20 元、期限为 1 年的欧式看涨期权和看跌期权的价格。

**【解】** 有关参数的取值如下：

$$S=20,\ K=20,\ r=0.05,\ \delta=0.04,\ T=1$$

为了应用 Black-Scholes 定价公式，首先计算 $d_1$ 和 $d_2$：

$$\begin{aligned} d_1 &= \frac{\ln(S/K)+(r+\sigma^2/2)T}{\sigma\sqrt{T}} \\ &= \frac{\ln(20/20)+(0.05+0.04^2/2)\times 1}{0.04\times\sqrt{1}} \\ &= 1.27 \end{aligned}$$

$$d_2=d_1-\sigma\sqrt{T}=1.27-0.04\times\sqrt{1}=1.23$$

然后计算 $\Phi(d_1)$ 和 $\Phi(d_2)$：

$$\Phi(d_1)=\Phi(1.27)=0.898\ 0$$

$$\Phi(d_2)=\Phi(1.23)=0.890\ 7$$

**Excel 应用**

### NORM. DIST 函数

标准正态分布的分布函数 $\Phi(d)$ 可以应用 Excel 计算。譬如，在 Excel 的一个空白单元格中输入"=NORM. DIST(1.27,0,1,TRUE)"并回车，即可求得 $\Phi(1.27)=0.898\ 0$；输入"=NORM. DIST(1.23,0,1,TRUE)"并回车，即可求得 $\Phi(1.23)=0.890\ 7$。

将上述结果代入 Black-Scholes 定价公式（9.49），即可求得欧式看涨期权的价格为

$$\begin{aligned} C_{欧} &= S\Phi(d_1)-Ke^{-rT}\Phi(d_2) \\ &= 20\times 0.898\ 0-20e^{-0.05\times 1}\times 0.890\ 7 \\ &= 1.014\ 8(元) \end{aligned}$$

应用看涨期权和看跌期权之间的平价关系，可以求得看跌期权的价格为

$$
\begin{aligned}
P_{欧} &= Ke^{-rT}\Phi(-d_2)-S\Phi(-d_1) \\
&= Ke^{-rT}[1-\Phi(d_2)]-S[1-\Phi(d_1)] \\
&= 20e^{-0.05\times 1}\times(1-0.8907)-20\times(1-0.8980) \\
&= 0.0394(元)
\end{aligned}
$$

## 9.6 期权交易策略

期权与标的资产组合在一起，能够形成诸多具有不同盈亏特征的投资组合。投资者可以根据各自对标的资产未来价格的预期，以及各自的风险偏好，选择最适合自己的资产组合，从而形成相应的交易策略。常见的期权交易策略包括期权与零息债券的组合、期权与标的资产的组合、差价期权，以及混合期权。

### 9.6.1 期权与零息债券的组合

股票期权与零息债券的组合可以生成所谓的保本债券（principal-protected note），该债券的特点是，无论标的股票的价格在未来如何变化，投资者的本金不会遭受任何损失，但有可能损失利息或红利。下面通过两个例子来说明如何通过股票期权与零息债券的组合形成保本债券。

首先考虑看涨期权与零息债券的组合。假设年利率为 10%，则面值为 100 元的零息债券的现价应为 100/1.1=90.91（元），即现在用 90.91 元购买零息债券，到期时可以得到 100 元，利息金额为 9.09 元。再假设股票的现价为 100 元，该股票 1 年期看涨期权的执行价格为 100 元，期权费为 9.09 元。

在这种假设下，投资者在当前时刻可以用 100 元本金进行下述两项投资：

（1）用 90.91 元购买 1 年期的零息债券。

（2）用 9.09 元购买 1 年期的看涨期权。

一年以后，如果股票价格上涨到 100 元以上，如 120 元，则投资者可以执行看涨期权，赚取 20 元利润，同时获得零息债券到期时的 100 元偿还值。如果股票价格下跌到 100 元以下，则投资者不会执行看涨期权，但零息债券的到期偿还值是 100 元，正好等于期初的本金，即投资者虽然损失了利息收入，但本金得到了保全。

再考虑看跌期权与零息债券的组合。在上例中，假设其他条件保持不变，但股票 1 年期看跌期权的执行价格为 100 元，期权费为 9.09 元。在这种假设下，投资者在当前时刻可以用 100 元本金进行下述两项投资：

（1）用 90.91 元购买 1 年期的零息债券。

（2）用 9.09 元购买 1 年期的看跌期权。

一年以后，如果股票价格下跌到 100 元以下，如 90 元，则投资者可以执行看跌期

权，赚取 10 元利润，同时获得零息债券到期时的 100 元偿还值。如果股票价格上涨到 100 元以上，则投资者不会执行看跌期权，但零息债券的到期偿还值是 100 元，正好等于期初的本金，即本金得到了保全。

## 9.6.2 期权与标的资产的组合

期权与标的资产的组合可以形成下述四种不同的交易策略：

（1）看跌期权多头与股票多头的组合；

（2）看涨期权多头与股票空头的组合；

（3）看涨期权空头与股票多头的组合；

（4）看跌期权空头与股票空头的组合。

**1. 看跌期权多头与股票多头的组合**

当投资者拥有一项资产（如股票）时，他最担心的就是资产价格下跌。为此，可以通过购买看跌期权为资产进行保险，确保资产的出售价格不会低于一个最小值。

假设股票当前的价格为 50 元，投资者为了确保 6 个月末股票的售价不低于 50 元，可以购买 6 个月期的执行价格为 50 元的看跌期权。如果在 6 个月末，股票价格下跌到 50 元以下，则投资者可以执行看跌期权，以 50 元的价格出售股票，保证股票的售价不低于 50 元。如果在 6 个月末，股票价格上涨到 50 元以上，则投资者可以获得股票价格上涨带来的收益。

图 9 - 17 表明，该组合的盈亏图类似于看涨期权多头的盈亏图。这在直观上是容易理解的：看涨期权多头的损失不会超过期权费，而其收益会随着股票价格的上涨无限增加。同样地，股票多头和看跌期权多头的组合也具有类似性质，看跌期权限制了投资组合的损失，但不会影响股票价格上涨所带来的收益。

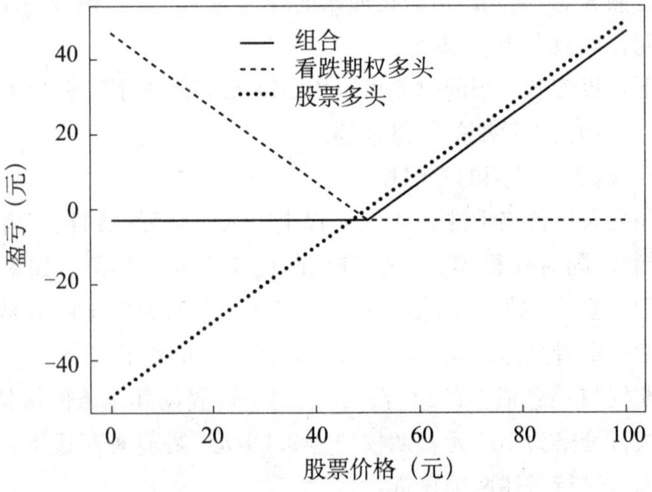


**图 9 - 17 看跌期权多头与股票多头的组合**

欧式看涨期权与看跌期权之间的平价关系也可以揭示上述组合的盈亏为何类似于看涨期权多头的盈亏。欧式看涨期权和欧式看跌期权之间的平价关系如下：

$$S+P_{欧}=C_{欧}+Ke^{-rT} \tag{9.51}$$

其中，$S$ 是股票价格，$P_{欧}$ 是欧式看跌期权的价格，$C_{欧}$ 是欧式看涨期权的价格，$K$ 是看涨期权和看跌期权的执行价格，$r$ 是无风险连续复利的利率，$T$ 是看涨期权和看跌期权的到期时间。

式（9.51）左边是股票多头与看跌期权多头的组合，右边是看涨期权多头加上金额为 $Ke^{-rT}$ 的现金，故两边的盈亏相等。

**2. 看涨期权多头与股票空头的组合**

当投资者拥有资产空头时，他最为担心的是资产价格上升。为此，可以购买看涨期权，从而规避资产价格上升的风险。

假设股票的当前价格为 50 元，投资者卖空股票后，为了规避股价上升的风险，可以购买 6 个月期的执行价格为 50 元的看涨期权。如果在 6 个月末，股票价格上涨到 50 元以上，投资者可以执行看涨期权，用 50 元购买股票，对冲股票空头，使得股票价格上涨的损失得以控制。如果在 6 个月末，股票价格下跌到 50 元以下，则投资者可以获得股票价格下跌所带来的收益。

为资产空头购买看涨期权等价于一个股票空头与看涨期权多头的组合，该组合的盈亏类似于看跌期权多头的盈亏，如图 9－18 所示。这也可以通过看涨期权和看跌期权之间的平价关系进行解释。把式（9.51）所示的平价关系变形可得：

$$-S+C_{欧}=P_{欧}-Ke^{-rT} \tag{9.52}$$

式（9.52）左边是股票空头与看涨期权多头的组合，右边是看跌期权多头减去金额为 $Ke^{-rT}$ 的现金，故两边的盈亏相等。

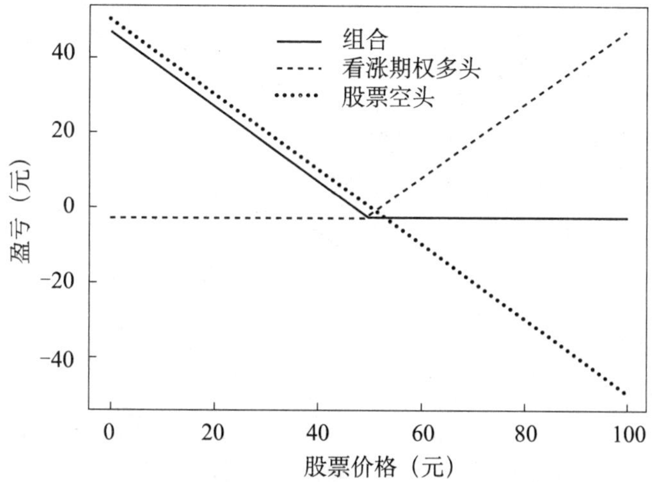


**图 9－18　看涨期权多头与股票空头的组合**

**3. 看涨期权空头与股票多头的组合**

该组合的盈亏图类似于一个看跌期权空头的盈亏图，如图 9－19 所示。这一关系也可以通过下述平价关系得到：

$$S-C_{欧}=-P_{欧}+Ke^{-rT} \tag{9.53}$$

上式左边是股票多头和看涨期权空头的组合，右边是看跌期权空头加上金额为 $Ke^{-rT}$ 的现金，故两边的盈亏相等。

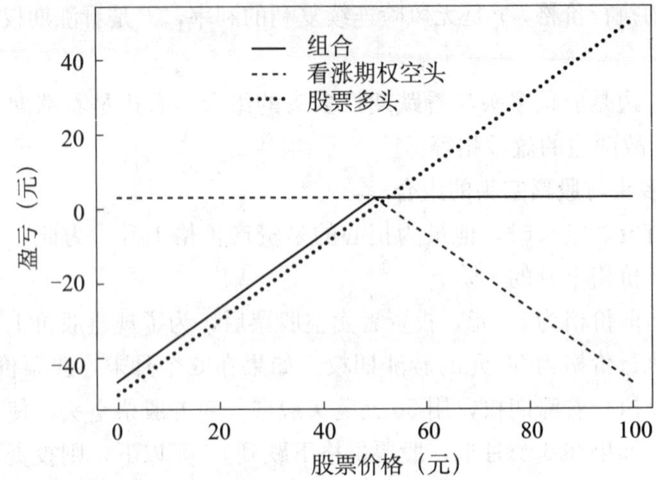


**图 9-19　看涨期权空头与股票多头的组合**

**4. 看跌期权空头与股票空头的组合**

该组合的盈亏图类似于一个看涨期权空头的盈亏图，如图 9-20 所示。这一关系也可以通过下述平价关系得到：

$$-S-P_{欧}=-C_{欧}-Ke^{-rT} \tag{9.54}$$

上式左边是股票空头和看跌期权空头的组合，右边是看涨期权空头减去金额为 $Ke^{-rT}$ 的现金，故两边的盈亏相等。

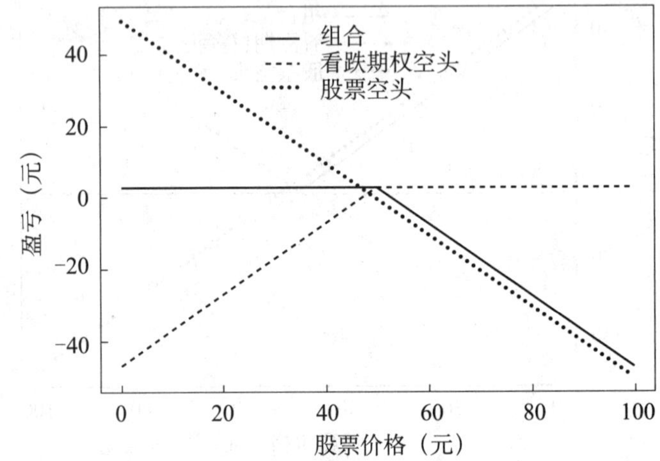


**图 9-20　看跌期权空头与股票空头的组合**

## 9.6.3 差价期权

差价（spreads）组合是由到期时间相同、协议价格不同的两个或多个同种期权（即同是看涨期权或同是看跌期权）形成的组合，其中有些期权是多头，有些期权是空头。差价期权主要包括牛市差价、熊市差价、盒式差价和蝶式差价。

**1. 牛市差价**

牛市差价（bull spreads）可以由不同方式构成，如：

（1）一份看涨期权多头加上一份期限相同、执行价格较高的看涨期权空头，如图9－21所示，其中看涨期权多头的执行价格为40元，期权费的终值为5元；看涨期权空头的执行价格为60元，期权费的终值为3元。

（2）一份看跌期权多头加上一份期限相同、执行价格较高的看跌期权空头，如图9－22所示，其中看跌期权多头的执行价格为40元，期权费的终值为3元；看跌期权空头的执行价格为50元，期权费的终值为5元。

从图9－21和图9－22可以看出，在期权的到期日，股票价格上升对组合持有者较为有利，故称为牛市差价组合。牛市差价组合限制了投资者当股价上升时的潜在收益，也限制了股价下跌时的可能损失，从而起到了风险控制的作用。

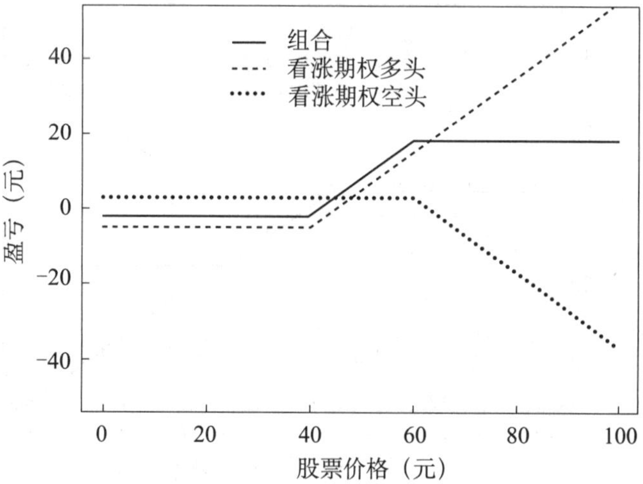


**图9－21 看涨期权的牛市差价**

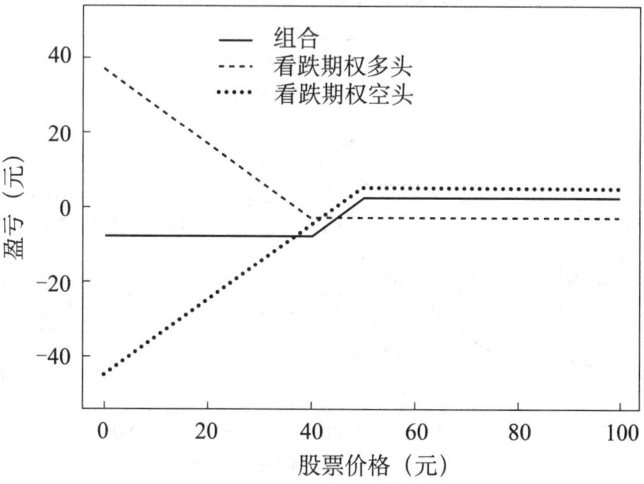


**图9－22 看跌期权的牛市差价**

**2. 熊市差价**

熊市差价（bear spreads）也可以由不同方式构成，如：

（1）一份看涨期权多头加上一份期限相同、执行价格较低的看涨期权空头，如图 9－23 所示，其中看涨期权空头的执行价格为 40 元，期权费的终值为 6 元；看涨期权多头的执行价格为 60 元，期权费的终值为 2 元。

（2）一份看跌期权多头加上一份期限相同、执行价格较低的看跌期权空头，如图 9－24 所示，其中看跌期权空头的执行价格为 50 元，期权费的终值为 2 元；看跌期权多头的执行价格为 60 元，期权费的终值为 6 元。

从图 9－23 和图 9－24 可以看出，在期权的到期日，股票价格降低对组合持有者较为有利，故称为熊市差价组合。与牛市差价组合相同，它也将潜在的收益和可能的损失限制在一定的范围内，起到了风险控制的作用。

比较上述两种差价组合可以发现，牛市差价组合是高价空头与低价多头的组合，而熊市差价组合是低价空头与高价多头的组合。两种差价组合可以分别用于控制不同的风险。

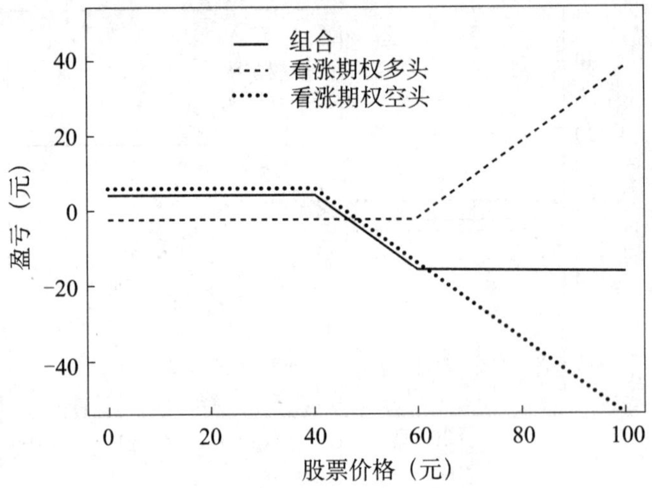


**图 9－23　看涨期权的熊市差价**

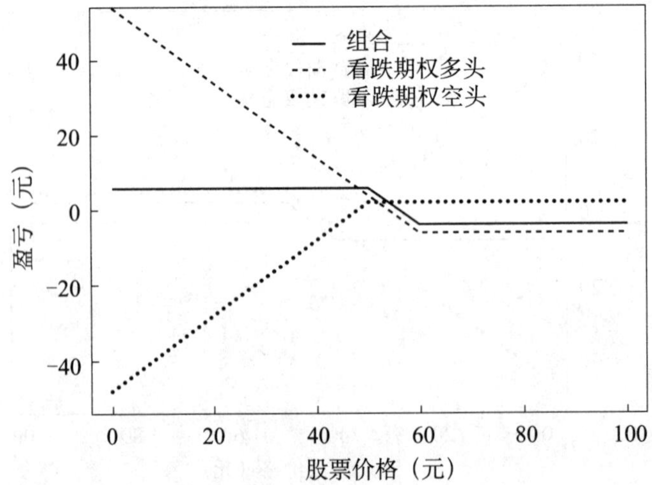


**图 9－24　看跌期权的熊市差价**

### 3. 盒式差价

盒式差价（box spreads）是通过期权生成两个合成远期，其中一个是较低价位的远期多头，另一个是较高价位的远期空头。

合成远期是看涨期权和看跌期权的组合，其盈亏等价于一个远期。假设投资者购买了一个股票的看涨期权，同时出售了一个该股票的看跌期权，执行价格均为 $K$。在期权到期时，如果股票价格上涨到了执行价格 $K$ 以上，投资者可以执行看涨期权，用价格 $K$ 获得股票；反之，如果股票价格下跌到了执行价格 $K$ 以下，则投资者有义务用价格 $K$ 购买股票。因此，无论股票价格如何变化，投资者都可以保证按价格 $K$ 获得股票，这正好等价于一个股票远期多头。可见，购买一个看涨期权并出售一个看跌期权，等价于生成一个远期多头。

类似地，出售一个看涨期权并购买一个看跌期权，就可以生成一个远期空头。

盒式差价由以下两个合成远期构成：

（1）生成一个较低价位的合成远期多头。譬如，用 2.78 元购买一个执行价格为 40 元的看涨期权，并用 1.99 元的价格出售一个执行价格为 40 元的看跌期权，就可以生成一个合成远期多头（如图 9－25 所示）。该合成远期多头的成本为 2.78－1.99＝0.79 元。

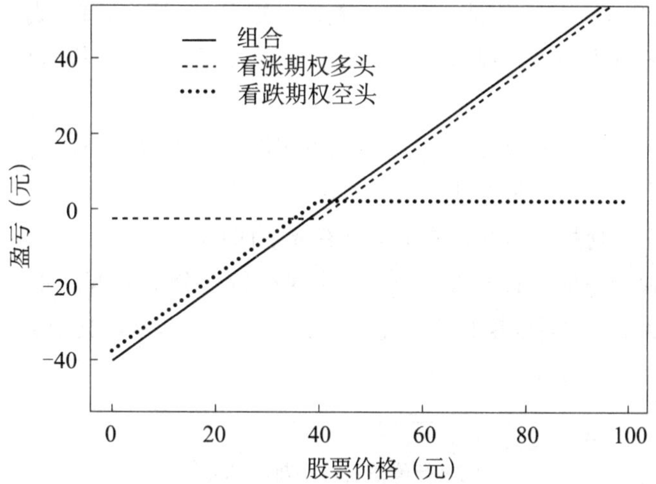


**图 9－25　合成远期多头**

（2）生成一个较高价位的合成远期空头。譬如，用 2.97 元出售一个执行价格为 45 元的看涨期权，并用 5.08 元购买一个执行价格为 45 元的看跌期权，就可以生成一个合成远期空头（如图 9－26 所示）。该合成远期空头的成本为 5.08－2.97＝2.11 元。

应用盒式差价策略的结果是：在时间零点，投资者发生了 2.11＋0.79＝2.90 元总成本；在期权到期时，以 40 元的价格购买股票并以 45 元的价格出售股票，获得了 5 元收益。因此，盒式差价策略等价于在期初投资 2.90 元并在期末获得 5 元。这正好类似于一只零息债券。

综上所述，盒式差价策略由以下四个期权构成：

A：执行价格为 40 元的看涨期权多头；

B：执行价格为 40 元的看跌期权空头；

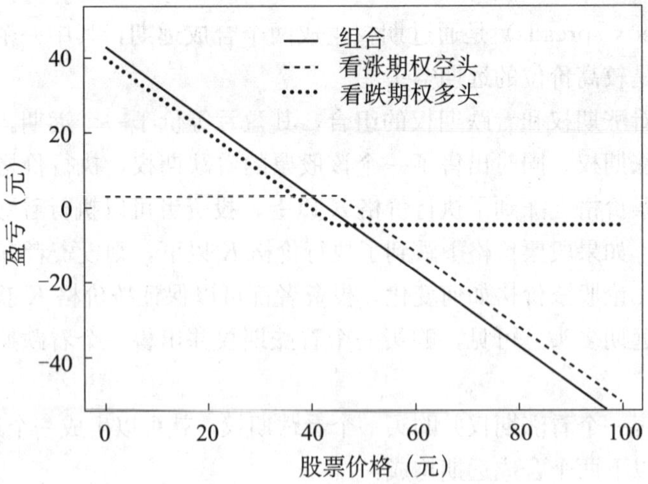


**图 9-26　合成远期空头**

C：执行价格为 45 元的看涨期权空头；

D：执行价格为 45 元的看跌期权多头。

把 A 和 C 组合在一起，就是一个牛市差价，把 B 和 D 组合在一起，就是一个熊市差价，所以，盒式差价策略也可以看作一个牛市差价和一个熊市差价所构成的组合。

**4. 蝶式差价**

蝶式差价（butterfly spreads）由四份期限相同、执行价格不同的同种期权构成。如果这四份期权共有三个执行价格 $K_1<K_2<K_3$，且 $K_2=(K_1+K_3)/2$，它们的期权费分别为 $C_1$，$C_2$ 和 $C_3$，则相应的蝶式差价组合有如下四种。

（1）看涨期权的正向蝶式差价组合，它由执行价格分别为 $K_1$ 和 $K_3$ 的看涨期权多头和两份执行价格为 $K_2$ 的看涨期权空头组成，如图 9-27 所示，其中 $K_1=45$ 元，$K_2=50$ 元，$K_3=55$ 元，$C_1=5$ 元，$C_2=3$ 元，$C_3=1$ 元。

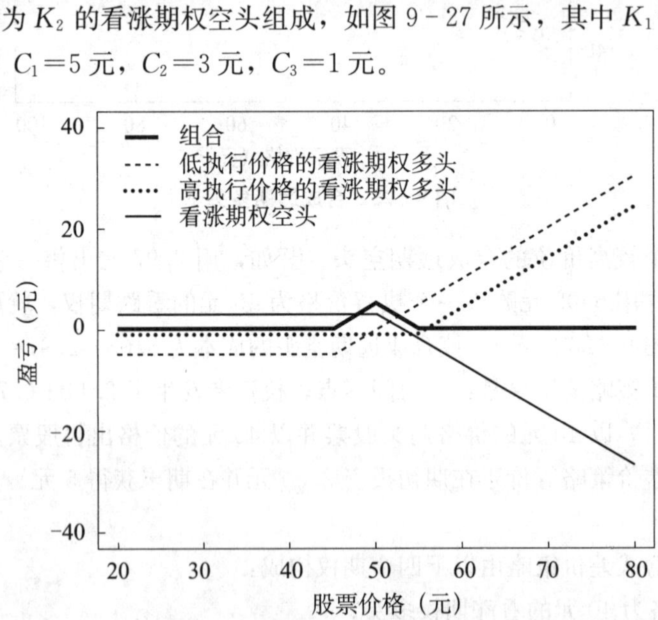


**图 9-27　看涨期权的正向蝶式差价**

(2) 看涨期权的反向蝶式差价组合，它由执行价格分别为 $K_1$ 和 $K_3$的看涨期权空头和两份执行价格为 $K_2$ 的看涨期权多头组成，其盈亏图与图 9－27 相反。

(3) 看跌期权的正向蝶式差价组合，它由执行价格分别为 $K_1$ 和 $K_3$的看跌期权多头和两份执行价格为 $K_2$ 的看跌期权空头组成，如图 9－28 所示，其中 $K_1=45$ 元，$K_2=50$ 元，$K_3=55$ 元，$C_1=1$ 元，$C_2=3$ 元，$C_3=5$ 元。

(4) 看跌期权的反向蝶式差价组合，它由执行价格分别为 $K_1$ 和 $K_3$的看跌期权空头和两份执行价格为 $K_2$ 的看跌期权多头组成，其盈亏图与图 9－28 相反。

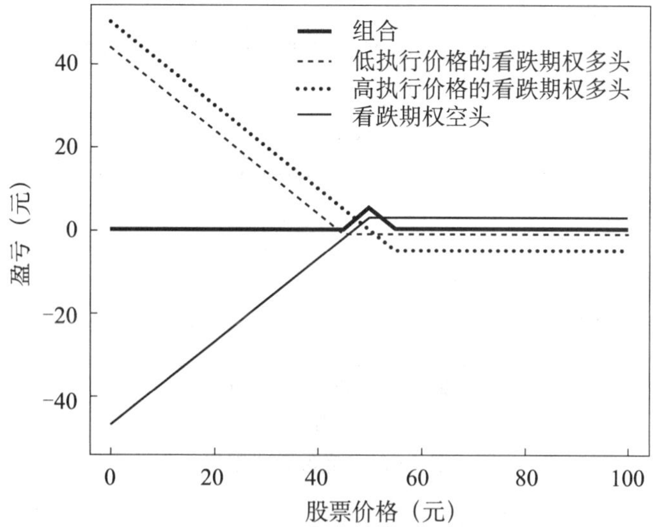


**图 9－28 看跌期权的正向蝶式差价**

从图 9－27 和图 9－28 可以看出，在不考虑期权费的条件下，如果未来的股票价格在 $K_1$ 和 $K_3$之间变动，则正向蝶式差价组合就可以获利。如果未来股票价格在任何方向都有较大的波动，该组合也没有损失。因此，对于那些认为股票价格不可能发生较大波动的投资者而言，可以选择蝶式差价组合。

## 9.6.4 混合期权

混合期权是由看涨期权和看跌期权构成的组合，其形式多种多样，下面仅介绍最简单的几种类型，即跨式期权、条式期权、带式期权、宽跨式期权和衣领期权。

**1. 跨式期权**

跨式（straddle）期权由执行价格相同、期限相同的一份看涨期权和一份看跌期权组成。跨式期权包括底部跨式期权和顶部跨式期权，前者由多头组成，后者由空头组成。

底部跨式期权的盈亏如图 9－29 所示，其中看涨期权多头的执行价格为 50 元，期权费的终值为 4 元，看跌期权多头的执行价格为 50 元，期权费的终值为 3 元。

从图 9－29 可以看出，在期权的到期日，如果股票价格接近执行价格，底部跨式期权就会发生亏损；反之，如果股票价格在任何方向都有较大波动，这一策略就会产生盈利。当投资者预期股票价格将会有较大波动，但无法确定其变动方向时，就可以应用底部跨式策略。譬如，当某公司有可能被兼并收购时，投资者就可以投资于该公司股票的底部跨式期权。如果兼并收购成功，可以预期股票价格将上升；如果兼并收购失败，股票价格将下降，而这两种情况都在底部跨式期权的盈利区间之内，无论最终出现哪一种结果，投资者的利益都得到了保障。也正是由于这种全面的保障性，跨式期权的期权费一般较高，因为在本质上它相当于同时购买了两个期权。

顶部跨式期权的盈亏状况与底部跨式期权正好相反。

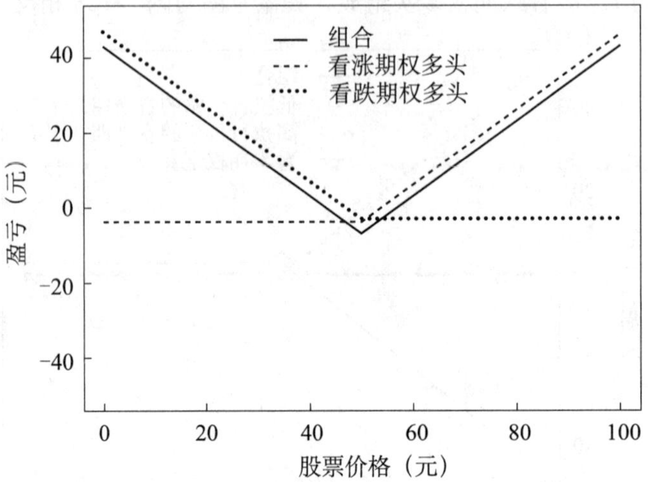


**图 9 - 29　底部跨式期权**

**2. 条式期权**

条式（strip）期权由执行价格相同、期限相同的一份看涨期权和两份看跌期权组成。条式期权也分为底部条式期权和顶部条式期权两种，前者由多头构成，后者由空头构成。

底部条式期权的盈亏如图 9 - 30 所示，其中假设看涨期权多头的执行价格为 50 元，期权费的终值为 4 元；看跌期权多头的执行价格为 50 元，期权费的终值为 3 元。顶部条式期权的盈亏与图 9 - 30 刚好相反。

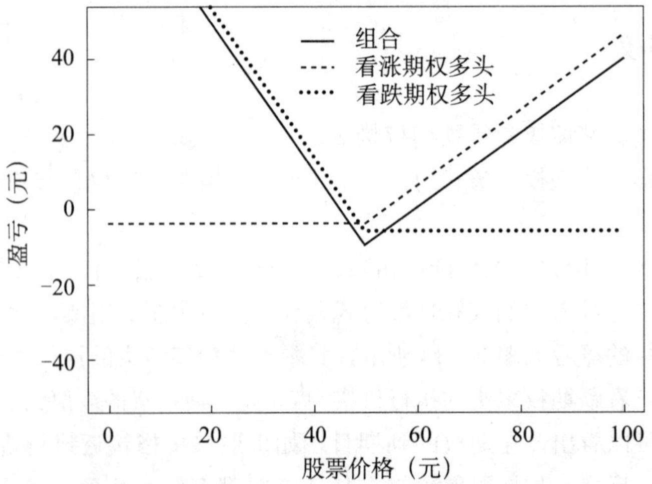


**图 9 - 30　底部条式期权**

3. **带式期权**

带式（strap）期权由执行价格相同、期限相同的两份看涨期权和一份看跌期权组成。带式期权也分为底部带式期权和顶部带式期权两种，前者由多头构成，后者由空头构成。

底部带式期权的盈亏如图 9－31 所示，其中看涨期权多头的执行价格为 50 元，期权费的终值为 4 元；看跌期权多头的执行价格为 50 元，期权费的终值为 3 元。顶部带式期权的盈亏与图 9－31 正好相反。

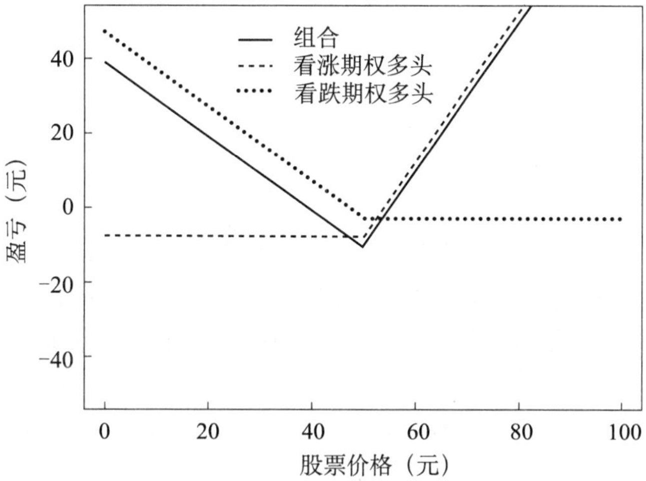


**图 9－31　底部带式期权**

对跨式期权、条式期权和带式期权进行比较可以看出，当股票价格发生较大变动时，这三种策略都会产生较高的收益，而当股票价格变化很小时则会出现亏损。

它们之间的区别主要是：跨式期权是对称的，底部条式期权向右倾斜，而底部带式期权向左倾斜。因此，对于跨式期权而言，股票价格上升和下降的影响是相同的，但对于底部条式期权而言，股票价格下跌时的收益高于股票价格上涨时的收益，而底部带式期权在股票价格上涨时的收益高于股票价格下跌时的收益。

4. **宽跨式期权**

宽跨式（strangle）期权由到期日相同、执行价格不同的一份看涨期权和一份看跌期权组成，其中看涨期权的执行价格高于看跌期权的执行价格。宽跨式期权也分为底部宽跨式期权和顶部宽跨式期权，前者由多头组成，后者由空头组成。

底部宽跨式期权的盈亏如图 9－32 所示，其中看跌期权多头的执行价格为 40 元，期权费的终值为 3 元；看涨期权多头的执行价格为 60 元，期权费的终值为 10 元。顶部宽跨式期权的盈亏与图 9－32 正好相反。

与跨式期权相比，底部宽跨式期权必须在股票价格有更大波动时才能获利，而当股票价格处于中间价位时，宽跨式期权的损失相对较小。换言之，底部宽跨式期权的盈利大小取决于两个执行价格的差距，差距越大，潜在损失越小，但只有当股票价格的波动幅度较大时才能盈利。宽跨式期权的价格要低于跨式期权的价格。

5. **衣领期权**

衣领（collar）期权是指购买一个较低执行价格的看跌期权，同时出售一个到期时间

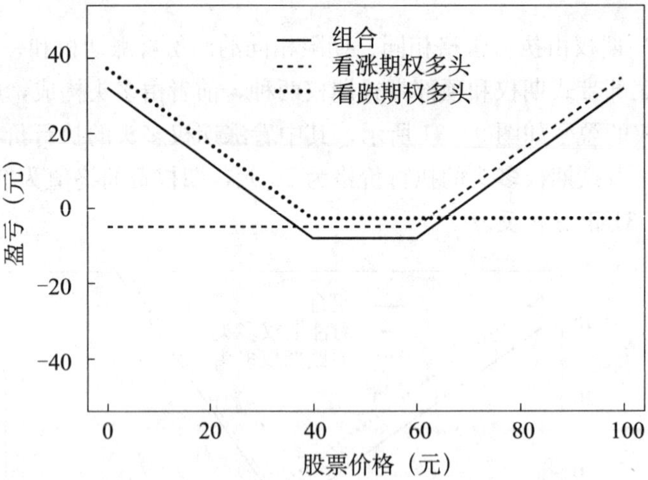


**图 9-32　底部宽跨式期权**

相同、执行价格较高的看涨期权。衣领期权的盈亏如图 9-33 所示。在该图中，看跌期权的执行价格为 40 元，期权费的终值为 3 元；看涨期权的执行价格为 45 元，期权费的终值为 3 元。

两个不同执行价格之间的差距称作衣领宽度（collar width），在图 9-33 中，衣领宽度为 5 元。

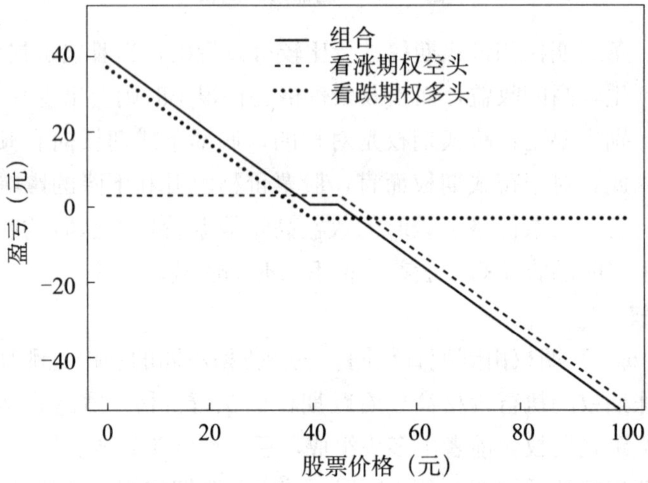


**图 9-33　衣领期权的盈亏**

衣领期权的盈亏图类似于远期空头，在标的资产价格下降时盈利，而在价格上升时亏损。正是由于它的这种性质，衣领期权在实践中通常用于保险。

譬如，投资者购买了一个现价为 40 元的股票，且希望对此股票进行保险。为此，投资者可以购买一个执行价格为 40 元的看跌期权。为了降低保险成本，投资者可以同时出售一个较高执行价格（如 45 元）的看涨期权，从而获得一笔期权费。显然，购买一个较低执行价格的看跌期权并出售一个较高执行价格的看涨期权，其结果就是一个衣领策略。因此，衣领策略可以提供一个成本较低的保险。

购买看跌期权需要支出一笔期权费，而出售看涨期权可以获得一笔期权费，因此可以选择适当的执行价格，使这两笔期权费相等，这样构造的交易策略称作零成本衣领（zero-cost collar）。

### 9.6.5 期权策略的符号表示

期权策略的盈亏结果可以通过符号计算得到。首先定义符号规则如下：

用（+1）表示期权交易的结果在盈亏图上出现正斜率；用（−1）表示负斜率；用（0）表示零斜率。

如果盈亏图出现折点，就用逗号隔开。譬如，看涨期权多头的盈亏图由斜率为零的直线和斜率为正的直线组成，因此其盈亏状态可以表示为（0，+1）。

常见期权的盈亏状态如下：

（1）看涨期权多头：（0，+1）

（2）看涨期权空头：（0，−1）

（3）看跌期权多头：（−1，0）

（4）看跌期权空头：（+1，0）

（5）标的资产多头：（+1，+1）

（6）标的资产空头：（−1，−1）

对上述六个基本期权进行组合，就可以创造出各种不同的盈亏状态，从而满足不同的投资需求，譬如：

- 一个看涨期权多头加上一个看跌期权空头，等价于一个标的资产多头，即

  $$(0,+1)+(+1,0)=(+1,+1)$$

- 一个标的资产空头加上一个看跌期权空头，等价于一个看涨期权空头，即

  $$(-1,-1)+(+1,0)=(0,-1)$$

## 小 结

期权是一种合约，它赋予买方在规定期限内按买卖双方约定的价格购买或出售一定数量标的资产的权利。

欧式看涨期权与看跌期权之间存在如下平价关系：

$$C_{欧}+Ke^{-rT}=P_{欧}+S$$

为期权定价的两种常用模型是二叉树模型和 Black-Scholes 模型。在二叉树模型中，基于无套利定价理论为期权定价，由此可以得出股票价格变化的风险中性概率。基于风险中性概率计算股票的预期收益率，结果正好等于无风险利率。

Delta 等于期权价值的变化与股票价格的变化之比，即

$$w=\frac{f_u-f_d}{uS-dS}$$

为了构造一个无风险的投资组合，在出售一个期权时，必须购买数量为 Delta 的股票，因此，构造无风险的对冲也称作 Delta 对冲。

二叉树模型用大量离散的小幅度二值运动来模拟连续的资产价格运动，单步二叉树模型的期权定价公式为

$$f=e^{-r\Delta t}[pf_u+(1-p)f_d]$$

其中，$u=e^{\sigma\sqrt{\Delta t}}$，$d=e^{-\sigma\sqrt{\Delta t}}$，$p=\dfrac{e^{r\Delta t}-d}{u-d}$。

在二叉树模型中，期权在当前时刻的价值就是其未来价值的期望现值。多步二叉树模型通过多次应用单步二叉树模型并逐步递推来为期权定价。在多步二叉树模型中，当步长足够小时，其定价结果将接近于连续模型的定价结果。

在满足 Black-Scholes 期权定价模型的假设条件时，欧式看涨期权的定价公式为

$$C_{欧}=S\Phi(d_1)-Ke^{-rT}\Phi(d_2)$$

利用看涨期权和看跌期权之间的平价关系，可以得到欧式看跌期权的定价公式为

$$P_{欧}=C_{欧}+Ke^{-rT}-S=Ke^{-rT}\Phi(-d_2)-S\Phi(-d_1)$$

美式看涨期权不会提前执行，所以其价格等于欧式看涨期权的价格，即 $C_{美}=C_{欧}$。美式看跌期权有可能提前执行，可以用二叉树模型为其定价。

不同的期权和其他金融产品的组合能够形成诸多具有不同盈亏特征的投资组合，满足投资者各种不同的交易策略。

## 习题

9.1 假设一年后股票的价格为 50 元、55 元、60 元、65 元或 70 元。(1) 如果 1 年期股票远期合约的交割价格为 60 元，分别计算该远期合约多头和空头的回收分别是多少。(2) 如果买进一份 1 年期的执行价格为 60 元的股票看涨期权，分别计算该看涨期权多头的回收分别是多少。(3) 如果买进一份 1 年期的执行价格为 60 元的看跌期权，分别计算该看跌期权多头的回收是多少。

9.2 股票的当前价格是 105 元，年有效利率为 6%。1 年期的股票看涨期权的执行价格为 105 元，期权费为 8.57 元。假设一年后股票的价格可能为 100 元、105 元或 110 元，分别计算该期权的回收和盈亏。

9.3 股票的当前价格是 105 元，年有效利率为 6%。1 年期的股票看跌期权的执行价格为 100 元，期权费为 0.98 元。假设一年后股票的价格可能为 95 元、100 元或 105 元，分别计算该期权的回收和盈亏。

9.4 以 100 元的价格买进一份股票，同时买进一份执行价格为 105 元的 1 年期的股票看跌期权，看跌期权的期权费为 7.20 元，年有效利率是 5%。假设一年后股票的价格

可能为100元、105元、110元或115元，分别计算该组合的回收和盈亏。

9.5 以105元做空A公司的股票，并卖出一份执行价格为105元的1年期的看跌期权，该期权的期权费为7.20元，年有效利率是5%。假设一年后股票的价格可能为100元、105元、110元或115元，分别计算该投资组合的回收和盈亏。

9.6 一份股票看涨期权的执行价格为40元，期权费为2元，期权的有效期是半年，无风险的连续复利为5%。假设期权到期时的股票价格为43元，计算多头的盈亏，以及在期权到期时，多头可以达到盈亏平衡点的股票价格。

9.7 一份股票看跌期权的执行价格为30元，期权费为1.5元，期权的有效期是3个月，无风险的连续复利为7%。假设期权到期时的股票价格为25元，计算多头的盈亏，以及在期权到期时，多头可以达到盈亏平衡点的股票价格。

9.8 假设年利率是5%，股票1年期的远期价格是105元，1年后到期的股票期权的价格如下表所示。

单位：元

| 执行价格 | 看涨期权 | 看跌期权 |
|---|---|---|
| 95 | 10.45 | 0.93 |
| 100 | 8.11 | 3.35 |
| 105 | 7.20 | 7.20 |
| 110 | 5.12 | 9.88 |
| 115 | 3.60 | 13.12 |

(1) 假设投资者以100元的价格买进股票，并买进一份执行价格为95元的看跌期权。在期权的到期日，股票的价格可能为90元或100元，计算该投资组合的回收和盈亏。

(2) 假设投资者以100元做空股票，并买进一份执行价格为95元的看涨期权。在期权的到期日，股票的价格可能为90元或100元，计算该投资组合的回收和盈亏。

(3) 假设投资者买进一份执行价格为95元的股票看涨期权，卖出一份执行价格为95元的看跌期权，并贷出90.48元。在期权的到期日，股票价格可能为90元或100元，计算该投资组合的回收和盈亏。

(4) 假设1年期的看涨期权的价格是9.31元，相同执行价格的看跌期权的价格是1.69元，求执行价格。

9.9 股票的当前价格是22元，一份该股票看涨期权的执行价格为24元，期权费为1.98元，期权的有效期是6个月，无风险的连续复利为7.2%。计算与该股票看涨期权具有相同到期时间和相同执行价格的看跌期权的期权费。

9.10 假设股票没有红利，股票的现价为50元，该股票欧式看跌期权的执行价格为50元，有效期为3个月，无风险的连续复利为10%，股票价格的年波动率为30%。计算该股票欧式看跌期权的价格。

9.11 有一份无红利股票的欧式看跌期权，有效期为3个月，目前的股票价格和执行价格均为50美元，波动率为30%，无风险的年利率为10%。构造一个三步二叉树模型，每步为一个月，并用该二叉树模型计算期权的价格。如果该期权为美式看跌期权，重新计算期权的价格。

9.12 有一份基于某股票指数的欧式看涨期权，有效期为2个月，执行价格为500，目前的指数为495，无风险的连续复利为10%，指数的连续复利的红利率为4%，波动率为5%。构造一个四步（每步为半个月）二叉树模型为期权定价。

9.13 假设股票指数为3 000，波动率为20%，连续复利的红利率为2%。无风险的连续复利为5%，用两步二叉树模型计算6个月期的执行价格为3 100的欧式看涨期权的价格。

9.14 假设股票指数为1 000，波动率为20%，连续复利的红利率为2%。无风险的连续复利为5%，用三步二叉树模型计算6个月期的执行价格为1 010的美式看涨期权的价格。

9.15 假设当前的现货价格为30，波动率为30%，无风险的连续复利为5%。用两步二叉树模型计算6个月期的执行价格为31的欧式看涨期权的价格。

9.16 假设当前的现货价格为50，波动率为20%，无风险的连续复利为5%。用三步二叉树模型计算6个月期的执行价格为52的美式看跌期权的价格。

9.17 假设股票当前的价格为35元，波动率为30%，期权的执行价格为38元，无风险的连续复利为5%，期权的有效期为1年。在下述两种情况下用Black-Scholes定价公式计算该期权的价格：(1) 该期权为欧式看涨期权；(2) 该期权为欧式看跌期权。

# 参考答案

## 第 1 章　利息度量

1.1　在单利条件下，区间上的有效利率为 $hi/(1+it)$，是时间的减函数。在复利条件下，区间上的有效利率为 $(1+i)^h-1$，与时间无关。

1.2　$600\times 2i=150\Rightarrow i=0.125$，$2\ 000(1+i)^3=2\ 848$（元）。

1.3　$1\ 004v^{T/12}=314v^{1/12}+271v^{18/12}\Rightarrow T=141.6$。

1.4　$X[(1+i/2)^{17}-(1+i/2)^{16}]=i\cdot X\Rightarrow i=0.088\ 5$。

1.5　$A=67.5$，$B=10\times 1.091\ 5^{10-n}+30\times 1.091\ 5^{10-2n}$，$n=2.325\ 4$。

1.6　$e^{27.72\delta}=2\Rightarrow\delta=0.025$，$(1+2\delta)^{n/2}=7.04\Rightarrow n=80$。

1.7　$100\times(1-4\times 6\%)^{-1/4\times 2}=114.71$（万元）。

1.8　$A$：$a(t)=1.01^{12t}$，$B$：$a(t)=e^{t^2/12}$，$1.01^{12t}=e^{t^2/12}\Rightarrow t=1.43$。

1.9　$a(t)=100(1-d/4)^{-8}\cdot\exp\left[\int_2^5(1+t)^{-1}\mathrm{d}t\right]=260\Rightarrow d=0.129$。

1.10　$\delta_1=1/(1+t)$，$\delta_2=2t/(1+t^2)$，$t=0.41$。

1.11　$a(t)=(1+t)^2 300\times a^{-1}(3)+600\times a^{-1}(6)=200\times a^{-1}(2)+X\times a^{-1}(5)$
$\Rightarrow X=315.82$。

1.12　$a^{-1}(3)=\exp\left(-\int_0^3 t^3/100\mathrm{d}t\right)=e^{-0.202\ 5}$。

1.13　第 3 年末的累积值：

$$A(3)=100\cdot\exp\left(\int_0^3 t^2/100\mathrm{d}t\right)+X=109.42+X$$

第 6 年末的累积值：

$$A(6)=(109.42+X)\cdot\exp\left(\int_3^6 t^2/100\mathrm{d}t\right)=1.877\,6(109.42+X)$$

故 $A(6)-A(3)=(109.42+X)(0.877\,61)=X\Rightarrow X=784.61$。

1.14 $t=4$ 时的累积值为

$$1\,000\exp\left(\int_0^3 0.02t\mathrm{d}t\right)\cdot e^{0.045}=1\,144.54(万元)$$

令年名义利率为 $x$，则

$$1\,000\,(1+x/4)^{16}=1\,144.54\Rightarrow x=0.033\,88$$

1.15 $i^{(2)}=0.075$

$$\delta+d^{(4)}=\ln\left[\left(1+\frac{i^{(2)}}{2}\right)^2\right]+4\left[1-\left(1+\frac{i^{(2)}}{2}\right)^{-1/2}\right]=0.146\,6$$

1.16 $a(t)=\exp\left[\int_0^t\delta_t\mathrm{d}t\right]=(2+t)/2, 8=a(n)-a(0)=n/2\Rightarrow n1=16$。

1.17 $1\,000\cdot\exp\left[\int_0^2\delta_t\mathrm{d}t\right]=1\,068.94$(万元)。

1.18 投资者 A 在第 4 年末和第 8 年末的累积值分别为

$$\begin{cases}A(4)=X\times(1+4\times0.10)=1.4X\\A(8)=X\times(1+8\times0.10)=1.8X\end{cases}$$

从第 4 年末到第 8 年末赚取的利息为 $A(8)-A(4)=0.4X$。

投资者 B 在第 4 年末和第 8 年末的累积值分别为

$$\begin{cases}B(4)=X\cdot\exp\left(\int_0^4\delta(t)\mathrm{d}t\right)=X\cdot\dfrac{16+k}{k}\\B(8)=X\cdot\exp\left(\int_0^8\delta(t)\mathrm{d}t\right)=X\cdot\dfrac{64+k}{k}\end{cases}$$

从第 4 年末到第 8 年末赚取的利息为 $B(8)-B(4)=\dfrac{48X}{k}$。

令上述两个利息金额相等，则有 $k=120$。

综合练习题
讲解视频 1-1

综合练习题
讲解视频 1-2

综合练习题
讲解视频 1-3

综合练习题
讲解视频 1-4

综合练习题
讲解视频 1-5

## 第 2 章　等额年金

2.1 $20\,000\ddot{s}_{\overline{10}|6\%}=279\,433$（元）。

2.2　$200a_{\overline{123}|0.5\%}(1+0.5\%)^{70}=26\ 005$（元）。

2.3　319 41.68 元，217 38.97 元，46 319.35 元。

2.4　$4\ 000a_{\overline{36}|i}=5\ 000a_{\overline{18}|i}\Rightarrow i=0.08$，$(1+i)^n=2\Rightarrow n=9$。

2.5　季有效利率 $i=(1+5\%)^{0.25}-1=0.012\ 3$，$1\ 000a_{\overline{20}|i}+2\ 000a_{\overline{20}|i}(1+i)^{-20}=$ 45 281.05（元）。

2.6　$\frac{1}{i^*}=\frac{125}{91}\Rightarrow 3$ 年期间的有效利率 $i^*=\frac{91}{125}$，年有效利率 $i=\left(1+\frac{125}{91}\right)^{1/3}-1=0.2$。

2.7　月有效利率 $i=(1+1\%)^{1/3}-1\Rightarrow \ddot{a}_{\overline{\infty}|i}=302$。

2.8　$i_1=(1+i)^{1/12}-1$，$i_2=(1+i)^{1/4}-1$，$1\ 000\ddot{a}_{\overline{\infty}|i_1}=3\ 020\ddot{a}_{\overline{\infty}|i_2}\Rightarrow i=4.06\%$。

2.9　假设最后一次付款的时间为 $n$，则有

$$100\ 000=10\ 000a_{\overline{n-4}|}(1+0.05)^{-4}\Rightarrow n=23.18$$

假设在第 23 年末的非正规付款为 $X$，则有

$$100\ 000=10\ 000_{\overline{19}|}(1+0.05)^{-4}+X(1+0.05)^{-23}\Rightarrow X=1\ 762.3(\text{元})$$

2.10　$100_{\overline{60}|}=4\ 495.503\ 8=6\ 000v^k\Rightarrow v^k=0.749\ 3\Rightarrow k=29$。

2.11　$1\ 538a_{\overline{10}|}=1\ 072a_{\overline{20}|}\Rightarrow 1\ 072v^{20}-1\ 538v^{10}+466=0\Rightarrow i=0.086\ 88$。

2.12　设 $j$ 为等价利率，则 $j=0.030\ 301$，累积值 $=1\ 000(\ddot{a}_{\overline{16}|}+\ddot{a}_{\overline{8}|})=29\ 989$（元）。

2.13　以半年为一个时期，每个时期的有效利率为 $i/2$，两年为一个时期的有效利率为 $j=(1+i/2)^4-1$，故 $5.89=1/j\Rightarrow i=0.08$。

2.14　$\bar{a}_{\overline{n}|}=\int_0^n \exp\left(-\int_0^t \frac{1}{1+r}\mathrm{d}r\right)\mathrm{d}t=\ln(1+n)$。

2.15　$a(t)=\exp\left(\int_0^t \delta_r \mathrm{d}r\right)=(1+0.5t)^2, s_{\overline{5}|}=\frac{a(5)}{a(1)}+\frac{a(5)}{a(2)}+\cdots+\frac{a(5)}{a(5)}=12.828$。

2.16　$\int_0^8 \bar{a}_{\overline{t}|}\mathrm{d}t=\frac{1}{\delta}\int_0^8(1-v^t)\mathrm{d}t=\frac{1}{\delta}(8-\bar{a}_{\overline{8}|})=\frac{1}{\delta}\left(8-\frac{1-v^8}{\delta}\right)=100$

$$v^8=1-(8-100\delta)\cdot\delta\Rightarrow v^{10}=[1-(8-100\delta)\delta]^{5/4}$$

$$\bar{a}_{\overline{10}|}=\frac{1-v^{10}}{\delta}=\frac{1-[1-(8-100\delta)\delta]^{5/4}}{\delta}$$

2.17　$\frac{1-\mathrm{e}^{-\delta}}{\delta}=\mathrm{e}^{-\delta t}\Rightarrow t=-\frac{1}{\delta}\ln\left(\frac{1-\mathrm{e}^{-\delta}}{\delta}\right)=0.495\ 8$。

综合练习题 讲解视频 2-1　综合练习题 讲解视频 2-2　综合练习题 讲解视频 2-3　综合练习题 讲解视频 2-4　综合练习题 讲解视频 2-5

# 第3章　变额年金

3.1　$900a_{\overline{10}|}+100(Ia)_{\overline{10}|}=1\ 088.69$（元）。

3.2 $v+2v^2+3v^3+\cdots+nv^n+nv^{n+1}+nv^{n+2}+\cdots=\frac{(1+i)\,a_{\overline{n}|}}{i}=\frac{a_{\overline{n}|}}{d}$。

3.3 $X=2v^3+4v^5+6v^7+8v^9+\cdots=\frac{2v^3}{(1-v^2)^2}=49.89$。

3.4 A 的现值为：$X=55a_{\overline{20}|}=55(a_{\overline{10}|}+v^{10}a_{\overline{10}|})$，B 的现值为：$X=30a_{\overline{10}|}+60v^{10}a_{\overline{10}|}+90v^{20}a_{\overline{10}|}$。

故 $55(1+v^{10})=30+60v^{10}+90v^{20}\Rightarrow i=0.071\ 77\Rightarrow X=574.74$。

3.5 $20\,(Da)_{\overline{7}|}+160a_{\overline{15}|}=2\ 146.20$（元）。

3.6 $j=\frac{5\%-10\%}{1+10\%}=-0.045$，$1\ 000\,\frac{a_{\overline{10}|j}}{1+10\%}=11\ 846.66$（元）。

3.7 每季度复利一次的年名义利率为 0.019 4。所有存款在第 8 年末的终值为 $\ddot{s}_{\overline{4}|0.019\,4}(Is)_{\overline{8}|0.08}=183$，故

$$X/0.08=183\Rightarrow X=14.64$$

3.8 $j=\frac{8\%-5\%}{1+5\%}$，$1\ 000(\ddot{s}_{\overline{5}|8\%}+1.05\ddot{a}_{\overline{5}|j})(1+8\%)^5=16\ 607$（元）。

3.9 现值为 5 197.50 元，累积值为 9 333.98 元。

3.10 $10\ddot{a}_{\overline{4}|9\%}+10\,(D\ddot{a})_{\overline{4}|9\%}+10\,(I\ddot{a})_{\overline{5}|9\%}v^4=212.34$（元）。

3.11 此项投资在第 10 年末的终值为

$$80\ 000=(X-5\ 000)\ddot{s}_{\overline{10}|6\%}+500\,(D\ddot{s})_{\overline{10}|6\%}$$

$$80\ 000=(X-5\ 000)(13.971\ 64)+500(83.522\ 47)\Rightarrow X=7\ 736.88$$

3.12 前 5 年的现值为 77.79，从第 6 年开始，以后各年付款的现值为 $20v^5(1+k)\left(\frac{1+0.09}{0.09-k}\right)$，总现值为 335，故 $k=3.76\%$。

3.13 $90\bar{s}_{\overline{10}|4\%}+10\,(I\bar{s})_{\overline{10}|4\%}=1\ 735.96$（元）。

3.14 第 8 年末的终值为 $60\bar{s}_{\overline{8}|7\%}+5\,(D\bar{s})_{\overline{8}|7\%}=894.48$（万元），第 10 年末的终值为 1 024.10 万元。

3.15 $\int_0^{10}(4t+3)\exp[-\int_0^t(0.03+0.04s)\mathrm{d}s]\mathrm{d}t=89.97$。

3.16 在 $t=5$ 时的价值为

$$\int_5^{10}(1.2t^2+2t)\exp[-\int_5^t(0.000\ 6s^2+0.001s)\mathrm{d}s]\mathrm{d}t=382.88$$

在 $t=0$ 时的现值为

$$382.88\exp\left[-\int_0^5(0.004t+0.01)\mathrm{d}t\right]=346.44$$

3.17 $25\ 000=\int_0^{10}(9k+tk)\exp\left[\int_t^{10}1/(s+9)\mathrm{d}s\right]\mathrm{d}t=190k\Rightarrow k=131.58$。

**综合练习题 讲解视频 3-1**　**综合练习题 讲解视频 3-2**　**综合练习题 讲解视频 3-3**　**综合练习题 讲解视频 3-4**

# 第 4 章　收益率

4.1　$15\,000(1+i)^{-1}+40\,000(1+i)^{-2}+10\,000(1+i)^{-3}=50\,000 \Rightarrow i=0.148\,3$。

4.2　时间加权收益率 0.546 2，币值加权收益率 0.522 6。

4.3　$X=93\,000$。

4.4　$I=120-100-2X=0 \Rightarrow X=10$

$$i=\frac{90}{100}\times\frac{110}{100}\times\frac{120}{120}-1=-1\%$$

4.5　$\frac{120}{100}\times\frac{100}{120+D}\times\frac{65}{100-50}=1 \Rightarrow D=36$

$$i=\frac{65-(100+D-50)}{100+D\times 9/12-50\times 3/12}=-0.183\,4$$

4.6　前 6 个月的年收益率为 0.132 7。

4.7　利息收入：

$$I=130-[(75+10\times 12)-5-25-8-35]$$

平均本金余额：

$$P=75+10\times\left(\frac{11}{12}+\frac{10}{12}+\cdots+\frac{1}{12}\right)-5\times\frac{10}{12}-25\times\frac{6}{12}-8\times\frac{2.5}{12}-35\times\frac{2}{12}$$

币值加权收益率 $i=I/P=7.6\%$。

4.8　$X=236.25$（万元）。

4.9　时间加权收益率为 6.19%。

4.10　投资者在第 5 年末的累积值为 56 245.5 元。假设购买价格为 $P$，则有 $P(1.04)^5=56\,245.5 \Rightarrow P=46\,229.7$（元）。

4.11　$5\,000\ddot{s}_{\overline{20}|.08}=100\,000+(5\,000i)(Is)_{\overline{20}|i/2} \Rightarrow \ddot{s}_{\overline{20}|i/2}=34.71 \Rightarrow i=0.1$。

4.12　B 的再投资利率为 8.73%，利息收入在第 20 年末的积累值为 6 111.37 万元。

4.13　$12\cdot i\cdot s_{\overline{20}|0.75i}+12\cdot i\cdot s_{\overline{10}|0.75i}=64 \Rightarrow (1+0.75i)^{10}=2 \Rightarrow i=0.095\,69$。

4.14　2023 年初的余额为 320.46 万元，2023 年末的余额为 344.56 万元，故 2023 年的收益为 24.10 万元。

4.15　投资者在 2022 年的收益为

$$1\,000\times(1+7.50\%)\times(1+7.53\%)\times(1+7.50)\times 7.46\%=92.70(\text{万元})$$

综合练习题 讲解视频 4－1　综合练习题 讲解视频 4－2　综合练习题 讲解视频 4－3　综合练习题 讲解视频 4－4　综合练习题 讲解视频 4－5

# 第 5 章　债务偿还方法

5.1　$X(1-v^n)=604$，$X(1-v^{n-2})=593.75$，$X(1-v^{n-4})=582.45 \Rightarrow X=704.06$。

5.2　$R(1-v^{28})=135$，$R(1-v^{14})=108 \Rightarrow R(1-v^7)=72$(元)。

5.3　$R(1-v^{30-t+1})=R/3 \Rightarrow v^{30-t+1}=2/3 \Rightarrow t=22.69$。

故第 23 年的利息金额最接近于付款金额的 1/3。

5.4　$290.35=Rv^{10}+Rv^9+Rv^8$，$408.55=Rv^3+Rv^2+Rv \Rightarrow i=0.05$，$R=150.03$，$L=1\,158.4$。利息总额为 $10R-L=341.76$（元）。

5.5　第 5 年末的未偿还本金余额为 1 510.6 万元。

5.6　(1) 借款人第 2 年末向偿债基金的储蓄额应为 4 438.42 元。

(2) 偿债基金第 2 年末的余额为 9 231.91 元。

(3) 第 2 年末的未偿还本金余额为10 768.09 元。

5.7　$R=6\,104.56=L_0/a_{\overline{k}|i}=20\,000/a_{\overline{k}|i} \Rightarrow i=8.491\,1\%$。

5.8　第 5 次偿还中的利息为 66.89 万元。

5.9　$125\,000=Ra_{\overline{12}|i}[1+1.02v+(1.02v)^2+\cdots+(1.02v)^{29}] \Rightarrow R=526$。

5.10　各期还款的积累值为 $1\,000s_{\overline{20}|0.05}=10\,000(1+i)^{20} \Rightarrow i=0.061\,6$。

5.11　$\begin{cases}55\,000=500.38a_{\overline{12n}|j}\\3\,077.94=55\,000(1+j)^{12n}-500.38s_{\overline{12n-1}|j}\end{cases} \Rightarrow i=12j=0.091\,7$。

5.12　偿还的本金分别为 490.34 万元和 243.93 万元，本金之和为 734.27 万元。

5.13　第 3 次支付的本金为 784.7 元，第 5 次支付的利息为 51.4 万元。

5.14　$1-v^{360-69+1}=94.473\%$，$X=12(1/v-1)=0.119\,6$。

5.15　第 10 年末的未偿还本金余额为 1 000 万元，第 11 次偿还的利息为 $1\,000i$，本金为$1\,000i$，未偿还本金余额为 $1\,000-1\,000i=1\,000(1-i)$；第 12 次偿还的利息为 $1\,000(1-i)i$，本金为 $1\,000(1-i)i$，未偿还本金为 $1\,000(1-i)-1\,000i(1-i)=1\,000(1-i)^2$；以此类推，第 20 次还款后的未偿还本金余额为 $1\,000(1-i)^{10}$，即 $1\,000\times(1-8\%)^{10}=Xa_{\overline{10}|8\%} \Rightarrow X=64.74$。

5.16　调整后最后一次的偿还额为 1 239.1 元。

5.17　在原偿还方式下，借款人每年末的偿还金额为 1 139 万元。调整还款方式后，借款人在后四年每年末的还款金额为 $X$。贷款人在时间零点的资金流出为 8 000 万元，第1～4 年末的资金流入为 1 139 万元，第 5～8 年末的资金流入为 $X$。在 8%的年收益率水平下，资金流出的现值等于资金流入的现值，即 $8\,000=1\,139a_{\overline{4}|8\%}+(1+8\%)^{-4}Xa_{\overline{4}|8\%}$，

故借款人在后四年每年末的还款金额 $X=1\,736$（万元）。

5.18 $100\,000=Xa_{\overline{30}|}+1\,900v^{20}a_{\overline{10}|}+100v(Ia)_{\overline{19}|}\Rightarrow X=5\,504.7$。

5.19 设贷款本金为 $L$，则有

$$L=(2\,000-0.08L)\times1.07^3+(3\,000-0.08L)\times1.07^2$$
$$+(4\,000-0.08L)\times1.07+(5\,000-0.08L)\Rightarrow L=11\,190.11$$

综合练习题 讲解视频 5-1

综合练习题 讲解视频 5-2

综合练习题 讲解视频 5-3

综合练习题 讲解视频 5-4

综合练习题 讲解视频 5-5

# 第6章 债 券

6.1 （1）$P=\dfrac{rF}{i}+F\left(1-\dfrac{r}{i}\right)e^{-n\delta}$

$$\frac{dP}{dn}=-F\left(1-\frac{r}{i}\right)\cdot\delta e^{-n\delta}$$

$$\frac{d^2P}{dn^2}=F\left(1-\frac{r}{i}\right)\cdot\delta^2e^{-n\delta}$$

若 $r<i$，则 $\dfrac{dP}{dn}<0$，$\dfrac{d^2P}{dn^2}>0$。

（2）证明过程与（1）类似。

6.2 价格为 957.88 元，账面值为 973.27 元。

6.3 价格为 974.82 元，账面值为 930.26 元（理论方法），929.82 元（半理论方法），930.36 元（实践方法）。

6.4 $6\%\times1\,000\times a_{\overline{5}|i}+1\,000v^5=950\Rightarrow i=7.227\%$。

6.5 $6\%\times1\,000\times s_{\overline{5}|5\%}+1\,000=950(1+i)^5\Rightarrow i=6.986\%$。

6.6 债券每年末的息票收入为 80 元。

$$1\,082.27=V_5=V_4(1+i)-80=[(V_3)(1+i)-80](1+i)-80$$
$$=1\,099.84(1+i)^2-80(1+i)-80\Rightarrow i=6.5\%$$

$80\cdot a_{\overline{n-3}|i}+1\,000v^{(n-3)}=1\,099.84\Rightarrow n=12$。

$P=80\cdot a_{\overline{20}|0.065}+1\,000\times1.065^{-12}=1\,122.38$（元）。

6.7 应用溢价公式，有

（1）$-X=C\left(\dfrac{40}{C}-i\right)a_{\overline{20}|}$

（2）$Y=C\left(\dfrac{45}{C}-i\right)a_{\overline{20}|}$

（3）$2X=C\left(\dfrac{50}{C}-i\right)a_{\overline{20}|}$

由（3）÷（1）得：$-2=\dfrac{50-Ci}{40-Ci}\Rightarrow Ci=\dfrac{130}{3}$。

由（1）+（3）得：$X=(90-2Ci)a_{\overline{20|}}\Rightarrow a_{\overline{20|}}=\dfrac{X}{90-2Ci}$。

故有 $Y=(45-Ci)a_{\overline{20|}}=X/2=5$（元）。

6.8 $1\,100v^n=190\Rightarrow v^n=19/110\Rightarrow a_{\overline{n|}}=910/33$，故

$$P=1\,100v^n+40a_{\overline{n|}0.03}=1\,293.03(\text{元})$$

6.9 $P=40a_{\overline{n|}}+M\cdot v^n$，$Q=30a_{\overline{n|}}+M\cdot v^n$，令债券 $C$ 的价格为 $X$，则有

$$X=80a_{\overline{n|}}+M\cdot v^n\Rightarrow X=5P-4Q$$

6.10 应用债券定价的基本公式：

$$\begin{cases}P=(1\,000r)a_{\overline{10|}0.04}+1\,100\times1.04^{-10}\\P-81.49=(1\,000r)a_{\overline{10|}0.05}+1\,100\times1.05^{-10}\end{cases}$$

$$\Rightarrow r=0.035$$

$X=1\,000\times0.035\,137a_{\overline{10|}0.035\,137}+1\,100\times1.035\,137^{-10}=1\,070.80$（元）。

6.11 $P=1\,050v^{20}+50[v+1.03v^2+1.03^2v^3+\cdots+1.03^{19}v^{20}]=837.78(\text{元})$。

6.12 偿还值的现值为 $200v^5a_{\overline{5|}}=584.68$（元），未来息票收入的现值为 $60a_{\overline{5|}}+12v^5(Da)_{\overline{5|}}=355.99$（元），故债券的价格为 940.67 元。

也可以应用 Makeham 公式计算，即

$$P=0.06/0.07\times(1\,000-584.68)+584.68=940.67(\text{元})$$

6.13 应用债券定价的基本公式：

$$\begin{cases}P=40a_{\overline{20|}}+1\,000v^{20}\\P=40a_{\overline{10|}}+X\cdot v^{10}\end{cases}\Rightarrow\begin{cases}P=1\,071.06\\X=1\,041.58\end{cases}$$

6.14 债券每年末的息票收入为 60 元，修正息票率为 $60/1\,050=5.714\,3\%$，小于投资者所要求的年收益率 8%，故赎回越晚（即到期时赎回），债券的价格越低。由此可得该债券的价格为 $P=1\,050+1\,050\times(5.714\,3\%-8\%)\times a_{\overline{10|}}=888.94$（元）。

6.15 价格为 1 058 元，账面值为 1 050 元。其他日期的价格和账面值如下图所示。

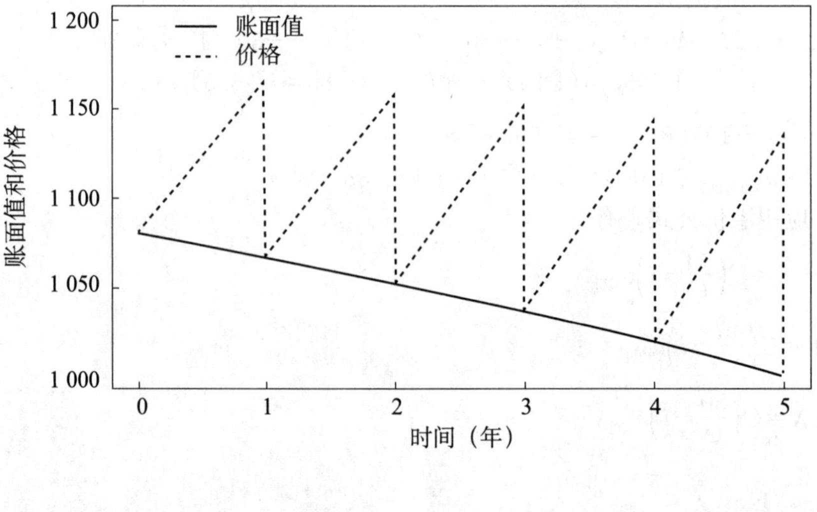

综合练习题 讲解视频 6－1　　综合练习题 讲解视频 6－2　　综合练习题 讲解视频 6－3　　综合练习题 讲解视频 6－4　　综合练习题 讲解视频 6－5

# 第 7 章　利率风险

7.1　马考勒久期为 $D=\ddot{a}_{\overline{10}|}=\frac{1-1.06^{-10}}{0.06/1.06}=7.80$（年）。

7.2　马考勒久期为 $D=15$ 年，修正久期为 $D^{(m)}=15/(1+1\%)=14.85$。

7.3　$D=-P'(\delta)/P(\delta)=\frac{1}{\delta}-\frac{n}{e^{n\delta}-1}$。

7.4　假设债券的面值为 100，则 $P=92.64$，$D=8.02$，$D^{(m)}=7.57$。

7.5　马考勒久期为 $D=\frac{1}{m}\ddot{a}_{\overline{nm}|j}$，其中 $j=i^{(m)}/m$，变形可得：

$$D=(1+j)a_{\overline{nm}|j}\frac{1}{m}=(1+j)\frac{1-(1+i)^{-n}}{i^{(m)}}=\frac{1-v^n}{d^{(m)}}=\ddot{a}_{\overline{n}|}^{(m)}$$

7.6　对年金的现值关于利率 $i$ 求导，应用修正久期的定义公式可得 $D^{(m)}=\frac{1}{i}-\frac{nv^{n+1}}{1-v^n}$。

7.7　对于期末付永续年金，现值为 $P(i)=1/i$，$P'(i)=-1/i^2$，$m=1$，所以修正久期为 $D^{(m)}=1/i$，马考勒久期为 $D=D^{(m)}(1+i)=(1+i)/i$。

7.8　对于期初付永续年金，现值为 $P(i)=(1+i)/i$，$P'(i)=-1/i^2$，$m=1$，所以修正久期为 $D^{(m)}=1[i(1+i)]$，马考勒久期为 $D=D^{(m)}(1+i)\ =1/i$。

7.9　$P=5a_{\overline{4}|i/2}+100v^2=96.53\Rightarrow P'(i)=-169.29\Rightarrow D^{(m)}=-\frac{P'(i)}{P(i)}=1.75$。

7.10　$D^*=7.49$。

7.11　$D^{(m)}=\frac{D}{1+i}=7.886$，$\frac{\Delta P}{P}=-(\Delta i)\cdot D^{(m)}=1.18\%$。

⇒债券价格近似为：$75.98\times 1.018=76.88$。

7.12　$D^*=8.92$，$C^*=7.63$。

$\frac{\Delta P}{P}=-(\Delta i)\cdot D^{(m)}+0.5\cdot(\Delta i)^2\cdot C^{(m)}=-8.88\%$，债券价格近似为 95.56 元。

7.13　修正久期为 8.12，修正凸度为 101.24。

7.14　马考勒凸度为 105.15。

7.15　$P=\frac{1}{i}=16.67\Rightarrow\frac{dP}{di}=-\frac{1}{i^2}\Rightarrow\frac{d^2P}{di^2}=\frac{2}{i^3}$

$$\Rightarrow D^{(m)}=-\frac{P'(i)}{P(i)}=\frac{1}{i}=16.67$$

$$\Rightarrow C^{(m)}=\frac{P''(i)}{P(i)}=\frac{2}{i^2}=555.55$$

7.16 价格为 95.94 元，马考勒久期为 4.29 年，修正久期为 4.12，马考勒凸度为 20.19，修正凸度为 20.65。计算过程如下表所示。

| 时间 | 现金流 | 现值 | 权重 | 马考勒久期 | 马考勒凸度 |
|---|---|---|---|---|---|
| 0.5 | 3.5 | 3.37 | 0.04 | 0.02 | 0.01 |
| 1 | 3.5 | 3.24 | 0.03 | 0.03 | 0.03 |
| 1.5 | 3.5 | 3.11 | 0.03 | 0.05 | 0.07 |
| 2 | 3.5 | 2.99 | 0.03 | 0.06 | 0.12 |
| 2.5 | 3.5 | 2.88 | 0.03 | 0.07 | 0.19 |
| 3 | 3.5 | 2.77 | 0.03 | 0.09 | 0.26 |
| 3.5 | 3.5 | 2.66 | 0.03 | 0.10 | 0.34 |
| 4 | 3.5 | 2.56 | 0.03 | 0.11 | 0.43 |
| 4.5 | 3.5 | 2.46 | 0.03 | 0.12 | 0.52 |
| 5 | 103.5 | 69.92 | 0.73 | 3.64 | 18.22 |
| 合计 | 135 | 95.94 | 1.00 | 4.29 | 20.19 |

7.17 $\frac{\Delta P}{P}=-(\Delta i)\cdot D^{(m)}+0.5\cdot(\Delta i)^2\cdot C^{(1)}=-4.28\%$。

7.18 负债的现值为 $P_L=12\,418.43$ 元，马考勒久期为 $D_L=5$ 年，马考勒凸度为 $C_L=25$。假设两种零息债券的面值均为 1 000 元，则 4 年期零息债券的价格为 $P_4=1\,000/(1+i)^4=683.01$（元）。10 年期零息债券的价格为 $P_{10}=1\,000/(1+i)^{10}=385.54$（元）。

假设有 $x\%$的债券投资于 4 年期的零息债券，$(1-x\%)$ 的债券投资于 10 年期的零息债券，由 $D_A=D_L$ 有：$4\cdot x\%+10\cdot(1-x\%)=5\Rightarrow x\%=83.33\%$。

投资于 4 年期零息债券的金额为 10 348.28 元，投资于 10 年期零息债券的金额 2 070.15 元。

7.19 债券 A 的价格为 982.17 元，马考勒久期为 1.934 年，马考勒凸度为 3.8。债券 B 的价格为 1 039.93 元，马考勒久期为 4.256 年，马考勒凸度为 19.85。在债券 A 上投资 11.02%，在债券 B 上投资 88.98%。债券组合的马考勒久期等于负债的马考勒久期，均为 4 年，债券组合的马考勒凸度为 18.08，大于负债的马考勒凸度 16，满足免疫条件。

7.20 假设两种资产的投资额分别为 $a$ 和 $b$，则有

$$\begin{cases}a+b=20\,000\times(1+0.04)^{-2}\\ \dfrac{a\times 0+b\times 5}{a+b}=2\end{cases}$$

$$\Rightarrow a=11\,094.67,\ b=7\,396.45$$

7.21 各种债券的购买数量分别如下：

| | |
|---|---|
| 购买 5 年期债券的数量 | 80 000 |
| 购买 4 年期债券的数量 | 300 000 |
| 购买 2 年期债券的数量 | 600 000 |
| 购买 1 年期零息债券的数量 | 100 000 |

购买各种债券以后的净负债如下：

单位：万元

| 年度 | 1 | 2 | 3 | 4 | 5 |
|---|---|---|---|---|---|
| 负债 | 1 794 | 6 744 | 144 | 3 144 | 824 |
| 5 年期债券 | 24 | 24 | 24 | 24 | 824 |
| 净负债 | 1 770 | 6 720 | 120 | 3 120 | 0 |
| 4 年期债券 | 120 | 120 | 120 | 3 120 | 0 |
| 净负债 | 1 650 | 6 600 | 0 | 0 | 0 |
| 2 年期债券 | 600 | 6 600 | 0 | 0 | 0 |
| 净负债 | 1 050 | 0 | 0 | 0 | 0 |
| 1 年期债券 | 1 050 | 0 | 0 | 0 | 0 |
| 净负债 | 0 | 0 | 0 | 0 | 0 |

综合练习题 讲解视频 7-1　综合练习题 讲解视频 7-2　综合练习题 讲解视频 7-3　综合练习题 讲解视频 7-4　综合练习题 讲解视频 7-5

# 第 8 章　远期、期货和互换

8.1　股票的价格为 66 元时，股票多头的盈亏为零。

8.2　半年期和 1 年期股票远期合约的价格分别为 104.88 元和 110 元。

8.3　$F=(105-\sum_{t=1}^{4}1.7\times e^{-0.06t/4})e^{0.06}=104.54$(元)。

8.4　日股利为 0.02/365×105=0.005 75（元）。若在年初持有 1 单位股票，年末将持有 $e^{0.02}=1.020\ 2$ 单位。若要在年末持有 1 单位股股票，年初应持有 $e^{-0.02}=0.980\ 2$ 单位，故投资额为 $105e^{-0.02}=102.92$（元）。

8.5　(1) $F=70\times e^{0.06\times 0.5}=72.13$（元），(2) $70\times e^{0.06-\delta}=72\Rightarrow\delta=0.032$。

8.6　远期价格为 $F=950\times 1.05-50\times 1.05^{0.5}-50=896.26$（元）。

多头的价值为 $f=(896.26-980)\times 1.05^{-1}=-79.75$（元）。

8.7　远期价格为

$$F=Se^{(r-\delta)T}=3\ 000e^{(0.03-0.02)\times 0.5}=3\ 015(\text{点})$$

多头的价值为

$$f=300(F-K)e^{-rT}=300\times(3\ 015-3\ 050)e^{-0.03\times 0.5}=-10\ 343(\text{元})$$

8.8　无套利的远期价格为 $F=105e^{0.06\times 0.5}=108.20$（元）。

（1）投资者可以先签出一份远期合约，约定在 6 个月末以 115 元的价格卖出股票，同时借入 105 元购买股票，承诺在 6 个月末还款。到 6 个月末，以 115 元卖出手中的股票，同时偿还借款 108.20 元，最终无风险获利 6.80 元。

（2）投资者可以先签订一份远期合约，约定在 6 个月末以 107 元购买股票，同时将手中持有的股票卖出，获得 105 元，将这 105 元投资于零息债券，6 个月末可以获得 108.20 元。6 个月末利用远期合约买入股票，最终获得无风险利润 1.20 元。

8.9　2 年期的互换价格为 83.49 美元。

8.10　（1）3 年期的互换价格是 82.98 元。

（2）开始于一年后的 2 年期的互换价格是 83.5 元，即

$$\frac{83}{1.055^2}+\frac{84}{1.06^3}=\frac{x}{1.055^2}+\frac{x}{1.06^3}\Rightarrow x=83.50$$

8.11　四个半年期的远期利率（连续复利）分别为 0.06，0.07，0.08 和 0.09，由此可以求得这四个半年期的浮动利率（有效利率）分别为 0.062，0.073，0.083 和 0.094。如果名义本金为 1 单位，银行每半年收取的固定利息为 0.077 4 单位。

8.12　应用债券组合的定价方法：

$$B_{固}=4e^{-0.1\times 3/12}+4e^{-0.105\times 9/12}+104e^{-0.11\times 15/12}=98.24(万美元)$$

$$B_{浮}=(5.1+100)e^{-0.1\times 3/12}=102.51(万美元)$$

$$f=B_{固}-B_{浮}=98.24-102.51=-4.27(万美元)$$

8.13　债券的价格为 105.75 元。

8.14　远期利率分别为 8%，10.1%和 12.6%。

8.15　通过到期收益率计算的债券价格为 93.06 元，通过即期利率计算的债券价格为 94.83 元。债券价格被低估了 1.77 元，故可以按 94.83 元的价格购买一个 2 年期债券，同时按即期利率出售一个 1 年期的面值为 6 元的零息债券和一个 2 年期的面值为 106 元的零息债券。

8.16　与远期利率一致的债券价格为 97.42，债券的市场价格为 100 元，说明债券被高估，存在套利机会。套利者可以按 100 元的价格卖出一个 3 年期债券，同时将 97.42 元按 4%的年有效利率投资一年，当前时刻获得 100－97.42＝2.58（元）的无风险收益。

综合练习题 讲解视频 8－1　　综合练习题 讲解视频 8－2　　综合练习题 讲解视频 8－3　　综合练习题 讲解视频 8－4

# 第 9 章　期　权

9.1　远期多头的回收分别为－10 元、－5 元、0 元、5 元和 10 元；空头的回收是其

相反数。看涨期权多头的回收分别为 0 元、0 元、0 元、5 元和 10 元。看跌期权多头的回收分别为 10 元、5 元、0 元、0 元和 0 元。

9.2 回收分别为 0 元、0 元和 5 元。盈亏分别为−6.01 元、−6.01 元和−1.01 元。

9.3 看跌期权多头的回收分别为 5 元、0 元和 0 元。盈亏分别为 3.96 元、−1.04 元和−1.04 元。

9.4 组合的回收分别为 105 元、105 元、110 元和 115 元。盈亏分别为−7.56 元、−7.56 元、−2.56 元和 2.44 元。

9.5 组合的回收分别为−105 元、−105 元、−110 元和−115 元。盈亏分别为 12.81 元、12.81 元、7.81 元和 2.81 元。

9.6 多头的盈亏为 0.95 元，盈亏平衡点为 42.05 元。

9.7 多头的盈亏为 3.47 元，盈亏平衡点为 28.53 元。

9.8 （1）回收和盈亏见下表。

单位：元

| 股票价格 | 看跌期权回收 | 总回收 | 盈亏 |
| --- | --- | --- | --- |
| 90 | 5 | 95 | −10.98 |
| 100 | 0 | 100 | −5.98 |

（2）回收和盈亏见下表。

单位：元

| 股票价格 | 看涨期权回收 | 股票空头回收 | 总回收 | 盈亏 |
| --- | --- | --- | --- | --- |
| 90 | 0 | −90 | −90 | 4.03 |
| 100 | 5 | −100 | −95 | −0.97 |

（3）回收和盈亏见下表。

单位：元

| 股票价格 | 看涨期权回收 | 看跌期权回收 | 贷出资金回收 | 总回收 | 盈亏 |
| --- | --- | --- | --- | --- | --- |
| 90 | 0 | −5 | 95 | 90 | −15 |
| 100 | 5 | 0 | 95 | 100 | −5 |

（4）执行价格为 105−(9.31−1.69)×1.05=97（元）。

9.9 看跌期权的价格是 3.13 元。

9.10 $d_1=0.241\,7$，$d_2=0.091\,67$。

欧式看涨期权价格为：

$$C=S\Phi(d_1)-Ke^{-rT}\Phi(d_2)=3.61(\text{元})$$

根据平价公式，欧式看跌期权价格为

$$P=C+Ke^{-rT}-S=2.38(\text{元})$$

9.11 $u=1.090\,5$，$d=1/u=0.917\,0$，$p=\dfrac{e^{r\Delta t}-d}{u-d}=0.526\,6$。

欧式看跌期权的价值为 2.62 美元，二叉树模型如下：

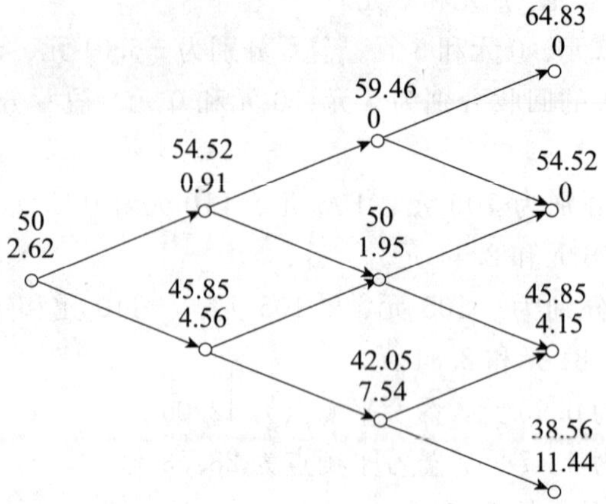


美式看跌期权的价值为 2.71 美元，二叉树模型如下：

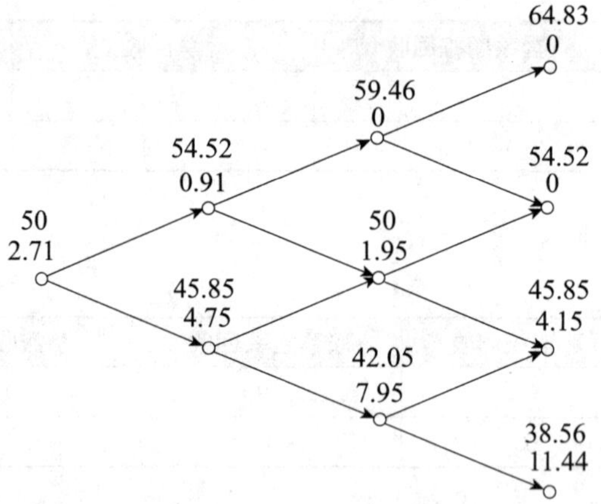


9.12　$u=1.0524$，$d=1/u=0.9502$，$p=\dfrac{e^{(r-\tau)\Delta t}-d}{u-d}=0.5118$。

欧式看涨期权的价值为 19.63，二叉树模型如下：

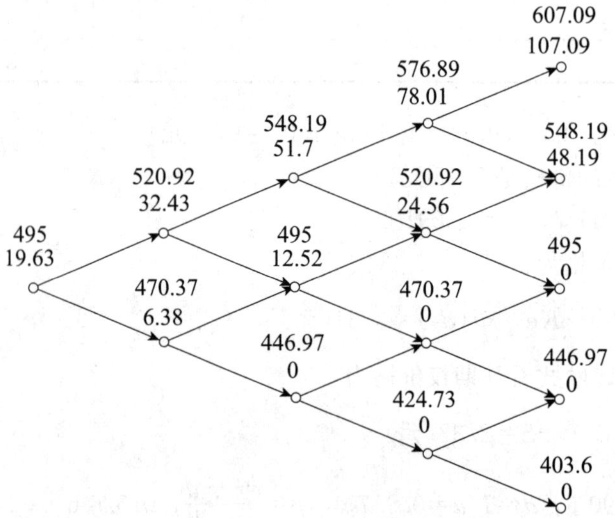

9.13　欧式看涨期权的价格为 144.59。

9.14　美式看涨期权的价格为 62.68。

9.15　欧式看涨期权的价格为 2.356。

9.16　美式看跌期权的价格为 3.43。

9.17　欧式看涨期权的价格为 4.74 元；欧式看跌期权的价格为 1.51 元。

综合练习题
讲解视频 9-1

综合练习题
讲解视频 9-2

综合练习题
讲解视频 9-3

综合练习题
讲解视频 9-4

综合练习题
讲解视频 9-5

综合练习题
讲解视频 9-6

# 参考文献

［1］Alastair L. Day. Mastering Financial Mathematics in Microsoft Excel：A Practical Guide for Business Calculations（2nd edition）. Pearson Education Limited，2010.

［2］艾利·赫萨，萨利赫·N. 内夫特奇．金融衍生工具数学导论：原书第三版．冉启康，葛泓杉，李君格，译．北京：机械工业出版社，2016.

［3］ChrisRuckman，Joe Francis. Financial Mathematics. BPP Professional Education，Inc.，2005.

［4］Excel Home. Excel 2013 函数与公式应用大全．北京：北京大学出版社，2016.

［5］弗雷德里克·S. 米什金，斯坦利·G. 埃金斯．金融市场与金融机构：第 7 版．北京：中国人民大学出版社，2014.

［6］约翰·赫尔．期权、期货和其他衍生产品：第十一版．北京：机械工业出版社，2023.

［7］Joseph Stampfli，Victor Goodman. 金融数学．北京：机械工业出版社，2004.

［8］Robert L. McDonald. Solutions Manual for Even-Numbered Problems to Accompany Derivatives Markets. Pearson Education，Inc.，2006.

［9］Mathhew J. Hassett，Michael I. Ratliff，Amy Steeby. ACTEX Study Manual for SOA Exam FM，CAS Exam 2. ACTEX Publications，Inc.，2007.

［10］Robert L. McDonald. Derivative Markets. Pearson Education，Inc.，2006.

［11］John C. Cox，Stephen A. Ross，Mark Rubinstein. Option Pricing：A Simplified Approach. *Journal of Financial Economics*，1979，7(3)：229－63.

［12］SimonBenninga. Financial Modeling. Massachusetts Institute of Technology Press，1999.

［13］Simon Benninga. 财务金融建模——用 Excel 工具：第二版．上海：上海财经大学出版社，2003.